라틴아메리카 고전 03

『보편인종』
『멕시코의 인간상과 문화』

저자

호세 바스콘셀로스(José Vasconcelos, 1882–1959, 멕시코)
철학자, 정치가, 교육자, 작가이자 멕시코 혁명기를 대표하는 지식인으로 멕시코국립대학 총장(1920–1921)과 교육부장관(1921–1924)을 역임했다. 1929년 대통령 선거에 입후보했으나 당선에 실패했다. 쇼펜하우어, 베르그송, 니체의 영향을 받았으며 동양문화와 불교에도 관심이 많았지만 2차 세계대전 시기에 극단적 인종주의와 파시즘에 경도되었다. 『보편인종』, 『볼리바르주의와 먼로주의』(1934)를 비롯해 다수의 저작이 있다.

사무엘 라모스(Samuel Ramos, 1897–1959, 멕시코)
멕시코국립대학 교수를 역임했으며 안토니오 카소, 바스콘셀로스, 오르테가 이 가세트, 아들러, 슈펭글러의 영향하에 멕시코인의 정체성과 정신분석 연구에 공헌한 철학자이다. 대표 저작으로 『멕시코의 인간상과 문화』(1934), 『새로운 휴머니즘을 향하여』(1940) 등이 있다.

옮긴이

이경민
조선대와 서울대에서 수학하고 멕시코 UAM에서 문학박사학위를 받았으며 현재 서울대학교 라틴아메리카연구소 HK연구교수로 있다. 역서로 『참을 수 없는 가우초』, 『제3제국』, 『살인창녀들』(공역) 등이 있다.

라틴아메리카 고전 03

『보편인종』, 『멕시코의 인간상과 문화』

초판 인쇄 2018년 1월 23일
초판 발행 2018년 1월 30일
지은이 호세 바스콘셀로스, 사무엘 라모스
옮긴이 이경민
펴낸이 최국주
펴낸곳 동명사
출판등록 1950년 11월 1일(제1–76호)
주소 (우 10881) 경기도 파주시 회동길 50(문발동)
전화 031–955–7200(대표)~2, 7203(편집부), 7204(물류)
팩스 031–955–7205
전자우편 webmaster@dmsbook.com
홈페이지 www.dmsbook.com

東明社

ISBN 978-89-411-8182-8 93300
값 18,000원

이 저서는 2008년 정부(교육부)의 재원으로 한국연구재단의 지원을 받아 수행된 연구임(NRF–2008–362–B00015)

라틴아메리카 고전 03

보편 인종
LA RAZA CÓSMICA

호세 바스콘셀로스(José Vasconcelos)

1925

번역본: Editorial Porrúa, 2003

서문

이 책의 핵심적인 주장은 세계의 다양한 인종의 혼혈이 갈수록 심화되고 있으며 현재의 대표적 인종이 혼혈을 통해 새로운 인간형을 생성하고 있다는 것이다. 그 징조가 처음 나타난 것은 열성은 사라지고 우성만 살아남는다는 자연도태설에 기초한 다윈의 진화론이 지배적으로 대두된 때였다. 그 이론은 고비노가[1] 사회학의 장으로 확장하면서 영국인이 지지한 순수 아리아인 우월주의의 기원이 되었고 나치즘에 의해 왜곡되기도 했다.

르클레르 뒤 사블롱과[2] 피에르 르콩드 뒤 느위[3] 같은 프랑스 생물학자들은 다윈과 다른 방식의 진화를 주장하며 다윈주의를 반박했다. 그들은 최근의 사회적 사건들, 특히 세계인을 비탄에 빠뜨린 제2차 세계대전 같은 사건이 파국이 아니라 보다 인간적인 이론의 조류를 불러왔다고 주장한다. 더욱이 유색인종과 혼혈인을 경멸하는 다윈주의자들, 그 해묵은 스펜서의[4] 추종자

1 조제프 아르튀르 드 고비노(Joseph Arthur de Gobineau, 1816–1882). 프랑스 외교관이자 민족학자로 『인간 불평등론 Essai sur l'inegalité des races humaines』(1853–1855)에서 아리아인과 게르만족의 우월성을 주장했다. –옮긴이

2 르클레르 뒤 사블롱(Leclerc du Sablon, 1859–1944). 프랑스 식물학자로 『식물학 강의 Cours de botanique』(1900) 등의 저서가 있다. –옮긴이

3 피에르 르콩드 뒤 느위(Pierre Lecomte du Noüy, 1883–1947). 프랑스 생물학자로 『시간과 생명 Le temps e la vié』(1936), 『영혼의 미래 L'avenir de l'esprit』(1942) 등의 저서가 있다. –옮긴이

4 허버트 스펜서(Herbert Spencer, 1820~1903). 다윈의 진화론에 입각하여 생물학, 심리학, 윤리학을 종합한 철학 체계를 수립하였으며, 사회 유기체설을 주창하고 사회의 발전을 진화론적으로 설명하였다. –옮긴이

들조차도 오늘날에는 국제적 공조에 가담하고 있으며, 유네스코만 하더라도 인종차별을 철폐하고 모든 인간을 위한 평등교육의 필요성을 역설하고 있다. 그런 맥락에서 기독교는 성사聖事에 대한 인디오의 자질은 물론이고 백인이나 황인과 혼인할 권리가 있음을 인정했다.

주류 정치론도 혼혈의 적법성을 인정함으로써 인종간의 합법적 결합이 이뤄질 기틀이 마련되고 있다. 이에 맞물려 소통 수단의 현대화로 지리적 경계가 무너지고 교육이 일반화되고 있다는 점은 모두의 경제적 수준이 높아지는데 기여할 것이며, 이는 인종융합의 가속화를 막는 장애물이 점차 사라질 것임을 의미한다.

결과적으로 이제는 인종간의 성적 결합이 전개되기에 용이한 상황이며, 이는 뜻하지 않게도 내가 더 나은 제목을 찾지 못한 탓에 미래의 "보편 인종"이라고 제목을 붙인 이 책의 주장을 뒷받침해줄 것이다.

그렇지만 불가피한 혼혈이 무제한적으로 진행되는 것이 과연 문화 발전에 이로운 것인지, 아니면 지금은 국가적 차원이지만 장차 국제적 차원으로 번질 퇴행이 될지는 지켜봐야 할 것이다. 이 문제는 메스티소에 대해 누차 제기됐던 질문을 환기한다. 즉, 문화에 대한 나의 기여는 그리스인, 로마인, 유럽인처럼 오늘날까지 역사를 일궈온 상대적으로 순수한 민족의 기여와 비교될 수 있는가? 또한 각 민족 내부에서 혼혈의 시대와 창조적 단일인종의 시대는 어떻게 비교될 수 있는가? 나는 이 문제를 지나치게 확대하지 않는 범위에서 몇 가지 예를 살펴볼 것이다.

역사상 가장 유구한 민족인 이집트인에 대한 최근 연구는 이집트문명이 상나일에서[5] 지중해까지 남북으로 뻗어있었다고 주장한다. 어느 정도 백인이었고 상대적으로 동질적이었던 이 민족은 룩소르를 중심으로 최초의 대제국을 형성했다. 그러나 전쟁과 정복사업으로 제국이 약화되면서 흑인이 침투했다. 물론 북방으로의 확장은 지속됐지만 수세기에 걸친 문화쇠퇴는 피할 수

5 상나일(Upper Nile). 룩소르(Luxor) 주변 지역으로 고대 이집트 신왕국시대(기원전 1567경-1320경)의 상이집트의 수도이던 테베의 인근 지역이다. -옮긴이

없었다. 그리하여 두 번째 제국의 시대가 도래 할 즈음에는 백인과 흑인의 혼혈이 이뤄지며 새로운 인종이 생성됐으며, 이 새로운 인종은 첫 번째 제국보다 풍요롭고 발전된 두 번째 제국을 만들었다. 따라서 피라미드가 건설되고 이집트 문명이 정점에 달한 시대는 혼혈의 시대였다.[6]

또한 오늘날 그리스 역사가들은 헬레니즘 문화의 황금시대가 인종적 혼혈의 결과라는 점에 동의하고 있다. 그 혼혈은 흑인과 백인의 혼혈이라기보다 밝은 색 피부를 지닌 인종 간의 혼혈이었다. 하지만 문화적, 혈통적 혼혈이 있었음은 분명한 사실이다.

그리스문명은 알렉산더가 제국을 확장하면서 몰락하는데, 이는 로마의 정복을 야기했다. 줄리어스 시저의 군대에선 갈리아인, 에스파냐인, 브리타니아인을 비롯해 게르만족까지 뒤섞이며 새로운 혼혈이 이뤄지고 있었으며, 이들은 제국의 공적을 합작하며 로마를 세계의 중심으로 바꿔놓았다. 로마제국의 황제 중 에스파냐 혈통이 있음을 모두 알 것이다.[7] 여하간 로마제국에서 혼혈이 어렵지 않았던 이유는 혼혈이 기본적으로 유럽인에 의해 이뤄졌기 때문이었다. 야만인의 침투, 다시 말해 토착민이던 갈리아인, 에스파냐인, 켈트인, 토스카노인의 혼혈은 유럽의 민족성을 생산했으며 근대문화의 원천이 되었다.

신대륙에서 미국이라는 막강한 나라는 유럽민족의 도가니에 다름 아니다. 사실 흑인은 노동력 창출을 위해 별도로 유지되긴 했지만 그들이 음악과 춤을 비롯해 다양한 예술적 감수성으로 일궈낸 정신적 침투는 괄목할 만하다.

미국에 뒤이어 가장 영향력 있는 국가는 아르헨티나이다. 미국의 지배적 혈통이 북유럽 혈통이라면 아르헨티나는 지중해를 중심으로 한 유럽 국가들의

---

6 거대 피라미드 건설은 주로 이집트 고왕국에 해당하는 제4왕조(기원전 2613–2494)에 이뤄졌고 룩소르가 제국의 중심 도시로 부상한 때는 제16왕조(기원전 1660–1600)에 해당한다. 또한 룩소르 사원이 건설된 때도 기원전 1,400년경으로 알려져 있다. 따라서 룩소르를 중심으로 최초의 이집트제국이 건설된 후에 피라미드가 건설됐다는 바스콘셀로스의 주장은 연대기적으로 오류를 범하고 있다. –옮긴이

7 에스파냐인 혈통의 황제로 트라이아누스(Marcus Ulpius Nerva Traianus, 98–117), 하드리아누스(Publius Aelius Traianus Hadrianus, 117–138), 마르쿠스 아우렐리우스(Marcus Aurelius Antoninus, 161–180), 테오도시우스(Flavius Theodosius, 379–395) 등이 있다. –옮긴이

인접혈통 간의 혼혈이 지속되는 양상을 보인다.

따라서 유사한 인종간의 혼혈이 풍요롭다는 것은 쉽게 확인되지만 아메리카 인디오와 에스파냐인의 혼혈처럼 아주 상이한 인종의 혼혈은 그 결과를 예측하기 어렵다. 토착적 요소가 지배적인 곳에 사는 이스파노아메리카인의 후진성은 첫 번째 예로 제시한 이집트문명의 시대를 반추하지 않고는 설명하기 어렵다. 아주 상이한 인종간의 혼혈은 그 형태가 갖춰지는데 상당한 시간을 요한다. 그런데 우리는 독립과 더불어 에스파냐인을 배제한 탓에 혼혈이 낳을 인종의 형태가 온전히 갖춰지기도 전에 혼혈이 중단되었다. 에콰도르나 페루 같은 곳에서는 토지 부족이나 정치적인 이유로 에스파냐인의 이주가 제지되었다.

여하튼 앞서 밝힌 내용에서 가져올 수 있는 가장 긍정적인 결론은 인식의 변화가 혼혈을 일으키는데 기여해준다면 아주 상반된 혼혈이라 할지라도 이로운 결과를 낳을 수 있다는 것이다. 사실 아시아인이 몰락한 원인은 고립에 있다고 할 수 있다. 물론 그 주된 요인은 그들이 기독교인이 되지 않았다는데 있다.[8] 종교로서 기독교는 단 몇 세기만에 아메리카의 인디오를 발전시키며 그들의 식인 풍습을 없앴을 뿐만 아니라 일정 수준의 문명화도 일궈냈다.

---

8 바스콘셀로스는 서구적 사유에서 벗어나기 위한 방편으로 아시아에 지대한 관심을 보이며 1921년 『인도스탄 연구 Estudios indostánicos』를 펴내기도 하지만 점차 아시아에 대한 편협한 시각을 내비치는데, 이슬람문화의 경우엔 증오의 대상이 되기도 한다. －옮긴이

목차

보편인종

§아메리카 대륙의 기원과 목적, 라틴인과 앵글로색슨인, 두 민족의 임무, 제5인종 혹은 보편인종

I

저명한 지리학자들에 따르면 아메리카 대륙에도 지구에서 가장 오래된 지역이 있다고 한다. 그 중에서 안데스 지역은 분명 지구상 그 어떤 곳 못지않게 오래된 땅일 것이다. 그곳이 가장 오래된 땅에 해당한다는 것은 그곳에서 산 사람들의 문화와 삶도 가늠하기 어려울 만큼 유구하다는 의미이다. 전설이 된 마야, 케추아, 톨테카 유적은 그들의 문명화된 삶이 동양이나 유럽 민족이 이룩한 그 어느 문명보다 앞섰음을 입증한다. 이에 대한 연구가 진행되면서 문명의 요람으로서 수천 년 전에 번영을 누리고 사라진 아틀란티스가 지금의 아메리카라는 가설이 인정되고 있다. 아틀란티스는 미지의 과거사를 불러낸다. 때때로 그린란드의 눈 속에서 발견되는 삶과 문화의 자취만 남기고 사라진 히페르보레이오이 대륙,[1] 레무리아인[2] 또는 남반구 흑인, 아틀란티스

---

1 그리스 신화에서 트라키아(발칸반도 남동쪽)의 북쪽에 위치한 미지의 땅으로 북극을 가리킨다. – 옮긴이

2 레무리아(Lemuria)는 인도양에 존재한 것으로 알려진 대륙으로 마다가스카르 섬에서 인도 남부, 오스트레일리아의 서부 지역에 해당한다. – 옮긴이

문명의 홍인, 뒤이은 황인의 출현, 그리고 마지막으로 백인 문명의 출현. 이 심원한 전설적 가설은 인류의 흐름을 설명하면서 생성된 지 얼마 되지도 않은 파타고니아에서 인류가 출현했다고 주장한 아메히노[3] 같은 지리학자의 연구보다 훨씬 유효하다. 한편, 베게너의[4] 대륙이동설은 유사이전 민족이 제국을 이뤘음을 탁월하게 입증해준다. 그는 모든 대륙이 하나로 결합되어 있다가 분리됐다고 주장하는데, 이 논리에 따르면 어딘지도 모를 육로를 통해 대륙간 이동이 이뤄졌다는 가설에 기대지 않고도 한 종족이 일정 지역에서 장기간 머물며 하나의 인종으로 발전했고, 그 뒤로 이어진 시대의 부침 속에서 다른 인종으로 대체되었음을 어렵지 않게 추정할 수 있다. 더불어 근대 지리학 자료가 고대 지리학 전통과 일치한다는 점도 흥미롭다. 베게너에 따르면 남미와 아프리카가 분리되기에 앞서 호주, 인도, 마다가스카르가 분리됐다고 한다. 이는 대서양이 가장 뒤늦게 생겼다는 사실을 과학적으로 입증하는 것으로, 아틀란티스 문명이 꽃피우기 전에 레무리아 문명이 사라졌다는 사실, 즉 아틀란티스가 마지막으로 사라진 대륙이었음을 의미한다.

이 이론에 전개된 과거사가 다소 혼란스럽기에 그 의미가 미미하지 않음에도 불구하고 확정적이라고 할 수는 없다. 하지만 우리의 강산에서 태동하여 강력히 성장한 전설적 문명은 생생히 살아있다. 아직도 그 흔적이 치첸잇사와 팔렌케를 비롯해 아틀란티스의 신비를 물려받은 모든 곳에 남아있다. 신비로운 홍인은 세상을 정복하고 자신들의 지혜가 담긴 비법을 어느 콜롬비아산 에메랄드에 새겨 '에메랄드 태블릿'을[5] 만들었다. 이 태블릿은 지구에 격변이 발생하자 이집트로 옮겨졌으며, 헤르메스와 그의 제자들이 그 비밀을 연구하고 번역했다.

이 땅이 유구한 만큼 우리의 전통도 그러할 터인데, 탐험가와 정복자가

---

3 플로렌티노 아메히노(Florentino Ameghino 1854–1911). 아르헨티나 인류학자로 팜파인(homo pampeanus)설을 주장했다. –옮긴이

4 알프레트 베게너(Alfred Wegener 1880–1930). 대륙이동설을 주창한 독일의 지리물리학자. –옮긴이

5 연금술, 점성술, 신성마법을 온전히 알고 있는 신적 존재 헤르메스 트리스메기스투스(Hermes Trismegistus)의 작품이라고 전해진다. –옮긴이

발을 딛기 전부터 존재한 대륙을 '신대륙'이라 부르는 유럽인의 날조된 허구를 어찌 받아들일 수 있겠는가?

역사를 모종의 기획으로 이해하는 자에게 이런 문제제기는 아주 중요하다. 역사의 흐름을 읽지 못하고 무턱대고 불가피한 반복의 고리만 찾는 자에게 이 대륙이 아주 오랜 고대에 존재했다는 사실은 무의미할 것이다. 우리가 톨테카의 유적을 보고 문명을 그저 수많은 돌이 층층이 쌓인 것으로, 활처럼 휜 돔 모양의 지붕이나 직각으로 만나는 두 개의 면面에 지나지 않는 것으로 여긴다면 현대 문명이라는 작품도 하잘 것 없을 것이다. 사오천년 후에 또 다른 이주민이 지금의 진부한 건축물의 잔재를 보면서 여가나 즐길 거라면 뭣하러 문명을 세우겠는가? 과학적 역사는 혼탁한 탓에 이런 질문에 답을 주지 못하며, 경험적 역사는 근시안인 탓에 자질구레한 것에 심취할 뿐 역사적 시간 속에서 발생한 단 하나의 과거사도 밝히지 못한다. 경험적 역사는 보편적 결론, 그 중대한 가설을 벗어나기에 광범하고 포괄적인 이론이야 어찌되건 말건 중요치도 않은 부차적이고 자질구레한 사물과 두개골이나 도구를 기술하는 유치함에 빠진다.

풍부한 자료를 갖추고 정신적으로 성숙해야만 전문가의 미시微視 이데올로기를 누르고 그 위에 우리의 비전을 세울 수 있다. 따라서 우리가 역사의 흐름 속에서 하나의 방향과 리듬과 목적을 설정하려면 역사를 총체적으로 살펴야 한다. 분석가가 아무 것도 찾아내지 못하는 바로 그곳에서 총화자와 창안자가 빛을 발할 것이다.

이제 소설가의 환상이 아닌 역사적이고 과학적인 자료에 근거하여 직관적으로 살펴보자.

우리가 아틀란티스인이라 부르는 민족은 아메리카에서 만개하고 사라졌다. 아틀란티스는 화려한 번영의 주기를 마치고 임무가 끝나자 침묵 속에 사그라지면서 그 유구하고 우월한 문화를 결코 따라잡지 못할 아스테카 제국과 잉카 제국으로 축소되었다. 그들은 몰락했지만 그들의 강력한 문명은 다른 곳으로 옮겨지고 그 혈통도 바뀌었으니, 이집트에서 빛을 발하고 인도와 그리스로 퍼져나가며 새로운 인종을 낳았다. 아리아인은[6] 드라비다인과[7] 섞여 힌두스탄인을[8] 낳았고 다른 문화와 섞이며 헬레니즘 문화를 창조했다. 그리스는 서구 혹은 유럽 문명, 즉 백인 문명이 발전할 수 있는 토대가 되었다. 그리고 이 백인 문명이 팽창하여 잊혔던 아메리카 대륙의 해변에 내려 정착과 재문명화를 개시했다. 따라서 우리는 네 시대를 거치며 흑인, 인도인, 몽고인, 백인, 이렇게 네 가지 혈통을 지닌 셈이다. 과거에 여러 민족이 각각 세력을 발휘한 시대가 있었듯이 유럽에서 생겨난 백인은 세계 침략자가 되면서 우위를 점하게 되었다. 백인의 우위는 분명히 일시적일 것이다. 그러나 그들의 임무는 기존의 인종과 다르다. 그들의 임무는 교량 역할을 하는 것이다. 백인은 모든 인종과 문화가 섞일 수 있는 조건을 만들었다. 백인에게 정복된 현 시대의 문명은 모든 인종을 다섯 번째 보편 인종으로 통합하기 위한 물적·정신적 토대가 되었다. 이는 선대 인종들의 결실이자 모든 과거를 뛰어넘는 일이다.

백인의 문화는 이주의 문화다. 그렇다고 전全유럽이 수세기 전부터 백인으로 대변되던 선先보편적 문화양식에 홍인의 세계를 재편입하는 임무를 수행한 것은 아니다. 이 중대한 임무는 가장 담대한 유럽인이자 가장 강인한 두 민족, 즉 에스파냐인과 영국인이 수행했다.

신대륙을 정복하고 그곳으로 이주함으로써 역사의 새 시대를 여는 과업을 수행한 자는 신대륙 발견과 정복이 시작될 때부터 에스파냐인과 영국인, 다시 말해 라틴인과 앵글로색슨인이었으며, 여기에 일부 포르투갈인과 네덜

6 인도 게르만 어족계에 속하며 중앙아시아에서 인도와 이란으로 이동하여 정주한 민족이다. – 옮긴이

7 드라비다인은 아리아인이 들어오기 전 인도에 살던 거주민이다. 드라비다는 남인도의 데칸 고원에서 동해안과 실론(스리랑카) 북부에 걸친 넓은 지방에 대한 옛 명칭이다. – 옮긴이

8 힌두스탄인은 인도 북부를 둘러싼 산지와 반도 사이에 가로놓인 광대한 평야의 거주민이다. 힌두스탄은 "힌두교의 땅"을 의미한다. – 옮긴이

란드인이 포함된다. 그들 스스로는 문화를 이식하는 식민지배자로만 느꼈을지 모르나 사실 그들은 보편적이고 결정적인 변화의 시대를 열 토대를 확립했다. 천부적 재능에 배짱 두둑한 라틴인은 그들이 판단하기에 가장 풍요로운 땅, 가장 좋은 땅을 점령했고 영국인은 자기보다 유능한 자가 남긴 것에 만족해야 했다. 에스파냐도 포르투갈도 자기 영토에 앵글로색슨인이 접근하는 걸 용납지 않았다. 앵글로색슨인은 전쟁이나 교역에 낄 깜냥이 되지 않았다. 식민 초기에 라틴인의 우위는 재론의 여지가 없었다. 교황이 신세계를 에스파냐와 포르투갈이 나누어 지배하도록 중재할 때만하더라도[9] 몇 세기 후에 에스파냐나 포르투갈이 아닌 미국이 신세계를 지배하리라고는 누구도 생각지 못했을 것이다. 평화로이 집안일이나 하던 허드슨과 델라웨어의 평범한 개척자들이 야금야금 영토를 확장하며 세력을 키워 오늘날 역사상 가장 큰 제국의 반열에 오를 공화국을 건설하리라고는 아무도 상상치 못했을 것이다.

앵글로색슨인과 라틴인의 대립은 제도, 의지, 사상의 전투로 변했고 지금까지 이어지고 있다. 무적함대의 패배는 그 대립에 위기를 촉발했고, 트라팔가르 해전[10] 패배는 그 위기를 악화시켰다. 그 이후로 전장이 신대륙으로 옮겨졌으나 이곳에서도 치명적인 사태가 벌어졌으니, 쿠바의 산티아고데쿠바와 필리핀의 카비테와 마닐라에서의 패전은[11] 무적함대와 트라팔가르 해전의 참사를 되풀이하는 것이었다. 이로써 전쟁은 완전히 신계계로 옮겨졌다. 역사에서는 몇 세기가 며칠에 불과해 보일 때가 있다. 그러니 아직도 패퇴의 그림자에서 벗어나지 못하고 있다는 사실이 이상할 것도 없다. 우리는 낙담의 시대를 지나며 영토권은 물론이고 도덕적 힘까지 잃어가고 있다. 패배로 인해 연대는 소원해졌고 의지는 흐지부지 흩어졌다. 패배는 우리의 가치와 개념에 혼란을 야기했다. 승자는 외교적으로 우리를 속이고 경제적 이득을 취하며

---

9 알렉산데르 6세가 중재한 1494년의 토르데시야스 조약을 가리킨다. －옮긴이

10 트라팔가르 해전(Battle of Trafalgar)은 나폴레옹 전쟁기간 중 1805년 10월 21일에 프랑스－에스파냐 연합함대를 상대로 영국해군이 결정적인 승리를 거둔 전투이다－옮긴이

11 1898년 미서전쟁(Spanish–American War)을 가리킨다. －옮긴이

우리를 정복하고 있다. 우리는 과거의 권세를 빼앗겼는데도 맹목적 애국심을 뽐내면서 우리 민족 전체를 위협하는 위험에 대해 인지하지 못하고 있다. 우리는 서로를 부정하고 있다. 우리는 패배로 퇴락하여 부지불식간에 사람들의 필수적인 재화를 빼앗고 소수의 형제들에게 특별한 이득을 챙겨주며 분열됨으로써 적들의 정치에 봉헌하는 지경에 이르렀다. 우리는 전투에서 패한 것도 모자라 사상적으로도 패하고 있다. 라틴아메리카 국가들이 민족 공동의 가치를 등한시하고 형제국과 연을 끊고 각자의 길을 걸으며 조약을 체결하여 허황된 이득을 챙기는 순간, 우리는 중차대한 전투에서 패한 것이다. 우리의 민족주의를 창조한 자들은 무슨 짓을 하는지도 모르고 이 대륙의 소유권을 놓고 경쟁하고 있는 앵글로색슨의 가장 훌륭한 동맹이 되었다. 우리는 워싱턴에 있는 범미주연맹Unión Panamericana 본부에 게양된 스무 개의 국기가 적의 교묘한 조롱임을 알아야 한다. 그런데도 우리는 허황된 꿈의 표지인 그 보잘 것 없는 깃발에 우쭐거리고 있으며, 심지어 저 강성한 미국을Unión norteamericana 앞에 두고 불화에 빠졌는데도 치욕감을 느끼지 못한다. 우리는 혼란스럽고 고독한 이베로아메리카[12] 국가들의 문장紋章이 미국과 얼마나 대조적인지 모른 체하고 있다. 우리는 서로 질투하면서 어떤 식으로든 미국에 굴복하거나 동맹을 맺고 있다. 심지어 중앙아메리카 5개국은 국가적 통합도 이뤄내지 못했다. 이는 한 외국이 우리에게 승인해주지 않았기 때문이기도 하지만, 미래를 위해 현재를 희생하는 진정한 애국주의가 없기 때문이기도 하다. 창조적 사고의 결핍과 과도한 비판적 열의, 우리가 타문화에서 가져온 그것들이 우리의 논의를 무익하게 하고 있다. 그 속에서 우리는 우리의 열망을 담은 공동체를 긍정하자마자 바로 부정해버린다. 영국은 자국 사상가들의 비판 속에서도 일단 행동에 들어가면 형제국인 미국, 호주와 동맹을 형성하며, 양키도 스스로 영국에 사는 영국인이라 생각하지만 우리는 그렇게 하지 못하고 있다. 우리가 에스파냐 혈통의 아메리카인으로서 에스파냐의 후손임을 망각하면

12 이베로아메리카: 이베리아 반도(포르투갈과 에스파냐)의 영향을 받은 아메리카라는 뜻으로, 현재 일반적으로 사용하는 라틴아메리카와 동의어로 쓰인다. – 옮긴이

우리는 성장할 수 없다. 그렇다고 우리가 상황에 따라 변화해야 함을 부정하는 것은 아니다. 하지만 고귀한 공동의 임무는 잊지 말아야 한다. 우리는 이베리아 문화가 온전히 결실을 맺도록, 아메리카 대륙에서 앵글로색슨 문화가 무적의 승리를 거머쥐지 못하도록 해야 한다. 이것이 유일한 해결책이다. 문명이란 즉흥적이지도 중단되지도 않으며 정치조직의 역할을 배제하고는 이뤄지지 않는다. 문명은 언제나 백년대계를 세우고 유사 이래 전파되고 조합된 요소들을 정화함으로써 생성된다. 그러므로 이달고 신부가 이끈 독립의 함성이나[13] 키토의 반란[14] 또는 볼리바르의 공적을 애국주의의 출발점으로 삼는 것은 어리석은 짓이다. 우리가 애국주의를 쿠아우테목과[15] 아타우알파에[16] 뿌리내리지 못한다면 토대가 없는 것이나 마찬가지다. 더불어 우리는 그 애국주의를 에스파냐라는 근원으로 끌어올리고 패배를 교훈삼아 그 속에서 애국주의를 가르쳐야 한다. 무적함대의 패배와 트라팔가르의 패배 또한 우리 것이기 때문이다. 우리의 애국주의를 라틴과 앵글로색슨의 지난한 전투의 노정에서 찾지 않는다면, 보편 정신을 지니지 못한 지역주의를 극복하지 못할 것이다. 만약 그렇게 된다면 우리의 애국주의는 쪼그라들고 근시안이 되어 바위에 붙은 무기력한 연체동물처럼 퇴락을 피하지 못할 것이다.

조국을 부정하지 않으려면 우리 민족의 가치를 긍정하고 살아야한다. 그 가치가 지고한 인류애에 이르지 못했다고 하더라도 말이다. 우리의 심장은 오직 훌륭한 세계주의에 합치돼야 한다. 그러나 현재의 세계정세에서 세계주의는 강대국의 승리만을 낳을 것이며, 이는 전적으로 영국이 목적을 달성하는 데 봉헌하는 것이다. 2억 명의 러시아인은 인도와 이집트처럼 억압받는 국가를 지원하려고 이론적 세계주의를 뒤로 미루었다. 또한 그들은 제국주의 강대국에게

---

13 미겔 이달고 신부(Miguel Hidalgo y Costilla, 1753–1811). 1810년 '고통의 함성'이라는 민중봉기를 기점으로 멕시코 독립 운동을 이끌었다. –옮긴이

14 1809년 에쿠아도르의 크리오요 세력이 프랑스 세력을 몰아내고자 키토에 임시정부를 수립하였으나 페루와 누에바 그라나다 부황청이 보낸 군대에 패배한 사건을 가리킨다. –옮긴이

15 쿠아우테목(Cuauhtemoc, 1502–1525). 아스테카의 마지막 황제. –옮긴이

16 아타우알파(Atahualpa, 1497–1533). 잉카의 마지막 황제. –옮긴이

이롭게 작용할 내부 분열을 막고자 민족주의를 강화했다. 따라서 현실로 구체화할 수 없는 목적을 위해 우리 같은 약소국이 자발적으로 자기의 고유한 모든 것을 부정하는 것은 유아적인 짓이다. 작금의 문명의 상황은 여전히 우리에게 애국주의를 요구하고 있으며, 이는 물질적·정신적 방어에 필요한 것이다. 그러나 그 애국주의는 당연히 광범하고 초월적인 목적을 추구해야 한다. 어떤 의미에서 애국주의의 임무가 독립과 더불어 종결됐다고 본다면, 이제 우리는 그 애국주의를 인류 역사의 물길로 되돌려야 한다.

우리는 유럽에서 벌어진 첫 번째 중대한 전투에서 패했다. 에스파냐가 아메리카를 정복함으로써 우리는 신세계에서 모든 이권을 누렸지만, 그 이후, 나폴레옹의 우둔함 때문에 바다 건너 루이지애나가 영국 양키의 수중에 들어갔고, 이로써 신세계의 운명은 앵글로색슨인 쪽으로 기울었다. "전쟁의 천재"라는 자는 유럽 국가 간의 보잘 것 없는 국경싸움 너머를 내다보지 못했으며, 그가 보여주려던 라틴성의 대의는 공동의 운명이 그 무능한 자에게 믿고 맡겨짐으로 인해 제국이 건설된 바로 그날 좌초하고 말았다. 더욱이 유럽은 편견 때문에 아메리카에 이미 세계적 차원의 충돌이 발생했다는 사실을 알지 못했으며 나폴레옹은 그 싸움에 뛰어들지도, 그 충돌의 위중함도 인지하지 못했다. 우둔한 나폴레옹은 유럽 민족의 운명이 결정될 곳이 바로 신세계임을 상상도 못했다. 그리하여 아메리카에 대한 프랑스의 지배력이 부지중에 무너지자 에스파냐도 쇠락하고 말았다. 나폴레옹은 우리를 배신하고 우리를 공공의 적에게 넘겨버렸다. 나폴레옹이 없었다면 미국이라는 세계적인 제국도 없었을 것이며, 프랑스령이던 루이지애나는 라틴아메리카 연합에 귀속됐을 것이다. 그랬다면 트라팔가르 해전의 패배도 별 것 아니었을 것이다. 그런데 민족의 운명이 무지렁이의 수중에 있었던 탓에, 독재군주주의가 라틴인에게 재앙이었던 탓에, 누구도 그런 생각을 하지 못했다.

나폴레옹이 프랑스의 세계적 계획을 배신하여 에스파냐의 아메리카 제국은 죽음에 맞닥뜨리며 최악의 시기에 빠졌다. 앵글로색슨인은 루이지애나에 무혈 입성하여 텍사스와 캘리포니아를 손쉽게 정복할 채비를 했다. 표현력이 풍부하여 스스로를 양키라 칭하는 영국인은 미시시피가 없었다면 오늘날 태평양을 손에 넣고 대륙의 주인이 되기는커녕 아메리카에 이식된 네덜란드 정도에 지나지 않았을 것이다. 그리고 신세계는 에스파냐와 프랑스의 것이 됐을 것이다. 나폴레옹은 아메리카를 앵글로색슨인의 손에 넘긴 장본인이다.

외적 요인, 협약, 전쟁, 정치만으로 민족의 운명이 해결되진 않는다. 나폴레옹 같은 자는 그저 허세와 부패의 상징에 지나지 않는다. 관습의 쇠퇴, 공공 자유 상실, 총체적 무지는 한 시대의 민족 전체의 에너지를 무력화한다.

에스파냐인은 레콩키스타Reconquista를 마치자 남은 힘을 신세계에 쏟아부었다. 코르테스, 피사로, 알바라도, 벨랄카사르는[17] 왕족도 하인도 아닌 자유인이었다. 그들은 파괴적 힘과 창조적 재능을 지닌 위대한 군인이었다. 그들은 승리를 거머쥐자마자 새로운 도시를 건설할 계획을 세우고 도시 건설에 필요한 기본법을 제정하였다. 그리고 그 도시를 놓고 힘겨운 싸움에 휘말리면 그들은 피사로 형제가 보여준 유명한 처결처럼[18] 이에는 이, 눈에는 눈으로 되갚아주었다. 그들은 엘 시드와[19] 황금세기의 위대한 작가들, 그리고 찬란한 시대의 모든 자유인이 그랬듯이 국왕 앞에선 모두 동등하다고 여겼다.

그런데 정복이 완성돼가자 새로 구성된 모든 조직이 궁정과 총신의 수중에 넘어가고 말았다. 그들은 무능했다. 정복은커녕 다른 이들이 재능과 용맹으로 정복한 것을 지켜내지도 못했다. 그 썩어빠진 궁정인들은 국왕의 권력에 순종하면서 아메리카에서 태어난 자를 억압하고 복종시켰다. 아메리카에서

17 에르난 코르테스(Hernán Cortés, 1484–1547). 아스테카 문명을 정복한 에스파냐의 정복자. 프란시스코 피사로(Francisco Pizarro, 1478–1541). 잉카 제국을 정복한 에스파냐의 정복자. 페드로 데 알바라도(Pedro de Alvarado, 1485–1541). 코르테스의 원정 및 중앙아메리카와 페루 정복에 참여한 에스파냐의 정복자. 세바스티안 데 벨랄카사르(Sebastián de Belalcázar, 1480–1551). 콜럼버스와 피사로의 원정에 참여한 에스파냐의 정복자. –옮긴이

18 디에고 데 알마그로(Diego de Almagro, 1475–1538)가 칠레 원정에 실패하고 피사로의 형제들에게 도움을 청했으나 거절당하자 피사로의 형제들을 가뒀는데 이를 구실로 피사로는 알마그로를 처형한다. 이에 1541년 알마그로의 아들이 피사로의 궁을 공격해 피사로를 살해한다. –옮긴이

19 엘 시드(El Cid, 1040–1099): 카스티야의 귀족으로 에스파냐의 국민적 영웅이다. –옮긴이

그들과 그들의 주인이 한 일이라고는 에스파냐의 재능으로 이룩한 과업을 망치는 것뿐이었다. 그리하여 강철 같은 정복자들이 개시하여 학자와 선교사가 완성한 경이로운 과업은 파괴되고 말았다. 벨라스케스와 고야가 정확히 그려냈듯이, 난쟁이에 광대와 궁인을 대동하고 들어온 일단의 궁정인은 식민지 경영에 재앙을 낳았다. 로마제국을 모방하려는 열망은 에스파냐, 이탈리아, 프랑스에 너무나도 큰 상처를 남겼다. 우리가 군국주의와 절대주의로 인해 추락하던 시기에 덕으로 강성해진 경쟁자는 자유를 누리며 성장하고 팽창하고 있었다.

그들은 물질적 풍요 속에 실질적인 기술을 발전시켰고 성공을 직관했다. 뉴잉글랜드와 버지니아의 옛 개척자들은 성장을 촉진하고 더욱 강해지기 위해 영국과 결별했다. 그러나 정치적 분리가 그들의 민족 공통의 임무 수행에 필요한 연합과 조화를 유지하는데 장애가 되진 않았다. 그 위대한 민족은 해방으로 허약해지기는커녕 두 갈래로 나뉘어 다양해지고 세계무대로 힘차게 뻗어나갔다. 역사상 가장 거대한 제국 중 하나인 영국의 억압적 중심부 밖으로 말이다. 그때부터 섬나라 영국이 정복하지 못한 것은 신대륙의 영국이 차지했다.

반면에 에스파냐의 혈통과 문화를 이어받은 우리는 해방이 오자 전통을 부정하기 시작했다. 우리는 영국인이 우리 땅을 정복하는 편이 나았을 거라면서 과거와 단절하고 혈통을 부정했다. 우리는 에스파냐가 공포의 폭정을 자행하고 패배로 이성을 상실했다면서 배반의 말을 던졌다. 그러나 한 민족의 역사적 의미가 이런 식으로 상실된다는 것은 가당치 않을 일이다. 그건 강력하고 현명한 부모를 부정하는 것과 마찬가지다. 전락에 책임이 있는 사람은 부모가 아니라 바로 우리다.

여하튼 영국인은 탈에스파냐를 주장하는 논리와 이에 상응하는 영국화를 교묘히 전파하여 우리의 이성을 뿌리째 흔들고 있다. 그리하여 트라팔가르의 굴욕을 당한 자가 우리라는 사실조차 망각하게 했다. 독립투사들의 군사령부에 영국 장교가 쳐들어와 우리의 명예에 먹칠을 했을 수도 있었지만, 그렇게 되지 않은 것은 그 모욕 앞에 우리의 고상하고 유구한 핏줄이 소생하여 노략질을 목적으로 접근하는 영국의 해적을 응징했기 때문이다. 패배할 경우엔 책임을 회피하려고 해적으로 위장한 영국 함선은 승리를 거머쥐어 귀족이 되는 명예를 얻으리라는 기대로 우리를 공격했지만 우리는 베라크루스, 아바나, 캄페체, 파나마에서 그랬듯이 부에노스아이레스에서도 대포로 응수하며 항전의 전통을 이어갔다.[20]

침략자에 대항한 견고한 단결에도 불구하고 우리의 독립전쟁은 지역주의와 통합 기획의 부재로 퇴색하고 말았다. 세계제국을 꿈꾼 민족이자 영광스러운 로마의 후손일 우리가 산맥의 정상이 아니라 고작 담벼락을 보고 고만고만한 국가에서 공국의 주권을 만드는데 만족하고 만 것이다. 볼리바르, 수크레, 흑인 페시옹,[21] 그리고 그 외에 대여섯의 탁월한 해방자들은 발칸반도의 영광을 꿈꿨다. 그러나 어떤 해방자는 지역에 얽매여 어지러운 말만 내뱉으며 가짜 혁명에 말려들어 대륙을 일으킬 초석이 될 수 있는 전쟁을 초라하게 만들었다. 독립운동에 참여한 무지한 실천가의 목적이 위대한 라틴의 힘에 대한 꿈을 깨뜨리고 파탄 내는데 있는 것 같았다. 그들은 그 속에서 명예를 찾으려 했을지 모르나 볼리바르의 중대한 충고는 듣지도 들으려고도 하지 않았다.

물론 모든 사회 발전 과정에는 주어진 순간을 규정하는 필연적이고 깊은 원인이 있음을 알아야 한다. 예를 들어, 이 땅의 지형은 과거에도 지금도 통합의 걸림돌이다. 이를 극복하려면 우선적으로 사상을 다듬고 정확한 방향을 향해 정신적인 질서를 잡아야 한다. 우리가 사상을 바로잡지 못하면 물리적

---

20 1806–1807년 영국이 두 번에 걸쳐 아르헨티나의 부에노스아이레스를 침공하였으나 크리오요 세력의 저항에 물러난 바 있다. –옮긴이

21 시몬 볼리바르(Simón Bolivar, 1783–1830). 아메리카의 통합을 꿈꾸며 아메리카의 독립운동을 이끈 인물이다. 안토니오 호세 데 수크레(Antonio José de Sucre, 1795–1830). 볼리바르의 동료로 페루와 볼리비아 대통령을 역임했다. 알렉상드르 페시옹(Alexandre Pétion, 1770–1818). 아이티의 군인으로 독립전쟁에 참여했으며 아이티 대통령을 역임했다. –옮긴이

환경을 우리의 목적에 맞게 활용할 수 없기 때문이다.

멕시코의 경우, 미나[22] 외에는 그 누구도 이 대륙의 중요성을 인식하지 못했다. 더욱이 1세기 동안 멕시코의 애국주의는 우리 군인들의 불굴의 용기 덕분에 에스파냐를 이겼다고 가르쳤다. 카디스 의회에[23] 대해서는 거의 거론조차 하지 않았으며, 우리 민족을 괴롭힌 나폴레옹에 저항한 봉기에 대해서도 말하지 않았다. 우리는 아메리카 대륙의 형제 민족의 승리와 순교에 대해서도 입을 닫았다. 이는 우리 모두의 과오이며, 역사가 전제군주의 만족을 위해 봉헌한 시대의 결과물이다. 그로 인해 사이비애국주의는 그 영웅들을 대륙적 운동의 총체로 보지 않고 개별적 영웅으로 보고 있다. 그들의 위대함을 무시하며 그들을 초라하게 만들고 있다는 것도 모른 채 말이다.

이런 착오는 원주민이 에스파냐 혈통과 아직 총체적으로 섞이지 않았다는데 원인이 있다. 하지만 이런 논란은 실제로 그래서가 아니라 표면적으로 그럴 뿐이다. 우리 스스로 라틴성을 받아들였는지 아닌지 격앙된 원주민문화 애호자에게 물어보라. 그는 어떤 반론도 제기하지 않을 것이다. 그러나 우리의 문화가 에스파냐 문화라고 하면 즉시 반대하고 나설 것이다. 물려받은 혈통의 자취는 여전히 남아 있으며 그 자취는 몇 세기가 지나도 지워지지 않는다. 그러나 공공의 위험은 제거해야 한다. 그 방법밖에 없다. 삶의 환경이 라틴화되는 만큼 원주민도 에스파냐화, 라틴화되고 있다. 어쨌거나 원주민의 선조인 붉은 아틀란티스인은[24] 수천 년 전에 잠들었고 다시는 깨어나지 않을 것이다. 역사에 회귀란 없다. 역사는 변화이자 새로움이다. 그 어떤 인종도 부활하지 않는다. 각 인종은 제 역할을 수행하고 사라진다. 이는 고대에도 그랬듯이 우리가 살고 있는 지금도 변함없는 사실이며 과거의 역사가들도 인정

---

22 프란시스코 하비에르 미나(Francisco Xavier Mina, 1789–1817). 에스파냐 군인으로 프랑스에 맞서 에스파냐 독립운동을 했으며, 멕시코에선 반란군의 편에서 멕시코의 해방을 시도했으나 실패했다. –옮긴이

23 카디스 의회(1808–14). 1808년 프랑스가 에스파냐를 장악하자 카디스로 피난하여 구성한 에스파냐의 임시정부 의회. –옮긴이

24 19세기 인종주의자들은 아메리카 원주민을 홍인종(紅人種)으로 분류했다. –옮긴이

한 바이다. 따라서 오늘의 승리자인 순수 백인의 시대는 그들 선조의 시대처럼 될 것이다. 그들이 세상을 기계화하는 운명을 완수한 순간, 그들은 부지불식간에 새로운 시대, 즉 모든 민족이 융합되고 혼합되는 시대의 토대를 마련하게 될 것이다. 원주민은 미래를 향한 문, 근대문화의 문을 열고 훤히 트인 라틴 문명의 길로 나아갈 수밖에 없다. 백인 또한 오만함을 버리고 진보를 추구하며 다른 혈통의 형제들의 영혼에 속죄해야 할 것이다. 그리하여 백인은 인류의 우성 인자 속에서, 재능을 강화하고 발현을 증대하는 양태들 속에서 혼합되고 완전해질 것이다.

⚜⚜⚜

우리의 민족적 임무 수행의 노정에서 에스파냐로부터의 해방전쟁은 심각한 위기를 초래했다. 그렇다고 전쟁을 일으키지도 승리하지도 말았어야 했다는 것은 아니다. 다만 초월적 목표를 뒤로 미뤄야하는 시대도 있다는 것이다. 인종의 변화는 더디지만 국가 성립은 시급한 현실이었으며 필수불가결한 과제였다. 연이은 과오와 패배와 치욕 속에서 페르난도 7세의25 수중에 들어간 왕권에 더 이상 기댈 수는 없는 노릇이었다. 카디스 의회는 군주의 권력에 맞서 싸우며 자유주의 에스파냐연방을 구성할 수 있었다. 그런 점에서 미나의 비전은 적확했다. 그는 신세계에 자유를 심었으며 에스파냐에서 군주를 몰아내고자 했다. 시대가 어수선하여 그 위대한 과업이 완성되지는 못했지만, 오늘날 이를 되새겨볼 필요는 있다. 우리는 전쟁마다 패배했다는 이유로 미국을 비방하기 일쑤지만 불행히도 우리에겐 그들 같은 결속력이 없다. 그들은 대의에 대한 분명한 비전이 있었고 실질적 능력을 모을 줄 알았기에 승리할 수 있었다. 그들은 확고한 역사적 임무를 직관하고 있다. 반면에 우리는 언쟁의 미로에서 길을 잃었다. 앵글로색슨인이 가는 길을 신이 인도한다면, 우리는

---

25 페르난도 7세(Fernando VII, 1784–1833). 에스파냐가 나폴레옹의 수중에 들어갈 당시 에스파냐 국왕(1808, 1813–1833)이었다. –옮긴이

교리를 들먹이며 서로 죽이거나 무신론자라 천명한다. 저 강인한 제국의 건설자가 어찌 라틴의 무례와 오만을 비웃지 않겠는가! 그들의 정신엔 웅변에 능한 키케로의 분별력도 없으며, 그들의 피엔 상이한 종족의 혼혈이라는 모순적 본성도 없다. 그들은 다른 인종을 파괴하는 죄를 저지른 반면, 우리는 서로 동화됨으로써 역사상 존재하지 않았던 임무에 대한 새로운 권리와 희망을 얻었다.

장애물이 우리를 막는다고 굴복할 수는 없다. 우리는 그 장애물 덕에 우리의 길을 찾으리라는 것을 어렴풋이 감지하고 있다. 우리는 차이에서 길을 찾아야 한다. 닮아가려 한다면 패배할 것이다. 우리는 찾아내고 창조함으로써 승리할 것이다. 우리가 낯선 사람과 쉽게 공감한다는 점은 우리의 전통이 지닌 이점이다. 이는 우리의 문명이 그 모든 결점에도 불구하고 모든 이가 서로 결합하여 새로운 민족이 되도록 선택받았음을 의미한다. 미래의 휴머니티를 위한 다양하고 풍부한 플라스마는 우리 문명에서 생성될 것이다. 에스파냐인이 인디오와 흑인과의 혼혈로 새로운 인종을 창조하도록 한 충만한 사랑 속에서 그 역사적 사명이 인지되기 시작했다. 군인은 인디오와 가정을 이뤄 백인 혈통을 이었고 선교사는 교리를 통해 서구 문화를 전파하여 원주민을 새로운 시대로, 하나 된 세상의 시대로 이끌었다. 에스파냐의 식민화는 혼혈을 낳았다. 혼혈은 식민화의 특성으로서 우리는 그에 대해 책임져야하며 그것이 미래를 결정할 것이다. 영국인은 백인끼리만 피를 섞고 원주민을 제거했다. 그리고 이젠 경제적 투쟁에 있어서도 무력을 통한 정복보다 효과적으로 그들을 괴멸하고 있다. 이것이 그들의 한계이며 그들이 쇠퇴한다는 징후이다. 넓게 보면 그것은 제 민족의 미덕을 파괴한 파라오의 근친혼과 다를 게 없다. 이는 역설적으로 마지막 역사의 장이 문화와 민족의 융합에 있음을 의미한다. 백인이 홍인을 절멸하고 아메리카를 북유럽으로 대체하여 앵글로색슨의 세계를 만든다면 단일 인종의 승리라는 역사적 경험을 되풀이 하는 것이다. 이는 홍인이 이미 경험한 것이기도 하고 다른 강력한 단일 인종들도 시도했던 것이다. 하지만 이것은 인류의 문제를 해결하지 못한다. 아메리카가 그 따위 사소한 목적 때문에 5천년 역사를 이어왔겠는가. 이 새롭고 유구한 대륙의 목표는 훨씬 장대하다. 아메리카의 숙명은 홀로이 역사를 벼려온 제4인종을 대체하고 모든 이가 융합될 제5인종의 요람이 되는 것이다. 이산의 끝은 아메리카 대륙이며, 바로 이곳에서 모든 혈통이 극복되고 충만한 사랑의 승리로 하나가 될 것이다. 그리하여 우리의 운명은 세상의 모든 열망에 대한 화답으로 역사의 보물을 담은 총체적 인종이 될 것이다.

아메리카의 성스러운 임무에 가장 충실한 라틴 민족은 아메리카를 완성하기 위해 부름 받은 자들이다. 그 비밀스러운 계획에 충실한다면 우리의 승리가 보장될 것이다.

독립은 비난받아 마땅하지만, 그 혼돈의 시기에도 라틴 민족은 보편성을 위한 노력의 빛을 희미하게나마 보여줬다. 인간성을 보편적이고 총체적인 인간에 융해하고자 하는 열망을 보여준 것이다. 그래서 우리가 고립된 국가로 분열될 위기에 처했음을 알았던 볼리바르는 탁월한 예지력으로 이베로아메리카 연방을 구상했던 것이다. 그런데 무지한 자들이 오늘날까지 그의 계획을 문제 삼고 있다.

라틴아메리카 독립을 이끈 대부분의 카우디요는 미래를 명확하게 설계하지 못했다. 그들은 오늘날 애국주의로 불리는 지역주의나 국가주권에 경도되어 제 민족의 즉시적 운명만 걱정할 따름이었다. 그러나 놀랍게도 그들 대부분은 오늘날 이베로아메리카 대륙이라 부르는 이 땅에 부합하는 보편적 인종에 마음이 끌렸다. 이달고, 모렐로스, 볼리바르, 아이티인 페티온, 투쿠만 의회의 아르헨티나인,[26] 그리고 수크레에 이르기까지, 이들 모두는 노예해방과 자연권으로서의 모든 인간의 평등, 즉 백인, 흑인, 인디오가 사회적 공민으로서 평등함을 천명했다. 역사적 위기의 순간에 그들은 이 지구상의 한 지역에서 중대한 임무를 수행했으니, 그 임무는 바로 정신적, 인종적으로 사람들을

26 1816년 투쿠만 의회에 모인 라플라타 지역 대표자들은 에스파냐로부터의 완전한 독립을 선언하고 '라플라타 연합주'를 결성한다. —옮긴이

융합하는 것이었다.

그 어떤 라틴인도 생각지 못한 일이 앵글로색슨의 식민지에서 벌어졌다. 그들의 땅에선 우리와 반대되는 논리가 지배적이었으며 공개적으로 혹은 암묵적으로 백인의 영광과 행운을 위해 인디오, 몽고인, 흑인의 땅이 수탈당하고 있었다. 실제로 그 시기부터 지금까지 두 문명을 사회학에서 대립적으로 배치하는 구조가 정착됐다. 이 두 문명 중 하나는 전적으로 백인이 지배하는 문명이며 다른 하나는 새롭고 총체적인 인종을 형성하는 문명이자 항구적으로 발전하는 전全인류를 표방하고 세계화하려는 열망을 지닌 문명이다. 이는 라틴 대륙에 사는 모든 이들 속에서 자연스럽게 증가하는 혼혈의 추세만 보더라도 충분히 입증된다. 반면에 미국에서는 흑인과 백인을 나누는 견고한 분할선이 있으며 캘리포니아에선 일본인과 중국인을 배제하는 법률이 갈수록 강화되고 있다.

아마도 라틴인이 라틴인인 이유는 애초부터 라틴인의 본질이 있어서가 아니라 인종이 뒤섞였기 때문일 것이다. 라틴인은 성관계에 있어 그다지 인종에 집착하지 않는다. 이에 동의하지 않을 수도 있고 편견 때문에 반감이 들 수도 있겠지만, 이미 시작된 혼혈은 변함없이 계속될 것이다. 따라서 우리는 이 혼혈에서 이베로아메리카 기질의 근본적 모습을 찾아야 한다. 경제적 경쟁이 우리로 하여금 문을 폐쇄하도록 만들고 있는데, 이는 충분히 발생할 수 있는 일이며 실제로 그리되었다. 물밀 듯 밀려오는 동양인에 대해 앵글로색슨이 그랬다. 하지만 이런 일이 닥친다 해서 우리가 경제적 상황에만 좌우되는 것은 아니다. 우리는 중국인 같은 민족이 유교의 도덕론의 기치아래 쥐처럼 증식하여 인간의 조건을 악화시킨다는 판단이 부당함을 인식하고 있다. 우리는 진정한 종교적 삶에 반하는 저급한 동물적 본능을 조절하고 통제함에 있어 지성이 필요하다는 걸 깨닫고 있다. 혹시라도 우리가 그들을 배제한다면 그것은 인간의 진보를 인구 감소로 이해하고 숫자에 공포를 느끼며 그것을 삶의 질로 판단한기 때문이다. 미국이 동양인을 거부하는 이유는 바로 인구범람을 우려하기 때문이다. 그들은 동양인을 달가워하지 않을 뿐만 아니라 그들을 경멸하며 그들과의 혼혈을 원치 않는다. 샌프란시스코의 여성들이 일본 해군 장교와 춤추기를 거부했다는데, 그 장교는 다른 나라 해군처럼 정갈하고 지적이며 나름대로 미남이다. 그 여성들은 일본인이 아름다울 수 있다는 걸 결코 이해하지 못할 것이다. 심지어 앵글로색슨은 황인과 흑인이 특유의 냄새를 풍기듯이 백인도 특유의 냄새가 있다는 걸 쉽게 인정하지 않을 것이다. 물론 우리도 그 냄새를 느끼지 못할 수도 있다. 라틴아메리카에도 외국인과의 혼혈을 혐오하는 경향이 없지는 않지만 아주 미미하다. 모든 인종이 신실하고 진정한 결합을 이루는 데는 수천가지 방식이 있다. 주목할 점은 개방적인 남미인과는 대조적으로 북미인은 인종장벽을 쌓았다는 것이다. 다가올 미래를 조금만 생각해봐도 그 점은 우리에게 이롭게 작용할 것이다. 머잖아 알게 되겠지만, 우리는 내일을 살 것이고 그들은 어제를 살 것이다. 양키는 단일 인종으로 이룬 제국, 백인의 마지막 제국을 건설할 것이다. 그 사이 우리는 계속해서 모든 종류의 혈통에 전염된 혼혈이라는 엄청난 혼돈을 겪을 것이다. 하지만 훨씬 훌륭한 혈통의 인간을 낳을 것이다. 이스파노아메리카에서 자연은 편협한 실험을 되풀이하지 않을 것이다. 이제 아메리카는 지난 아틀란티스에서 출현한 특유의 기질을 지닌 단일 인종으로 구성되지 않을 것이다. 미래의 인종은 제5인종이나 제6인종이 아니라 선조를 뛰어넘는 인종이 될 것이다. 그 결정적 인종, 총체적이고 완전한 인종은 모든 민족의 피와 기질로 구성될 것이며, 이로써 그 인종은 진정한 형제애와 참된 보편적 비전을 보여줄 능력을 지니게 될 것이다.

이 숭고한 목표에 도달하려면 우리는 새로운 생물학적 출현의 버팀목이자 살이 될 세포조직을 키워나가야 한다. 가단성 있고 깊고 맑으며 근본적인 단백질 조직을 키우기 위해 이베로아메리카 민족은 신비주의 신앙을 껴안듯 그 임무에 뛰어들어야 한다.

역사가 나아가는 길에 쓸모없는 것이 있겠는가. 우리는 물질적 고립을 자초하고 국가를 형성하는 실수를 저질렀지만 창조적 혼혈을 통해 순수 인종이라는 층을 구성한 앵글로색슨의 한계에 빠지지 않았다. 역사는 그런 식의 가혹한 선택을 통해 물리적으로 정제된 인간을 생산했으나, 그 인간이 매력적이지만 생기가 없음을, 아름답지만 이상한 아름다움이라는 것을 보여준다. 그것은 마치 천년을 이어왔지만 마침내 무너질 수밖에 없었던 브라만 계급 같다. 그들은 재능으로도 성품이나 활력으로도 타인을 이롭게 한 적이 없다. 반면에 우리는 훨씬 힘든 길에 뛰어들었지만 그 길에서 케케묵은 편견을 깼다. 설명할 도리는 없지만, 그 길은 어느 먼 곳, 단순히 과거가 아니라 미래의 전조가 유래하는 신비로운 먼 곳에서 들리는 애절한 외침에서 오는 것 같다.

라틴아메리카가 또 다른 에스파냐라면 미국 또한 또 다른 영국일 것이다. 따라서 이 두 민족의 오랜 충돌은 광대한 영토에서 또 다른 전투를 되풀이하는 것이며, 둘 중 하나는 굴복할 것이고 하나는 승리할 것이다. 하지만 이것이 충돌의 자연법칙은 아니다. 역학에서도 삶에서도 그렇지 않다. 더욱이 전장이 정신적 영역이라면 그 대립과 싸움은 상대를 밝혀주게 되고 서로의 운행運行을 최고조에 이르게 하며 마침내 영예로운 공동의 극복으로 이끈다.

앵글로색슨은 우리보다 먼저 자기의 임무를 완수했다. 그들의 임무는 훨씬 즉시적이었으며 역사적으로 이미 밝혀진 것이었기 때문이다. 그들은 임무를 달성함에 있어서 승리를 경험한 민족의 예를 따르는 것으로 충분했다. 그들은 그저 유럽의 계승자로서 그들이 차지한 영토에서 백인의 가치를 극대화했다. 미국의 역사가 단절되지 않고 개선행진처럼 즐거운 힘이 넘치는 이유가 바로 여기에 있다.

이베로아메리카를 구성하는 음률은 그 얼마나 다른가! 그 음률은 무한하고 심오한 심포니의 스케르초 같다. 아틀란티스의 음조를 지닌 그 소리는 수천 년 전엔 참으로 많은 걸 알았지만 이젠 모든 걸 망각한 것 같은 홍인의 눈동자에 담긴 심연 같다. 그의 영혼은 숲 속에 있는 깊고 고요한 푸른 물을 담은 마야의 유구한 세노테[27] 같으나 그들의 전설은 이미 수세기 전에 사라지고 없다. 이제 이 무한한 고요는 감각적 행복을 갈구하고 춤에 취해 있으며 고삐 풀린 관능을 지닌 흑인이 우리의 혈통에 핏방울을 삽입함으로써 사라진다. 또한 야릇한 시각으로 모든 사물을 바라보며 뭔지 모를 주름과 새로운 차원을 발견하는 몽고인의 눈이 더해진다. 거기에 제 살결과 꿈결을 닮은 맑은 백인의 정신이 들어온다. 그리고 잔인한 추방의 날부터 카스티야인의 피에 숨겨져 있던 유대인의 맥이 뛴다. 이슬람의 병적인 감수성을 보여주는 아랍의 우수가 깃든다. 이걸 지니지 않은 자 혹은 이 모든 걸 지니길 원치 않는 자 있는가? 여기에는 인도인의 정신도 깃들어 있으니, 그들은 가장 나중에 왔으나 가장 가까운 혈육 같다. 우리는 이토록 뒤섞여 있으며 앞으로도 그럴 것이다. 이로써 우리는 모든 것을 받아들이고 감싸 안을 넓고 합리적인 심장을 갖게 될 것이다. 그리하여 활력이 넘치는 심장은 세상에 새로운 질서를 가져올 것이다. 우리는 세계 극복이라는 경이를 이룩하기 위해 모든 면을 바라볼 새로운 지성을 지닐 것이라 직관하고 있다.

II

이제 우리는 이베로아메리카에 사는 혼혈 인종의 장단기 가능성과 이 혼혈 인종을 최초의 총체적 인종으로 발전시킬 수 있는지 살펴본 후, 이 혈통을 발전시킬 물리적 환경이 생물학적 목적에 부합하는지 알아봐야 한다. 이미 가진 영토가 아주 넓으니 영토는 문제되지 않는다. 해변에 최상의 항구가 많지 않기는 하지만, 공학이 발전하고 있으니 중요한 문제는 아니다. 반면에 천연자원, 비옥한 토양, 수량, 기후 등 기본적인 것은 지구상의 다른 어떤 곳보다 풍부하다. 물론 기후에 있어서는 이견이 있을 수도 있다. 가용토지의 상당 부분이 열대지역이기에 이곳의 기후가 새로운 인종에 적합하지 않을

27 석회암 지역의 함몰지에 지하수로 채워진 천연 우물이다. –옮긴이

수도 있다는 말이다. 그러나 그 점에 바로 미래를 향한 열쇠이자 이점이다. 위대한 문명들은 열대지역에서 시작되었으니 마지막 문명도 열대지역으로 회귀할 것이다. 열대기후는 인간에게 적대적이지만 생산적 삶을 일굴 수 있도록 은혜를 베풀어주기에 이 새로운 인종은 열대기후를 이겨낼 새로운 방식을 창조함으로써 제 운명을 완성해갈 것이다. 백인의 승리는 눈과 추위를 극복함으로써 시작됐다. 백인문명의 토대는 발화성 물질에 있다. 애초에 이 물질은 긴 겨울을 이겨내는 데 쓰였으나 나중엔 방한뿐만 아니라 노동에 활용할 수 있는 에너지가 있다는 사실을 알게 됐다. 그리하여 모터가 창안되고 뒤이어 화덕과 난로에서 세상을 뒤바꿀 모든 기계가 생산되고 있다. 이집트처럼 뜨거운 곳에서 그와 같은 발명은 불가능했을 것이다. 이집트인의 지적 능력이 영국인보다 훨씬 뛰어났지만 그런 일은 발생하지 않았다. 그들이 영국인보다 뛰어나다는 사실은 이집트 사제들이 쓴 『사자死者의 서書』가[28] 지닌 숭고한 형이상학과 천박한 스펜서식 진화론을 비교하는 것으로 충분하다. 장차 수천 년을 진화하고 교육받더라도 머리 큰 백인은 스펜서와 헤르메스 트리스메기스투스 간의 엄청난 거리를 좁히지 못한다.

반면 북쪽의 추위가 만들어 낸 기막힌 기계인 영국의 선박은 이집트인으로선 꿈도 꾸지 못할 것이었다. 환경을 이겨내는 거친 싸움에서 백인은 제 재능을 자연의 악천후를 정복하는데 썼으며, 이는 백인의 미래 문명을 위한 토대가 되었다. 백인은 물질을 지배하게 되었다. 그들의 과학은 불을 통제하는 방법을 완전히 바꿀 수도 있으며 파리나 유해동물을 죽이고 무더위와 열기를 식히기 위해 응축된 눈이나 전기화학 전류 혹은 섬세한 마술 같은 가스를 활용하게 될 것이다. 그렇게 되면 온전한 휴머니티가 열대지역으로 퍼져나갈 것이고 그 장엄한 풍경 속에서 영혼은 정점에 달할 것이다.

백인은 먼저 자신을 위해 그 발명품을 사용할 것이다. 그러나 과학이 이제는 그다지 심오한 것이 아니니 그렇게만 되지는 않을 것이다. 다른 모든 사

---

28 『사자의 서』는 고대 이집트 시대에 관 속에 함께 넣은 사후세계에 대한 안내서이다. ―옮긴이

람이 그들을 흡수하여 종국에는 백인도 자부심을 버리고 다른 이와 어울려 새로운 총체적 인종, 제5미래인종에 들어올 것이다.

열대를 정복하면 삶의 모든 것이 바뀔 것이다. 건축에선 첨두아치도 돔도 난방에 필요한 천정도 사라질 것이며 다시금 피라미드가 건설될 것이다. 아름다움을 추구하며 괜한 허세를 부려 열주를 세우거나 나선형 건축물을 세울 수도 있다. 새로운 미학이 나선의 무한한 곡선을 본뜨며 자유열망을 재현할 것이기 때문이다. 인간의 승리는 무한을 정복하는데 있으니 말이다. 색과 리듬이 가득한 풍요로운 풍경은 감동이 될 것이다. 현실은 환상이 될 것이다. 흐리고 혼탁한 미학은 병든 과거의 예술이 될 것이다. 정제되고 강렬한 문명이 관대하고 맑은 빛을 뿜는 강인하고 장대한 대자연에 화답할 것이다. 도시와 만灣이 있는 지금의 리우데자네이루나 산토스의 파노라마는 머지않아 도래할 완전한 인종이 사는 미래의 중심지가 될 것이다.

따라서 과학적 수단을 통해 열대를 정복한다면 이 뜨거운 지역에 온전한 휴머니티가 정착할 시대가 도래할 것이다. 그 때가 되면 지금의 브라질, 콜롬비아, 베네수엘라, 에콰도르, 페루와 볼리비아의 일부 지역, 아르헨티나의 북부가 약속의 땅이 될 것이다.

과학이 인종 변화의 속도를 추월할 위험도 있다. 제5인종이 형성되기도 전에 열대를 침범하는 일이 발생할 수도 있다는 말이다. 그렇게 되면 아마존을 놓고 격전이 벌어질 것이며 세계와 최후 인종의 운명이 그 격전에 좌우될 것이다. 만약 아마존을 순수 백인 경쟁자인 영국이나 미국이 점령한다면 제5인종의 출현은 기대할 수 없을 것이다. 하지만 그럴 일은 없다. 역사는 제 길을 비틀지 않는다. 색슨인도 새로운 기후에서는 온순하게 변하여 혼혈인이 될 것이다. 그러나 색슨인이 가세한다면 통합과 극복의 과정은 훨씬 더딜 것이다. 따라서 오리노코강과 막달레나강을 포함한 아마존은 브라질, 즉 이베로인의 것이어야 한다. 모든 종류의 보물이 있는, 지구상에서 가장 풍요로운 지역의 자원은 총체적 인종의 문화를 강화할 것이다. 미래 세계는 아마존을 정복하는 자의 손에 들어갈 것이다. 그 거대한 강 옆으로 보편도시Universópolis가 건설되고 그곳에서 새롭고 훌륭한 표교와 함대와 비행기가 퍼져나갈 것이다. 아마존이 색슨인의 것이 된다면 그 세계도시는 보편도시가 아니라 앵글로색슨타운이 될 것이며, 경쟁자를 제거하고 금발머리 백인의 지배를 합리화할 엄격한 법을 다른 대륙에 이식하려는 군대가 그곳에서 출정할 것이다. 반면에 제5인종이 미래세계의 축으로 자리 잡는다면 비행기와 군대가 전 지구로 뻗어나가며 교육을 통해 사람을 지혜의 장으로 이끌 것이다. 사랑에 기반을 둔 삶이 아름답게 실현될 것이다.

제5인종은 백인은 물론이고 어떤 민족도 배제하지 않을 것이다. 제5인종을 구성하는 법칙은 최상의 권력 통합을 위해 모든 능력을 활용하는 것이다. 우리의 목표는 백인과 전쟁을 벌이는 게 아니라 모든 종류의 폭력적 패권에 대항해 싸우는 것이다. 바로 백인의 패권 말이다. 황인도 예외일 수 없다. 만약 일본이 대륙을 위협하는 존재가 된다면 말이다. 제5인종은 이미 백인과 그들의 문화를 포용하고 있으며 여전히 그들의 유용한 재능을 기대하고 있다. 라틴아메리카가 유럽의 백인에게 빚을 진 이상, 그들을 부정하진 않을 것이다. 또한 미국의 철도, 교량, 기업의 덕을 봤으니 미국도 부정하지 않을 것이다. 다른 인종들에게도 필요한 것이니 말이다. 그들의 우월한 이상은 받아들이되, 그들의 오만함은 용납할 수 없다. 우리가 모든 이에게 그렇듯 그들의 가정과 안식처가 있는 자유로운 조국을 위해 축배를 들더라도 그들의 지속적 정복에 대해서는 그럴 수 없다. 물질주의와 사회적 부정에 환멸을 느낀 제4인종 백인은 우리가 자유를 완성하는 일을 도우러 올 것이다.

제5인종의 기질에 백인의 기질이 지배적으로 나타난다고 하더라도, 그 우월성은 경제적 압력이나 폭력의 결과가 아니라 취향에 대한 자유로운 선택의 결과여야 한다. 우월한 문화와 자연이 승리해야 한다. 그러나 그 승리는 이상에 대한 자유로운 선택과 의식에 따른 자발적 수용에 기초해야만 확고해질 것이다. 지금까지 인간의 삶은 인간의 저급한 능력으로 이뤄져왔지만 제5

인종은 인간의 우월한 능력으로 이뤄진 결과물이 될 것이다. 제5인종은 삶을 배제하지 않고 온전히 향유할 것이다. 따라서 지금 양키를 배재하는 것은 다른 인종을 배재하는 것과 마찬가지로 미리서 그들을 제거하는 꼴이니, 나중에 쳐내는 것보다 훨씬 참혹한 일이다. 우리는 아무리 저급하더라도 어떤 인종도 배제하지 않을 것이다. 우리의 과업에서 견고한 사회적 미덕과 추진력을 지닌 인종을 떼어내는 것은 참으로 분별없는 짓이니 말이다.

이베로아메리카인의 미래 인종이 어떻게 구성될지, 삶의 방식을 어떻게 유용할지에 대한 논지를 제시했으니, 이제 이 신대륙에서 검증될 변화의 세 번째 요소, 즉 이 특별한 과업을 이끌고 완성할 심리적 요소를 고심해야 한다. 혹자는 지금의 상이한 인종이 결합하여 모든 인종을 완성하고 극복할 새로운 인종이 생성되는 과정을 혐오스러운 무정부주의적 혼종주의라고 생각할 수도 있다. 그에 비해 제 혈통끼리만 혼인하는 앵글로색슨인의 관행은 정결함과 순수함을 지키는데 이상적으로 보일 것이다. 유색인종과의 혼혈을 막고자 앵글로색슨인과 같은 제도를 지켰던 종족이 있으니, 바로 힌두스탄의 원시 아리안족이다. 그런데 금발의 침입자가 제 인종을 완성하는데 필요한 지혜를 가진 자는 유색인종이었기에, 수 세기 후에 모든 금기를 깨고 혼혈이 이뤄지기 전까지는 진정한 힌두스탄 문화의 출현은 요원했다. 더욱이 그 치명적인 혼혈이 문화적인 측면에서만 유용했던 건 아니다. 혈족에게 새로운 육체를 물려줄 필요가 있었으니 말이다. 미국인은 순수 혈통을 확고히 지키고자 하는데, 이런 태도는 흑인 때문이다. 뒤섞이기에는 흑인이 너무나 대척점에 있다. 이베로아메리카인의 세계에선 이 문제가 그렇게 중요하지 않다. 흑인이 적을뿐더러 그들 대부분이 이미 물라토로 변했기 때문이다. 또한 인디오가 혼혈을 위해 훌륭한 교량 역할을 하고 있는데다가 따뜻한 기후는 모든 사람이 접촉하고 융합되기에 안성맞춤이다. 주목할 점은 상이한 인종의 혼혈이 단순히 인접성에 기인하지 않을 것이라는 점이다. 식민 초기의 백인 식민자에겐 인디오나 흑인 여성 외에는 다른 대안이 없었으니 어쩔 수 없었지만, 사회적 조건이

향상될수록 자발적으로 혼혈이 이뤄졌으니 이젠 필요에 의해서가 아니라 취향에 따라 혼혈이 진행될 것이다. 물론 호기심도 빼놓을 수 없는 요소일 것이다. 이로써 심리적 동인이 육체적 우발성을 뛰어넘을 것이다. 우리는 수많은 사람 중에서 누군가를 선택하는 신비로움을 끌어내는 취향이 생각이 아닌 심리적 동인에 있음을 알아야 한다.

III

우리는 이 취향의 법칙을 인간관계의 규칙으로서 3단계 사회 법칙으로 언급하곤 했다. 하지만 콩트식 법칙이[29] 아니라 훨씬 폭 넓은 범주의 법칙이다. 이 법칙에 따른 3단계는 물질-전사戰士, 지식인-정치인, 정신-미학이다. 이 3단계는 필요의 제국에서 점진적으로 우리를 해방시키고 우리의 삶 전체를 감각과 환상이라는 고차원적 범주에 묶어주는 과정을 보여준다. 첫 단계에선 오직 물질이 지배한다. 여기서 인간집단은 오직 폭력과 상대적 권력의 법칙에 따라 싸우기도 하고 결합하기도 한다. 때로는 괴멸되기도 하고 필요와 유용성에 따라 합의를 보기도 한다. 모든 인종의 무리와 부족이 이렇게 살아간다. 그런 상황에서 혼혈은 무리를 결집시키는 유일한 수단으로서 물리적 힘에 의해 강제된다. 강자가 굴복한 여성을 제멋대로 취하거나 버리는 세계에서 선택이란 존재하지 않는다.

물론 그 시기부터 인간관계 속에는 동정의 본능이 꿈틀거린다. 취향이라는 신비로움에 따라 끌리기도 하고 거부하기도 한다. 그 신비로움이 모든 심미의 비밀스러운 원인이다. 하지만 첫 단계에서는 취향의 작용이 지배적으로 나타나지 않는다. 이는 이성이라는 견고한 규범에 예속된 두 번째 단계에서도 마찬가지다. 물론 첫 단계에도 인간의 품행과 행위의 기원이 되는 이성이 존재하긴 하지만 취향이 억눌리듯이 이성도 약하기 그지없다. 이 단계에서는

29 오귀스트 콩트(Auguste Comte, 1798-1857)가 인간의 지적 발전을 3단계(신학적 단계, 형이상학적 단계, 실증적 단계)로 나눈 것을 말한다. -옮긴이

결정인자가 이성이 아니라 무력이며, 이 무력은 일반적으로 폭력적이다. 따라서 무력에 눌린 이성적 판단력은 원시적 의지의 노예가 된다. 손상된 판단력은 교활함이 되고 부정을 저지르는데 쓰이며 타락한다. 첫 단계에서 인종 간의 신실한 혼합을 기대하기는 불가능하다. 폭력의 법칙이 자연스러운 결합의 가능성을 제거할 뿐만 아니라 지리적 여건으로 인해 지구상의 모든 민족이 지속적으로 소통하기 어렵기 때문이다.

두 번째 단계에선 이성이 우위를 차지하는데, 이성은 무력으로 획득한 이점을 교묘하게 이용하고 제 과오를 수정한다. 협약을 통해 경계가 설정되고 상호조정과 논리적인 법률에 맞춰 관습이 형성된다. 가장 잘 정비된 이성적 사회체제의 모델이 바로 고대 로마의 제도이다. 이 이성적 사회체제는 로마 이전에 시작하여 국가 체제가 갖춰진 지금까지 이어지고 있다. 이 체제에서 인종 간의 혼혈은 부분적으로는 견고한 사회규범 하에서 자유로운 본능을 따르기도 하고 한 시대의 도덕적 혹은 정책적 상황에 따라 이뤄지기도 한다. 예를 들어, 도덕의 이름으로 사랑하지도 않는 사람에게 파기할 수 없는 결혼을 강요하고, 정책의 이름으로 대내외적 자유를 제한하며, 종교의 이름으로, 종교가 숭고한 감응이라는 이유로 교리를 주입하고 전횡을 일삼는다. 그러면서도 이 모든 게 인간사의 최선으로 인식된 이성의 명命을 따르는 것으로 정당화된다. 또한 피상적인 논리와 잘못된 지식에 근거한 자들이 우생학의 이름으로 혼혈을 단죄하는데, 그 우생학이 불완전하고 조작된 과학적 자료에 기초한 탓에 유효한 결과를 낳지 못했다. 두 번째 단계는 양식에 대한 신뢰를 그 특징으로 한다. 그로 인해 지성을 규범화하고 행위를 제한하며 국가 경계를 세우고 감각에 제동을 거는 것밖에 이룬 게 없다. 규칙, 규범, 폭정, 이것이 두 번째 단계의 법칙이며 이 단계에서 우리는 수인이나 다름없다. 우리는 거기에서 벗어나야 한다.

수많은 방식으로 도래가 예고된 세 번째 단계의 방향은 설명만 할 뿐 생성하지 못하는 빈곤한 이성이 아니라 창조적 감각과 만족스러운 아름다움에 있을 것이다. 규범은 최상의 권능인 환상에 자리를 내어줄 것이다. 다시 말해, 우리는 규범 없이 사는 단계, 즉 감각에서 출현한 모든 것이 올바른 단계에 살게 될 것이다. 규칙이 아니라 끝없는 영감의 단계에서 말이다. 따라서 행위의 미덕은 첫 번째 단계처럼 즉각적이고 만질 수 있는 결과물에 있지도, 순수 이성의 특정 규칙에 맞춰지지도 않을 것이다. 도덕적 의무 자체가 초월될 것이다. 선과 악의 경계를 넘어선 미학적 파토스의 세계에서는 행위 자체의 아름다움이 행복을 낳을 수 있다는 사실만이 중요할 것이다. 우리는 의무가 아니라 끌림으로 행할 것이다. 욕망이나 삼단논법이 아니라 취향의 길을 따르는 것이다. 그리하여 사랑에 기초한 환희를 살 것이다. 이것이 바로 세 번째 시대이다.

불행히도 우리는 신과 같은 삶을 살기에는 너무나도 불완전하여 그 모든 길을 걸어야 한다. 천한 욕망을 정화하고 극복하는 길을 걸어야 하며, 고귀한 열망을 북돋을 희망의 길을 걸어야 한다. 그러면 천박한 감수성을 구제할 열정이 올 것이다. 파토스에서 사는 것, 사물의 움직임이 행복의 리듬을 맞이하는, 그 강렬한 감동을 온전히 느끼는 것. 거기에 세 번째 시대의 특징이 있다. 도덕과 논리의 교량이 없어도 가벼운 도약으로 단번에 계시의 영역에 이를 성스러운 열망이 퍼지며 그 시대에 이를 것이다. 예술적 재능은 즉각적 직관이기에 논리적 추론의 고리를 건너뛰고 제 열정으로 의무를 넘어서고 의무를 숭고한 사랑으로 대체한다. 의무와 논리가 건설의 발판이자 구조라 하지만, 건축의 혼은 그러한 메커니즘을 초월하는 리듬이기에 성스러운 미의 신비 말고는 다른 법칙을 알지 못한다.

그렇다면 인간의 운명의 원기, 승리에 취한 제4인종이 신격화한 인간의 의지는 그 과정에서 무슨 역할을 하는가? 의지는 무력이며 눈먼 무력은 불확실한 목적을 좇게 마련이다. 첫 단계에서 의지는 욕망에 지배되어 욕망의 변덕에 따라 제멋대로 쓰인다. 그러고 나면 욕망은 이성에 제 빛을 비추게 되고 의지는 의무 속에서 제어되며 논리적 사고의 형태로 변한다. 세 번째 단계에서 의지는 자유로워진다. 이제 의지는 무한을 압도하고 무한한 현실 속에서 폭발하여 넘쳐흐른다. 그리하여 의지는 아득한 목적과 소리로 채워진다. 논리로 채워지지 않는 의지는 환상의 날개를 달고 가장 깊은 곳에 침잠하여 가장 고귀한 것을 비춘다. 의지는 조화로 확장되고 선율을 창조하는 신비 속에 상승하여 감동 속에서 만족하고 용해되며 우주의 환희와 뒤섞인다. 그리하여 아름다운 열정이 된다.

인간의 운명이 세 번째 시대를 향해 천천히 나아가고 있음을 안다면 우리는 혼혈이라는 과업이 이베로아메리카 대륙의 고귀한 능력의 열매에서 나온 법칙에 따라 실행되고 있음을 이해할 것이다. 우리는 감동, 아름다움, 기쁨의 법칙에 따라 제 짝을 선택하게 될 것이다. 과학에 기초하여 사랑의 과정에서 중요치 않은 것만 주시한 우생학에는 비교도 되지 않을 만큼 우월한 결과를 낳을 것이다. 심미적 취향이라는 신비로운 우생학이 과학적 우생학을 압도할 것이다. 찬란한 열정이 지배하는 곳에 교정 따위는 필요 없다. 아주 추한 자는 태어나지도 않을 것이며 그렇게 되기를 바라지도 않을 것이다. 모든 인종이 섞인 상황인데 추함을 위한 요람이 있을 턱이 있겠는가. 가난, 불완전한 교육, 아름다운 인간형의 결핍, 사람을 추하게 하는 빈궁함. 미래사회에서는 이 모든 불행이 사라질 것이다. 평범한 부부가 수많은 불행을 겪었다며 우쭐대는 오늘날의 일상이 그 때가 되면 불쾌하다 못해 범죄적으로 보일 것이다. 결혼은 더 이상 불운에 대한 위안이 되지 않을 것이다. 괴로울 이유가 없으니 결혼은 또 하나의 예술작품이 될 것이다.

교육과 복지가 널리 퍼지면 서로 맞지 않는 사람들이 섞이는 위험은 없을 것이다. 인종의 결합은 세 번째 단계의 간명한 법칙, 아름다움에 대한 감각으로 정제된 호감의 법칙에 따라 이뤄질 것이다. 오늘날 우리에게 필요나 무시를 강요하는 거짓 호감이 아닌 진정한 호감 말이다. 참으로 격정적이고 착오로 인한 것도 쉽게 해소되는 결합이 자유롭고 아름다운 싹을 틔울 것이다. 온 인류의 체질과 기질이 변할 것이며 직감이 우선시되고 인종마다 다른 오늘날의 아름다움의 요소가 행복한 총체로 지속될 것이다.

실제로 우리는 흑인 여성과 백인 남성의 결혼을 혐오한다. 이는 한편으로는 우리의 위선 때문이기도 하며 다른 한편으로는 혼혈이 불행한 상황에 처한 가련한 사람들 간에 이뤄지기 때문이기도 하다. 그런데 검은 피부의 아폴로와 금발의 비너스의 혼인이라면 모든 것이 아름다움으로 성화되니 전혀 역겹지 않을 것이다. 반면에 날이면 날마다 법원이나 사원을 나서는 신혼부부를 지켜보는 일은 혐오스러울 것이다. 그들은 십중팔구 못생겼을 테니 말이다. 이렇듯 세상은 우리의 악습과 편견과 빈곤에 따른 추악함으로 가득하다. 사랑에 따른 출산은 이미 건장한 혈통을 낳는 훌륭한 선례이다. 하지만 사랑은 그 자체로 예술이 되어야 한다. 절망한 자의 자산이 돼서는 안 된다. 부모가 사랑이 아니라 수치스럽고 천박한 본능으로 엮여있다면 우둔함을 물려주게 될 테니 말이다.

사회적 안락함, 호감, 그리고 아름다움이라는 법칙에 따라 맺어진 인종 간의 혼혈은 기존의 모든 인종보다 무한히 우월한 인종을 이뤄낼 것이다. 멘델의 유전법칙에 따른 이종 혼혈은 인간의 교배 요소가 풍부하고 다양한 만큼 참으로 복합적이고 불연속적인 다양성을 생산할 것이다. 따라서 본능의 향방이 제대로 정립된다면 인류의 점진적 완성에 기여할 수 있는 무한한 가능성이 보장될 것이다. 오늘날까지 이 위대한 과업에 진전이 없었다는 것은 인류가 아름다움에 대한 자유로운 본능이 작동할 수 없는 불행 속에 무리지어 살고 있다는 조건 때문이다. 인류의 재생산이 짐승의 방식과 다르지 않기에 양적 제한도 개선에 대한 의지도 없었다. 재생산에 정신이 깃들지 못하고 충족만을 극대화하려는 욕망이 개입되어 있었던 것이다. 따라서 우리는 진정한 혼혈의 효과와 양태를 가늠할 수 없는 조건에 있다. 능력과 아름다움에 기초한 결합을 통해 지배적 강점을 갖춘 개인을 무수히 생산해야 한다. 생각이 아니라 취향으로 우리가 바라는 강점을 취한다면, 선택의 형태는 다양화될 것이고 퇴행은 사라질 것이다. 그렇게 되면 퇴행의 인자는 결합을 유보하고 신속히 개선되거나 스스로 물리적 재생산에 대한 모든 열망을 제거할 것이다. 인류의 의식은 멘델리즘을 교활하게 전개해 나갈 것이다. 그리하여 인류는 물리적 핍박, 무시, 빈곤에서 자유로워지고 추악함은 몇 세대 지나지 않아 사라질 것이며, 오늘날 정상으로 보이는 것이 혐오로 변할 것이다. 하위 인간은 상위 인간에 의해 흡수될 것이다. 그리하여 흑인은 구원될 것이며 추한 혈통은 자발적으로 조금씩 소멸하여 가장 아름다운 혈통에 길을 양보할 것이다. 열성 인종은 교육을 통해 출산을 줄일 것이고 우성 인종은 인종 개선의 단계에 오를 것이다. 그 정점에 이른 인종은 백인이 아니라 백인조차도 인종 총제화를 위해 수용할 수밖에 없는 새로운 인종이다. 인디오는 인접한 인종과 뒤섞임으로써 아틀란티스에서 현 시대에 이르는 수천 년의 시간을 단번에 건너뛸 것이다. 그리고 심미적 우생학이 몇 십 년간 지속되면서 흑인은 물론이고 아름다움에 대한 자유로운 본능에 의해 본질적으로 퇴행적이고 저열한 인간도 사라질 것이다. 취향에 따른 선택은 그렇게 작동할 것이며, 인간이 아니라 열등한 종에만 적용되는 잔혹한 다윈식 도태보다 훨씬 효과적일 것이다.

현존하는 그 어떤 인종도 단독으로는 여타의 모든 인종이 모방의 대상으로 삼을 완전한 모델로 설정될 수 없다. 메스티소와 인디오는 물론 흑인도 각자가 지닌 무한한 정신적 능력에 있어서는 백인을 넘어선다. 고대에도 현 시대에도 단일 인종이 문명을 건설한 적은 결단코 없었다. 휴머니티가 찬연히 빛난 시대는 바로 상이한 민족이 서로 접촉하고 뒤섞였던 시대였다. 인도, 그리스, 알렉산드리아, 로마는 지리적, 인종적 보편성이 문명의 열매를 맺을 수 있음을 보여주는 대표적 사례이다. 그런데 현 시대는 세상의 주인이라는 오만함에 과학자의 입을 빌어 미국 백인의 인종적, 정신적 우월성을 확신하고 있다. 그러나 그 어떤 교수라도 스칸디나비아 반도와 네덜란드의 (청)소년과 미국의 대학생이 남미의 메스티소 (청)소년보다 굼뜨고 우둔하다는 사실을 입증할 수 있을 것이다. 그 우위는 정신적 멘델리즘의 효과, 즉 대립적 요소의 결합에 있을 것이다. 접목을 통해 활기가 새로워지고 영혼이 제 안의 단조로움을 풍요로 바꾸고자 다른 것을 찾는다는 점은 분명하다. 따라서 경험이 쌓이게 되면 폭력이나 필요에 의한 혼혈이 아니라 선택에 의한 혼혈, 다시 말해 미를 이끄는 눈부심과 사랑의 파토스로 선택된 혼혈의 결과가 명확히 드러날 것이다.

첫 번째와 두 번째 단계에서 인류는 고립과 전쟁을 경험하며 어느 정도 다윈의 법칙에 따라 살아왔다. 외부 세계의 현재밖에 볼 줄 모르는 앵글로색슨인은 동물학 이론을 주저 없이 인류사회학에 적용한다. 만약 생리학 법칙을 정신적 영역으로 옮기려는 조작이 수용된다면 흑인과의 혼혈을 언급하는 것은 퇴행을 옹호하는 짓이 된다. 앵글로색슨의 이론은 암묵적이든 노골적이든 흑인이 백인보다는 원숭이에 가깝다고 상정한다. 따라서 그들에겐 흑인을 제거하는 길 밖에 없다. 반면에 백인은, 특히 영어를 쓰는 백인은 인간 진화의 완결판으로 재현된다. 즉, 그들에게 다른 인종과의 혼혈은 혈통을 더럽히는 짓이다. 하지만 그런 식의 시각은 권력을 쥐고 한 시대를 풍미해 본 모든 민족이 그랬듯 환영에 지나지 않는다. 인류 역사에 등장한 위대한 민족은 저마다 자기들이 마지막으로 선택된 민족이라 믿었다. 이 유치한 오만함을 비교해보면 그 민족이 수행한 임무가 사실은 전리품을 탐하고 경쟁자를 제거하려는 욕망에 지나지 않음을 알 수 있다. 따라서 공식 학문은 각 시대마다 지배 인종의 오만을 반영하고 있다. 셈족은 자신의 우월성에 대한 믿음을 신성한 신탁과 서원으로 구축했다. 앵글로색슨인은 가축과 비교하여 자신의 우월성을 주장했다. 그들은 가축의 유전적 다양성과 혼혈을 관찰하면서 다윈주의를 끄집어냈다. 이 다윈주의가 애초엔 초라한 동물학 이론이었는데 나중엔 앵글로색슨인이 어떤 인종보다 우월하다는 사회생물학이 된 것이다. 모든 제국주의는 제국주의를 정당화할 철학을 지녀야 했다. 로마 제국은 질서, 다시 말해 위계를 설파하면서 로마인을 최상위에 두고 동맹 민족을 그 밑에 뒀으며 야만인을 노예로 만들었다. 영국인은 자연도태설을 설파하며 자연권과 신권이 섬에 사는 장두인長頭人과 그 후손에게 지상의 왕국을 부여했다는 암묵적인 결과를 도출해냈다. 그런데 그 학문이 정복 무역과 더불어 우리를 침략하기에 이르렀고 모든 제국주의가 그렇듯이 우월한 과학과 광대하고 웅건한 문명을 앞세우며 우리를 덮쳐오고 있다. 그 어떤 인종도 단독으로는 완성되지 않으며, 폭력에 의해 인종이 사라질수록 휴머니티가 상실된다는 점은 분명하다. 다행히 인종마다 인간적 요소의 조화로운 발전을 해치지 않으면서 미에 대한 각자의 고유한 비전 속에서 나름의 방식으로 변화하고 있다.

모든 인종은 각자 고유한 철학, 즉 성공을 위해 '기계가 된 신Deux ex machina'을[30] 세워야 한다. 우리는 우리의 적에 의해 고안된 철학의 모욕적인 영향 하에서 교육받았다. 별 의도가 없었다고 할지도 모르지만, 그것은 자신들의 목적을 고양하고 우리의 목적을 제거하기 위한 것이었다. 그리하여 우리는 메스티소가 열등하고 인디오는 구제불능이며 흑인은 단죄해야 하고 동양은 돌이킬 수 없는 나락에 떨어졌다고 믿기에 이르렀다. 무장 봉기는 의식의 봉기로 이어지지 못했다. 우리는 에스파냐의 정치권력에 대항해 반란을 일으켰으나 에스파냐와 더불어 우리도 에스파냐의 권세가 몰락한 이후로 세상을 손에 넣은 민족의 경제적, 도덕적 지배 하에 떨어졌음을 인지하지 못했다. 그렇게 우리는 속박을 벗어나려다 또 다른 속박에 추락했다. 우리는 희생자가 됐지만 적시에 그 사실을 알았더라도 독립운동을 비켜갈 순 없었을 것이다. 개인의 운명과 마찬가지로 민족의 운명에도 불가피한 숙명이라는 게 있다. 그러나 새로운 역사의 장이 시작된 지금, 우리는 이데올로기를 재정립하고 새로운 도덕적 교리에 맞춰 이 대륙에 새로운 삶을 일궈내야 한다. 이제 우리의 삶과 우리의 학문을 시작해야 한다. 정신적 해방이 선행되지 않는다면 우리는 결코 물질을 구해내지 못할 것이다.

---

30 문학에서 사건의 결말이나 갈등을 풀기 위해 뜻밖의 사건을 제시하는 방식을 일컫는다. –옮긴이

우리에겐 신문명의 토대를 만들 의무가 있다. 따라서 우리는 문명이 형식에서도 내용에서도 반복되지 않는다는 사실을 염두에 둬야한다. 우성인종 이론은 전투 중인 민족에게 공통적으로 나타나듯 그저 싸움의 수단에 지나지 않는다. 하지만 우리의 해방 전쟁은 너무나도 중요하기에 그 어떤 거짓 책략도 용인될 수 없다. 우리는 우리의 존재는 물론이고 이 세상에서 가장 찬란하고 가장 강하며 가장 아름다운 최초의 인종이 되리라는 사실도 떠받치지 못하고 있다. 우리의 목적은 일시적인 선택을 성취하는 것보다 훨씬 고결하고 어려운 일이다. 우리의 가치는 그만큼 잠재적이기에 아직 그에 이르지 못했다. 거만한 이집트인에게 셈족은 미천한 노예에 지나지 않았으나, 이들은 모든 인간에게 사랑을 전파하며 역사를 뒤흔든 장본인인 예수를 낳았다. 그 사랑이 아메리카에서 태어날 제5인종의 기본적 교리에 포함될 것이다. 기독교는 삶을 해방하고 삶을 만들 것이다. 기독교가 한 민족의 것이 아닌 보편적인 계시를 담고 있으니 말이다. 유대인은 이교도와 같을 수 없었기에 예수를 거부했다. 그러나 아메리카는 이교도의 조국이며 기독교의 진정한 약속의 땅이다. 우리 인종이 이 성스러운 땅에서 그저 인디오 혈통으로 보인다면, 우리에게 사랑이 부족하다면, 이 땅의 숙명적인 임무, 즉 모든 민족과 모든 혈통으로 이뤄진 휴머니티를 정착시키는 임무는 이를 수행할 유능한 민족에 의해 대체될 것이다. 진보하는 세계가 이스파노아메리카에 부여한 생태학은 경쟁자를 마주하고 "널 넘어서겠다"라거나 "이거면 됐다"라고 말하는 경쟁적 신조가 아니라 통합과 총체성을 위한 끝없는 고뇌이자 그 자체로 우주를 품는 일이다. 이를 위한 무한한 열망은 적들의 배타적 강령과 싸우기 위한 힘이 될 것이며 언제나 이교도의 몫이었던 승리를 확신하게 할 것이다. 그렇지만 대부분의 셈족이 스스로 고귀해지지 못한 탓에 제 품에서 태어난 축복을 놓쳤듯이 우리에게도 같은 일이 벌어지지 않을지 염려스럽다. 우리가 모든 이들에게 온정과 형제애를 베풀지 못한다면 우리도 그렇게 될 것이다. 그렇게 되면 다른 민족이 중심축이 되고 다른 언어가 소통의 매개가 될 것이다. 하지만 그 어떤 민족도 인간의 융합을, 보편적 정서와 보편성의 시대를, 제5인종 세계의 출현을 품지는 못할 것이다.

이 글에서 제시한 사회학적, 생물학적 형성 이론은 경쟁자들이 우리를 무너뜨리려고 활용한 이론에 맞서 대항논리를 펼침으로써 맥 빠진 우리 인종을 일으켜 세우려는 단순한 이데올로기적 고투가 아니다. 이 시대 열강들의 지배욕에 숨겨진 과학적 전제가 거짓임이 밝혀지면서 경험적 과학은 단일 인종의 승리가 아니라 모든 인종이 구원될 길이 있음을 드러내고 있다. 이는 마치 수천 년 전부터 기독교가 예견한 소생이 오늘날 다양한 과학적 지식으로 확인되는 것 같다. 기독교는 사랑을 인간관계의 토대로 예견했다. 그리고 이젠 사랑만이 지고한 휴머니티를 일궈낼 수 있다고 생각하기 시작했다. 국가 정책과 그 정책의 직접적인 영향을 받은 실증주의자의 과학은 법리가 사랑이 아니라 대립과 싸움과 능력자의 승리에 있다고 한다. 그러나 능력을 판단하는 그들의 기준은 그 자체로 문제가 있다. 승리하는 자가 능력자인데 능력자만이 승리한다고 하니 말이다.

결국, 단순히 부차적인 것을 합하여 일반화함으로써 위대한 계시를 대체하고 등한시하는 변변찮은 지식은 죄다 이런 식으로 불비하고 상투적인 말로 귀착될 따름이다.

이처럼 신뢰할 수 없는 이론들이 오늘날 과학을 혁신하려는 발견과 탐구에 의해 약화되고 있다. 개인의 삶에 형이상학적 목적도 신의 섭리에 따른 기획도 없다고 믿었던 때에도 대역사의 논리를 경박하다며 공격할 순 없었다. 그러나 수학적 결론이 요동치고 변화하면서 유동적 세계라는 개념이 드러나고 있으며, 이 유동적 세계는 우리의 상대적 위치와 우리가 지닌 사유의 본성에 따라 변화하고 있다. 이제 물리학과 화학은 원자가 질량과 에너지의 활동에 지나지 않는다고 단언하기 어려워졌다. 생물학에서도 새로운 가설이 나오고 있다. 예컨대 웍스킬은[31] 생명의 흐름에서 "세포가 마치 완전한 유기체 속에서 작동하듯이 활동하며, 그 유기체의 기관들은 일정한 계획에 따라 조화를 이루며 통합적으로 작동한다. 즉, 유기체는 기능적 계획을 갖추고 있다"고 지적하면서 "물리-화학적 동륜에서 활성인자들이 연동한다"고 하는데, 이는 대자연이 하나의 기획 하에 있음을 부정하는 다윈주의자의 해석을 반박하는 것이다. 멘델리즘 또한 웍스킬의 논리를 따르면서 원형질이 물질의 혼합이며 모든 것이 대부분 그 물질로 구성된다고 주장한다. 이렇게 과학의 모든 개념이 변하고 있는 만큼, 단일인종 지배이론이 무너졌다는 것도 인정해야 한다. 이는 기회주의적이고 정복적인 거짓 과학을 정립한 자들의 물질적 권력 또한 머지않아 무너질 것이라는 징조이다.

멘델의 법칙에서 "물리-화학적 동륜에 중요인자들이 개입"한다는 점은 우리의 새로운 애국주의에 적용되어야 한다. 그의 논지에서 우리는 정신의 상이한 능력이 운명의 과정에 참여한다는 결과를 도출할 수 있기 때문이다.

우리가 휴머니티를 지닌 인종으로, 지난 시대를 뛰어넘을 미래의 약속으로 우리를 변론할 수 있는 지금, 스펜서식의 유물론이 우리를 비난한들 무슨 대수겠는가! 우리가 바로 그 소생의 시대에, 우주적 소용돌이의 중심에 있으며 우리의 모든 능력을 부단히 불러내어 그 능력을 조심스럽고 기민하게, 아르헨티나인이 말하듯이, 집단적 구원의 길에 활용해야 한다. 다시없을 시대의 여명이 밝아오고 있다. 개인의 영혼뿐만 아니라 온 인류의 뿌리 속에서 기독교가 완성될 것이다. 이베로아메리카 대륙에는 초월적 변화의 도구로서 한 인종이 형성되어왔다. 그 인종은 흠결은 많지만 가단성 있고 이해력도 뛰어

---

31 야콥 폰 웍스킬(Jakob von Uexküll, 1864-1944). 에스토니아의 생물학자로 기계론적 사고방식에 대항한 생물학 사상인 "환경세계설"을 구상하여 20세기 생물학에 새로운 방향을 제시했다. -옮긴이

나며 예민한 감수성을 지녔고 미래 인류의 배아가 될 원형질이 풍부한 인종이다. 생물학적 조건, 체질, 기질, 멘델주의자가 말하는 유전자가 이미 풍부하게 결집되어 있으니 이를 조직할 추동력, 새로운 종을 태동시킬 계획만 세우면 된다. 그렇다면 이 창조적 추동력은 무엇으로 구성될 수 있는가?

우리가 원시적 다윈주의 생물학에 준한 첫 시대의 순수한 힘의 법칙을 따른다면, 맹목적인 힘이 기계적 강압을 통해 단조롭고 난폭한 방식으로 모든 것을 결정할 것이다. 그 과정에서 약자들, 새로운 인종을 위한 계획에 적응하지 못한 자들은 그 힘에 의해 제거될 것이다. 하지만 그 법칙 속에서 새로운 질서가 잡히면 항구적 요소는 폭력이 아니라 취향에 기댈 것이다. 이로써 선택이 자연스럽게 진행될 것이다. 화가가 그림을 그릴 때 여러 색 중에서 원하는 색을 골라 쓰듯이 말이다.

제5인종을 정립하려고 두 번째 시대의 법칙을 따른다면, 전략적 전투가 벌어질 것이다. 이 전투에선 교활한 자와 양심의 가책이 없는 자가 몽상가와 선량한 사람을 이길 것이다. 그렇게 되면 말레이시아인이 새로운 휴머니티의 지배자가 될 것이다. 듣자하니 그들은 신중하고 교활하며 필요하면 배신도 서슴지 않아서 그들을 이길 자가 없다고 한다. 그렇더라도 지성의 길은 금욕적 휴머니티를 요구할 것이며 의무를 최고의 규범으로 받아들이게 될 것이다. 세상은 퀘이커교도로 들어찰 것이고 정신적 계획은 규칙에 의해 일그러지고 목이 죄어 끝장날 것이다. 이성, 순수 이성은 도덕률의 이점을 알고 있지만 실행을 담보할 전투적 열정을 일궈내기에 역부족이기 때문이다. 반면에 환희를 만드는 진정한 힘은 세 번째 단계의 법칙, 즉 신성한 계시만큼이나 순수한 사랑과 미의 정서에 있다. 고대로부터 내려오는 미는 『파이드로스Fredo』에서 보듯이 파토스에 있다. 파토스는 전염성이 강하여 정서를 흔들고 사물과 사물의 운명을 변화시킨다. 그 법칙을 삶과 사물에 주입하고 통찰할 능력이 있는 인종, 그 인종이 신문명 시대의 모태 인종이다. 다행히도 제5인종이 지녀야 할 재능을 이베로아메리카 대륙의 메스티소가 상당히 지니고 있다. 그들에게 아름다움은 만물의 가장 주요한 존재 이유이다. 형식의 구속에서 자유로우며 부당한 이득과 거리가 먼 정교한 미학적 감수성과 심오한 아름다움에 대한 사랑. 이것이 세 번째 시대에 필요한 것이다. 이 시대에는 기독교적 탐미주의에 물들어 모든 창조물에 후광을 비추는 자비라는 구원의 손길로 추악함을 떨쳐낼 것이다.

따라서 이 대륙의 우리는 새로운 휴머니티의 모든 요소를 지니고 있다. 모종의 법칙이 지배적 형태를 창조하기 위한 요소를 선택해 갈 것이다. 그 법칙은 정복적인 단일인종을 생산하지 않아야 하기에 민족이 아니라 보편성과 미를 기준으로 삼을 것이다. 더불어 우리는 드넓은 영토와 천연자원도 보유하고 있다. 그 어떤 유럽 민족도 이베로아메리카인의 임무를 대신할 수 없다. 유럽 민족이 우리만큼 재능이 있더라도 말이다. 왜냐하면 그들에겐 이미 정착된 문화가 있고 그런 임무를 부담스러워하는 전통이 있기 때문이다. 그들은 자기 것을 혹독하게 강요하는 정복자 인종이기에 우리를 대체할 수 없다. 정복을 유지하는데 폭력이 필요하다 하더라도 말이다. 아시아 민족도 이 보편적 임무를 수행할 수 없다. 그들은 쇠약하다. 게다가 그들에겐 새로운 과업을 수행할 용기도 없다.

이스파노아메리카인이 조금은 방탕해보일 수도 있으나 자유로운 정신과 방대한 미개척지에 대한 열망이 있기 때문에 이베리아 반도의 정복자들이 누린 영광을 이제라도 다시 누릴 수 있다. 모든 땅이 개척된 지금도 이스파노 민족은 여전히 정신적으로 새로운 영역을 개척할 임무를 지니고 있다.

이 대륙에서 오직 이베리아 민족만이 보편적 휴머니티의 시대라는 웅대한 과업을 개시하는데 필요한 정신적 요소와 인종과 영토를 지니고 있다. 모든 인종이 그러한 과업을 쌓아왔으며 오늘날 북방계가 뛰어난 실행력을 보여주고 있긴 하지만, 여러 위대한 문화가 태어나고 사라진 이 시대에 그들이 보여준 시작은 보잘 것 없었다. 흑인 또한 레무리아 시대부터 지금까지 잠재력을 유지하고 있다. 인디오는 아틀란티스의 종말을 봤지만 그 고요한 신비로움을 의식에 담고 있다. 우리는 모든 민족과 모든 재능을 보유하고 있다. 따라서 진정한 사랑이 발현되어 대역사의 법칙을 개시하기만 하면 된다.

수많은 장애물이 그 정신적 복안을 방해하고 있으나 그런 장애물은 어떤 진보의 길이든 늘 나타나기 마련이다. 물론 인간을 억압하는 오늘날의 사회경제체제에서는 단일 혈통의 자손조차 평화롭고 행복하게 살기 어려운데, 어찌 상이한 인종을 조화롭게 결합할 수 있느냐고 반론을 제기할 수도 있다. 그러나 그런 심리 상태는 조속히 바뀌어야 할 것이다. 미래를 향한 모든 경향이 현실화되고 있다. 생물학에선 멘델리즘이 나타나고 사회주의가 정부를 이끌고 있으며, 사람들의 영혼에 공감이 자라고, 전반적으로 진보하고 있으며, 제5인종의 출현은 세계로 퍼져 역사상 처음으로 진정 세계적이고 보편적인 문화에 승리를 안길 것이다.

그 전개과정을 살펴보면 우리는 3단계 사회 법칙에 따른 세 시대를 보게 된다. 각각 활기가 넘치는 그 시대는 기본적으로 네 가지 인종의 축적이며 이 네 인종이 제 임무를 완성하고 나면 우월한 제5인종에 자리를 물려주고 사라진다. 이로써 다섯 인종과 세 단계가 구성되는데, 이를 합하면 8이다. 피타고라스학파의 직관에 따르면 이 숫자는 온 인류의 평등을 의미한다. 물론 이런 우연이 놀랍긴 하지만 별 의미는 없다.

이 글에서 대략적으로 제시한 이 모든 생각을 개진하려고 나는 몇 해 전, 그러니까 이런 생각이 구체적으로 정리되지 않던 때에 멕시코 교육부 신청사에 표장을 남겨두고자 했다. 내가 바라던 바를 분명하게 하기에는 역부족이었기에 나는 날개의 인상을 주는 교각과 아치가 배치된 두 개의 정원을 설치하고 에스파냐식 르네상스 건물을 짓는 것에 만족해야 했다. 나는 안뜰의 사각형 바닥에 라틴아메리카 형성에 기여한 4개의 주요 문명, 즉 에스파냐, 멕시코, 그리스, 인도의 상징을 새겨 넣었다. 뒤이어 이 4개의 상징 밑으로 오늘날의 위대한 네 인종인 백인, 홍인, 흑인, 황인의 석상이 세워졌다. 이는 아메리카가 모든 이의 품이자 그들 모두가 필요하다는 의미이다. 그리고 마지막으로 중앙에 물질, 지성, 미학이라는 세 단계의 법칙을 상징하는 기념비를 세웠다. 이 모든 것은 우리가 세 가지 법칙의 실행으로 지구상 그 어느 곳보다 먼저 아메리카에 과거의 모든 보물을 담은 인종, 최후의 인종, 보편 인종을 창조할 것임을 의미한다.

여행기

§예감

지구상에는 치명적이고 신비롭게 우리를 매혹하는 곳이 있다. 우리는 많은 곳을 지나면서도 무관심하게 혹은 단순한 호기심에 그곳을 지나치곤 한다. 우리는 루지에나나 그루지아를 지나고 또 지나지만 우리의 삶에 아무런 의미가 없다는 듯 지나친다. 우연찮게 캐나다라는 청명한 땅에 갔던 때가 생각난다. 그런데 나의 기억엔 아무것도 남지 않았다. 업무 차 간 터라 눈으로는 봤지만 영혼은 동요하지 않았고 관심도 깨어나지 않았다. 이와 다르게 이름만으로도 우리를 흥분시키는 곳이나 나라가 있다. 우리가 그곳에 뭔가 남겨둔 것처럼, 머나먼 옛 시절에 뭔가 남겨둔 것처럼 우리는 오랫동안 아련한 예감으로 꿈꿔오던 보물을, 애정과 사색과 풍경과 하늘의 보물을 찾으러 그곳에 가고 싶어 한다. 이집트, 힌두스탄, 이탈리아는 전설의 힘으로 우리를 요동치게 한다. 하지만 아직 전설이 (거의) 없는 지역이나 민족이 지닌 매력은 더욱 신비롭게 우리의 마음을 이끈다. 그곳엔 세계적으로 알려졌거나 압도적인 전설이 없지만 거의 개인적이라고 할 만큼 각별한 목소리로 우리를 부른다. 다른 이에겐 말하지 않은 뭔가를 우리에게 말하는 듯 호기심을 충동질하고 다정하게 유혹하며 우리를 불러들인다. 이 모든 것은 은밀하고 무의식적으로, 어쩌면 평범하고 일상적인 것을 뛰어넘어 초의식적으로 이뤄진다. 무슨 이유에서인지는 모르지만 뉴욕에 머물던 어느 날 나는 일상이 흘러가는 것도 확신할 수 없는 상황에서 환상적인 여행을 꿈꾸는 아이러니를 느끼며 감옥에서 탈주할 수 없다는 씁쓸한 무기력에 젖어 남미 지도를 바라본 적이 있었다. 나는 홀연히 환각에 빠지며 남쪽으로 가고 있는 것 같았다. 풍광을 바라보며 먼 길을 내달려 안데스의 바람과 드넓은 태평양의 맥박 속에서 페루의 심장인 리마에 발을 디디고 있는 것 같았다. 며칠인가 몇 주 후에 친구를 찾아갔더니 이렇게 말했다.

> 이곳에 자리를 마련해 드리기가 쉽지 않을 것 같습니다. 하지만 페루에 가고자 하신다면...
> 일주일 전부터 길을 나섰습니다. 꿈을 꾸듯 현실을 의심하며 말이지요. 그러니 나는 너무도 불가능하면서도 너무도 분명한 그 현실을 미리 봤던 거예요.

나는 1년 만에 뉴욕이라는 매혹적이면서도 음산한 괴물 같은 도시에 돌아왔다. 그리고 흔적을 남기지 않는 땅을 다시 둘러봤다. 앨라배마와 텍사스, 그리고 어느 오후에는 샌디에고에서 로스앤젤레스로 가며 아름다운 풍경에 취한 채 내 운명을 돌아봤다. 비열한 싸움 속에서 괴로운 한 해를 보내며 호주머니는 비어가고 심장은 희망을 버렸지만, 나는 꿈에 부풀어 재차 남쪽으로 향하며 화려한 객차에 몸을 싣고 팜파를 달리고 있음을 느꼈다. 기차는 북적거리는 기차역마다 멈춰 섰고 내가 예상한 토론이 벌여졌다. 그렇게 두세 시간이 지났다. 열이 나고 피로가 몰려와 머리가 지끈거렸지만 그 확고한 이미지는 나를 가만두지 않았다. 마침내 녹초가 되어 호텔에 도착했다. 나는 아주 높은 곳에서 순식간에 추락하듯 보잘 것 없는 내 일을 해야 하는 힘겨운 현실과 마주할 참이었다.

하지만 그 꿈은 잊히고 말았고 폭력적인 사건과 예기치 않은 변화가 발생했다. 쫓기던 나는 장관이 됐다. 두세 해가 지나 정부가 아르헨티나와 브라질에 특별한 임무를 수행할 사람을 보내리라는 말이 나돌았다. 애초에 내 이름은 거론조차 되지 않았다. 하지만 나는 내가 가리라고 생각했다. 내가 꾼 꿈이 기억났기 때문이다. 나는 아무 대응도 하지 않았다. 훌륭한 성악가이자 나의 영매 같은 친구가 나와 함께 여행하는 꿈을 꿨다. 얼마 지나지 않아 나는 특사로 리우데자네이루에서 그녀와 재회했다.[32] 그리하여 불가능하면서도 확실한 꿈은 현실이 되었다. 꿈보다 훨씬 신비롭고 감동적인 현실이 된 것이다.

32 바스콘셀로스는 알바로 오브레곤(Álvaro Obregón, 1920–1924) 집권기에 교육부 장관을 역임했으며 1922년에는 마르셀로 데 알베아르(Marcelo de Alvear) 아르헨티나 대통령 취임과 브라질의 독립 100주년에 맞춰 특사로 파견된다. 여기서 그와 친분이 있던 성악가는 파니 아니투아(Fanny Anitua, 1887–1968)이다. –옮긴이

브라질

§브라질

페루에 있을 때부터 브라질은 관심을 불러일으키기에 충분했지만 내겐 여행경비가 없었다. 하지만 언젠가는 리우데자네이루Rio de Janeiro를 둘러볼 것이라고 확신하면서 나는 브라질의 일간지들이 독특한 방식으로 미를 이해하는 페루인에 관한 나의 글에 관심을 보일 것이라고 생각했다. 시립극장에서 만난 어느 포르투갈 무용가가 그럴 것이라고 얘기했다. 나는 다시 한 번 리마의 지역신문에 실릴 사냥에 대한 이야기를 쓰면서 비행기에서 브라질의 전경을 바라보며 바다로 이어지는 밀림을 관통했다. 내게 브라질은 익숙한 곳이었다.

우리는 어느 아름다운 아침, 일정에 차질이 생겨 예정에 없던 항구에 도착했다. 맑은 해변을 따라 이어진 푸른 언덕으로 빨간 지붕의 대저택이 늘어서 있는 바이아주Bahia州의 항구였다. 누군가 이탈리아 도시 같다고 하자, 한 브라질 사람이 포르투갈식이라고 정정했다. 이내 우리는 항해 중에 양키에게 알랑대던 브라질 무역상의 권위적인 얘기를 듣고자 입을 다물었다. 그녀는 항구 공사가 훌륭히 완공될 거라면서 – 공사는 시작도 하지 않은 상태였다 – 북미 스타일로 숫자를 나열하며 계속 말을 이어갔다. 갈색 피부에 푸른 눈의 그녀는 상파울루 출신이었다. 보름간의 여행길에 매력을 발산한 그녀에게 환심을 사려는 자들이 몰려들었다. 그녀의 아름다움은 에사 드 케이로스의[33] 작품에 나오는 최고의 여걸에 비길만했다. 우리는 하선하면서 바닷길 여행의 노곤함을 감내해야 했다. 바다에선 시간 개념이 사라지고 사람들과의 마주침만 이어질 뿐 그 어떤 관심거리도 우리와 그들을 이어주지 못했다. 나는 항해 중에 어느 학자와 불편한 대화를 나눈 적도 있었다. 그는 워싱턴의 20세기 연구소 소속이었다. 예상 밖의 전경을 앞에 두고 도시 얘기를 했다. 내 눈에 들어온 그 도시는 순식간에 마음을 사로잡았다. 하지만 그에게는 관심 밖이었다. 그는 그곳 사람들이 잠을 청할 빈민가 나무집에도, 그들이 일하는 높은 벌집에도 눈을 돌리지 않았다. 그는 켄터키의 도시에 대해서도 그럴 터였다. 우리는 맑고 유쾌한 리우데자네이루를 얘기했다. 하지만 그는 뉴욕을 상기하며 진보적 과학의 권위를 동원하여 장차 모든 도시가 뉴욕식으로 변해야한다고 역설했다. 나는 진정한 문명은 뉴욕을 모방하지 않을 것이라며 뉴욕은 맘몬의 조국이자 세상의 악습이라고 대꾸했다. 더불어 나는 미래의 원형이 리우데자네이루와 부에노스아이레스Buenos Aires에 있다고 덧붙였다. 며칠 전 그 다윈주의자는 성대한 컨퍼런스에서 진화는 끝나지 않았으며 인간의 뇌 속에서 진화가 진행되고 있다고 주장했다. 그는 최근 자료를 근거로 인간의 뇌가 계속 무거워지고 있다고 했다. 그는 인간형이 완성되고 있다면서 백인이 가장 진화가 빠른데, 백인 중에서도 가장 완벽한 백인은 미국에 있고, 미국의 백인 중에서 가장 순수한 혈통은 대략적으로 테네시주에 있다고 했다. 참으로 폭소를 금치 못할 말이었다. 그래서 나는 이렇게 말했다.

> 잘못 알고 계시네요, 선생님. 문명은 미국에서 무너졌고, 늘 그랬듯이 남쪽으로 옮아가고 있어요. 남미를 알고 난 후에 뉴욕에 돌아가면 알게 될 겁니다.

미국으로 귀화한 그 우둔한 헝가리인은 선량하고 영리하고 인간적인

---

33 조제 마리아 에사 드 케이로스(José Maria de Eça de Queirós, 1845–1900). 포르투갈의 외교관이자 작가이다. –옮긴이

양키 학자들과 함께 여행 중이었다. 그 멋진 선장조차 색슨주의의 손을 들며 우리를 화해시켰다.

그런데 하선이 지연된 탓에 우리는 또 다시 형편없는 음식과 마주해야 했다. 제공된 음식은 선박이 소속된 나라의 것이었는데, 수개월에서 수년간 냉장고에 묵혀둔 것이었고 죄다 뉴욕맛이 났다. 탐욕과 상업성 때문에 항해 중에 오렌지 하나도 구매하지 않았던 것이다. 콩류는 맨해튼에서 가져온 것이었다. 그리고 그 배는 그곳으로 되돌아갈 참이었다. 선박회사에 따라야 하는 승객으로서는 새롭고 신선한 음식을 맛 볼 수 없었다. 음식은 약맛이 났고 과학적인 위생을 위해 살균한 것이었다. 죽은 것을 음식으로 내온 것도 모자라 조류, 어류, 채소는 미라 상태였다. 라틴아메리카인 승객들은 하선 지연에 불평하면서 육지에 내리면 신선한 음식이 있는 식당이라면 어디든 들어가려고 안달이었다.

정부 관계자들이 우리를 가만두지 않은 탓에 하선 절차도 상당히 실망스러웠다. 당시의 멕시코 기자만큼 지적이고 친절한 기자들과도 거의 말을 나누지 못했다. 그들은 참으로 정중했고 다정했다. 물론 생김새나 언어는 약간 달랐다. 뒤이어 우리는 양키 의원들과 뒤섞여 수행원의 안내를 받았다. 그 지역에선 아직도 전쟁 전에 행하던 브라질의 의전이 남아 있어서인지 미국을 우리의 맏형으로 부르고 있었고, 지리적으로나 정치적으로나 우리를 미국의 일부로 받아들이고 있었다. 나는 주정부청사에서 회의가 시작될 때 그런 혼동을 조심스레 바로잡아야 했다. 노년의 세아브라 주지사는[34] 그 상황을 인지하고 구별할 줄 알았지만 의전 수행원들은 변함없이 우리를 한 무리로 취급했다. 마음이 상하지 않을 리 없었다. 이후 그들은 강성한 16세기 네덜란드 풍의 유구한 성채로 우리를 안내했다. 그곳엔 수세기 전부터 파도를 맞으며 물거품을 일으켰을 바위 위로 무너진 높은 성루가 있었다. 주변으로는 푸른 초지가 펼쳐진 공원이 있었는데, 축일이 되면 사람들이 그곳에 모여 춤을

34 José Joaquim Seabra(1855–1942). 브라질의 정치인으로 바이아주의 주지사를 역임한 바 있다. –옮긴이

춘다고 한다. 우리는 멋진 해안도로를 따라 돌아왔다. 그리고 17세기 포르투갈의 아름다운 수도원인 산프란시스코 수도원을 방문했다. 지금 그곳에는 독일인 수도사들이 있다고 한다. 네덜란드 타일에 묘사된 성서의 장면들이 감탄스러웠다. 그 거대한 벽장식이 꿈의 정원을 에워싸고 있었다. 정원의 하층부엔 호리호리한 아치가 있었고 이층의 하얀 기둥들은 처마를 떠받치고 있었다. 교회에는 추리게라 양식의 제단부가 있었는데 누에바 에스파냐Nueva España의 교회만큼이나 화려했다. 우리가 기꺼워하며 그곳을 나오던 순간, 위원회의 누군가 이렇게 말했다. "이건 기념비적 예술입니다. 루즈벨트가 아메리카를 여행하며 이곳에 들러 그렇게 말했답니다." 나는 루즈벨트와 예술이라는 대조적인 두 단어를 묶어내는데 분개하여 이렇게 말했다. "거 참 희한하네요, 그렇죠? 그토록 무지몽매한 자가 이토록 정제된 아름다움을 알아보다니요." 나는 너무나도 사람을 기분 좋게 하는 열대의 산물을 보고자 시장에 들러 다양한 색감의 옷을 입은 흑인 여인들이 보고 싶었다. 하지만 공무원들은 내가 흑인의 존재를 인지하지 못하길 바랐다. 이는 공식 일정에서 빠져 있었다. 아마도 그들은 피라미드에 바치는 진홍색의 달콤한 오렌지도 부끄러워했을 것이다. 하지만 오렌지는 열대과일이고 문명은 북미의 딸이다. 어쩌면 그들은 미국을 닮고자 제 땅에서 시디신 복숭아가 나길 바랐을지도 모른다.

반면에 우리 사절단을 취재하던 한두 기자는 영민했다. 그들은 우리의 감흥을 알아보고 브라질에 자긍심을 지녔으며 멕시코에 대해서도 다정한 호기심을 내비치며 눈을 밝혔다. 그렇게 우리는 상이한 두 개의 브라질을 느꼈다. 하나는 히우 브랑쿠Rio Branco와 페나Pena의 브라질로 유명하지만 유럽화된 '거인의 동생'으로서의 브라질이었고, 다른 하나는 페소아Pessoa와 베르나르데스Bernardes의[35] 브라질로 민족주의적이고 이베로아메리카적이며 자치적이고

35 히우 브랑쿠 남작(barão do Rio Branco, 1845–1912). 1902–1912년 외무장관을 역임하며 남미 최강국으로 도약한다는 목표 하에 친미정책을 펼쳤음. 알폰수 페나(Alfonso Pena, 1847–1909). 브라질 6대 대통령. 에피타시오 페소아(Epitácio Pessoa, 1865–1954). 브라질 11대 대통령. 아르투르 베르나르데스(Artur Bernardes, 1875–1955). 브라질 12대 대통령. –옮긴이

자신의 미래를 인식하고 있는 브라질이었다.

어느 순간 내 영혼은 정부 관리와 공식 수행원들로부터 벗어나 전경을 바라보는 비행을 하고 있었다. 그렇게 나는 구릉 위의 길과 해안으로 이어지는 길을 달리고 짙은 녹음이 가득한 생글거리는 언덕과 투명하고 푸르른 바다로 채워진 오후의 청명함에 젖어 네덜란드 성채에서 브라질 항구까지 내달렸다. 유구한 교회에서 나는 아시아와 아메리카, 이 두 세계에 왕국을 세우고자 반도로 뻗어나간 영웅들의 자취를 찾았다. 그들은 훗날 미국이 계산적으로 성취한 필리핀과 인도와 아메리카에 대한 헤게모니를 정신으로 성취한 사람들이었다. 우리의 신부들은 공동의 제단에서 지금과 거의 다르지 않은 언어로 기도를 올렸다. 그들의 과업은 창대하였으나 수세기 후의 우리는 이를 알지 못하고 우리의 심오한 동맹관계를 의심하는 우를 범하고 있다.

현대적 건물, 층간을 오르내리는 승강기, 전차와 자동차, 궁전과 도서관, 모레노, 백인, 메스티소 문명인의 움직임. 그림 같은 열대와 건축 장비의 현대성. 이것이 바이아의 풍경이었다. 국가는 부상하고 있지만 바이아를 자랑스럽게 여기는 사람은 없었다. 그렇지만 그 멸시받는 도시에도 여전히 힘과 꿈을 품고 커가는 민중의 힘이 느껴졌다.

§리우데자네이루

온종일 좌충우돌이었다. 12시에 도착한다더니 해질녘 6시에 도착한다고 했다. 사람들은 밤이든 새벽이든 도시가 대낮처럼 밝다고 했다. 세상에서 가장 특별한 도시에 간다는 마음에 모두 들떠있었다. 그런 감정이 이는 것은 바로 역사 때문이었다. 리우데자네이루의 역사는 아주 짧다. 하지만 도시의 아름다움이 종교적 경건함을 느끼게 하는 곳이다. 우리는 사진이나 기록을 회상하면서도 직접적이고 순수한 감동을 느끼고자 모든 것을 잊으려 했다. 그렇게 한나절이 지나 어둠이 내리자 작은 망루 같은 등대의 불빛이 보였다.

몇 시간을 더 기다리니 마침내 거대한 도시의 밤을 알리는 밝은 지평선이 나타났다. 파리의 광채는 관능적 즐거움을 약속하고, 뉴욕의 광채는 일순간 번쩍이고 사라지며, 연기에 휩싸인 시카고의 잿빛 광채는 사방 10레구아(약 50km)를 넘어서지 못한다. 리우데자네이루는 맑은 광채를 뿜어냈다. 그곳은 교통을 비롯해 모든 서비스가 석탄이 아닌 전기에 의존하는 대도시, 코크스를 쓰던 괴물 같은 시대를 넘어선 대도시였다. 시야가 맑아지면서 불빛들이 바다를 가르는 별처럼 더욱 크고 선명하게 보였다. 차츰차츰 불빛과 등대에 가까워지자 짙은 어둠 속에서 몇몇 산의 윤곽이 아련히 드러나기 시작했다. 줄지어 선 밝은 불빛이 도시의 청사진을 그려내고 있었다. 시나브로 우리는 항구에 들어서고 있었다. 저 멀리 한편으로는 빛바랜 보석 같은 도시 니테로이Niterói가 보였고, 왼편으로는 마침내 놀라운 광경이 펼쳐져 있었다. 빛줄기가 길게 늘어서 있었다. 가로등처럼 고정된 불빛도 있었고 재빠른 자동차처럼 움직이는 불빛도 있었다. 검은 바닷물에 경계한 그 불빛은 길을 열기도 하고 막기도 하는 건물 틈을 따라 높은 곳으로 이어지고 있었다. 여기저기 보이는 야자수와 망루는 그림자에 휘감겨 있었고 안쪽으로는 『천일야화』 같은 풍경이 있었으니, 진홍색, 초록색, 황금색으로 빛나는 박람회 건물과 유리로 된 돔, 동양의 매력을 훔쳐온 포르투갈식 건물이 그것이었다. 우리는 넋을 잃고 우리 멕시코인을, 그 광경을 보러 올 수 없는 모든 이를 떠올렸다. 그들이 아름다움을 순례하며 정화되고 그들의 삶에 화관을 씌우기에는 아직 우리의 기술이 불완전하여 그들을 정기적으로 데려올 수 없다. 별이 빛나는 하늘은 또 하나의 웅장한 광경이었으니, 눈에 아른거리는 눈물은 항구의 바다처럼 검고 하늘처럼 깊은 심연에서 움튼 비결정의 보석 같았다.

대도시의 본 모습을 보는 건 어렵고도 매혹적인 일이다. 이를 위해선 순간적인 감수성, 일순간에 무수한 메시지를 포착할 수 있는 텔레파시 같은 감수성이 있어야 한다. 우리는 새로운 길을 관통하며 아날로지를 엮어내고, 과거를 거슬러 올라 총화를 이뤄내고, 무수한 투영을 이해하고, 그 각별한 영혼들이 상처와 번민으로 일궈낸 내적 본질을 추적해야 한다. 그 본질이 모두 드러나진 않겠지만 매 순간 사람들의 모습과 사물의 형상에서, 길모퉁이를 도는 순간에, 대로의 화려함에서, 다양한 사람들과 풍경에서, 지상의 모든 지역과 모든 무리의 사람들에게서 발견되는 독특한 기질을 통해 어렴풋이 드러날 것이다.

하얗고 붉은 돌조각이 대칭적으로 수놓아진 길은 유구한 포르투갈 시대를 떠올리게 했다. 대로를 중심으로 펼쳐진 여덟에서 열 개의 거리에는 사치품을 취급하는 현대적인 건물들이 들어서 있었다. 진열장에는 다이아몬드와 초록색, 파란색, 붉은색 전기석이 물방울처럼 영롱하고 바닷물처럼 푸른빛을 발하며 줄지어 진열되어 있었다. 우리 눈앞에 현실로 나타난 환상적 브라질의 단면이었다.

별의별 가게와 식료품점이 있었는데 포르투갈식이거나, 같은 말이지만, 모두의 조국인 이베리아 스타일이었다. 또한 세상에서 으뜸가는 열매인 사포테나 비파열매 같은 열대과일을 파는 곳은 멕시코를 떠올리게 했다. 그런 과일이 없다면 장차 진정한 문명을 이룰 수 없을 것이다. 진짜 과일은 채소나 다름없는 복숭아나 사과가 아니라 망고, 파파야, 아노나, 과나바나, 오렌지, 야자, 파인애플 또는 아바카치이다. 짙은 향을 품고 있으며 그 맛 또한 비할 데가 없으니, 이것이 열대의 풍요이고 아름다움이다.

건물들은 5~6층으로 낮지도 아주 높지도 않았다. 호텔, 클럽, 백화점, 언론사, 무수한 행인, 세 줄로 늘어선 자동차가 보였다. 이내 대로가 넓어지며 한 편에는 시립극장이, 다른 편에는 계단과 조금은 양키풍인 정원에 둘러싸인 도서관 3층 건물이 보였다. 시립극장은 이탈리아풍에 규모가 컸지만 호화로워 보이지는 않았다. 그리고 그 길이 끝나는 안쪽에는 기괴한 열주가 둘러

쳐진 몬로궁Palacio Monroe이라는 달갑잖은 건물이 있었다. 앞으로 나아가자 왼쪽으로는 박람회장이 있었고 오른쪽으로는 보타포구Botafogo의 멋진 곡선 주로가 나타났다. 하얗고 완벽한 해변에는 순간순간 에메랄드빛 바다로 미끄러지는 썰물의 편린이 반짝이고 있었다. 줄지어 선 나무 사이로 해안도로가 해변을 따라 이어져있었고 통행량이 많은 중심가에는 여기저기 정원이 보였다. 구릉의 자락에는 건물이 세워지고 있었고 희한하게 굽이치는 길도 있었다. 해변 끝의 구릉은 집과 정원과 야자수와 붉은색 지붕으로 화려하게 수놓아져 있었다. 그 아래쪽에 들어선 글로리아 호텔은 마법사가 머무는 곳 같았다. 그 지점에서 길이 좁아졌다가 방향을 틀면 머잖아 길의 종점이 나오는데, 그곳이 세상에서 가장 아름다운 팡지아수카르Pão de Açúcar 산이었다. 멀리 산에 둘러싸인 바다에는 일본, 영국, 양키, 프랑스, 아르헨티나, 브라질의 함대가 있었다. 글로리아 호텔 테라스에 있으면 시간이 멈추고 눈은 즐거움에 노곤해지며 느긋하게 바다로 나가는 대선의 기적소리에 마음을 내맡기게 된다. 온화한 공기에 졸음이 몰려오지만 휴식이 필요한 건 근육일 뿐, 깨어있는 영혼은 그 모든 것을 호흡한다. 그리하여 이제 더 이상 할 게 없다는 느낌이 든다. 삶의 전부가 그 순간에 완벽해지니 말이다.

◐ 팡지아수카르

삶에 신기원이 있는 날이 있듯이, 어느 날 오후 우리는 팡지아수카르에 올랐다. 반들거리는 높은 그 산은 보타포구 해변을 에워싼 구릉의 자태에 화룡점정이었다. 암산을 에워싼 바다는 또 하나의 멋진 해변인 코파카바나Copacabana의 곡선을 더욱 뚜렷하게 그려내고 있었다. 만의 입구에 있는 팡지아수카르는 독특한 위치 때문에 파수꾼 같았다. 근거리에 있는 평평한 작은 섬에는 성채가 있었고 확 트인 바다에는 물거품 놀이를 하려고 던져놓은 듯 한 서너 개의 작은 섬이 보였다. 정면으로는 봉긋한 니테로이의 산이 멀리서 드넓은 만을 가로막고 있었다.

팡지아수카르는 대지로 이어지는 높고 둥그런 구릉 자락에 수직으로 세운 뿔 같았다. 정상에 오르려면 길게 휘어진 케이블에 매달려 허공을 이동하는 객차를 타야한다. 200여 미터 상공에 있으면 거의 나는 듯 한 느낌이 든다. 둥근 구릉 위의 평지에서 한 번 멈추는데, 탁자가 있는 카페에서 음료도 마실 수 있고 전망대가 있는 정원도 있다. 그곳에서 더 높은 곳으로 오르니 형언할 수 없는 광경이 펼쳐졌다. 그야말로 무수한 색조의 카니발이자 상상의 향연이었다. 바다를 내려다보니 에메랄드 같은 푸른빛의 작은 곡선이 그려지고 있었고 해안선으로 내려가는 부드러운 산허리에는 가옥들이 해안을 따라 줄지어 있었다. 해변에는 쉼 없이 밀려오는 파도에 물거품이 일고 있었다. 발아래 바다는 보는 것만으로도 기꺼웠으며 맑은 청색의 먼 바다보다는 작았지만 훨씬 투명한 푸른빛을 띠고 있었다. 모든 산을 덮고 만물을 감싸다 못해 바다로 넘칠 듯 한 녹음과 그 녹음에 안긴 가옥과 건물과 도시 전체가 내려다보였다. 야자수와 큰 나무들의 짙은 초록 이파리와 바위투성이 암산들, 그리고 야생화가 어울려 있었으며 대기에는 숨결이 고동치고 있었다. 야자수 봉오리는 여기저기에 반역적으로 치솟은 울퉁불퉁한 바위에 부드러움을 가미하고 있었다. 바다에 맞닿은 우림의 끝자락엔 싱그럽고 무성한 초록빛 이끼가 바닷물이 차오르는 곳까지 산봉우리를 뒤덮고 있었다. 가옥과 대저택은 화려함을 뽐내며 최근의 강력한 문명의 승리를 말하는 것 같았다. 흰색, 붉은색, 노란색, 회색, 밝은 빛의 벽들이 붉은 지붕과 멋지게 어울리고 있었다.

우리가 가는 곳을 겨우 가늠할 수 있게 되자 우리는 그 광대함을 더욱 품어보고자 다른 객차에 올랐다. 그 객차도 한 자락 케이블에 의존한 채 더욱 과감하게 수직으로 오르며 우리를 아찔하게 했으니, 객차가 산봉우리에 부딪칠 것만 같았다. 하지만 그럴 즈음에 객차는 조용하고 작은 역에 부드럽게 멈춰 섰다. 그곳에서 우리는 말을 잃고 장대한 파노라마를 바라보았다. 여기저기서 수다스레 터져 나온 진부한 감탄사가 모욕처럼 거슬렸다. 영혼에 침묵을 강요할 만큼 놀라운 광경이었다. 말이 나오지 않을 지경이었으며 행여 말을 해도 그 광대한 풍광 속에 묻혔을 것이다. 또한 색의 다채로움은 어찌나 생생한지, 연주가 시작되기 직전의 잠재적 음악 같은 인상이었다. 마음과 풍경에서 종교적 환희가 기도처럼 우러나와 우리를 그 풍경의 마지막 표현으로 바꾸고 있었다. 그 신비로움이 귀를 사로잡고 시야를 즐겁게 하니 마음이 행복으로 가득했다. 여기저기 연무에 휘감긴 높은 산은 재단처럼 보였다. 건물이 선명하게 보였고 사람들이 사는 풍요로운 대지는 척박한 세상을 고통스럽고 무익하게 떠돈 뒤에 건설한 낙원 같았다. 행복이 그곳에 있었다. 그 거처에선 행복하지 않을 수 없었다. 그 거처가 집이든 숙박시설이든 짧은 만남의 장소이든 상관없이 그곳의 모든 것은 즐거움이었다. 아이는 해변에서, 젊은이는 산책로에서, 노인은 테라스에서, 심지어 군함까지 축제의 시간을 맞은 것 같았다.

날이 저물자 색의 심포니가 더욱 다양하고 생생하게 느껴지며 알레그로를 연주하는 듯 했다. 바다에서는 푸름과 초록이, 해안에선 하얀 해안선이 모습을 바꿔가고 있었다. 도시에서는 가옥의 창들이 햇빛에 반사되어 빛나며 환상적인 분위기를 연출했다. 서쪽에서 은연히 빛나던 석양은 반짝이는 황금이자 거룩한 불길 같았다. 구름은 괴수를 흉내 내고 있었다. 끝없이 먼 곳의 구름은 맑은 푸름을 가득 머금고 있었다. 구름은 깊은 신비를 품은 채 장엄하고 빠르게 움직이며 새로운 모양을 만들어가고 있었다. 그 광경에 감동하며 침묵을 깨고 빛이 지속되기를 간절히 기도하고 싶었지만 주위를 둘러보니 밀림 또한 어둠에 물들어가며 변하고 있었다. 자연이란 하늘의 춤에 따라 바뀌는 법이니, 순식간에 변해가는 풍경은 결코 멈춰 서서 제 모습을 보여주지 않았다. 모든 것이 어둠에 굴복한 빛의 탈주에 수렴되며 조화로운 파국에 휘말리는 것 같았다. 다만 저 멀리 주거지역에선 소소한 항의처럼 뭔가가 시작되고 있었으니, 수천 년 동안 무수한 희생을 치른 인간의 재능을 보상하듯 가로등 불빛이 길을 따라 밝혀졌으며 그 빛에 반사된 가옥의 모습이 드러나

기도 했으니, 그 불빛은 밤의 삶을 창조하기 위해 주기적으로 깨어나는 수천의 눈 같았다. 그 눈들이 다가오는 어둠을 앞서가듯 이미 불을 밝히고 있었다. 불이 밝혀졌으니 밤이 오더라도 이 기쁨의 도시에선 이동이 어렵지 않을 터였다. 어둠이 내리면서 태양의 비극을 조롱하는 듯이 빛이 더욱 밝아졌다. 이제 태양은 대기와 구름과 산봉우리처럼 의식이 없는 것, 제 빛을 창조하지 못한 것, 때 묻지 않은 하늘을 비추고 있었다. 우리는 짙은 어둠 속의 밝은 광경이 주는 경이를 보고자 밤을 기다렸다. 대지는 별이 박힌 어둠 같았으며 산은 무기력하게 굳어버린 거대한 환영 같았다. 어둠과 죽음의 힘은 참으로 막강하다. 그러나 인간의 작은 눈은 리우데자네이루와 코파카바나와 니테로이에 빛나는 수백만의 불빛에 전율하고 즐거워하며 어둠과 죽음을 이겨내리라는 꿈을 꾼다.

◐ 상파울루 탐방

우리는 브라질을 둘러볼 시간을 벌 생각으로 독립 100주년 공식 기념행사가 거행되기 며칠 전에 상파울루São Paulo에 도착했다. 브라질을 알려면 족히 1년은 걸리겠지만 몇 주도 내기 어려웠기에 수도에서 가장 가까운 상파울루주와 미나스제라이스Minas Gerais주, 이 두 지역을 방문하는 것에 족해야 했다. 대사관의 일등서기관이자 오랜 친구인 아메리카 갈바오 부에노Américo Galvao Bueno가 동행했다. 그는 총명한 외교관으로서 마음이 따뜻하고 아주 사소한 것에도 늘 주의를 기울이는 기민하고 친절한 사람이었다. 우리는 조금이라도 일찍 상파울루를 보고 싶었기에 아침에 도착할 심산으로 밤에 출발했다. 솔직히 나는 사람이 북적일 것으로 생각했다. 그런데 멕시코의 열대 기후에 속하는 마을이 그렇듯 조금은 전원풍에 밀림에 둘러싸여 있었다. 나는 해발 1,000미터 즈음의 기후가 훨씬 온화하다는 것도, 라틴아메리카에서 가장 중요한 산업중심지가 그곳에 형성되고 있다는 것도 예상치 못했다.

그래서인지 우리는 시작부터 그 거대한 도시에 적잖이 놀랐다. 터미널에 도착하자 교육부 관리와 상파울루주지사, 공무원과 기자들이 우리를 맞았다. 터미널은 넓었다. 커다란 철재 지붕에 플랫폼과 대기실도 널찍했으며 오가는 사람도 많았다. 밖으로는 전철과 자동차가 질서정연하게 달리고 있었다. 하지만 양키 나라와는 다르게 유럽 도시처럼 경적 소리는 없었다. 마주치는 얼굴마다 남미의 정중함이 배어있었다. 그렇지만 급속한 발전의 흔적이 느껴져서인지 개발되지 않은 넓은 야산이 있어서인지 비옥한 초지 위에 세워진 캔자스시티나 산루이스 같은 미국 중서부 대도시가 떠올랐다. 포장 중인 도로, 꽤 많은 대규모 건물, 아직 정비 중인 몇 개의 광장, 철제 고가도로로 연결된 대로가 전반적인 풍광이었다. 상가가 들어선 아래쪽 구시가지의 좁은 길에는 5~6층의 꽤 높은 건물들이 있었는데 큰 상점이나 은행 혹은 사무실로 쓰고 있었다. 왕래도 많고 상품도 풍부하여 미국의 중심 상가처럼 격렬하면서도 라틴인 특유의 민첩함이 엿보였다. 며칠 지나지 않아 우리는 그곳의 엄청난 생산량을 알게 됐다. 제조업이 광범위하여 직물, 신발, 가구, 공예품 등을 생산했는데 모든 생산이 대규모였으며 질서정연하고 잠재력이 넘쳐났다. 이러한 풍요가 호화를 낳는 것은 당연했다. 사치스러운 경마클럽도 있었고 유럽과 북미를 본 딴 휘양 찬란한 호텔도 있었다. 거만한 자태의 시립극장도 있었는데 대리석과 동으로 장식되어 있었고 테라스와 정원이 둘러싸고 있어서 환상적인 분위기를 연출하고 있었다. 곳곳에 초등학교, 사범학교, 체육관, 기술학교 건물이 있었는데 모두 크고 적절해보였다. 우리가 방문이나 산책을 할 때면 정부 관리가 우리를 수행했는데, 모든 면에서 좋은 인상을 받았다. 대학에서 교육을 잘 받아서인지 활력 있고 정중했다. 모든 이가 그들이 수많은 대중을 세심하게 대하며 공무를 수행한다고 인정했다.

거주 지역에는 대저택과 멋진 별장이 있었다. 거리에는 나무가 무성하고 포장도 되어 있었으며 산책로에는 퍼걸러와 다리와 정원이 있었다. 남쪽으로 이어진 대로 끝에는 원형광장이 있었는데 그 중심에 있는 커다란 화강암 위로 기념 조각상이 세워져 있었다. 조각상은 수수해보였다. 애초에 돌이 워낙 단단하다보니 단조롭게 보였지만 그 선이 힘차고 견고했다.

모든 곳에 실질적인 복지가 이뤄지고 있음을 엿볼 수 있었다. 가난한 사람은 국가와 기업의 배려 속에서 삶의 조건을 개선할 기회를 잡았다. 상류층은 천부적으로 섬세했고 중산층은 뛰어난 재능이 풍부했다. 무수한 굴뚝이 늘어선 지평선이나 드넓게 펼쳐진 비옥한 평원처럼 그들의 미래는 무한해 보였다. 높은 곳에 오르면 어디서든지 최근에 지어진 교회탑과 빛나는 원형지붕과 높은 건물을 볼 수 있었다. 그렇게 넘치는 활동 속에 문명이 부상하고 있었다. 그것이 상파울루였다. 그곳은 고명한 브라질인의 요람이었고 풍요로운 역사의 장소였으며 현재의 벌집이었다. 요즈음 이곳으로 이주한 라틴인이 뒤섞이며 중산층을 형성하고 있는데, 이들은 선량함을 유지하며 재능과 아름다움을 성공적으로 일궈내고 있다. 그들의 문장紋章은 쇠를 벼리는 망치이자 정신을 일깨우는 커피나무이며 문명을 향한 별이 될 것이다.

◐ 사범학교 방문

사범학교를 방문한 어느 날 오후에 우리는 여행자가 느낄 수 있는 가장 훌륭한 환대를 받았다. 유리 지붕이 덮인 넓은 공간에 5백 명이 넘는 여학생이 있었다. 우리는 교수들과 초대 손님과 함께 객좌에 자리했다. 정겨운 포어로 담화가 진행됐다. 포어는 미움이 없는 따뜻한 애정이 묻어나는 탓에 그 표현이 정겹다. 멕시코 시인의 시가 감미로운 에스파냐어로 낭송되고 여학생들은 브라질의 대중가요를 제창했다. 그에 앞서 나는 학교장에게 멕시코 학교가 대중적인 노래와 지역 전통 춤을 가르치기 시작했다고 말했더니 상파울루에서도 마찬가지라며 기꺼워했다. 우리는 언제부터 지역의 아름다운 양식을 알리기 시작했는지 얘기하다가 아무런 교류도 없었음에도 불구하고 그 시기가 비슷했음을 알게 됐다. 뒤이어 나는 늘 아메리카의 선두에 있는 아르헨티나 학교가 우리보다 앞서서 그런 교육을 시행하고 있음을 알게 됐다. 어쨌든 우리는 서로의 생각이 일치한다는 점에 흥미로워하며 다정히 담소를 나눴다.

또한 나는 마데로가[36] 그에게 깊은 인상을 남긴 유일한 멕시코인이라는 얘기에 놀라움을 금치 못했다. 이유인 즉, 극악한 피의 나라에서 마데로가 결코 피를 보지 않았다는 것이었다. 디바 데 캄포스Diva de Campos라는 젊은 여교수는 "황제를 제거하고 이제는 미국의 위협 앞에 라틴문화를 지켜내고 있는 영웅적인 멕시코 국민"이라며 멋지고 간결한 연설을 했다. 다른 교수도 거리감를 좁히며 우의를 보여줬다. 그리고 마지막은 브라질 국가를 제창하는 것으로 마감됐다. 나는 다양한 국가를 들어봤다. 이 자리에서 밝히기는 어렵지만 모욕적인 국가도 있다. 그 국가는 죽음을 언급하면서 악마적 자긍심을 부추기기에 용맹해 보일지는 모르나 공허하기 그지없다. 하지만 프랑스 국가인 〈마르세유의 노래〉가 그렇듯, 자유를 노래하는 국가는 유치한 자화자찬이 아닌 한, 기분을 상하게 하지 않으면서 외국인의 마음을 풀어주는 애정이 담겨있다. 에스파냐 국가는 빈 소리만 요란한 허세가 느껴지는데, 이는 민족을 파탄에 빠뜨린 군주제를 떠올리게 하는 탓이다. 멕시코 국가는 우리를 감동시키지만, 포성과 죽음이라는 잔인한 용기를 말하는 가사를 상기하면 이를 분석해보지 않을 수 없다. 반변에 브라질 국가는 다른 나라의 국가와 사뭇 다르다. 브라질 국가는 어찌 보면 전투적이다. 그 국가를 들어보면 자유와 명예를 지키는 훌륭한 시민군의 사열을 보는 것 같다. 하지만 복수와 부정不正을 말하지는 않는다. 따라서 브라질 국가는 전투적이면서도 도발적이지도 않으며 음울한 어조도 섞여있지도 않다. 그 멜로디는 날이 밝아오듯 청명하여 잔혹한 전투를 치르는 민중의 절규로 들리기보다는 밀림을 깨우는 지크프리트의 즐거운 뿔 나팔 소리로 느껴진다. 당당한 역사를 지닌 위대한 민중의 심장이 풍요롭고 찬란한 대륙에 새로운 조국을 건설하기 위해 모든 이를 초대하는 노래 속에서 안식을 찾는 것 같았다. 그것은 풍요의 땅과 아름다운 풍경과 행복한 휴머니티를 기원하는 것이다. 모든 마음이 그 국가의 음률을

36 프란시스코 마데로(Francisco Madero). 포르피리오 디아스(Porfirio Díaz) 독재에 맞서며 멕시코 혁명의 핵심적 인물로 활동했으며 1911년에서 1913년까지 멕시코 대통령을 역임했다. -옮긴이

타면 섬광이 없어도 오직 조화와 빛의 계시라는 숭고한 날갯짓이 정신에 깃든다. 그 국가의 마지막 말은 '브라질'이다. 그 맑은 울림은 운명을 알리는 소리, 미래의 여명을 알리는 종소리일 것이다.

⚜⚜⚜

상파울루에서 유일하게 슬펐던 때는 장시간 교도소를 방문했을 때였다. 다른 나라의 감옥을 가득 채운 양심수가 그곳엔 없었다. 살인자, 절도범, 상습범 같은 범죄자만 있었다. 하지만 인간에게 그 같은 육체적 고통을 주는 게 본질적으로 잘못된 것임을 알았다.

우리의 방문에 수인들이 환영회를 준비했다. 그들은 교도소 내의 큰 뜰에 정렬해 있었다. 어두운 색의 수의를 입고 있었지만 양키의 감옥에서 흔히 볼 수 있는 줄무늬 문양의 경멸적인 수의는 아니었다. 그들은 음악에 맞춰 군무를 선보였는데 마지막에는 피라미드 형태를 갖추고 그 위로 멕시코와 브라질 국기를 세웠다. 나는 그 측은한 공연에 마음이 아팠다. 그 국기가 무자비한 형벌의 재현일 터인데 그들에게 대체 무슨 의미가 있겠는가? 나는 순간적으로 그 두 개의 국기가 증오스러웠다. 나는 불만스러워 하며 좁은 복도를 따라 매일 최악의 시간에 한 번의 조작으로 문이 잠기는 감방 앞을 지났다. 짧았지만 부지기수로 투옥됐던 나의 씁쓸한 경험이 기억났다. 나는 어느 감옥에서나 볼 수 있는 얼굴, 그 거짓 얼굴 혹은 헛 얼굴을 마주쳤다. 어느 감방에는 성인의 그림이 보였는데, 장기수를 좀먹는 광기에 가까울 만큼 병적인 신앙심의 징후였다.

우리는 모든 감옥의 모든 악성을 봤다. 하지만 상파울루 감옥에는 상당한 생산 장비를 갖춘 일터가 있었다. 또한 화장실은 완벽했다. 세탁실에는 세탁기도 있었다. 예비물품은 물론이고 예비 물품보관소도 확인할 수 있었다. 감탄을 금치 못할 정도로 행정이 완벽했다. 현대적 설비를 비롯하여 운영도 훌륭했을 뿐만 아니라 수감자의 활동을 살피고 지도하는 교도관도 교훈적 계도와 다양한 교육, 그리고 오락을 통해 교정에 힘쓰고 있었다. 하지만 어쨌거나 그 시스템은 비인간적이다. 이탈리아의 그 어떤 형법 전문가도 우리를 설복할 수 없을 것이다. 이론적으로 사회보호를 위한 논리나 범죄자를 환자로 보고 재판하는 척도는 동태복수법 같은 과거의 원시적 법률에 비해 개선되었다. 그러나 우리는 그것이 주는 고통에 대해 유심히 살펴야 한다. 가령 미국이나 영국의 감옥이 어떠한지 알아야 한다. 또한 냉정한 규율이 인간의 의식에 남기게 될 폐해 속에서 징벌의 절망을 성찰함으로써 영혼의 갱생은커녕 퇴락을 야기한다는 사실을 인지해야 한다. 교도소란 윤리 교정의 기관일 터인데 형벌은 야만의 시대보다 길어지고 있다. 우리는 20세기 윌슨 시절에 미심쩍은 집총거부에 군사재판부가 내린 99년 형이 33년 형으로 감형되는 걸 목도했다. 일간지들은 그 극악무도함을 성직자 같은 대통령의 자비로움이라고 과시했다. 이와 같은 일이 인간에 대한 집단적 증오를 고무하고 있다.

우리는 어떤 희망도 품지 못하는 수감자의 고통을 가까이서 살펴야 한다. 수감자가 폐쇄에 질식해도 밤에는 열리지 않는 철창의 억압을 느껴볼 필요가 있다. 한밤중에 어느 수감자의 절규가, 그 비애가 들려올 때, 침실 바닥이 살을 에고 감방이 발을 뻗기에도 모자랄 때, 그 고통은 매일매일 새로운 증오가 되어 철창 밖에 사는 사람에게 쏟아진다는 것을 알아야 한다. 수감자는 철창 밖에 있는 모든 이에 반감을 품고 감옥에 있는 수감자들의 비밀조직에 동조하여 자유의 몸이 되자마자 목숨을 걸고 인간의 더러운 손이 만든, 사슬을 묶고 규정을 만들어 육신을 가두려고 철을 벼린 손이 만든 모든 것을 파괴하려 할 것이다.

나는 수감자가 북적대던 대도시 교도소가 떠올랐다. 대도시에서는 나태하고 틀에 박힌 멍청한 법관이 일도 하지 않고 소송도 진행하지 않으면서 용의자를 두세 달씩 붙잡아두며, 용의자는 차라리 압박도 덜하고 시간 때우기로 일을 할 수 있는 감옥에 가려고 중범죄를 저지르고자 혈안이 되어 있다.

나는 감방 구석에서 한 줄기 빛을 찾는, 무너진 희망의 고통스러운 기쁨을 떠올렸다. 나는 우리에게 무관심하고 고통 받는 자를 멸시하는 사람을 행복하게 해주는 맑은 아침을 생각했다. 그들에겐 행복할 권리가 없다. 그리스도 안에서는 모두가 평등하다지만 그들의 형제들이 대기와 풍경을 빼앗긴 채 고통을 받고 있으니 말이다. 그들은 강철로 기둥이나 교량을 건설해야 하거늘 강철을 엮어 철창을 만들고 범죄를 끝없이 저주하고 있다.

그런데 교도관이 계속해서 수감자의 범죄를 들먹이자, 불온한 충동에 사로잡혀 도래할 행복을 막는 악한의 이미지가 우리의 머릿속에 맴돌았고, 사기꾼과 살인자에 대한 강한 적대감이 우러나왔다. 약자와 믿을 수 있는 자와 선한 자를 보호하지 않고 버려둘 수 있겠는가? 우리는 악한이 우위를 점하고 문명인 중에서 감옥에 가야할 자가 승리하고 통치하는 원시사회로 회귀하고 있는 것은 아닌가? 아메리카 역사의 무수한 카우디요는 처음 피를 본 순간부터 감옥에 있는 게 낫지 않았을까? 미국 문명의 강한 조직화는 바로 범죄자에 대한 냉엄함에 기인하는 것은 아닌가? 순간적으로 나는 강인하고 현명한 그 고상한 교도소장이 사회의 비호자로 보였다. 그러나 원시적 사회상태의 위험성 때문에 불완전하고 잔인한 체제의 패악에 눈을 감는 건 옳지 않다. 그 사회가 완벽하고 너그러운 브라질이라 하더라도 말이다. 또한 고통은 고통을 낳으며 처벌은 복수를 낳는다는 사실을 기억해야 한다. 과거에 러시아 감옥에 수감된 자들이 오늘날에는 그들을 지배하던 자의 사형집행인이 되었다. 볼셰비키의 잔인함은 공포의 자식이자 과거 수인들의 영혼에 쌓인 원한의 자식이다. 범죄는 연쇄적으로 범죄를 낳기 마련이기에, 언젠가는 그 악마적 순환 고리를 끊어야 한다. 이를 위해 정부는 그 첫걸음으로 교도소를 농촌으로 옮겨 속죄의 노동과 교화의 가르침에 힘쓰되 가족과 친구와의 접촉과 사랑을 차단하여 죄수를 고립시키지 않아야 한다. 이것이 죄인를 구원하는 유일한 방안이다.

지구상에서 가장 관대한 나라인 브라질, 훌륭한 나라인 아르헨티나, 정이 넘치는 페루, 푸근한 콜롬비아에서 이 모든 게 구현되고 있는가? 정말로 조심할 것은 모방이다. 캘리포니아주 샌프란시스코의 한 판사가 관습법에 의존한 나머지 생명표를 두고 피고인의 나이를 물은 후 다음과 같이 선고했다고 한다. "생존 가능성을 계산해보니 피고에게 40년의 시간이 남아있으니 본 법정은 피고의 영혼을 구원하고 다시는 범죄를 짓지 못하도록 피고인을 60년형에 처한다."

◐ 둘러보기

여행자의 가장 큰 괴로움은 아주 깊음 감동도 아름다운 풍광도 선명하게 기억에 담아두지 못한다는데 있다. 우리는 넋을 놓고 구경하면서 풍경과 색감을 기억에 남기려 애썼고 그 파노라마가 주는 기꺼운 평온함을 마음에 담으려했다. 하지만 그런 노력에도 불구하고 연기처럼 서둘러 사라지는 기억에 마음 아팠다. 이튿날이면 다른 이미지와 뒤섞이고 흩어져 돌아올 수 없는 심연속에서 잊히고 말았다. 의식은 순간밖에 포착하지 못할 만큼 연약했다. 우리는 대천사를 꿈꿨으나 지하세계의 바닥을 기어 다니는 구더기에 불과했다.

우리는 하루나 이틀 안에 매혹적인 시간을 보내고자 부탄탄연구소를[37] 방문했다. 푸른 언덕 위에 고즈넉하게 자리 잡은 건물에서 우리는 혈청을 만들기 위해 살아 있는 뱀의 송곳니에서 뽑아낸 묽은 배즙처럼 끈적끈적한 독을 살펴봤다. 우리는 독사가 사냥하는 법도 알게 되고 똬리를 튼 수많은 뱀과 인간의 기술에 무력해진 뱀을 봤다. 뒤이어 그날 오후에 우리는 갓 개교한 농업학교와 공장지대를 방문했고 해질녘에는 귀가하는 노동자들의 주거지를 둘러봤다. 그곳은 지저분하지 않았고 빈곤해보였지만 소양이 있었다. 모든 도로에 하수도가 갖춰져 있었고 어디든 포장되어 있었으며 가로등도 설치되어 있었다.

상파울루에는 리우데자네이루나 부에노스아이레스가 그렇듯 뉴욕의

37 부탄탄연구소(Instituto Butantan)는 1901년 상파울루에 설립된 생물학-생물의학 연구소이다. -옮긴이

이스트사이드 같은 악몽 같은 동네나 허름한 집에 오물이 나뒹굴고 누더기를 걸친 가난한 서민이 사는 멕시코시티의 빈민가 같은 곳이 없었다.

상파울루는 반半라틴적이었으며 그지없이 새로웠다. 그곳은 또한 온전히 라틴적이었으며 혼잡하지도 지저분하지도 않았으며 시 당국의 태만함도 보이지 않았다. 그곳의 관리들은 교양 있는 행정가로서 정치가 아니라 지혜를 위해 권력을 활용했다. 주정부의 내무–교육부 장관인 알라리코 실베이라Alarico Silveira는 철학자로 일컬어진다. 상파울루 주지사인 워싱턴 루이스는 조직적이고 문명화된 강한 힘을 지녔다는 인상을 준다. 발전을 위한 그의 탁월한 업적은 브라질 정부의 수반이 돼도 모자라지 않을 것이다.[38] 안보–법무부 장관은 변호사로서 아주 이른 시간에 모든 부대를 점검하는데 평상복을 입은 그에게 모든 군인이 경례를 한다. 농업부 장관은 세계로 공급되는 커피생산지의 발전을 이끌고 있는데, 이는 7백만 주민의 복지를 위한 초석이 되고 있다. 이들은 이론만 앞세우는 관료도 아니며 민중을 선동하지도 않는다. 그들은 생산을 장려하고 생산물을 개선하며 생산물 분배에 대한 법률을 제정하고 공공교육을 북돋고 있다. 노동법은 가난이 아니라 복지를 가져왔다. 사회적, 정치적 문제가 과열됐지만 파괴와 증오는 없었다. 상파울루의 모든 기능이 가능한 이유는 유능한 인력이 있기 때문이었다. "누구도 조국의 화신이 아니며", 누구도 "혁명의 화신이 아니다". 카우디요도 없다. 그것이 베네수엘라나 멕시코와 다른 점이었다. 그들은 문명화된 민족이었다. 많은 일이 혼란스럽게 기억에 남아 있다. 정중하게 진행된 공직자들과의 인터뷰, 식후에 나눈 기자들과의 대화, 작가와의 자료 교환, 뛰어난 공직자이자 신실한 친구인 알라리코 실베이라와의 대화, 산업화된 행복한 도시의 광경, 저녁노을, 건물들의 반사광, 넓은 대로, 건설 중인 거대한 기념비. 그리고 독립영웅 기념비 공모전에서 입상하여 몇 레알인지는 모르지만 수백만 페소를 챙겼을 이탈리아에서 온 장사치 조각가와의 불쾌한 만남이 있었다. 우리가 청동으로 도금된 속

38 1922년 그가 브라질을 방문한 후 워싱턴 루이스(Washington Luís, 1869–1957)는 제13대 브라질 대통령(1926–1930)에 오른다. –옮긴이

빈 기념비를 보고 있을 때 그 예술가는 충분한 지원금을 주지 않는다고 불평했다. 우리는 도시의 파노라마를 지배하는 아름다운 대로의 마지막 로터리로 자리를 옮겼다. 그곳에 기념비가 세워질 예정이었다. 브라질 예술가나 국가에 대한 도의감을 지닌 브라질화된 폴란드인이나 이탈리아인 혹은 러시아인 예술가가 작업을 했다면 게걸스러운 장사치보다 훨씬 훌륭하게 해냈을 것이다. 심지어 그날 밤 우리는 시립극장에서 이탈리아 오페라를 보러가야 했다.

◐ 평원

커피의 본고장에 있는 아름다운 공원을 지나 고풍스러운 도서관을 방문했다. 규모가 크고 잘 구비되어 있었다. 명성을 얻지 못한 시인이자 시절이 좋지 않아 인정받지 못한 철학자가 도서관 사서로 있었다. 너무나도 천박한 세계에선 움직여봤자 쓸데없다. 때 이른 비극과 거스를 수 없는 절망의 바람이 우리의 발걸음을 붙들던 시절, 우리가 청춘기를 보낸 그 위기의 시절이 해결되지 않았다는 것은 우리 모두에게 마찬가지였다. 감상적 열기의 시대, 인격도 외모도 내팽개쳐진 시대에는 팔이 마비될지언정 정신은 불타오르는 법이다. 도서관 사서들 중 누군가는 하류의 길을 선택했을지도 모르지만 때에 따라서는 그 길이 거만한 무관심의 길이기도 하다. 그는 지저분한 탁자에서 우리의 오만을 경멸하며 주시하고 있을지도 모를 일이었다. 하지만 마침내 인간적인 애정이 깃들면 그 또한 특권을 누리게 될 것이다. 직원들이 정중하게 도서관의 보물을 우리에게 선보였다. 일본 외교관이 선물했다는 화려한 동양식 서판에 이어 외딴 지역이라면 어디서든 볼 수 있는 물건이 비치된 선반도 있었다. 결코 늙지 않는 훌륭한 책들, 쓸모없게 돼버린 낡은 책들, 우리의 마음을 흔드는 낭만주의 시대의 프랑스 책들, 상당량의 포르투갈어 도서와 약간의 '돈키호테들'에 과학서적도 적지 않았다. 도서관 전체에서 외딴 곳의 분위기가 느껴졌는데, 이는 멕시코 과학연구원의 지역 도서관들을 떠올리게 했다. 새로운 정신이 결정적으로 뿌리내려 자리 잡을 수 있도록 대륙 전체에 이식된 이베리아문화의 씨앗인 캄페체, 두랑고, 톨루카의 중등학교 도서관을 말이다. 이 모든 도서관의 그늘진 열람실에는 할머니의 품 같은 뭔가가 있다. 우리는 호기심을 이기지 못하고 프랑스어로 쓰인 터키의 역사나 바빌로니아와 페르시아의 이야기부터 셰익스피어의 영국식 극작품과 인도의 대서사시 마하바라타까지 살펴봤다. 언어와 사건과 시대가 혼란스럽게 뒤섞여 있었다. 도서관을 나와 야외의 고요함을 마주하자 마음이 일렁였다. 감동과 신세계에 심장이 고동쳤다. 책이 많지는 않았지만 읽고 싶은 충동을 불러일으키는 인물과 사건이 담긴 책들이었다. 면도도 하지 않은 그 겸손한 사서들이 옳은지도 모른다. 몇 페이지의 역사를 읽는 것으로도 페르시아와 인도의 왕국에 대한 숭고한 열정을 지닌 알렉산드로스 대왕을 불러내는 마술적 특권을 늘 갖고 있는 직업보다 나은 직업이 있겠는가? 아름다움과 영원함을 일상적으로 소생시키는 사람에게 죽을 수밖에 없는 운명적 존재란 무엇이겠는가?

우리는 도서관에서 어느 공원으로 자리를 옮겼다. 탐험가 차림의 아이들이 포르투갈어로 "하나", "둘" 가락을 붙이며 제식을 선보이더니 행사가 끝나자 멕시코대사를 연호했다. 뒤이어 우리는 나무 그늘에서 오찬을 가졌다. 맛있는 음식이 푸짐하게 차려졌다. 하지만 기억에 남는 건 두아르테Duarte 시장이 우리에게 꼭 맛보라고 권유한 그 지역 특산품 자부티카바Jabuticaba였다. 두아르테 시장은 풍아한 사람이었다. 경솔한 사람이었다면 멀리서 온 손님에게 어디서나 먹을 수 있는 프랑스식 음식을 대접하고 그에 만족할 것이다. 하지만 다행스럽게 그는 식탁 중앙에 자부티카바(야부티카바로 발음한다)가 담긴 큰 접시를 놓게 했다. 짙은 색 자두 같은 그 과일은 하얀 과육에 맛이 달콤하고 과즙이 많았다. 하지만 그 어떤 자두보다 훨씬 맛있고 상큼했다. 그 과일을 맺는 나무가 그 공원에도 있었는데 베라크루스Veracruz나 콜리마Colima처럼 멕시코의 무더운 지역에 옮겨 심어도 좋을 것 같았다. 새로운 과일을 알게 된 것은 일종의 사건이었다. 그 과일을 맛보는 일은 '수세기 동안 휴머니티가 단 하나의 새로운 즐거움도 찾아내지 못했다'면서 탄식하는 학자들을 조롱거리로 만드는 것이었다. 그런 우둔함은 도시에서도 연구실에서도 응접실에서도 반복적으로 나타나는 법이니, 도서관에 파묻힌 자는 종이를 만지작거리는 것 외에 다른 즐거움을 알지 못한다. 하지만 세계를 주유하는 자는 수백 가지의 새로운 즐거움을 발견할 것이며 그곳이 브라질이라면 말할 것도 없다. 유럽에서 이곳으로 여행할 자신이 없거든 반질거리는 자부티카바 한 광주리를 주문하라. 놀라움을 금치 못하고 이렇게 외칠 것이다. 삶이 이리도 행복할 지언데 학식이 대수겠는가!

◐ 대농장

오후 세시에 차량이 준비되자 시장도 자부티카바 예찬을 멈춰야 했다. 우리는 가벼운 몸으로 출발했다. 우리는 번창한 도시 구역과 길을 뒤로하고 쇄석도를 따라 평원을 가로질렀다. 이내 커피나무 숲에 다다랐다. 지평선 끝까지 이어질 듯 참으로 커피나무가 많았다.

한 시간 즈음 걷다가 발길을 멈췄다. 내가 리우데자네이루에서 보고자 청했던 검소한 농촌의 삶을 보여주려던 참이었다. 우리는 한 시간 가량 '파젠다 샤파당Fazenda Chapadão' 대농장의 손님이 되었다. 사람보다 큰 나무 사이로 걸음을 옮겼다. 멕시코 베라크루스의 커피나무보다 크고 가지도 훨씬 풍성했다. 커피 열매가 과달루페 섬이나 자메이카의 안틸리스식 목걸이의 구슬처럼 붉게 익어가고 있었다. 태양이 작열하는 가운데 붉은 대지에서 긴 줄기가 풍성하게 뻗어 나와 있었고 하늘은 푸르렀다. 얼마 지나지 않아 일꾼들을 만났다. 얼마 전에 하선한 것 같은 이탈리아인들, 지저분해진 색깔 옷을 입은 노파들, 맨발에 속곳을 반쯤 드러낸 채 태양에 그을린 금발의 생기 넘치는 아낙들이 능숙하게 몸을 움직이며 화반처럼 넓게 펼쳐진 천에 커피콩을 널고 있었다. 노인들, 건장한 청년들, 키 큰 아낙들은 팔을 뻗어 붉게 익은 커피를 따고 있었다. 반쯤 발가벗은 아이들은 땅에 떨어진 커피를 줍고 있었다. 대농장의 모든 이가 합심하여 일하고 있었다. 무게에 따라 보수를 받는 탓에

서두르고 있었다.

수행인들이 일꾼들에게 말을 건네자 아낙네들이 반기며 인사했다. 젊은 처자들은 부끄러웠는지 우리가 등을 돌리자 서로 얘기하고 웃으며 하던 일을 계속했다. 멀리서 독특한 억양의 노래가 들려왔는데 태양과 잘 어울리는 느낌이었다. 대농장 인근에 있는 학교에서는 아이들이 공부하고 있었다. 농민을 위한 작은 방의 문턱에선 노인들이 쉬고 있었다. 매일 밤 가족이 모이면 유럽을 떠올리며 돈을 모아 돌아가서 농장을 사리라는 꿈을 꿀 것이다. 일꾼들이 사는 건물은 누추하고 단조롭지만 깔끔해보였다. 노동조건이 괜찮기에 아르헨티나처럼 제비이주가 나타나는데 수확기에 들어온 이탈리아인은 겨울이 오면 돌아갔다가 이듬해 되돌아온다. 하지만 대부분의 일꾼은 그곳에 남는다. 또한 돈을 벌어 사업을 하거나 공장을 차려 재력가가 되는 경우도 상당하다. 브라질은 여전히 희망의 나라이다. 우리는 인부들의 집에서 나와 커피 건조장과 껍질제거기를 비롯해 다양한 기계를 살펴봤으며 마침내 깨끗한 커피콩이 자루에 담겨 산투스Santos 항구로 가는 객차에 실리는 것도 볼 수 있었다. 커피는 그렇게 산투스 항구에서 세계로 분배되고 있었다.

대농장에 있는 집은 식민지풍의 오래된 포르투갈식 건물이었다. 붉은 지붕, 아치형 복도, 격자창과 발코니, 노을을 볼 수 있는 테라스, 낮잠을 즐길 정원, 높은 천장에 작은 테라스와 창을 갖춘 넓은 방이 있었다. 빛이 잘 드는 아주 현대식 건물이었지만 멕시코의 고전적인 대농장에 비하면 규모가 작았다. 농장주인 부부인 하얀 얼굴에 검은 눈동자의 상냥하고 아름다운 부인과 잿빛 수염의 남편이 우리가 쉴 수 있도록 맞아주었다. 잠시 후 넓고 하얀 철제 테이블로 안내하더니 과일, 파이, 케이크, 오렌지 주스, 작은 잔에 담긴 초콜릿, 손질된 파인애플, 윤기 있고 신선한 자부티카바, 낯선 보존식품, 맛 좋은 빵을 내왔다. 그 많은 먹을거리에 정신을 잃고 뭘 먹을지 고민했다. 그곳에서 휴식을 취하며 향 좋은 나무로 된 부드러운 침대에서 잠을 자고 농장의 높은 곳, 그 밝은 테라스에서 쉬면서 때가 되면 그 맛깔스러운 테이블의 모든 것을 맛보고 싶은 심정이었다.

부인이 포어로 날이 아주 덥다고 했는데 이상하게 발음한 스페인어 같아서인지 정겹게 느껴졌다. 우리는 음료를 마시며 휴식을 취했다. 향 좋은 과일에 우리의 생각이 정화되는 것 같았다. 공장에서 생산된 과자는 그다지 건강에 좋을 것 같지 않았다. 마지막으로 우리는 갓 수확한 향기로운 커피를 마시면서 집을 둘러봤다. 발코니에서 풍경도 보고 붉은 포석이 깔린 안뜰도 둘러봤는데 안쪽으로 정원과 연결되어 있었다. 그 좁은 길에 자개나 장미로 만든 것 같은 밝은 비단옷을 입은 젊은 처자 대여섯이 나타났다. 향기로운 물결 속에서 갓 나온 듯 우아했다. 몇은 금발이었고 몇은 검은머리와 갈색머리지만 머릿결이 너무나도 부드럽고 우아해 보여서 흡사 황홀한 정원의 요정 같았다. 환상이 깨질까 조마조마하며 다가가 인사를 나누었다. 주인 부부의 딸과 조카였다. 손을 내밀며 상냥한 목소리로 우리에게 인사를 건네고 얘기를 나눴다. 헤어질 때가 돼서도 홀리오는 그 환상에 빠져 경의를 표하더니 모자를 챙기는 것도 까먹고 말았다. 그 집안의 누군가가 소녀에게 빠져있는 그의 손에 모자를 들려줬다. 그녀들의 선명한 미소는 한동안 뇌리에 머물며 샤파당의 화창한 오후의 감격스러운 끝을 알리는 것 같았다.

◐ 공장들

상파울루 인근이었는데 그 이름이 파라나이보Paranahybo였는지 그와 비슷한 이름이었는지는 기억나지 않는다. 다만 어느 날 기차의 객차와 바퀴, 플랫폼, 차량과 기관차를 만드는 대규모 공장을 방문한 것만 기억난다. 주체할 수 없을 만큼 혈기왕성한 공장장은 모든 부서를 돌며 소개해줬다. 현재는 숲이 고갈될 염려가 없기 때문에 장작을 사용하지만 조만간 미나스제라이스주州의 광부들이 갓 채굴을 시작한 석탄을 활용할 것이라고 했다. 게다가 미나스제라이스주에는 펜실베니아나 영국보다 5–7배나 많은 철광석이 매장되어 있다고 한다. 그 덕에 상파울루를 비롯해 브라질 전체의 산업이 만개하고 있으나,

이는 역사상 존재하지 않았던 엄청난 산업적 역량의 시작에 불과할 따름이었다. 장차 철광석, 석탄, 기계가 브라질에서 세계로 뻗어갈 것이다. 영국은 소규모지만 브라질은 대규모일 것이다. 더욱이 브라질 문화가 섬나라 문화가 아니라 대륙의 문화인만큼, 세계를 담아내면서 그 어떤 제국보다 거대한 제국의 토대를 갖추게 될 것이다. 나는 여기에 지구상 가장 큰 폭포인 이과수Iguazú 폭포를 비롯해 남부의 과이라Guayrá폭포와 북부의 수많은 폭포도 덧붙여야 한다고 생각했다. 또한 가장 넓은 경작지에 가장 큰 강과 풍성한 수확을 주는 기후는 물론이고 숲과 광물에 다이아몬드, 과일, 축산업을 갖추고 있으니, 그 어떤 나라가 브라질에 대적할 수 있겠는가? 역사상 그 어떤 나라가 20년도 채 되지 않아 1,500만에서 1,800만이던 인구가 3,500만으로 불었던가? 틀림없이 미래는 브라질의 것이다. 부디 신의 가호로 대범하고 빛나는 브라질이 되길!

§산투스

상파울루에서 산투스로 가는 길은 경이로웠다. 이 대륙의 여러 곳이 그렇듯이 산과 밀림과 계곡이 만든 심연 사이로 열린 길은 고원에서 바다로 이어지는데, 멕시코의 도시인 베라크루스, 탐피코, 테수이틀란에서 나우틀라, 콜리마, 그리고 페루의 오로야도 그렇다. 그곳은 모든 풍경과 기후와 식물과 놀라움을 선사하는 곳이다. 상파울루에서 산투스로 가는 여행에서 우리는 두 시간 간격으로 배정된 우등버스에 몸을 실었다. 친절한 직원의 안내에 따라 우리는 풍경을 즐길 수 있도록 영국인이 개발한 편안한 신형 좌석에 자리 잡았다. 야산과 푸르른 구릉을 따라 길이 이어지고 있었다. 길이 워낙 잘 닦여 있어 뜻밖의 사고를 염려할 필요는 없었다. 도로를 따라 시멘트로 된 배수로가 설치되어 있었는데 구릉의 기복을 따라 물길이 이어져 있어서 우기에도 신속한 배수가 가능했다. 산자락에 부드럽게 자리한 계곡이 조금씩 나타나기 시작했는데 강물이 은빛 띠를 만들어 내고 있었다. 여행은 몇 시간이면 족했다. 고도가 900미터를 넘지 않았으니 멕시코 평원의 고도에 절반에도 미치지 못한 셈이었다. 열대밀림처럼 울창한 밀림은 짙은 꽃향기를 뿜어내고 있었다. 길을 내려갈수록 공기는 두터워졌다. 그리고 이내 저 멀리 푸른 바다가 나타났다가 사라졌다. 우리는 급격한 내리막길을 따라 산허리를 휘감고 돌아야 했다. 하지만 어떤 곳에선 그보다 높은 산이 바다와 맞닿아 있기도 했다. 내리막길은 기막힌 광경을 연출했다. 순간적으로 숲에 덮이기도 하고 절벽에 가로막히기도 했지만 이내 경이로운 풍광이 다시 나타났다. 버스가 산을 내려오는 동안 우리는 베일에 가려진 멋진 계곡을 구경했으며 마침내 불규칙적인 흰색과 녹색 띠를 그려내면서 만灣의 품에 안겨 물과 맞닿아 있는 해안을 보게 됐다. 작은 섬들도 모습을 드러냈다. 산과 밀림에 에워싸인 일종의 호수 같은 곳도 있었는데 부드러운 구릉으로 만들어진 녹색 에메랄드 속에 있는 파란 거울 같았다. 만의 모습은 그렇게 녹음에 휘감겨 있어서 바다와 분리되어 있는 것 같았다. 그 구릉을 따라 무수히 많은 가옥과 굴뚝과 탑이 자리하고 있었다. 맞은편으로는 암초와 하얀 모래, 길게 늘어선 붉은 지붕, 커다란 잎의 야자수를 품은 눈부신 해변이 펼쳐져 있었다. 바다에서 껑충대는 것 같은 야산들이 소도를 이루고 있었다. 작열하는 태양빛이 대기를 울리고 있었다.

플랫폼에 내린 우리는 많은 이의 마중을 받으며 바로 '커피거래소'로 이동했다. 나는 그곳에서 거래를 마감하는 말을 할 영예를 안았다. 사람이 가득한 넓은 실내에서 그날의 커피 경매가 오갔고 경매가 끝나자 내게 인사를 건넸다. 나는 그 지역 번영의 지표인 커피의 경매에 대해 어렵사리 생각을 이어가며 화답했다. 뒤이어 우리는 마지막 행선지인 신축 거래소를 방문했다.

이탈리아 건축가가 지었다는 그 건물은 8-9층 정도였으며 1층은 귀한 나무와 이탈리아산 대리석으로 아름답게 장식되어 있었다. 그 뒤로 우리는 거리를 둘러봤다. 그리고 수행인들과 헤어져 차를 타고 해변으로 향했다.

차를 타고 하얗고 단단한 모래가 깔린 넓은 해안을 달렸다. 큰 파도가 넘실대며 해안에 부딪쳤다가 사라지고 있었다. 맞바람이 불었다. 우리는 시원한 바닷바람을 들이마셨다. 대저택과 가옥이 뒤로 밀려나고 있었다. 우리는 다른 차들과 전차와 함께 바닷가를 향해 즐거이 질주했다.

건물이 없는 평야까지 대략 10킬로미터를 갔는데도 해변은 여전히 그대로였다. 바다에는 나무가 무성한 섬이 있었는데 수영을 할 줄 알면 헤엄쳐 건널 수 있을 만큼 가까웠다. 일광욕을 하는 사람도 있었다. 오후에는 마음을 가라앉히고 원기를 회복시켜주는 바닷물과 소금, 그 신비로운 바다의 힘에 젖으러 나온 상파울루 사람을 쉽게 볼 수 있었다.

우리가 가는 길 끝으로 멀리 애국적 기념비가 보였다. 검은색의 작은 오벨리스크였다. 그리고 그 인근에 시원하고 달콤한 물을 뿜는 샘이 있었다. 여기저기 바다를 파고든 육지가 작은 지협과 곶을 이루고 있었다. 그 중 한 곳은 저 멀리 구부러진 해안과 자연스럽게 이어지고 있었다. 더 멀리에는 다리와 하구도 있었다. 그리고 해안을 따라 이어진 좁은 길은 벌레와 모기가 들끓는 밀림으로 이어져 있었다. 돌아오는 길에는 푸른 하늘 밑으로 펼쳐진 거대한 밀림의 자락에서 푸른 바다까지 이어지는 하얀 저택과 붉은 지붕의 도시 풍경이 경탄을 자아내게 했다. 그렇게 우리는 고독과 아름다움에 취했다. 음악이 없는데도 음악 같은 분위기였으며, 그 침묵의 리듬이 마음을 채워줬다. 우리는 그 순간이 달아나지 않기를, 세상이 온통 그대로 이기를 바랐다. 하지만 자동차는 내달렸고 우리는 아쉬움을 남긴 채 마침내 목적지에 도착했다. 현대식 건물이 있는 대로를 따라 해변을 마주한 하얀 호텔에 멈춰 섰다. 꽤 높은 층수의 그 호텔에는 테라스와 정원과 고즈넉한 공터가 있었다. 우리를 수행한 친절한 공무원은 이집트콩과 생선을 넣은 샌드위치와 검은콩과

하몽에 다양한 고기를 넣어 만든 브라질 대표 음식 페이조아다를 내왔다. 허기를 달래던 우리는 테라스를 거닐거나 식탁에서 식사를 하는 아름다운 여인들을 보고 요정의 궁전에 있는 것 같은 느낌이었다.

오후에 다시 해변에 나갔다. 우리는 만취하는 악습이 있는 듯이 이번에는 자세히 살펴볼 요량으로 차분히 걸어갔다. 맑은 아름다움은 마음을 정화하고 즐겁게 해주며 성스러운 환희처럼 기운을 북돋아준다. 풍경이 가까워지면서 그 모든 행복을 압도하는 가벼운 근심이 일었다. 우리는 아무 생각도 기억도 하지 않으며 그 풍경에 들어갔고 조화의 즐거움에 젖어들었다. 마치 우리가 빛의 마법사가 된 것 같았다. 신성함의 조화가 우리에게 전염되었다. 그 순간 모든 것이 유리로 된 것 같았다. 우리는 눈을 감고 의지를 다짐으로써 그 풍경을 깨뜨렸다가 곧 바로 그 풍경을 다시금 만들어낼 수 있을 것 같았다. 사람들과 반라의 아름다운 여인들이 순간적인 욕망에 끌려 해변으로 내려가기 시작했다. 태양이 사람들의 몸을 적셨다. 뒤이어 바닷물이 그들을 관능적으로 끌어들였다. 웃음과 함성이 터져 나왔다. 우연에 운명을 내맡긴 연약한 피조물처럼 몸이 떨렸다. 하지만 반역이 우리의 심장을 파고들면서 그 신비로움을 정탐하고 그 풍경의 기만을 깨뜨리고 그 허위의 황홀함이 덧씌운 성스러운 면사포를 찢어버리고 싶었다. 우리는 시선을 사로잡지만 제 깊이를 드러내지 않는 푸른 바다를 다시금 바라봤다. 저 하늘의 푸름이 더 맑고 깊으며 고귀하다. 그 푸름을 파고들어 공간을 향유하고 싶은 욕망이 일었다. 수영은 더디지만 비행은 빠르다. 우리는 더 이상 바다의 존재가 아니라 하늘의 존재이다. 우리는 농밀한 물질에서 흩어질 물질로 향한다. 우리는 하나의 의식을 완성하기 위해 빛을 발하는 최상의 원자이다. 이는 하나를 무한으로 변환하는 것과 같다. 이는 새의 미스터리를 마주하게 한다. 오늘날 생물학자들은 조류가 포유류보다 뒤늦게 나타났다고 한다. 하지만 새의 비행이 얼마나 맹목적인지 보라. 그 비행은 앞으로 나아가는 게 아니다. 만약 새가 마지막으로 생성된 종이라면 진화론은 어불성설이다. 새는 인간을 극복하지 못하기에 혹은 너무 서둘러 생성되어 소기의 목적을 달성하지 못했기에 엉뚱하게 생성된 존재이다. 어쨌든 새는 실패한 사례이다. 아마도 새는 인간이 오랫동안 뭔가를 생산하지 못하고 있음에 초조하여 육체적 한계를 이겨냈겠지만 재능은 인간을 뛰어넘지 못했다. 재능은 진화하지 않고 날개만 단 꼴이니 비행에 맞는 정신을 갖추지 못했다. 새는 육체적으로는 진화했지만 중대한 추진력은 갖추지 못했다. 따라서 새의 조망은 그저 동물적이며 보잘 것 없다. 사고력은 하늘을 나는 능력보다 훨씬 강력하여 날개의 능력을 넘어선다. 날개는 그다지 장점이 없지만 사고력은 또 다른 모험을 할 수 있다. 언젠가 지금의 유기체에서 벗어나 인간보다 이해력이 뛰어나고 보다 정신적인 유기체에 나타날 수도 있다.

멀리 갈매기들이 잠시 비행을 멈추고 바다에 추락하는 것 같더니 재차 상승했다가 내려오고 있다. 대체 뭘 하는 것인가? 싸우는 것인가? 제 능력을 시험하는 것인가? 뭔가 대단한 신비를 찾아 물속을 파고드는 것인가? 아니다. 그저 물고기를 봤기 때문이다. 그것들은 먹는 일 말고는 아는 게 없다!

◐ 상파울루대학교

차를 타고 상파울루에 돌아왔다. 날이 저물 즈음 푸른 바다와 섬, 초지를 가로지르는 강을 뒤로하고 오르막길을 달렸다. 휴게소에 들러 쉬지도 못하고 풍광이 좋은 전망대에 잠시 멈춰 시원한 음료와 간식을 먹지 못한 것에 아쉬워하며 서둘러 길을 내달았다. 길가로 깨끗한 창문과 매력적인 테라스와 편안한 방을 갖춘 파란색 무늬의 숙박소가 있었다. 칸타브리아의 해변이나 지중해가 그렇듯, 이 땅에 들어서기 시작한 호화로움이 이곳을 기껍고 아름답게 하고 있었다. 게다가 여기에는 광대하고 총체적인 자연의 아름다움이 곁들여져 있으니 오히려 유럽이 지방으로 느껴질 정도이다.

안타깝게도 멋진 풍광을 뒤로하고 서둘러 돌아왔다. 높은 곳을 오르다보니 구름에 휘감겨 풍경이 보이지 않기도 했다. 굽이치는 도로를 따라 산기슭을 돌고 비탈길을 올랐다. 어느새 어둠이 내렸다. 전망 좋은 높은 산을 휘감아 돌면서 우리는 어스름에 드러난 심연을 내려다볼 수 있었다. 이내 도로가 넓어지며 평야로 이어졌으며, 그렇게 우리는 두 시간여를 달려 상파울루의 밝은 빛을 볼 수 있었다.

우리는 정확히 9시 정각에 대학교 정문에 도착했다. 우리네 대학처럼 오래된 건물이었다. 석조 파사드, 발코니, 네모난 안뜰, 주랑이 보였다. 넓은 현관에 학생들이 마중 나와 있었다. 교수진과 총장은 예복을 입고 있었고 직원들은 긴 모자에 재킷을 입고 있었다.(그런 점에서 아르헨티나는 우리처럼 인습에 얽매이지 않는다. 우리가 참석한 대학 행사에서 그들은 대부분 평상복을 입고 있었다.) 브라질에서는 행사가 많았지만 워낙 다정하여 귀찮게 느껴지지 않았다. 간단히 다과를 나누고 세공된 목제품과 유화로 장식된 행사장으로 자리를 옮겼다. 총장이 행사를 주재하고 교수들과 우리가 자리를 함께 했다. 맞은편의 학생들도 예의바르게 자리에 앉았다. 행사장 중앙 왼편으로 연단이 있었다. 한 청년이 연단에 올라 포르투갈어로 나를 소개했는데 그 말을 아직 기억하고 있다. 청년은 상파울루대학교의 젊은 학생들의 열의를 언급하며 작은 지역에 갇혀 살기보다는 세계의 조류에 함께하자고 역설했다. 그들은 아메리카의 모든 것을 사랑했다. 하지만 그들의 마음 깊은 곳에는 다양한 민족이 문화를 형성하려는 시도가 좌초된 전설적인 나라에 대한 호기심과 애정이 엿보였다. 그 애정은 막연한 애정이 아니었다. 그들은 멕시코의 시인과 역사를 알고 있었으며 멕시코의 사상에도 관심을 보였다. 심지어 그 청년은 내 책의 내용을 언급하기까지 했다. 나는 청년의 지식에 놀랐다. 내가 개인적으로 책을 보낸 적이 없으니, 훌륭한 도서관을 보유하고 있다는 증거였다.

청년은 나를 거장으로 칭하며 라틴아메리카 대륙의 연대를 주장했다. 우리는 긍지에 찬 멀고도 새로운 도시에서 진심어린 우정과 애정을 느꼈다. 이를 보여주려고 몇 해를 기다린 것 같았다. 나는 숨겨진 보물을 찾은 것 같아 행복했다. 우리의 여행이 그렇게 만들어 준 것이다. 나는 멕시코를 대표하여 그 행복을 맞아들였다. 예감이 좋은 여행이었는데 그 청년들의 직관이 이를 확인해줬다. 뒤이어 저명한 교수가 말을 이었는데 철학자에 박학한 교육자인 스펜서 바우트린Spencer Vautrin 교수였다. 또한 한 교수는 자유롭지만 신중하게 국제문제에 대해 발언했다. 내가 그에게 화답했지만 고마움을 표현하기엔 부족했던 것 같다. 뒤이어 우리는 차를 마시며 환송회를 갖고 많은 청년의 다정한 환호를 받으며 그곳을 떠났다.

상파울루는 우리의 친구였다. 그들은 우리를 극진히 대접했다. 이베리아의 잠재력은 분명하다. 상파울루가 그 증거이다. 투쟁하고 쟁취하는 민족에 대한 자긍심! 품에 지닌 모든 것이 그 전조이니, 진보와 문화를 말하려면 그 이름을 불러야 할 것이다. 우리 중에는 그들의 노력에 비할 민족이 없다. 미국 또한 그들을 이기지 못할 것이다. 리우데자네이루에 있을 때 누군가 우리에게 확신했듯이 상파울루는 우리의 정신을 환기하고 우리의 애정을 얻었다. 우리는 두 도시가 서로에게 자극이 될 우애로운 경쟁을 하고 있음을 알게 됐다. 상파울루를 떠날 때 우리는 상파울루 사람이 된 것 같았다. 우리가 그 도시에 정복되어 그 어떤 항의도 불평도 하지 않으리라고는 생각지 못했다. 우리는 장엄한 아름다움을 지닌 선택받은 도시, 리우데자네이루로 돌아왔다.

◐ 행사준비

독립 100주년 기념행사 동안에 리우데자네이루는 다시 태어나는 도시 같았다. 해안을 따라 곶까지 이어진 구역에 위치한 전시장에는 깨끗한 구조물이 들어서 있었다. 하지만 상당수가 튼실한 건물이었다. 현대판 르네상스식으로 세워진 것 같은 영국인의 건물 외벽은 화려한 모자이크와 마욜리카로 장식되어 있었다. 내부 장식은 4개의 세계를 재현하고 있었는데, 이는 영국인이 버릇처럼 하는 짓으로 영국이 세상의 주인임을 암묵적으로 드러내고 있었다. 그렇게 위장된 지배력이 효과적일지는 모르나 불쾌하기 그지없다. 특히 로마의 후예인 우리의 눈에는 말이다. 나는 런던에서 4대륙을 상징하는 기념비를[39] 보고 크게 분노한 적이 있었다. 영국의 권능에 예속된 4개의 조각상을 보고 누군가 이렇게 말했다. "사실이기는 하지만 이 정복자들이 위대하다고 하기에는 뭔가 부족합니다. 그들에겐 위엄이 없어 보이는데, 통치에 관대함이 없기 때문입니다." 브라질에서 영국인은 지배가 아니라 무역을 통해 우호관계를 유지한다. 전시 기간이 끝나면 그 구조물은 브라질 초등학교에 양도될 터였다. 튼실한 건물을 세우는 그들의 신중함은 멕시코 건축에 대한 씁쓸함을 남겼다. 물론 멕시코 건축물은 참으로 아름답다. 모두가 경탄하는 식민지풍의 아름다운 집이었다. 하지만 석회로 지어진데다 시멘트 건축물보다 비용이 더 들었다. 파사드를 바꾸려고 집을 헐어버리는 우둔한 장관 탓이었다. 일본인은 가장 빨리 건물을 완공하여 그들의 산업과 예술을 뽐내기 시작했다. 뒤이어 미국인은 간소하면서도 호화로운 워싱턴의 주택처럼 견고한 건물을 세웠는데 추후에는 공관으로 쓰일 예정이었다. 오직 우리만 낭비하고 있는 것 같았다. 큰 민족은 공적자금을 잘 관리하는 반면에 야만족은 자금을 낭비한다. 벨기에인은 직물, 편물, 가구를 가져왔다. 스칸디나비아인은 예쁜 입상을 가져왔다. 외국 전시장 앞의 길 한복판에는 임시 가판대와 식당, 음료 판매소, 그리고 상파울루에 있는 이탈리아 제조사의 상품 전시장이 있었다. 거기서 왼쪽으로 가면 새로 지은 극장이 있는데 규모도 크고 앉아서 쉴 수 있는 계단도 있었다. 그 길의 끝에서 내륙 쪽으로 돌면 브라질 정부가 설치한 독립 100주년 기념 작품이 있다. 그리고 포르투갈식의 식민지풍 건물도 보이는데 보수된 것도 있고 재건축된 것도 있었다. 기와지붕을 얹은 3-4층 건물이었는데, 테라스도 있고 볕이 잘 드는 창문에 외벽은 노란색 모자이크 타일로 장식되어

---

39 빅토리아의 남편인 앨버트 공을 기리는 기념비로 4개의 모서리에 각각 아시아-코끼리, 아프리카-낙타, 아메리카-양, 유럽-소 조각상이 배치되어 있다. -옮긴이

있었다. 이베리아식 색감이 물씬 풍겼으며 조금은 동양적이기도 한 그 건물은 정복자 포르투갈의 화려함이 역력했다. 하지만 브라질 건축가는 건축술을 발전시켜 우아하고 높게 지었다. 그것이 여러 가지 의미에서 과거를 개선하고 극복한 새로운 조국에 어울렸기 때문이다. 포르투갈의 전시장은 두세 거리에 걸쳐 있었다. 그 뒤로는 새로운 건물에 둘러싸인 광장이 있었다. 그리고 9층으로 된 높은 건물인 브라질 정부의 전시장이 보였는데 유리로 된 원형 지붕은 밤이 되면 여러 가지 색상의 빛을 내뿜었다. 그 건물은 아주 견고했으며 현대적이었으나 가치가 높아보이진 않았다. 매일 밤 전시장 건물이 발하는 빛 때문에 멀리서 보면 셰에라자드의 이야기에 나오는 도시로 느껴질 것 같았다. 축제의 열기가 대기를 물들이는 것 같았다. 니콜라이 림스키코르사코프Nikolai Rimsky-Korsakof의 심포니의 즐거운 리듬이 대기에 파동을 일으키는 듯 했다. 어쩌면 어느 브라질 음악가가 그 동양적 비전을 열대의 이베로아메리카 땅에서 더욱 유려하게 재현한 것 같았다.

◐ 사람들

그렇게 우리는 조금씩 직관적으로 사회 분위기를 알아가고 있었다. 리우데자네이루처럼 눈부신 도시에서 사람들에게 관심을 두기는 쉽지 않다. 자연의 아름다움이 누군가의 얼굴에 눈을 돌리지 못하게 하니 말이다. 한편, 학교가 독립 100주년 기념식을 준비하느라 휴교에 들어가는 바람에 그 아름다운 자연에 비길만한 유일한 존재인 아이들을 만날 수는 없었다. 하지만 토요일 밤에 우리는 초청자들의 다정한 친절함 덕분에 파래스호텔의 무도회에 참석하여 저녁식사를 했다. 무도회는 매주 열리는 사교모임이었다. 아름다운 여인들이 있었고 성대한 행사를 치르는 듯 아주 화려했다. 하나 같이 우아하였으니 재력가가 많다는 의미였다. 즐겁고 세련된 분위기였다.

사람들과의 만남은 단연 무엇보다 즐거운 일이었다. 길거리를 걸으면서 물건을 사러 가는 아름다운 여인과 일하러 가는 바쁜 사내, 신문 파는 소년과 포르투갈인 운전기사, 그리고 소상인과 물건을 들고 걷거나 차를 타고 다니는 다양한 사람을 만나는 일말이다. 혹자는 그런 그들에 대해 "그들은 어떻게 살죠? 그들은 어디 출신인가요? 쓸데없이 그리 술렁거려봐야 힘들기만 할 텐데 어쩐답니까?"라고 물을 수도 있다. 하지만 그곳은 즐겁고 편안하며 저렴하게 살 수 있는 도시이다. 리우브랑쿠 대로에서 바다로 이어지는 구시가지도 깨끗했다. 동전 몇 닢이면 맛있는 사탕수수주스와 빵을 살 수 있다. 구시가지에 있는 값싼 식당이라면 어디든지 닭고기스프나 생선 혹은 "영혼을 적시는 가벼운 포도주"처럼 맛있는 포르투갈식 음식을 먹을 수 있었다. 우리는 에사 드 케이로스[40]를 추억하며 그 음식들을 주문했다. 정오와 오후 5시에는 오비도르가Ouvidor街가 빛을 발한다. 보석 진열창, 나비 날개가 새겨진 상자, 아름다운 조각상과 보석이 있는 그 비좁은 시장길로 아름다운 여인과 행인이 지난다. 가게가 길게 줄지어 빼곡히 들어선 그 길은 깨끗한 백화점 같다. 그 길은 한편으로는 나무가 무성한 다른 시장길로 이어지고 다른 편으로는 리우브랑쿠 대로로 이어진다. 이 대로에는 종일 자동차 행렬이 이어지며 넓은 인도에는 사람이 북적거린다. 항구의 넓은 부두에서 먼로궁전과 플라멩고 모퉁이까지는 5–6층의 높은 건물이 끝나지 않을 것처럼 이어져 있다. 정감 있고 감수성이 풍부하여 금세 가까워지는 라틴인을 어디서나 만날 수 있다. 그들을 만나는 것만으로도 이를 알 수 있으며 관계가 친밀해지면 이를 확인할 수 있을 것이다. 오후에는 인도 여기저기에 테이블이 놓이는데, 그곳의 다양한 음료를 모두 맛보려면 며칠이 걸릴 것이다. 코코넛, 과나바나, 마테, 아이스크림, 카주 혹은 마라논, 닭고기스프 등을 맛보는 여행도 괜찮다. 사람의 발길이 끊이지 않는 근사한 제과점도 있다. 그런 제과점이 부지기수이다. 길거리 테이블에선 어디서나 볼 수 있는 초콜릿봉봉이 아니라 신기하고 맛있는 음료를, 매 잔마다 하나 밖에 없는 그 즐거움을 맛볼 수 있다.

그렇게 많은 사람을 보고나서야 우리는 각각의 모습에 관심이 갔다. 우리는

---

40 조제 마리아 에사 드 케이로스(José Maria de Eça de Queirós, 1845–1900). 포르투갈의 소설가이자 외교관. –옮긴이

자유로운 여행자로 생각했지만 우리의 예의바른 토레 디아스Torre Díaz 대사는 행사를 열기에 적기라고 생각했던 모양이었다. 어느 날 무심결에 본 신문에 내가 학술원에서 발표를 한다는 공고가 있었던 것이다. 정신이 번쩍 들만큼 화들짝 놀랐다. 어쩌자고 쓸데없는 말로 이 즐거움을 깬단 말인가? 차라리 뱃사람으로 휴가를 왔다면 아무 생각도 아무 말도 하지 않아도 되니 좋았을 것을. 하지만 어쩔 수 없었다. 어느 날 오후 나는 그 자리에 참석했다. 나는 멕시코 역사, 멕시코의 사상과 투쟁에 대한 이야기로 그 상황을 모면할 수 있었다. 해군부 장관이 나의 발표가 맥컬리를[41] 떠올리게 한다며 축하의 말을 건넸다. 나는 아주 정중하고 세련된 그가 해군부 장관이라는 사실에 놀랐다. 하지만 이내 그가 민간인에 저명한 소설가임을 알게 됐다. 국방부 장관 또한 민간인이었으며 행정가로서나 지휘권자로서나 정평이 난 인물이었다. 웅변가이자 저명한 정치가인 페소아 대통령은 얼마 전에 권력을 찬탈하려는 군부세력을 제압한 바 있었다. 페소아 정부 인사 중에는 장성급 군인이 상당했으나 모두 대학 교육을 받았으며 품위가 있었다. 브라질은 모든 사람이 교육을 받는 나라였다. 초등학교 3, 4학년 수업을 담당한 선생님은 모국어인 포르투갈어로 수업한 뒤에 프랑스어로 반복하고 있었다. 문학 창작도 풍성했다. 라틴아메리카의 다른 모든 지역의 문학 창작을 넘어설 정도였다. 지방의 어느 작은 마을에서 시장이 라틴어를 인용하며 말을 끝맺는 것도 봤다. 가까운 지역이든 먼 지역이든 인디오와 흑인의 문맹률이 높다고 하는데, 우리가 방문한 그 많은 대도시에서는 문맹자도 극빈자도 거의 찾아볼 수 없었다. 교양층은 심오하고 보편적인 문화를 갖추고 있었다. 이는 대화나 책은 물론이고 크게 성장한 수많은 일간지만 봐도 알 수 있었다. 리우데자네이루에는 재력가들이 가는 멋진 무도장도 있다고 했다. 그런데 어느 날 밤 나는 교외 지역을 알고 싶어졌다. 그래서 정부에서 우리를 수행할 목적으로 보내준 경찰을 초대하여 자리를 함께 했는데 그가 카페에 있던 여자들을 불렀다. 그러더니 대화

---

41 토마스 배빙턴 맥컬리(Thomas Babington Macaulay, 1800–1859). 영국의 역사가이자 정치가. –옮긴이

를 하던 중에 그가 단테의 삼행시를 이탈리아어로 정확히 인용하는 게 아닌가.

◐ 미나스제라이스

브라질에서 전통적이고 가장 중요한 주는 미나스제라이스주와 상파울루주이다. 정치적인 면에서 뒤를 잇는 주는 바이아주이고 남부에서는 리우그란데Rio Grande 같은 주가 영향력을 키우고 있다. 아마존은 다른 나라 같다. 아마존 삼각주의 파라Pará에서 출발한 배는 일주일 이내에 리스본에 도착하는 반면 육로로 페르남부쿠Pernambuco주와 바이아주를 거쳐 수도에 도착하는 데는 보름이나 걸린다. 그런 연유로 파라와 마나우스Manaos의 사회적, 사업적 거점도시는 리스본이다. 리우데자네이루에서 육로로 마나우스로 가는 일은 불가능에 가깝다. 경이로운 여행이겠지만 길고 고통스러운 힘든 여정일 것이다. 드넓은 숲, 넓고 깊은 강, 폭포, 미개척 밀림, 이것을 몇 주에 걸쳐 지나야 한다. 이 치명적인 접근성 문제로 인해 브라질의 정치는 대서양에 접한 주와 오랜 광업지역인 미나스제라이스주에 한정될 수밖에 없었다. 고이아스Goyas주와 마투그로수Matto Grosso주는 아직도 알려진 게 거의 없는 지역이다. 장차 거대한 브라질이 될 테지만, 브라질의 현재를 보려면 상파울루와 미나스제라이스, 그리고 리우데자네이루를 알아야 한다. 상파울루가 작은 농업도시였을 때 미나스제라이스주는 국제적인 상업도시였다. 상파울루는 현대적이고 화려하다. 미나스제라이스주는 과거의 주이지만 풍족함에 있어서는 대적할 주가 없다. 미나스제라이스주에는 아직도 세계로 수출할 수 있는 금, 은, 철, 다이아몬드가 풍부하다. 하지만 번영기를 지나면서 모든 광물이 황폐해진 면도 있다. 광물은 국가가 아니라 식민지를 만들기 위한 것이다. 광물이 나면 사람이 몰려든다. 하지만 삶이 그러하듯 언제나 풍요의 시절과 탕진의 시절이 있게 마련이다. 보통은 그 시기에 거대한 건축물이 세워진다. 광물은 기념비와 건물을 남기지만 머지않아 폐허가 된다. 광물의 삶은 순간적이고 영웅적이다. 밝은 섬광을 내리고 불행한 고난을 겪으니 말이다. 멕시코의 과나후아토Guanajuato가 그렇다. 브라질의 오루프레투Ouro Preto도 마찬가지일 것이다. 광부는 광맥을 캐고 나면 떠나게 마련이다. 그 무엇도 돌만 무성한 메마른 불모지에 광부를 붙잡아 둘 수 없다. 농업지역엔 광물의 정복이 낳은 영웅적 위대함은 없지만 훨씬 영속적인 문화가 전개된다. 비옥한 땅과 강이 있는 곳이라면 어디든지 사회적 삶이 뿌리내렸다. 그곳은 정복이나 무역을 위해 여러 민족이 오가지만 황폐화되지 않으며 문화는 지속적으로 이어진다. 인더스강이나 유프라테스강이 그러했고 미시시피강과 오대호, 그리고 라플라타강이 그러했다. 그 지역에서 삶은 영속적이었고 발전은 일정했다. 하지만 멕시코, 캘리포니아의 로키산맥, 미나스제라이스, 그리고 페루의 메마른 광산지역은 오늘만 있을 뿐 내일은 없다. 그곳은 화려하지만 봄이 오면 평원에 녹음이 짙어지고 물이 풍부한 곳처럼 영구한 풍요를 얻지는 못한다. 광업은 믿음을 속이고 애처롭게 한다. 광물이 풍부한 거대한 평원은 인간의 영웅적 노력이 응축된 건축물로 아름다워지지만 그곳엔 밀림과 바다의 생기, 그 농밀한 대기가 없다. 대담한 자를 꼬드기지만 문명을 안착시키지는 못한다. 그곳은 언제나 바다를 닮은 행복한 평원이 되어 광물을 캐내라 하지만 이내 불모의 암산이 되어 잊히고 만다. 미나스제라이스는 속으로는 부자일지 모르나 겉보기엔 가난하다. 산업은 리우데자네이루와 접한 남부에서 발전했다. 반면에 북부의 벨루오리존치Belo Horizonte와 오루프레토에 있는 산은 마른 바위일 따름이다. 브라질에서 평원을 뒤덮은 거대한 녹음은 해발 1천 미터 높이의 그곳에서 끝나버린다. 그곳엔 더 이상 물이 풍족하지 않다. 사람들의 모습도 바뀐다. 미나스제라이스 사람은 훨씬 브라질 사람으로 보인다. 그곳은 이탈리아인, 폴란드인, 독일인이 넘치는 상파울루와는 다르다. 상파울루보다 인구는 적지만 본토인이 훨씬 많다. 두 도시는 브라질을 이을 뛰어난 혈통을 두고 경쟁하고 있다. 상파울루의 정치인은 산업이 살 길이라 생각하는 열렬한 발전주의자이다. 미나스제라이스의 정치인은 무모하지 않으며 훌륭한 행정가로 정평이 나있다. 페소아 대통령은 상파울루 출신으로서 브라질의 진정한 발전을 이뤄냈다. 미나스제라이스의 주지사이자 후임 대통령인 베르나르데스는 그런 발전을 강화하여 질서를 잡아갈 것이다. 페소아가 천재적이었다면 베르나르데스는 발전의 방향을 잡게 될 것이다. 브라질 정치인이 설명한 상황이 얼추 그러했다. 사실 브라질의 각 지방은 상호보완적이며 경쟁하기보다는 조국에 봉헌하려고 한다. 대통령 전용 기차에서 그런 얘기가 오가는 사이 유능한 친구인 갈바오 부에노는 현재의 결점에 대해 논하고 있었다. 아메리카에서 브라질의 외교관보다 영리하고 박식하며 정통한 계층은 없을 것이다. 이는 공무원 조직을 교육할 수 있을 만큼 브라질 정치가 안정적이기 때문이기도 하겠지만 대사관부터 하급서기관에 이르기까지 인재가 적재적소에 잘 배치되었기 때문이다. 저명한 대사에 어느 모로나 뛰어난 서기관이기에 그 어떤 외교관도, 미국의 외교관조차도 브라질 외교관에 비할 수 없다. 그런 그들과 함께하는 여행은 그 자체로 즐거움이 아닐 수 없었다. 그들은 모든 걸 예측하고, 모든 걸 준비하고, 모든 걸 알고 있었으며 어떤 일에도 귀찮아하는 법이 없었다. 우리의 친구 갈바오 부에노는 외정外征에 천부적이고 친절하기 그지없었지만 그 직업군에서 탁월한 인물은 아니었다. 그날 밤 우리는 왕족처럼 잠을 잤다. 아침에 깨어났을 때도 기차는 여전히 메마른 산길을 오르고 있었다. 우리는 비교적 중요한 두세 도시를 지나 마침내 정오에 미나스제라이스주도인 벨루오리존치에 도착했다.

§벨루오리존치

공식수행원이 역에서 우리를 기다리고 있었다. 우리는 바로 주요 장소를 방문했다. 그곳에서 우리는 방대한 기획에 따라 조직된 도시를 볼 수 있었지만 건물이 이상적 설계를 충족하고 있지는 않았다. 거의 대부분의 도시가 인구증가로 형성되고 성장한다. 하지만 이 도시는 대도시를 염두에 두고 길과 대로를 기획하고 있었다. 하지만 아직 사람들이 이 도시로 옮겨오지 않고 있었다. 근교의 언덕에서 보면 대저택, 공원, 병원, 학교가 잘 배치되어 있음을 알 수 있다.

드넓은 평원과 언덕의 부드러운 비탈길 위로 시야가 닿는 데까지 관목과 나뭇가지와 이파리들이 엮여있었다. 곧게 뻗은 길은 꽃이 만개한 우람한 나무로 장식되어 있었다. 어떤 길은 이페(타베브이아) 나무의 노란 꽃으로 물들어 있었는데 가지마다 노란 꽃이 가득 피어나는 멕시코 콜리마 지역의 프리마베라와 같은 종이었다. 우리는 브라질에서 다른 품종의 라일락도 볼 수 있었다. 모든 길에 그와 동일한 종의 나무가 무성했으며 종류도 다양했다. 건물이 들어설 공간 중에는 밭으로 변한 곳도 있었고 인도로 변하거나 포장된 곳도 있었다. 상업지구의 길에는 견고해보이지는 않지만 기껍게 느껴지는 현대식 가옥이 가득했다. 이것이 지나치는 자동차와 응대해야 할 사람들 틈으로 본 첫인상이었다. 물론 누구든지 그 모든 것을 벗어나 멀리서 깊게 관조하고 싶은 마음이 간절했을 것이다. 다음날 우리는 알폰수 페나Alfonso Penha 교육부장관과 학교를 방문했다. 초등학교 건물은 새로 지은 것이었다. 교사들이 정중히 우리를 맞았고 아이들은 우리에게 꽃을 선물했다. 그 환영이 너무도 기쁘고 따뜻하여 우리도 모르게 고마움을 표할 사람을 찾아 고개를 돌렸다. 교사들만큼이나 아이들도 즐거운 얼굴로 축제를 맞은 듯 갈채를 보냈다.

엄격하지 않은 학교이기에 아이들은 자유로웠다. 하지만 규율은 완벽했다. 응접실은 깨끗했고 탁자엔 꽃이 놓여 있었다. 브레네스 메센Brenes Mesen은 코스타리카의 학교를 그렇게 조직했으며, 멕시코도 이를 본받아 세운 학교가 있었다. 우리는 몇 번이고 지리와 역사 수업을 참관했다. 아마도 세상 어디에도 그 보다 보편적이고 편견으로부터 자유로운 수업을 하는 초등학교는 없을 것이다. 그 수업에 민족주의를 고양하는 편협함은 없었다. 그런데 미국의 초등학교 지리 수업은 정확히 미국에 대한 수업이며, 그러고 난 후에야 마치 조국의 액세서리라도 되는 냥 다른 세계를 말한다. 이는 영국에서도 프랑스에서도 마찬가지이다. 브라질에서는 모든 민족에 대해 정중하게 말하고 이웃 민족에 대해서도 조심스럽게 말한다. 증오하는 마음은 없다. 그곳에선 결코 증오를 말하지 않는다. 그럼으로써 민족주의는 깊은 애정으로 변모한다. 하지만 타자에 대해 앙심을 품지는 않는다. 그 애국심이 너무 순수하고 자연스러워 우리는 그에 감동하고 공감했다. 우리는 브라질이라는 음악적 국명이 들어간 말을 들을 때마다 Z발음이 얼핏 S발음으로 느껴져서인지 멜로디를 듣는 것 같은 생경한 인상을 받았다. 그 영광스러운 단어를 만난 지 얼마 되지 않았지만 진정으로 사랑하는 여인의 이름처럼 마음속에 울려 퍼졌다.

보통학교에서는 노래와 꽃으로 우리를 맞았다. 소녀들은 꽃을, 소년들은 노래를, 교사들은 환영의 말을 건넸다. 장관은 그 사랑에 사랑으로 화답했다. 넓은 응접실엔 사람이 가득했고 형제애가 느껴졌다. 그곳을 떠나기에 앞서 우리는 널찍한 계단에서 기념촬영을 했다. 돌이킬 수 없는 순간을 붙잡고 싶은 허망한 시도였다. 그 때를 온전히 회상하고 싶은데 여행에서 찍은 사진이 내겐 남아있지 않다. 서둘러 사라지는 기억이 마음 아프지만 정신을 흐트러뜨리는 장애물이 부서지면 그 사랑스러운 기억이 온전히 되살아날 것이다. 그 순간을 위해 나는 다시 만나지 못한 그 동료들, 이 땅을 지배하는 운명이 우리에게 준 그 짧은 시간에 사랑의 마음을 나눈 영혼들을 호명해본다.

우리는 때마침 미나스제라이스의 주지사이자 브라질 대통령으로 당선된 베르나르데스 박사를 공식 방문하게 됐다. 청사에 이르는 길에 광장을 지났다. 큰 정원 같은 그 사각의 광장엔 시야를 막는 나무 대신 꽃이 넓은 길과 깨끗한 공공건물을 따라 가득했다. 주청사는 간결하고 운치 있었다. 발코니에서 보니 우아한 건물로 이어지는 넓은 꽃의 정원이 행복한 왕국의 수도 같았다.

베르나르데스는 애정과 신실함을 담아 신사답게 우리를 맞으며 말을 건넸다. 그는 외국인에게 무한정 양도된 브라질의 막대한 천연자원을 국유화할 것이라고 했다. 그는 앞을 내다보지 못하는 통치자로 인해 발생한 국제적 위기를 인지하고 있었다. 그는 의례적 방문의 관습을 넘어 손수 청사를 안내하며 호의와 재능으로 우리의 마음을 사로잡았다.

베르나르데스 정부는 대업을 실행했지만 정작 자신과 집행부는 자금을 공금으로 묶어두고 빈손으로 퇴직했다. 우리는 방문을 마치고 베르나르데스 부인에게 선물할 꽃을 사러 가야했다. 나는 다시금 높은 곳에 올라 도시 풍경을 바라보며 마지막 오후의 햇살을 만끽하고 싶었지만 그렇게 할 수밖에 없었다. 생기 넘치는 장미가 가득한 화단이 있는 사람에게 한 다발의 장미를 보내는 게 터무니없는 일임을 알면서도 말이다. 더욱이 이미 오후였기에 중심가의 그 어떤 꽃가게에도 싱싱한 꽃이 없었다. 갈바오 부에노는 그 지역이 후진적이라고 생각지 않았다. 늘 지칠 줄 모르고 끈기 있는 그는 몇 개의 농원으로 우리를 안내했다. 여섯 군데나 가봤지만 허사였다. 하지만 마침내 아직은 브라질 사람은 아닌 독일인의 농원에 갔다. 큰 농원이었는데 안쪽으로 방이 있었다. 불러도 대답이 없기에 담장 옆문으로 들어갔다. 갈바오 부에노가 앞장섰는데 마스티프 세 마리가 짖어대며 그에게 달려들었다. 나는 몽둥이나 돌을 찾을 생각이었는데 갈바오는 그곳이 거실이라도 되는 듯 주저 없이 다가가더니 짖어대는 개의 면전에 침착하게 손을 뻗어 마술처럼 개들을 제압했다. 그 순간 주인이 나타나자 갈바오 부에노는 그들에게 설명을 하고 손으로 가위 모양을 하더니 손수 예쁜 장미를 자르기 시작했다. 그렇게 꽃다발을 만들어 쪽지와 함께 베르나르데스 부인에게 보냈다. 그 꽃다발은 우리의 마음에 벨루오리존치에 대한 추억을 남긴 향기로운 상징 같았다.

아침 여섯시에 그곳을 떠나려던 순간, 페냐 장관이 우리를 마중하러 역에서 기다렸다는 사실에 적잖이 놀랐다. 우리가 오루프레투를 방문하고 이틀 뒤에 몇 가지 기념식을 함께하기로 한 바르바세나Barbacena에서 만나기로 했으니 이별은 아니었다. 쓸데없이 일찍 일어나게 한 것 같아 미안한 마음을 표했더니 그가 망설임 끝에 자기는 강한 에너지가 담긴 축전지라고 화답했다. 때가 이르자 그는 우리를 부드러이 지켜보고 있었다. 우리는 대립적 입장이 아니라 같은 입장이었으며 그는 최선을 다했다. 행여나 우리가 대립적 입장이었다면 우리에게 마음 쓰지 않았을 것이다. 하지만 그는 우리에 대한 애정으로 그곳에 있었다.

알폰수 페냐는 작은 키에 여위었으며 갈색 피부에 길고 두터운 콧수염을 기르고 있었다. 못생겼다고 할 수도 있겠지만 순수한 그의 눈엔 부드러움이 담겨 있었다. 그는 정에 약하고 성미가 급하여 과민할지도 모르지만 감정에 충실하고 깊은 애정을 지닌 사람이었다.

우리는 기대에 부풀어 오루프레투로 갈 참이었기에 아쉬움 없이 벨루오리존치를 떠날 수 있었다. '검은 금'이라는 도시명이 신비롭게 느껴졌다. 1세기 전엔 부를 찾아 그곳에 온 노다지꾼의 마음을 흔들었을 것이다. 11시 쯤 그곳에 도착했다. 높은 곳에 위치한 그 도시는 불규칙한 산악 지형 위로 길고 하얀 성벽과 망루, 다양하게 펼쳐진 처마를 뽐내며 내적 강인함을 보여주고 있었다. 비좁고 인적 드문 길을 따라 수수한 건물이 빼곡히 들어서 있었다. 그 건물 위로 커다란 석재 건물이 높이 솟아있는데 과거에 동전이나 금속을 주조하던 곳으로 오늘날엔 병영이나 감옥으로 쓰고 있었다. 건물이 비슷하여 구분하기가 늘 어려웠다. 맞은편으로는 광업학교가Escuela de Minas[42] 광장의 한 면을 차지하고 있었다. 그 훌륭한 교육기관에는 아직 학생이 많았으며 열의 있고 정중한 교수진도 있었다. 학교 박물관은 경이로운 보석의 원석과 세공품을 소장하고 있었다. 전기석, 다이아몬드, 에메랄드를 비롯해 다양한 광물 결정체와 한 페이지로는 모자랄 만큼 견본품이 많았다. 건축 방식은 사카테카스Zacatecas나 과나후아토와 닮아있었다. 다만 과나후아토보다 건물이 적었다. 하지만 집도 사람도 많고 훨씬 활동적이었다. 도시가 불규칙적으로 건설되어 있기에 그곳엔 그림 같은 골목, 낭만적인 다리, 수세기가 지났지만 도시화되지 않은 전원적 골짜기, 시적인 발코니, 멋진 집이 있었다. 애써 이겨내며 살았건만 게으른 자, 무시당하는 자와 다르지 않은 삶이라니! 비통함과

42 1876년 설립된 엔지니어링 및 건축 고등교육기관이다. —옮긴이

희망이 동시에 느껴졌다. 과거에 대한 비통함과 무한한 광맥에서 보물을 캐내기 위해 광업학교에서 공부하고 있는 청년의 가슴 속에 어제도 오늘도 맥박치고 있는 희망 말이다.

아주 수수한 외관의 호텔에서 전통을 유지하고 있는 나라에서나 맛볼 수 있는 최고의 음식인 파로파를 곁들인 피루, 페이조아다로 훌륭한 오찬을 즐겼다.

도시의 진정한 보물은 식민시대에 건설된 유구한 건축물의 재료에 있었다. 카를로스 오브레곤Carlos Obregón을 비롯해 우리와 동행한 건축가들은 장식물, 다리, 장식벽을 사진에 담고 있었는데 그 모든 것이 멕시코와 아주 닮아 있었다.

우리는 그 사랑스러운 도시가 우리에게 영원히 남긴 우수를 머금고 기차역으로 이어지는 길을 걸어 내려갔다. 그곳엔 고통이 있었고 개척자들이 일군 산업의 부침에 대한 동정이 마음속에 자리하고 있었다. 농민이라면 꿈조차 꾸지 못할, 죽음과 행복을 오가는 위험하지만 즉시적인 부를 가져다주는 광업에 대한 노력이 느껴졌다. 오루프레투는 과거를 기억하고 있는 유일한 도시일 것이다. 브라질이 지닌 밀림과 하늘, 그 모든 점에서 브라질은 미래의 나라이다.

◐ 장관과의 작별

우리를 태운 기차가 신비로운 도시 켈루스Queluz에서 몇 시간 정차하자 우리는 달밤을 거닐었다. 다음날 우리는 페냐로 향하는 기차에 올랐다. 마중 나온 공직자들이 오랜 지인을 대하듯 우리를 맞았다. 식당칸은 연회장이 되었다. 메뉴와 케이크와 접시가 멕시코와 브라질 국기로 장식되어 있었다. 대화보다는 음식을 즐겼다. 세시 경에 바르바세나에 내려 차를 타고 정신병원 개원식에 참석했다. 두 개의 큰 건물이 있었다. 합각지붕에 석재로 된 중앙화단이 있었고 노란색의 양쪽 측벽은 사각의 안뜰을 감싸고 있었다. 내부는 어깨 높이까지 섬세한 모자이크 타일이 깔려있었으며 병원처럼 모든 게 청결했다. 작업실, 강의실, 침실, 공연장이 갖춰져 있었다. 건물 주변으로는 아름다운 정원이 조성되어 있었다. 무엇 하나 나무랄 데 없었다. 아쉬운 게 있다면 스위스식 축사나 마구간 같은 네덜란드식 천장이었다. 멋진 햇살이 쏟아지는 날씨인데 눈이 미끄러지도록 설계한 뾰족한 망사르 지붕은 눈살을 찌푸리게 만들었다. 그 야만적 스타일은 열대의 영혼에 걸맞지 않다. 그런데 우리는 북유럽의 양식이 범람하여 그 추한 모습이 여기까지 파고들도록 내버려뒀다.

기계와 기술을 받아들이는 건 찬성하지만, 빈약한 사상과 추한 미학을 받아들여야 할 이유가 있겠는가? 어정쩡함과 불변의 회색에 익숙한 눈이 어찌 아름다움을 이해할 수 있겠는가? 병든 감상주의는 창백한 봄과 열기 없는 여름과 빛바랜 가을에서 나온다. 비잔틴, 바그다드, 바라나시, 아그라, 델리를 감싼 태양빛을 보지 못한 보편적 시각의 케케묵은 미학이여! 열대의 풍경을 관조해본 적 없는 자가 어찌 아름다움을 논할 수 있겠는가! 깊은 물속의 물고기가 단색을 자부하듯이 내일이면 미학이 될 것 마냥 단조로이 제 부드러운 색조와 하모니를 즐기고 있구나. 태양의 광채를 모르는 자, 미를 모르는 자이다. 한데, 우리는 환자가 구상한 탓에 병원 같을 수밖에 없는 집을 짓도록 허락하고 말았다. 우리는 그들이 가져온 인공 산물과 이미 재단된 나무와 유리와 철에 굴종하고 있다. 하지만 이는 전이의 시기에 지나지 않을 것이다. 우리는 그들이 만든 것을 취할 테지만, 그들의 사유에 신경 쓰지 않고 우리만의 이상을 창조할 것이다. 모방이 피할 수 없는 법칙이라면, 우리는 타지마할이나 비잔틴의 원형지붕을 모방할 것이다. 그러나 열대에서 북유럽 양식은 부조리하기 그지없다. 열대에 필요한 것은 맑게 갠 하늘을 건물 안에 담아낼 동양적 원형지붕이나 평평한 지붕이다. 북부와 남부의 양식적 차이는 동면할 구멍을 찾는 두더지와 빛을 향해 날개를 편 새의 차이와 같다. 이런 환경에서 유럽의 미학은 천박할 따름이며 일몰에도 밀림에도 어울리지 않는다. 유럽의 미학은 대지와 하늘의 길을 밝히는 별빛 밤의 조화를 깨뜨린다.

우리는 건물을 둘러보고 산자락으로 이어진 그림 같은 숲 속의 전원적 공간으로 자리를 옮겼다. 우리는 나무 아래서 브라질의 차와 맛있는 음식을 즐겼다. 당연히 샴페인이 곁들여졌다. 그리고 많은 대화가 있었다. 국민의 저력에 대한 신뢰와 과업을 완성한 정부에 찬사가 이어졌다.

모든 이가 멕시코 방문단에 존경을 표했다. 그리고 마침내 내 차례가 오자 나는 알폰수 페냐 장관의 노고와 애정에 온 마음을 담아 감사를 표했다. 그리고 수년에 걸쳐 노력한 끝에 건설적 과업을 국가에 바치는 날, 내게 애정 어린 환송을 해준 것에 대해 그보다 큰 기쁨이 없을 것이라 표명했다.

바르바세나에 돌아오는 길에는 많은 주민이 나와 우리를 환송했다. 그들은 길을 멈추고 미소를 지으며 박수를 보냈다. 한 사내는 우리에게 작은 뿔이 엮여 있는 지휘봉을 선물했다. 우리는 역에서 헤어졌다. 공식 수행단은 벨루오리존치로 돌아갔고 우리는 오리엔테Oriente로 향했다. 알폰수 페냐의 환송은 감동적이었다.

몇 주 후 나는 실수를 저질렀다. 리우데자네이루 전시장에서 페냐를 목격했다. 멀리 지나가는 그를 보고 달려가 포옹하려했다. 하지만 그는 다른 사람과 함께였다. 나 또한 동행이 많았다. 그와 재회하는데도 품위를 지켜야 했다. 우리가 함께한 날의 우정이 너무도 충만했기에 다급히 인사를 건넸다가 우리의 영원한 우정이 상할까 염려됐다. 마음 깊이 남은 상파울루의 실베이라와는 서신을 자주 주고받았지만 페냐와는 그렇지 못했다. 하지만 세월도 우리의 우정을 깨지는 못하리라.

§주이스지포라

몸은 지쳤지만 갈바오 부에노 덕분에 시간을 잘 활용할 수 있었다. 오후 2시 경에 바르바세나를 출발하여 현대적으로 발전한 산업상업도시인 주이스지포라Juiz de Fora에 도착했다. 주요 인사와 기자들이 우리를 맞았다. 그곳의 군지휘권자가 의장대를 보내 우리를 맞이했기에 우리는 소개되기도 전에 화려한 기병대를 따라 도시의 밤거리를 지나야 했다. 그 사이 우리는 즐거운 입담을 나눴다. 이런 행사는 서커스가 그렇듯이 우리를 웃음 짓게 했다. 박자에 맞춰 나아가는 영국풍의 기수들은 흡사 용수철로 움직이는 장난감 같았다. 하지만 아르헨티나에서도 그렇듯이 브라질에서도 기병술이 훌륭했다.

이내 우리는 군지휘권자인 모 장군과 인사를 나눴는데 그는 유럽에서 벌어진 전쟁에 참전한 바 있었으며 철학자처럼 그 전쟁을 언급했다. 참사가 벌어질게 빤한데 전장에 포르투갈인을 보낸 연합군 지휘관의 발언을 상기하며 분노를 표출한 그는 내게 깊은 감화를 남겼다. 그 장군은 프랑스 혈통을 물려받았지만 브라질인이었다. 이것만으로도 오늘날 무시당하는 포르투갈 혈통과의 연대의식을 엿볼 수 있었다. 병사들은 그의 항변을 명심해야 할 것이다.

나는 만약 에스파냐인이 희생되었다면 얼마나 많은 이스파노아메리카의 장군이 그렇게 생각할지 떠올리자 씁쓸해졌다. 하지만 우리는 민족의 날을 기렸다. 휴식의 구실이 되는 축제이니 말이다.

◐ 독립 100주년 기념식

브라질은 역사 없는 나라로 인식되어왔다. 브라질의 발전이 진보의 승리와 부가물에 따른 것이었기 때문이다. 사실 브라질은 맑고 영예로운 역사를 지닌 나라이다. 내전도 외세의 침범도 없었다. 독립을 할 때도 모국에 대한 증오가 없었다. 정치적 해방을 이끈 사람에 대한 박해와 수난은 위대한 페드루 왕조로 시작된 자치정부의 박애정신으로 어느새 잊혀졌다.

페드루 1세Pedro I는 능숙한 통치력을 발휘했다. 그는 고결하고 꾸밈없는 사람으로 모든 면에서 훌륭한 통치와 인권 존중을 안착시켰다.

그래서 페드루 1세에 대한 사랑은 오늘날까지 이어지고 있다. 고결한 성품을 지녔으며 철학을 사랑한 페드루 2세는 역사에 길이 남을 인물이다. 그는 인문학을 동경했다. 공화국의 프로파간다가 강렬했기에 본질적으로 고귀한

이 민족은 그 철학적 통치자와 동일한 심장을 얻게 되었다. 그리하여 통치자는 허세를 부리지도 누군가를 괴롭히지도 않고 자리를 물러났고 공화주의자들은 오귀스트 콩트의 철학을 받아들여 정부를 조직했다. 뒤이어 후이 바르보사Ruy Barbosa의 주장을 받아들여 아무 정쟁 없이 노예제를 철폐했다.[43]

노예가 해방되자 무한한 번영의 축복이 만개했다. 우리는 독립 100주년 기념식에서 이를 확인할 수 있었다. 그들은 시작부터 이미 찬란한 번영을 이뤄냈다. 에피타시우 페소아 대통령의 드높은 정신력이 승리한 것이다.

대범하고 지속적으로 전진해 나간 인민의 정치생명은 조국을 더럽히고 파괴하는 야망의 격전 없이 질서정연하게 정부를 물려받았다. 그 어떤 카우디요도 혁명적 기획도 그 과정에 개입하지 않았다.

⚜⚜⚜

브라질의 궁전은 우리의 궁전이 자랑하는 외적 화려함이 없다. 물론 멕시코는 이 대륙에서 가장 뛰어난 건축술을 지닌 나라이다. 반면에 아르헨티나와 마찬가지로 브라질 궁전은 파사드를 전문으로 하는 멕시코 건축가가 상상하지 못할 만큼 인테리어가 풍요롭다. 또한 훌륭한 복지를 누리는 나라에서나 볼 수 있는 호화를 볼 수 있다. 미국의 호화로움이 브라질에도 있는 것이다. 자동차도 많다. 하지만 정부 관료들의 차는 아니다. 장관의 부인도 아름다운 귀금속과 옷으로 치장하지 않는다. 관료들의 치장도 단출하다. 부를 과시하는 부자들도 사람을 부리기는 하지만 조직화된 사회의 규정과 컨벤션을 넘지 않는다.

그들의 호화로움과 우리의 호화로움은 문명과 야만의 차이만큼 크다. 문명의 호화로움은 살갑고 온화하며 피 냄새가 나지 않기에 야만적 호화로움이 주는 불쾌감은 없다. 우리의 야만적 호화로움은 위선적인 만족의 쾌감을 준다.

---

43 노예제를 폐지하자는 후이 바르보사의 주장은 1888년 의회의 절대 다수로 가결되었다. —옮긴이

과식이 가득한 천박하고 오만한 홀은 순간적으로 사람을 매혹한다. 하지만 거기엔 환희가 없다. 자유가 없으니 말이다. 외교관만큼이나 보석으로 치장하고 아주 잘 차려입은 대다수 숙녀도 관심을 끌지 못한다. 그 외교관들은 보석으로 장식된 머리띠와 목걸이를 쳐다보면서 내일은 어떤 금붙이로 여인의 머리와 목을 치장해줄지 혹은 관능적이고 열정적으로 춤을 추는 예쁜 여인에게 뭘 선물해야 보석이 빛날 수 있을지 생각하고 다닌다.

거기에 환희는 없다. 오히려 존경받아야 할 중년 부인에게서 보석을 봐야하는 불쾌감만 있을 뿐이다. 그런 점에서 동양인의 지혜를 존중해야 한다. 그들은 보석을 무희에게 준다. 부르주아가 부인에게 주는 것은 자기 자신을 위한 것이거나 주지 않는 것과 마찬가지이기에, 그들은 대범하게 보석을 무희에게 줘버린다. 에메랄드는 희망을 의미하기에 무희에게 신성한 행운을 가져다준다. 영예로운 위엄에서 아름다움이 창조되고, 그 아름다움 위에 육체가 만들어진다. 책무도 고통도 없이 환희의 축배를 드는 여인에게는 루비를 주고 아름다운 시를 지은 여인에게는 다이아몬드를 준다. 반면에 중년 부인의 몸에 걸린 무분별한 사치품은 보석에 대한 모독이다.

◐ 함대 열병식과 해안 탐방

구름 낀 오전에 광대한 만에 정박한 함대를 둘러봤다. 모든 사절단이 대통령 전용 요트에 모였다. 장갑전함에 포신을 갖추고 화려한 깃발을 휘날린 멋진 "드레드노트" 영국 함대가 떠올랐다. 우리 사절단이 다가가자 사열한 병사들이 동시에 경례를 하며 함성을 질렀다. 나는 개인적으로 일본 해군이 가장 강하고, 다음은 영국의 드레드노트, 세 번째는 미해군이라고 보는데, 미국의 국무장관인 찰스 에번스 휴즈Charles Evans Hughes도 그렇게 발표했다.

나는 정치가이자 시인인 페소아 대통령과 잠시 얘기를 나눴는데, 내게 과나바라Guanabara만 인근에 있는 파케타Paqueta 섬을 둘러볼 거라 했다. 그 섬에 얽힌 사랑하는 연인에 대한 전설을 얘기해줬다. 그 이야기가 기억나진 않지만, 나는 그 섬에 가보고 싶었다.

그 섬에 가는 길은 지루했다. 배 타는 일은 감옥에 있는 것과 같으니, 육지에 하선하는 것만큼 기쁜 일이 있겠는가. 인간을 정복하려고 만든 그 함대의 제식보다 페소아 대통령의 이야기가 더욱 인상적이었다. 정오에 제식행사가 끝났다. 그 광경은 새롭고 훌륭했으며 깃발이 날리고 전투적 광채를 뿜을 때는 환상적이기까지 했다. 하지만 제식이 길어지자 지루하고 씁쓸했다. 우리는 배에서 내린 뒤 해변을 따라 숲으로 가는 멋진 길을 걸으며 기운을 얻었다. 바다와 숲의 향기로운 바람을 맞았다.

일주도로가 코파카바나 너머로 숨 막힐 정도로 아름다운 해안을 따라 수 킬로미터나 이어져 있었다. 잔잔한 바다가 구불거리는 모래 해안의 바위에 부딪히고 있었다. 푸른빛을 머금은 바다가 해안선 모퉁이에서 거대한 에메랄드로 부서지는 듯 했다. 언덕배기 바위에 부딪히며 사그라지는 바다는 영광을 얻고 부서지는 허망한 꿈같았다. 그 반대편에는 밀림으로 이어진 산이 솟아 있었다. 산 정상에 우뚝 선 나무는 늠름한 가지를 바람에 뽐내고 있었다.

경이로운 보타포구나 코파카바나처럼 해안선이 옴폭했다. 풍경과 모양이 비슷한 해안이 많았다. 섬과 산도 마찬가지였다. 포르투갈의 식민시대 이전인 600년 전, 리우데자네이루엔 도시도 배도 없었을 것이다. 팡지아수카르나 코르코바두Corcovado도 그랬을 것이다. 자연주의자라면 그런 지형적 유사성에서 "자연은 개체로 존재하는 게 아니라 종種을 창안한다"는 법칙을 도출할 수도 있을 것이다. 여러 만을 다녀볼수록 크기의 차이는 있지만 비슷함을 알 수 있다. 뉴욕과 보스턴이 그렇고, 샌프란시스코는 샌디에고나 벤쿠버와 비슷하다. 강을 낀 파리도 베를린이나 런던과 유사하다. 영국의 섬들은 발레아레스 제도나 그리스의 제도와 비슷하다. 아마존은 오리노코와 형제이며, 미시시피 강은 멕시코만을 모래로 채운 수백 개의 지류를 갖고 있다. 또한 나무도 마찬가지이다. 세상에서 가장 크고 오래됐다는 "툴레 데 오아하카Tule de

Oaxaca"의[44] 예를 보지 않더라도 넓게 퍼진 거목들이 오랜 밀림의 풍요를 말해주고 있다. 화산 또한 특정 지역에만 있는 게 아니라 멕시코 산맥이나 중앙아메리카, 안데스에서 보듯이 일정한 그룹을 형성하고 있다. 마찬가지로 미지의 힘이 수많은 시험을 하고는 재료로 쓴 진흙이 마음에 들지 않는다는 듯이 내버려둔 흔적을 어디에서든 볼 수 있다. 그 불쾌함이 형식 때문인지 질료 때문인지는 알 수 없을 것이다.

◐ 반데이란치

반데이란치Bandeirante란 브라질 역사에서 정복자와 유사한 의미를 지닌 사람을 일컫는 말이다. 다만 정복자라기보다는 통상적으로 사람이 살지 않는 거대한 땅을 탐험하고 발견하는 사람에 가깝다. 반데이란치는 기질적으로든 운명적으로든 자기의 전설을 정복자의 무자비한 잔인함으로 물들이지 않았다. 그들은 영웅이자 지리학자였고 대담함과 문명의 지성을 갖추고 있었다. 반데이란치는 애초부터 문명화를 이끈 자들이었다. 브라질 정부가 내게 보여준 호의와 친절함 중에서 해군 지휘관인 암필로키오 헤이스Amphiloquio Reiss를 나의 수행자로 정해준 것만큼 고마운 일은 없었다. 그는 재능과 능력, 훌륭한 품성와 기쁨을 지녔으며 말로는 형용하기 어려울 만큼 훌륭한 사람이었다. 그의 열정은 사람들의 의지를 끌어냈으며 그의 호의는 여인들을 미소짓게 했다. 40대 중반이었는데 탈모가 진행되고 있었다. 호리호리하고 강인한 체격이어서 모든 이의 호감을 얻었다. 그는 뼛속까지 포르투갈인이었다. 그렇다고 그 시절에 낡은 배를 타고 온 포르투갈인을 "포르투갈의 왕"이라고 부른 아이러니한 브라질인의 모습을 벗어난 것은 아니었다. 나는 그 사람 덕에 포르투갈과 브라질의 역사를 조금이나마 이해할 수 있었다. 그는 경이로운 과나바라만에 있는 섬들의 이름을 일러줬고 도시에 세워진 기념비의 역사를 설명해줬다. 그는 역사를 이야기하면서 기념비에 관한 대중적 칭송이나

---

44 멕시코 오아하카주에 있는 나무로 둘레 42미터, 높이 40미터, 지름이 14미터에 달하며 수령 2천년 이상으로 추정된다. –옮긴이

예찬 같은 목적에 맞지 않는 이야기도 덧붙여 설명해줬다. 그는 기념비를 희극적으로 설명했다. 하지만 잔인하게 해석하지는 않았다. 그는 누군가를 제압하거나 경멸하려는 목적으로 신소리를 하는 사람이 아니었다. 그의 호의에는 유쾌함과 애정이 어려 있었다. 그는 천진난만한 미소와 대단히 강인한 품성을 지닌 사람이었다. 혹 마법사가 내게 소원을 말하라고 한다면, 나는 죽기 전에 그를 한번 껴안아 볼 수 있게 해달라고 청했을 것이다.

오후에 대로를 거닐다가 암필로키오의 딸을 만났다. 그는 밝은 미소로 딸을 맞았다. 그는 예쁜 여인을 친절하게 대하는데 익숙했다. 나는 검은 눈에 예쁘고 다정하고 영특한 열여섯 혹은 열여덟 살 소녀 앞에서 어찌할 바를 몰랐다. 그가 딸을 소개해줬다. 소녀는 아버지처럼 친절하게 내게 미소 지었다. 몇 시간 뒤에 그녀를 무도회에 바래다주겠다고 약속하는 아버지와 딸의 넘치는 애정을 보는 것만으로도 감동적이었다. 그렇게 소녀는 떠났고 다시는 만나지 못했다. 나는 헤어지면서 그녀에게 좋은 일만 있기를, 행복하기를 기원한다고 말했다.

암필로키오는 나의 수행자이자 안내자였다. 어디서나 바지런하게 나를 수행했으며 좋은 충고나 역사에 대한 이야기만큼이나 식사도 훌륭하게 챙겨줬다. 그는 영웅의 영혼을 지닌 사람이었다. 하지만 지금은 평화를 누리고 있었다. 그래서 그에게 혈통을 물려준 항해자 선조와 다르게 지도에 이름을 남기지는 못했다. 그는 어릴 적부터 바다를 주유하며 다양한 민족을 만났다. 그는 이론과 실천의 스승으로서 수년 동안 연습선을 지휘했다. 나는 그에게 당신처럼 활기와 의욕이 넘치는 사람이 끝없이 길고 지루한 항해의 삶을 살고 있다는 게 믿기지 않는다고 했다. 항구에 도착한다는 것은 늘 감동적이다. 하지만 며칠 혹은 몇 주를 배에서 보내는 일은 배의 속도처럼 느리고 우둔한 자만 할 수 있는 일이다. 상상력이 넘치는 뱃사람이라면 미쳐버릴 것이다. 그는 내게 사소한 책무라도 강직하게 하다보면 아주 긴 여정도 짧게 느껴진다고 했다. 더욱이 바다는 우리에게 모자란 미덕, 즉 기다림과 인내를 가르

쳐준다고 했다. 강직한 인내와 침착함이 뱃사람이 갖출 덕목인 것이다. 그리고 세월은 신중함을 키워주기에 베테랑만이 중요한 배를 다룰 수 있다.

암필로키오의 국제적 성향에 대해 말할 수는 없을 것 같다. 그가 아직 공직에 머물고 있을 테니 말이다. 하지만 그가 훌륭한 브라질인으로 증오의 마음이 없었으며 모든 면에서 명쾌하고 빠른 판단력을 지녔다는 것과 우리가 서로 이해했다는 점은 말해두고 싶다.

그와 함께 기자단을 만났다. 그는 대화를 이끌 줄 알았다. 또한 장관들도 만났다. 페소아 정부의 장관들이 뛰어나긴 했지만 암필로키오도 그들 못지않게 이해력이 뛰어났다. 그는 어디서든 수장 같았다. 그와 함께 페트루폴리스 Petrópolis도 방문했다. 그는 예술가처럼 나를 안내했다. 더욱이 그가 워낙 활동적이어서 다양한 것을 볼 수 있었다. 한번은 아침 여섯시에 하루를 시작하여 아름다운 열대 정원과 박물관으로 바뀐 궁전이 있는 보아비스타 공원 Quinta da Boa Vista을 방문했다. 원주민이 쓰던 컵부터 이집트의 미라에 이르기까지 전세계의 큰 박물관에 있는 모든 것이 축소판으로 전시되어 있었다. 우리는 박물관을 나와 카페로 갔다. 그가 나를 멕시코에서 온 대사로 소개하며 커피를 주문했다. 그의 친절함에 주인이 무료로 대접했다. 그곳을 나와 우리는 기차를 타고 리우데자네이루와 페트루폴리스를 품은 숲에 이르기까지, 멋진 풍경을 볼 수 있는 산으로 올라갔다. 기차를 타고 올라갈수록 지도에 나타나듯 도시와 해안이 모습을 드러냈다. 기차는 나무 숲 속을 헤치며 산을 기어오르는 듯 했다. 그곳에서 우리는 다시 페트루폴리스로 갔다. 그리고 저녁에는 리셉션이 있었다.

페트루폴리스에는 여름 정원과 작은 유럽식 호텔이 있었다. 길에는 수국과 장미와 목련이 자리하고 있었다. 집집마다 정원이 있었고 공원과 분수도 많았으며 거리에는 꽃과 나무가 무성했다. 식당 테이블을 덮은 하얀 식탁보가 노천에서 제 모습을 뽐내고 있었다. 길거리와 인도에는 밝은 옷의 여인들이 보였다. 모든 게 즐거웠다. 냉랭한 풍경이 주는 서글픔도 해안의 무더위도 없었다.

여행자라면 행복이 깃든 그곳에 머물고 싶겠지만 자신이 불청객이라는 인상을 받을 것이다. 일본식 정원에 낯선 가로수길, 공작새와 타조가 있는 어느 공원의 식당에서 맛있는 점심을 먹은 기억이 난다. 그리고 숲 사이로 난 도로도 기억난다. 그 숲에는 이탈리아나 폴란드의 노동자들이 수력을 이용하여 세운 터빈과 공장도 있었다. 아직도 브라질에 가난이 있다는 게 마음 아프다. 비참하진 않지만, 그렇다고 행복하다고 할 수도 없다.

행복해지려면 주기적으로 세상 어디로든 여행할 수 있어야 한다. 바위에 붙은 연체동물 같은 일상은 최악이다. 영혼은 새가 되어야 한다. 나는 끝없는 여행을 생각하면서 여행을 할 수 없는 처참한 상황에 놓인 그 노동자들이 나를 볼까 부끄러워졌다. 나는 즐거운 여행을 하고 있지만 그들은 유럽에 남겨진 부모와 자식을 언제 만날지 알 수 없었다. 나는 세상에 태어난 죄를 자책하면서 그 어떤 존재도 행복할 수 없을 뿐만 아니라 누군가 고통 받고 있다면 창조자조차도 행복할 수 없으리라는 모독적인 확신을 되뇌었다.

돌아오는 기차에서 반시간쯤 잠들었다가 깨어나 보내 내 옆에 세상에서 가장 아름다운 여인이 있었다. 이미 통성명을 한 암필로키오가 그녀를 내게 소개했다. 부에노스아이레스에 살고 있었으며 투쿠만Tucumán에 사는 조카들과 동행중이었다. 파리의 품위 있는 이상형 같은 사람을 마주하고 있다고 상상해보라! 하지만 그녀를 다시 만나지는 못했다.

암필로키오와 정오, 해질 녘, 밤에 걸쳐 세 번이나 기막힌 풍광을 자랑하는 팡지아수카르를 찾았다.

어느 일요일 오후 예닐곱 시에 암필로키오를 따라 코르코바두에 갔다. 그곳은 팡지아수카르의 파노라마를 확대한 것 같았다. 코르코바두는 산세를 지배하고 바다와 도시의 풍광을 담아내고 있었다. 기형적인 산등성이 같았다. 공격적으로 느껴졌지만 추함은 인간의 몫임을, 인간이 대자연을 더럽힐 수 없다는 것을 입증하며 위엄 있게 고개를 쳐들고 있었다. 인간의 영역을 벗어나면 모든 것이 아름다운 창조 안에 있다. 인간은 유일한 죄인 혹은 유일한 오류이자 유일하게 불완전한 존재이기에 반드시 속죄해야 하는 존재이다. 조물주는 인간을 창조하면서 오류를 범했다. 인간이 덧없는 존재가 아니라 하더라도 말이다. 반면에 바위는 참으로 영속적이다. 별은 흩어진 이상형으로서 새로운 구성을 열망하며, 밀림은 불가해하다. 밀림과 바다는 생명을 잉태하는, 존재를 생성하는 미지의 생명이다. 코르코바두는 무형적인 것이 대자연의 리듬이 되는 비밀을 직관적으로 보여주는 곳이다.

코르코바두를 올려다보면 제단처럼 보인다. 그리고 그 위에 서면 생명의 숭고한 조화를 담은 중심으로 느껴진다. 물론 브라질의 선진적인 산업자본 덕에 전동차와 모든 종류의 탈것으로 쉽고 빠르게 정상을 오르내릴 수 있지만 그곳의 풍경은 하나의 종교이자 숭배의 대상이다.

암필로키오는 리셉션과 무도회에도 나를 데려갔다. 그는 내가 없으면 이상하게 생각할 많은 사람에게 인사를 나눌 기회를 만들어주고 서둘러 자리를 빠져나와 피로를 잊게 할 빛나는 해안가의 밤을 만끽하게 해줬다. 그토록 아름다운 도시에서 만찬이나 무도회에 머문다는 것은 터무니없는 일이었다. 파티는 물결치는 바다 옆에서, 자연의 향기 속에서 열려야 했다. 증기가 차오른 천막 아래서, 무수하게 반사되는 축제의 불빛 아래서 말이다.

차를 타든 걸어 다니든 두터운 공기를 마시며 사물의 포근한 리듬 속에서 평온을 느끼고 꿈꾸지 않는 잠을 이룰 수 있는 밤, 그 어떤 꿈도 그 그윽한 정취가 담긴 현실을 뛰어넘지 못하리니, 그것이 리우데자네이루의 밤이다.

하지만 그 즈음에 도시는 축제에 취해있었다. 우리는 오전이나 오후 행사 때문에 혹은 야외나 실내에서 입을 옷 때문에 하루에 다섯 번이나 환복 할 때도 있었다. 한번은 국립궁전에 마련된 대사 영접실에 영부인이 왕비처럼 중앙에 있는 소파를 차지하고 앉는 통에 외교관과 손님들이 서있어야 했다. 그런데 많은 메달과 리본을 단 어느 땅딸막한 사람이 평생에 취하는 일 말고는 해본 게 없다는 듯 감히 그 소파의 끝자락에 앉았다. 그는 에스파냐의 고위급 관리였겠지만 왕비의 발밑에 있는 하인 같았다. 아마도 궁정에서도 그런 행동에 익숙한 것 같았다. 하지만 아메리카에선 불쾌한 일이었다. 우리는 에스파냐의 자존심은 사랑하지만 무례에 대해선 그렇지 않다. 불쾌해진 나는 반데이란치의 후예인 암필로키오에게 이렇게 말했다. "저 사람이 에스파냐와 이베리아의 품격을 떨어뜨리는군요."

어느 날 밤엔 암피로키오가 내게 진정한 우정을 보여줬다. 미국 대사관이 연 공식 연회에 초대됐다. 하지만 멕시코 정부는 미국 정부의 승인을 받지 못한 상태였다. 우리는 찰스 에반스 휴즈가 그 장애물임을 알고 있었다. 하지만 초대를 받고 참석하지 않을 수는 없는 노릇이었다. 나는 외무부에 전화로 상의했지만 답을 얻지 못했다. 나는 정부가 내게 이 사안에 대한 책임을 내게 맡기려 한다고 판단하고 이를 받아들였다. 행여나 불미스러운 일이 발생한다면 외무부가 아닌 나에게 책임을 묻는 게 나을 테니 말이다. 결국 우리는 참석하기로 결정했지만 서기관들은 변명을 대며 참석하지 않았다. 나는 암필로키오와 단 둘이서 참석했고 휴즈가 부인과 함께 우리를 맞았다.

암필로키오가 앞에 나서서 큰 소리로 말했다. "멕시코의 특사님이십니다". 그러자 휴즈가 손을 뻗어 내 손을 잡았고 이어서 부인에게 "멕시코 특사님이세요"라며 나를 소개했다.

그 뒤로 우리는 수많은 사람과 어울렸다. 연회는 지붕이 있는 정원에서 진행됐다. 2층에는 화랑도 있었다. 음악이 두 번 연주됐다. 춤추기가 쉽지 않을 정도로 사람이 많았다. 레몬에이드가 제공됐지만 맛은 썩 좋지 않았다. 우리는 잠시 화랑에 들렀다가 휴즈가 영부인을 대동하고 대여섯 명의 대사와 샴페인을 마시러 실내로 들어가기 직전에 내려왔다. 나머지 초청객은 레몬에이드에 만족해야 했다. 미국의 연회는 다른 연회와 확연히 비교될 만큼 초라했다. 하지만 국민의 돈을 함부로 쓰지 않는 양키의 태도는 존경할만했다. 야만적 정부는 사치스럽지만 문명화된 정부는 수수하다.

◐ 열병식

어느 맑은 아침에 야자수가 무성한 망기수로Canal do Mangue 너머로 드넓게 펼쳐진 마르테Marte 평원에 갔다. 그곳의 이름은 기억나지 않는다. 나는 나쁜 버릇인 줄 알면서도 기억을 믿고 적어두지 않는 못된 여행자다. 어쨌거나 정말 좋은 건 영혼이 기억하는 법이다. 그러니 이름을 잊어먹은들 무슨 상관이겠는가. 본질적인 게 이미 의식에 담겨있다면 말이다. 또 메모가 얼마나 갈 수 있겠는가. 우리가 영원할 거라 생각하는 책도 오래 가봐야 천년도 못 가는데 말이다. 게다가 천년은 영원에 비하면 아무것도 아니다. 따라서 이름은 중요치 않다. 하지만 그날 오전에 이삼십만 명의 군중 앞에서 열병식을 보여준 군인들, 완전 군장을 하고 화려함을 뽐내며 전투적 열정을 보여준 삼천 명의 군인들은 기억할만한 가치가 있다.

공식 연단의 중앙에 페소아 대통령과 장관들, 특사들, 장군들이 자리했다. 장군들은 그 자리에 참석한 민간인과 떨어져 있었다. 중앙 연단의 양쪽으로 관람석이 이어져 있었다. 맞은편으로는 넓은 대지가 끝없이 펼쳐져 있었고 시야의 끝에는 나무가 무성했다.

⚜⚜⚜

열병식의 맨 앞은 외국 군인들이었다. 통상적으로 그렇듯 해병이 선두에 있었다. 해군과 육군이 뒤를 이었다. 흰 제복을 입은 훈련된 영국군이 지나갔다. 그들은 경직되기보다는 제복이 군인들의 거센 힘을 누르지 못하는 듯 경쾌했다. 영국인은 정신적인 면에서 집단적이다. 하지만 맹목적인 계획에 따른 일에 있어서 그러하다. 거기에 그들의 힘이 있다. 방법을 논하거나 목적을 중얼거리지 않는다. 지성에 있어서는 마치 기계 같다. 하지만 실행에 들어가면 감각이 팽창하고 능력이 정련되며 재능이 깨어난다. 생각은 고요하지만 결단력이 있고 행동은 신속하다. 그들은 자기가 세상의 주인임을 상기시키면서 불쾌감을 주기보다는 오만하지 않게 열명식에 임했다.

미군이 뒤를 이었다. 공격적이고 우쭐대는 모양새가 힘을 과시하는 것 같았다. 아직 힘을 완전히 소진하지 않았으니 그럴 법도 했다. 그들은 세계 지배를 개시했다. 그들은 토론이나 공상에 힘을 낭비하지 않는다. 그들은 힘에 도취되어 산사태처럼 엄청난 힘을 쓰고 있다. 그들에게는 개인은 없고 집단만 있다. 백만 명이 쓰러지면 재차 백만 명을 배치한다. 그들은 마치 영국인에게 "여긴 우리 자리니 조심해"라고 말하는 것 같다. 휴즈는 기꺼워하며 미군을 바라봤다.

뒤이어 일군의 일본군이 도열했다. 외모가 비슷한 그들이 도열하자 압도적인 힘이 느껴졌다. 이젠 더 이상 동양인 무리, 수천의 수장의 무리가 아니라 황인종의 로마 제국 같았다. 그들은 늠름한 힘을 뽐냈다. 활기와 지배욕이 넘쳐보였다. 황색 피부의 그들과 이베로아메리카인 사이에는 연관성이 있을까? 분명 그러했지만 이제는 그렇지 않다. 이제는 다른 사람이다. 그들은 동양이 아니다. 동양이라고 하기에는 정신력이 모자라다. 더욱이 외형을 빼면 서구인도 아니다. 그들은 백인의 침범을 저지했다. 하지만 자유를 사랑해서 그런 것은 아니다. 그러했다면 세계에 지배력을 넓혔을 것이다. 개인으로서도 국가적으로도 그들은 미스터리이다. 그들이 이룩한 사상이라고는 사회적 종교로서 시저의 로마 같은 신도주의 밖에 없다. 그럼에도 불구하고 그들은 침범할만한 힘이 있다. 그 힘은 "이제 한 민족이 세계의 주인이 될 수 없다"고 말하는 것 같다. 그들의 예민하고 가벼운 움직임과 예리한 군악 속에는 새로운 범주의 인간의 가치가 요동치고 있었다.

뒤이어 아르헨티나 군인들이 웅장하게 나아갔다. 흰색 바지에 어두운 색 재킷을 입고 있었다. 건장하고 즐거워보였다. 전체주의의 적이자 진보와 선을 신봉하는 자유주의 유럽이 출현한 듯 했다. 아르헨티나 군인을 보면 해방자 산 마르틴San Martín과 남미에 영어를 주입하려던 영국을 제지한 리니에르스 Santiago de Liniers 부왕이 떠오른다. 또한 아르헨티나의 경구인 "승리가 권리를 주는 것은 아니다"라는 말이 떠오른다.[45] 이 말은 파라과이를 구하고 우루과이의 독립을 유지시켜줬다. 아르헨티나의 국가는 "세상의 모든 자유인을 위해 건배!"라고 노래한다. 청색과 백색으로 그려진 그들의 국기가 감동적이었다. 그들은 자비롭고 보편적인 신문화의 전진이었다.

우르과이군이 뒤를 이었다. 그들이 아르헨티나와 브라질을 이어주는 다리가 되기를 기도한다. 뒤이어 멕시코군이 등장했다. 백 명쯤 되는 생도가 어두운 색 제복에 붉은 끈을 하고 있었다. 그을린 얼굴에 건장한 그들은 역경에 익숙한 듯 확고하고 경쾌하게 나아갔다. 그들이 미래를 향해 노력을 경주하는 것인지 혹은 녹초가 되어 패배를 무관심과 오만으로 두둔하는 민족이 내뿜는 마지막 광채인지는 알 수 없는 일이었다. 그들에게 각별한 영예가 주어졌으니, 대열에서 나와 대통령 연단을 호위했다. 브라질 사관학교는 그 대열에 끼지 않았다. 최근에 일어난 반란에 연루됐다는 이유로 참가할 수 없었다. 멕시코 생도들이 그 자리를 대신하여 대통령을 호위한 것이다. 그런 영예는 감동적이었다. 모든 이들이 우리 생도들에게 박수갈채를 보냈고 그들을 대리자로, 리우데자네이루의 양자로 대해줬다.

멕시코 생도들에 뒤이어 화려한 브라질 육군이 분열 행진을 했다. 트럼펫 소리는 바람 속에 길을 내듯이 울려 퍼졌고 전투적인 북소리는 행진을 북돋았다. 활기 넘치는 군악과 수천에 이르는 군인의 행렬은 하나의 유기체 같았다. 전쟁과 군대가 원래 그렇듯 조금은 굼뜨고 복잡한 유기체 같았다. 제복은 현대적인 카키색이 주를 이뤘다. 군인들의 인종은 아주 다양했지만 백인이 가장 많았다. 열병식에는 모든 사회계층의 청년들이 하나의 대열에 모여 있었다.

멕시코는 이 행사에 참여하기 위해 명령을 내리기보다는 우선적으로 청결하고 편안한 병영을 준비하고 모병을 진행했다. 프랑스인 교관과 유럽에서

45 아르헨티나 정치인인 마리아노 아드리안 바렐라(Mariano Adrián Varela, 1834–1902)의 발언으로, 삼국동맹전쟁 말미에 파라과이의 영토를 차지하려는 브라질의 시도를 저지하는 계기가 되었다. –옮긴이

벌어진 전쟁에서 브라질 장교들이 얻은 실전 경험이 나머지를 해결해줬다. 우리가 경탄해 마지않는 군인의 사열은 그렇게 이뤄졌다. 보병이 몇 천에 이르는지는 알 수 없었다. 검은 색과 붉은 색의 예스러운 제복을 입은 수색대도 있었고 현대적으로 간소하게 입은 부대도 있었으며, 척후병, 야전병원, 전투기 조종사도 있었다.

다양한 크기의 포신을 지닌 포병대, 성채가 진군하는 것 같은 전차대, 보급 차량, 수백 개에 이르는 야전 천막, 전투기. 인간을 죽이고 조정하기 위해 인간의 재능이 만들어낸 모든 것이 거기 있었다.

육군과 포병을 뒤이어 기병대가 트럼펫과 깃발을 앞세우고 들어섰다. 육군보다 화려했으며 군사 장비 속에 있어서인지 약간 이색적이었다. 하지만 기병대는 아직도 길이 없는 곳이 많은 장대한 라틴아메리카의 밀림과 산악지대에서 여전히 유용한 부대이다. 기병대는 촘촘하게 대열을 지어 나아갔다. 나팔수가 선두에 있었고 뒤이어 군악대의 다양한 악기가 그에 화답했다. 그 군악은 우리가 기병대를 위한 명예 행진 혹은 용의 행진이라 칭하는 것과 유사했다. 그 기원은 아랍에 있는 것 같은데, 그들의 기병대가 이베리아 반도에 들어오면서 알려졌을 것이다. 육군 군악대의 리듬은 씩씩했으며 사람의 호흡에 맞춰져 있었다. 군악은 제 음률로 군대의 행진을 추동하고 있었으며 행진과 하나가 된 것처럼 감동적이었다. 모차르트나 베토벤의 〈터키 행진곡〉 혹은 베를리오스의 〈파우스트의 겁벌〉처럼 느껴졌으며 그 모든 민족의 전투적 진군은 〈탄호이저〉가 그렇듯 자신감 넘치는 승리 혹은 조르주 비제의 〈카르멘〉이 그렇듯 거짓 영광에 대한 순간적 섬광 같았다. 어쨌거나 군악은 승리를 고취하고 있었다.

기병대의 행진은 훨씬 의미심장했다. 나팔대가 지닌 전투적 기세는 그 어떤 음악보다 찬연했다. 거기에서 인간은 말을 질주하는 짐승이 아니라 말을 타고 자신의 의식을 보여줬다. 그들은 그렇게 군악대의 사열에 화답하고 있었다. 상처의 고통에서 나온 감미로움, 아픔에 대한 한탄, 그리고 지칠 줄 모르는 가능성을 가슴에 품게 하는 승리의 환희가 거기에 있었다. 희망과 고양. 죽음의 영역을 부유하는 꿈. 두터운 안개가 열정적이고 경쾌한 트럼펫 소리에 흩어지자 색소폰과 피리 소리가 뒤를 이었다. 그 다양한 소리의 울림은 망자의 열망과 희생자의 슬픔을 잠재웠다. 치욕의 절규와 복수의 위협, 그 모든 것이 불사의 희망에 휘감겨 위로받았다.

✢✢✢

기병대의 사열은 길었다. 승리를 향해 평원을 내달린 그들을 보니 흐뭇했다. 사열이 끝날 즈음에 놀라운 일이 있었다. 대열이 흩어지더니 우리를 현혹하듯 다시 모였다. 질서정연하게 대열을 갖추더니 수천의 기병이 중앙 연단을 향해 내달렸다. 엄청난 굉음의 발굽소리가 울려 퍼졌고 말들은 거친 숨을 내뿜었으며 기병대의 검이 번쩍였다. 그러다 갑자기 전체가 신속하게 고삐를 잡아 멈춰 섰다. 그리고 파도치는 번개처럼 치켜든 검을 모아 예를 올렸다.

순간적으로 그 멋진 광경은 페드루의 군대가 왕국의 독립을 맹세하기 위해 몰려드는 역사적 장면을 떠올리게 했다. 백년 만에 그 장면이 재현된 것이었다.

◐ 파케타 섬

리우데자네이루만 안쪽에는 우화 같은 파케타 섬이 있다. 그 섬이 어떤 낭만적 전설을 품고 있는지는 모르지만 전설을 알 필요도 없을 만큼 섬 자체가 멋진 꿈이자 꿈과 전설을 낳는 무한한 원천이었다. 그곳에 전설을 가져간 자라도 제 전설을 잊어버릴 것이다. 그곳의 경이로운 매력이 새로운 전설을 줄 테니 말이다. 가이드는 내가 기억할 수 있도록 성심을 다했을 텐데, 그의 말에 경청하지 못하여 무슨 이야기였는지 기억나지 않는다.

나무가 무성히 뒤덮인 산 위에, 어쩌면 언덕이라 할 그곳에 작고 깨끗한 집 한 채가 있었다. 해안은 부드럽고 후미진 해안을 만들며 이어지고 있었고 야자수가 무성했다. 어부들의 배와 집이 연안에 모여 있었다. 행복한 사랑이 깃들만한 곳이었다. 그곳의 길을 걸으면 그 향기로운 낙원에서 나눴을 혹은 나누게 될 사랑을 생각하는 것만으로도 감격할 것이다. 마음은 달콤해지고 육신엔 힘이 솟는다! 지상의 완벽한 환희가 거기 있다!

◐ 마치차

여러 해 전에 춤과 민족의 상관성을 구분하려는 글을 쓰려고 했었는데, 정확히 어떻게 그렇게 했는지는 모르지만, 독일인은 베르테르처럼 몽상적이고 낭만적인 왈츠를, 스코틀랜드인은 넘치는 힘 때문에 우아함이 없으며 단조롭고 거친 체조 같은 춤을, 프랑스인은 미뉴에트에서 보듯이 경박하고 웃긴 춤을, 스페인인은 볼레로와 호타 춤을, 러시아인은 리드미컬하고 영감이 넘치는 화려한 춤을 추는 민족으로 분류한 적이 있었다. 브라질의 민속춤 마치차Machicha를 보자 그 생각이 났다. 이 춤은 세계적으로 알려져 있지만 기원국에만 그 멜로디와 관능적 의미가 전파되어 있다. 신분을 막론하고 리우데자네이루의 모든 무도장에서 이 춤을 춘다. 이 춤을 보려면 새벽 세시까지 기대려야 하는 불편을 감수해야 한다. 이는 풍경을 좋아하는 사람에겐 재앙 같은 일이다. 왜냐하면 밤을 샌 눈으로는 아침 태양도 밝게 보이지 않으니 말이다. 잠은 최고의 즐거움으로 무한에 빠지는 것이다. 그리하여 고통은 이상화되어 가라앉고 기쁨은 꿈의 신비 속에서 깊어진다. 꿈에서는 천한 얼굴이 없다. 아이들은 빛으로 가득하고 여인들은 정화되며 남자들은 힘을 얻는다. 깊은 잠보다 달콤한 것은 없으며 그보다 더 좋은 상은 없다. 죄에 대해 위안을 주고 깊은 생각을 경감해주며 몸과 마음을 즐겁게 한다. 깊은 잠에서 우리는 우리가 사랑한 사람을 만난다. 그들은 아름답게 미화되며 사랑으로 엮인다. 꿈에서 우리는 본 적 없는 사람을 만나기도 한다. 꿈속에서 하룻밤 사랑을 해보지 못한 사람이 어디 있겠는가! 찬란하게 아름다운 여인, 그녀의 사랑스러운 목소리가 심장을 파고들면, 그 누구도 그 유일한 여인을 따라가지 못한다. 그렇게 되면 누구를 만나더라도 그녀가 아니라는 말만 하게 될 것이다. 꿈은 또한 무수히 깊은 아픔을, 불안을 야기하는 비탄을 남긴다. 하지만 변명의 여지는 있는 법, 그 영민한 무의식 속에서 우리는 이렇게 말한다. 꿈을 꾸든 아니든 무슨 상관이겠는가? 깨어날 수 있든 없든 무슨 상관이겠는가? 불행히도 우리는 깨어 있는지 꿈을 꾸는지 결코 알 수 없다. 꿈속에서 영혼은 물리적 한계 너머에 산다. 그 너머에서 허공을 걷고, 날고, 주유하고, 사랑하고, 다치고, 꿈꾼다. 좋은 꿈은 꿈속의 꿈과 꿈밖의 꿈을 꾼다. 이는 마치 다양한 의식이 대화를 하는 것과 같기에 그지없이 깊고 차원이 다르다. 반면에 깨어있음은 너무도 빈한하여 진정한 삶이 꿈의 삶이라는 걸 정당화해준다. 우리가 꿈에서 깨어나면 영혼은 벌이나 과업을 위해 육체를 움직이게 하고, 짐승의 눈으로 보게 하고, 귀머거리 육체로 듣게 하며, 굼뜬 뇌를 생각하게 만든다. 이는 마치 영혼이 여덟 시간 동안 깊은 꿈의 삶을 살다가 주기적으로 여덟 시간 동안 감옥에 갇히는 것과 같다. 우리가 세계라고 하는 이곳을 무작정 떠돌게 되는 설명할 수 없는 16시간의 벌, 정신착란이라는 환영의 주인, 그것이 사악한 깨어있음이다. 수십 년을 두고 속죄해야 하는 병이다. 우리는 의식의 전복 때문에 그 세월을 극도의 오류 속에 인생이라 부른다.

우리는 몇 날 밤을 무도장에서 보냈다. 너무 늦은 시간이라 꿈에 빠지는 것 같았다. 다채롭게 반짝이는 유리, 보석, 옷깃, 아름다운 얼굴들, 매혹적인 몸매, 실크 레이스, 마음을 흐트러트리는 유연함. 노래와 음악이 즐거이 뒤엉키며 탄성을 자아내는 낭만적 탱고에 열기가 오르자 사람들은 마치차를 췄다. 마치차의 노래와 리듬은 허리를 꺾고 파도치게 한다. 팔을 넓게 감싸고 다리는 앞뒤로 움직이며 서로 교차한다. 맹렬하고 매혹적인 멜로디는 격정을 조절하며 마침내 절정에 이른다. 뜨거운 관능이 불처럼 타오른다. 춤을 추는 남녀의 환희는 육체성에 근거하지만, 전율과 감동을 주며 영혼의 리듬을 그려낸다. 그 춤곡은 자극적인 가사를 담고 있으며 춤은 악습을 정화하고 춤추는 사람을 아름답게 만들어주며 환상을 불러내고 전율시키며 몽환을 휘젓는다. 깊은 감미로움과 열정적이고 부드러운 선율로 마음을 풀어헤친다. 이는 마치 브라질의 모든 것이 그 안에서 전율하며 영원히 사랑에 전염되는 것 같은 느낌이다.

◐ 멕시코의 날

오전에 쿠아우테목 동상이 세워진 곳에 준비된 식장에서 외교관들이 보는 앞에서 공식적으로 기념비를 인계했다. 나의 말에 외교부장관과 페소아 대통령이 화답해주었다. 나는 영웅 쿠아우테목이 멕시코 역사에서 어떤 의미인지 설명하며 정치적인 면뿐만 아니라 윤리적인 면에서도 진정한 독립의 상징으로 선물한다고 전했다. 나는 문명을 실현하기 위해서는 더 이상 유럽을 따라할 게 아니라 우리의 기질에서 토착적인 요소를 발전시켜야 한다고 말했다. 정치적 해방의 결과가 정신적 해방으로 이어져야 한다고 말이다. 그리고 페소아의 감동적이고 의미심장한 화답은 그 자리에 있던 이들을 감동시켰다.

행사는 아주 잘 치러졌다. 우리는 페소아 대통령과 포르투갈 최초의 식민자가 도착한 곳에 세워진 브라질의 기념비를 보러갔다.

오후에는 박람회에서 아름다운 극장의 개막식에 참석해야 했다. 하지만 오후 여섯시에는 모두 멕시코관에 모였다. 사람들이 북적였다. 멕시코가 리우데자네이루에서 인기가 높았다. 화가들의 그림과 산업학교의 작품에 대해 칭찬이 자자했다. 멕시코의 대중예술은 아메리카에서 독보적이다. 식민시기 멕시코의 아름다운 건축은 오직 당대 포르투갈 건축에만 비할 수 있었다. 멕시코대학의 고전주의 예술가의 작품과 몬테레이의 강철이나 과달라하라의 연판을 비롯한 근대산업의 뛰어난 견본도 있었다. 그 모든 것이 심오한 문화를 보여주는 것이었다. 물론 완전하진 않지만 말이다.

사람들이 그 근사한 건물 아래층에 있는 홀과 뜰에서 춤을 췄다. 우리의 고유 음악이 울려 퍼지고 음식과 음료, 포도주와 샴페인이 제공됐다. 국민의 세금을 잘 운용해야 할 정부가 조금은 낭비하는 것 같았지만, 그 때는 적어도 잘 쓰이고 있었다. 그곳엔 따스한 우정이 넘쳤다. 무도회가 끝나자 사람들이 열정적으로 소리를 질렀다. 주요 행사가 끝나고 우리가 고위인사들과 있을 때 복도를 가득 메운 사람들이 "동맹"이라는 말을 연호했다. 브라질 국민이 멕시코와의 동맹을 바랐던 것이다. 이는 우리의 임무가 성공했음을 의미했다. 너무나 강렬하여 때로는 무용한 것으로 변해버리는 잠재적 의지를 외교관들이 잘 활용할 수 있기를 바란다.

◐ 작별

몽환이 깨지고 있었다. 떠날 날을 막을 순 없었다. 공식일정에 따르면 우리는 18일에 떠나야 했다. 일을 정리하기가 쉽지 않았다. 그 화려한 날들이 생에 다시 오지 않을 것 같았다. 차를 타고 떨리는 눈과 마음으로 그 장엄한 풍광과 놀라운 장소를 다시금 지났다. 그곳의 즐거움은 우리를 탄복케 하고 고요한 아픔을 불러일으킬 만큼 너무나 강렬하였다. 보아비스타Boa Vista라는 숲 사이로 난 길 끝에 발코니가 있었는데 거기에선 코르코바두가 바다 오른편으로 올려다보였고 별처럼 빛나는 유채색의 지도 같은 도시가 내려다보였다. 우리는 숲을 가로지르며 코르코바두와 어느 성 사이를 걸어갔다. 그러자 밤에 뱃길로 반시간 걸렸던 니테로이, 아직 가보지 못한 테레소폴리스Teresópolis, 몇 번 방문한 적이 있는 카스카티나Cascatina 폭포, 높은 산정과 마음을 부풀게 하는 평원과 밀림 사이를 통해 바다로 향하는 가베아Gavea 길이 있었다. 어떤 나무는 산 정상에 있는 잿빛 바위보다 높이 솟아 있었다. 햇빛이 강하여 그 하늘과 산과 바다를 보지 못한 사람은 그 보물 같은 풍광을 알아보지 못한다. 이파네마Ipanema와 가베아 해안의 물결이 마음속에 퍼지며 니마이어Niemeyer의 바위에 부딪히거나 레미Leme와 코파카바나의 해변에 부서졌다. 아이들은 백사장에서 뛰놀고 있었고 머리를 늘어뜨린 여인들의 젖은 몸은 순백으로 빛나고 있었다. 도시와 바다, 모든 이가 황혼 속에서 즐거움을 누리고 있었다. 영원한 행복이 그곳에 머무는 것 같았다.

하지만 우리는 영원히 그곳을 떠날 참이었다. 그런 생각이 들자 마음이 무거워졌다. 손을 뻗어 그 행복을 붙들고 싶었지만 떠나야 했다. 우리는 임무를 포기하고 그곳에서 이름을 바꾸고 새로운 삶을 살고 싶은 마음이었다. 특정 장소, 친지와 친구들, 조국, 그리고 우리의 영혼이 선택하지 않은 습성에 영원히 우리를 묶어버린 애정과 약속의 끈이 잔인하게 우리를 감싸고 있었다.

우리는 아픈 사람처럼 길을 떠났다. 브라질 음식이 아니면 먹지도 않았다. 포르투갈산 포도주가 아니면 마시지도 않았다. 그곳의 감미로운 언어가 귓가에 맴돌았다. 우리는 사진도 찍고 전기석 컬렉션도 보고 기념품을 사며 거리를 돌아다녔다. 삼일간의 달콤한 시간 속에 우리는 매 순간 눈물이 날 것 같았다. 야자열매와 사탕수수로 만든 음료를 비롯해 모든 음료를 먹어봤다. 어느 흐린 날 오전에 우리는 오비도르Ouvidor가街와 나란한 길을 지났는데 축제의 흥이 아직 남아 있는 그곳에서 우리는 브라질 국기의 노란색과 초록색이 결이 있는 대나무처럼 식물과 관련된 신비로움을 담고 있음을 알았다. 이에 애잔함을 느낀 나는 브라질이 우리의 영혼에 파고들었음을 알았다. 국기를 보는 것만으로도 감동이 일었다. 영예로운 브라질에 한껏 취해있었던 것이다.

그러한 감정에 심취한 채 우리는 밤중에 상파울루로 향했다. 기차를 타고 육로로 우루과이까지 갈 수 있도록 정부를 설득하기가 쉽지 않았다. 정부는 기차가 좋지 않아서 피곤한 여행이 될 거라며 만류했지만 나는 이 나라를 봐야겠다고 고집했다. 다음날 많은 이가 역에 마중 나왔다. 기자들도 다정히 작별인사를 했다. 우리는 많은 곳을 다녔다. 브라질을 누비며 대회장과 거리를 쏘다녔고 컨퍼런스에 여행에 소풍에 산책을 했다. 언론은 이 모든 것을 기록했다. 그 중에서 어떤 기사가 뇌리에 남았는데, 나를 지치지 않는 사람이라 평했다.

◐ 일주일간의 기차 여행

상파울루에서 아침을 맞았다. 우리는 두 번째 방문하는 이 부지런한 도시를 서둘러 지나야 했다. 아무도 만나지 않았으면 했지만 인터뷰와 식사 초대를 피할 수는 없었다. 대학생, 공무원, 동료들이 떠나는 우리를 마중했다. 그들에게 이렇게 말하고 싶었다. 이젠 만나지 않기를 바란다고, 거의 완벽한 그대들을 봤으니 티 없이 맑은 인상만 가져가겠다고. 나는 이런 생각에 초조하고 냉담해졌다. 감정이 복받치면 때로는 얼굴이 굳어지기도 한다. 그 대학생들의 애정에, 열여덟 살 나이에 지혜로운 얼굴을 보듯이 나를 바라보는 그들에게 어떻게 고마움을 표해야 할지 몰랐다. 나도 수년 전에 젊은 꿈을 꾸며 후광이 드리워진 교수들을 그렇게 바라봤다. 나는 우리를 가로지르는 그 무의식적인 생각에 이렇게 말하고 싶었다. 나 또한 누군가를 그렇게 바라봤다네. 그리고 이제 내가 그들이 있던 자리에 이르고 보니 내가 위대한 뭔가를 이룬 것은 아니라는 걸 알았다네. 아마도 나의 스승들도 청년들의 무언의 질문에 내가 느낀 것과 마찬가지로 무방비 상태였을 거라고 생각한다.

마침내 기차가 출발했다. 정부가 국경까지 특별객차를 마련해줬다. 그 객차에는 아르헨티나의 저명한 교수인 알프레도 팔라시오스Alfredo L. Palacios와 그의 비서인 팔로우Palou와 알베르티Alberti, 그리고 열정적이면서도 온화한 성품의 기자인 말레플라테Maleplate가 타고 있었다. 다른 공식객차에는 칠레 군사령부의 브리에바Brieva 장군과 그의 보좌관 대위, 그리고 아주 영민한 유대인 칠레 기자가 타고 있었다. 마지막 객차에는 철도 기관사가 타고 있었는데 오후마다 맛좋은 마테를 마시며 담소를 나눌 시간을 제공해줬다.

첫 날은 이렇다 할 일이 없었다. 자리를 마련해 식사를 하거나 답사에 대한 얘기를 나눴다. 우리는 그 자리에서 진솔한 관계, 상호교류와 사상 논쟁 혹은 동감과 우의를 다질 수 있도록 우리의 입장을 신중히 살폈다. 황량한 언덕이 이어지는 풍경은 보잘 게 없었다. 다음날엔 광활한 땅에 끝없이 이어진 소나무 숲을 지났다. 세 번째 날은 엄청나게 넓은 삼나무 숲을 지났는데

군데군데 큰 강이 흐르고 있었다. 붉은 벼랑 안쪽으로 진흙더미가 흘러내리고 있었다.

어느 오후에는 숲에 둘러싸인 큰 강의 점토질 땅에 세워진 마을에서 몇 시간 머무른 적이 있었다. 파소푼도Passo Fundo라는 곳이었다. 더딘 여행에 지쳐있었다. 철길 상태가 좋지 않은데다 굽이가 많았다. 며칠이 지났는지도 몰랐다. 풍경은 단조로웠다. 어느 날 오전에는 1미터에 이르는 기둥이 무수히 솟은 모래 평원을 지났는데, 개미집이라고 했다. 사람도 농장도 보이지 않았다. 그야말로 황무지였다. 파소푼도에 기착한 동안 몸을 풀고 기관사가 있는 객차에서 목욕을 할 수 있었다. 해가 저물 즈음 다시 출발했다. 4일에 걸쳐 파라나Paraná주와 히우그란지Rió Grande주를 지나 마침내 포르투알레그리Porto Alegre에 도착했다.

하루가 더 지나 일요일 정오에 우루과이 국경에 이르렀다. 브라질에 속하는 산타나두리브라멘투Santa Ana do Livramento의 좋은 호텔에서 휴식을 취했다. 광장과 맞닿아 있는 호텔 쪽 인도에 앉아 일요일 오후를 만끽했다. 꽃이 가득한 광장에는 벽돌이 깔린 넓은 인도와 돌로 만든 벤치가 있었고 텅 빈 야외 음악당도 있었다.

높이 뻗은 초록의 버드나무가 있는 긴 길을 걸어가다가 다리를 건너자 우루과이 사람을 만날 수 있었다. 산타나두리브라멘투의 가옥은 낮았지만 이베로아메리카식으로 튼튼하게 지어져 있었다. 다닥다닥 붙어 있는 집의 발코니에 아름다운 여인네들이 나와 있었다. 광장을 거니는 여인네도 있었다. 우리는 크고 검은 눈동자, 하얀 얼굴, 불그스레한 볼, 유연한 자태, 견고한 몸매를 지닌 건강한 모습에 감탄했다. 시골 사람의 모습이 아니라 우아하다고 할 만큼 세련되어 보였다. 에스파냐 사람을 닮았지만 포르투갈어를 했다. 사실 이젠 포르투갈인이 아니라 브라질인이었다. 상파울루에서 부에노스아이레스까지 이탈리아인, 포르투갈인, 에스파냐인, 러시아인, 폴란드인의 혼혈이 이뤄지고 있으니 현시점에 가장 아름다운 인간형이 태어나고 있었다.

이는 단순히 5일에 걸친 여행의 영향이 아니었다. 우리가 본 아이들이 아름답게 보였다는 사실이 이를 증명한다. 나는 칠레인 대위와 꼭 붙어 다녔다. 함께 마을을 둘러보고 브라질에 대한 인상을 얘기하며 그 큰 우방국의 마지막 마을의 특징을 관찰했다. 그 장교는 아르헨티나, 볼리비아, 페루의 동맹에 대항하여 브라질, 파라과이, 칠레가 정치적 동맹을 맺을 가능성에 대해 고심하고 있었다.

국제관계에 대해 비뚤어진 시각을 지닌 그가 광장에서 놀던 열 살도 채 되지 않은 아이들을 불러다놓고 물어봤다. 귀엽고 똑똑한 아이들의 대답이 기막혔다. 아이들의 나이를 물은 뒤 대위가 이렇게 물었다. "미국이 어떤 나라인 줄 아니?" 마른 체형에 검은 눈의 귀엽고 하얀 소녀가 대답했다. "북미에 있는 나라죠. 거의 브라질만큼이나 커요." 칠레인이 물었다. "브라질과 친구 나라이니?" 소녀가 싸우지 않으면 당연히 친구 나라라고 했다. "맞아요, 브라질의 친구에요." "그럼 멕시코는?" 뒤이어 그가 물었다. "북미에 있는 라틴국이에요." "브라질의 친구 나라이니?" 칠레인이 물었다. 소녀가 확신조로 대답했다. "아주 친구 나라죠." "그럼 아르헨티나는?" 칠레인이 짓궂게 물었다. "아니에요." 소녀가 부드럽게 대답했다. "그럼 우루과이는?" 소녀가 이도저도 아니라는 손짓을 했는데, 이는 우루과이가 양 대국 사이에서 저울질을 하고 있다는 것으로 보였다. 그러자 마침내 대위가 멕시코가 부럽다는 투로 물었다. "그럼 칠레는?" 소녀는 두 나라의 동맹의 가능성을 생각하는 듯 잠시 골몰하더니 아주 침착하게 대답했다. "친구에 가깝죠." 대위는 '가깝다'는 말에 만족하지 못한 눈치였지만 우리는 그 아이의 지혜에 놀라지 않을 수 없었다. 소녀의 대답은 히우 브랑쿠도 표현할 수 없을 정도로 간결하고 간명했다. 우리는 카스테야노로 말했지만 아이들은 어렵잖게 이해했다. 하지만 대답은 포르투갈어로 했다. 아이들은 국가의 생명을 정확히 보여준다. 그곳의 아이들은 깨어있었으며 행복해보였다. 번영이 확실했고 정신적으로도 성장하고 있었다. 아이들이 슬프고 중요치 않게 대해지는 곳에선 민족이 상처받고 쇠락하기 마련이다. 산타나두리브라멘투의 아이들로 보건데 브라질은 미래에 강대국이 될 것이다. 모든 징후가 그에 호의적이니 그렇게 되기를 바란다. 그렇게 되면 정복과 피가 아니라 형제애와 노동과 빛으로 세운 첫 번째 위대한 문명을 보게 될 것이다.

아르헨티나

§부에노스아이레스

우리가 잠들어 있는 사이, 아침 일찍 배가 부두에 닿았다. 배가 도착한다는 것 외엔 특별한 사항이 없다고 하여 일찍 일어날 필요는 없었다. 10시 경에 우리를 맞으러 온다는 소식을 받았다. 그 사이 우리는 갑판을 거닐며 흙빛의 거대한 강과 끝없이 보이는 연안 부두에 줄지어 선착한 배를 구경했다. 가까이로는 상품을 정리하고 보관하는 레일, 객차, 저장고, 창고가 들어선 넓은 단지가 보였다. 젊고 열정적인 페루 시인 알베르토 이달고Alberto Hidalgo가 가장 먼저 다가와 말을 건네며 업무에 관련한 자료를 건네줬다. 그는 아르헨티나를 사랑하지만 타협을 모르기에 아르헨티나의 나쁜 점만을 찾았다. 그는 미와 정의를 사랑하는 모양이었다. 고대 유대교 시대라면 선지자였겠지만 근대 소부르주아 시대의 그는 회의론자에 가까웠다. 진부한 글귀로 진실을 말하는 사람을 녹이는 건 아주 쉽다. 나는 이렇게 말했다. "당신 같은 사람이 멕시코에 필요해요. 멕시코라면 당신이 풍자하고 싶은 일과 분노의 모티브가 있을 테니까요." 나는 그가 아르헨티나에 대한 환상을 깨지 않기를 바랐으며 그도 그렇게 하지는 않았다. 그는 다른 아메리카 나라의 삶도 견디지 못할 것이다. 아르헨티나보다 자유로운 나라가 없으니 말이다.

예고된 시간에 안내자 바릴리Barili와 교육부 관계자, 알프레도 팔라시오Alfredo Palacio, 말브란Manuel Malbrán 박사가 도착했다. 우리는 차를 타고 항구로 이어진 넓은 대로를 가로질러 그토록 꿈꾸던 플로리다Florida가街에 도착했다. 그 길은 여러 면에서 오늘날 마데로Madero가街로 바뀐 멕시코의 옛길 플라테로스Plateros가街에 견줄 만 했다. 플로리다가는 화려했다. 고층 건물과 상점도 많고 호화로워 보였다. 우리는 그 길 끝에 있는 호텔에 당도했다. 그 호텔은 침실 옆에 욕실이 있는 평범한 호텔이었다. 하지만 그에 반해 귀찮은 것도 많았다. 전화기가 베개 옆에 있고 드나들 때마다 엘리베이터를 타야 하고 접수부터 물을 가져다주는 일까지 종업원마다 담당하는 일이 달랐으며 협소한 공간에 사람을 넣고 통제하려는 규칙도 있었다. 게다가 무수한 방문자를 기록해뒀다.

멕시코 주재 아르헨티나 대사를 지낸 마누엘 말브란 박사가 우리를 영접할 위원회를 책임지고 있었다. 그는 우리를 형제처럼 대했다. 우리가 요구하기 전에 모든 걸 처리해줘서 마치 집에 있는 것 같았다. 환영식도 없었고 지나치게 예의를 차리지도 않았지만 모든 게 자연스럽게 제 자리를 잡아갔다. 기자단과 동료들과 간단히 얘기를 나눈 뒤로 우리는 며칠간 자유롭게 지내며 그 도시에 빠져들었다.

플로리다가의 아침은 현란했다. 우리는 그 길을 몇 번이고 돌아다녔다. 뒤이어 차를 타고 마요Mayo대로를 구경하며 카사 로사다Casa Rosada에서 의회로 갔다. 우리가 바랐던 이름들이 마침내 현실이 되었다. 인도는 이리저리 흘러가는 사람으로 북적였다. 넓은 도로가 차로 막혀있었다. 그 길만이 아니라 다른 길도 그랬다. 대도시라는 인상을 받았다.

오후에는 기자들이 방문했다. 우리는 이방인이나 갓 도착한 외국인으로 느끼지 못할 만큼 정중한 대우를 받았다. 그들은 1921년 멕시코에서 개최된 제1차 세계 학생대회에 젊은 학생들이 참여하는데 크게 기여했다. 그들은 우리에 대한 기사를 썼고 우리가 아르헨티나에 도착하자 어디를 가든 동행했다. 정부도 우리가 하는 일에 도움을 아끼지 않았다. 언론사, 정부, 작가,

시인, 사회주의자, 무정부주의자를 망라하여 먼 나라 멕시코에 애정을 보여 주지 않은 사람이 없었다. 때로는 잔인하게 싸우지만 존경과 사랑을 받게 된 아마도 네르보Amado Nervo처럼 시를 통해 용서할 줄 아는 멕시코를 말이다.

어떤 면에선 혁명의 여명기가 온 듯 했다. 학생들과 구석구석 도시를 돌았다. 구에메스Güemes의 탑에서[46] 도시를 바라봤는데 너무 넓어서 시야에 다 들어오지 않았다. 눈에 들어오지 않을 정도로 집들이 넓게 펼쳐져 있었다. 산타 페Santa Fe 길만 하더라도 14킬로미터가 넘었으며 건물이 빼곡했다. 높고 현대적이며 6층에 달하는 건물들이 넓은 중심 구역에 자리하고 있었고 백여 개가 넘는 광장과 산책로가 있었다. 그 뒤로는 이층 건물들이 늘어서 있었고 파리의 빈민가나 멕시코의 옛 주거지역을 연상케 하는 곳도 있었지만 부에노스아이레스의 도시 서비스나 도로 포장은 우리의 빈민가에 비해 월등했다.

수많은 대로에 넘치는 자동차는 대도시의 인상을 남겼으며, 이는 멕시코인에게 위안이자 자부심이었다. 영어를 쓰지 않고도, 북미의 것이 없어도 문명을 이룰 수 있음을 의미하기에 위안이었으며, 그곳이 라틴대륙의 중심이자 인종의 수도이고 마드리드의 후계자로서 앞으로 수년간은 그 어떤 에스파냐어권 도시도 여타 언어권 도시도 뛰어넘지 못할 것이라는 점에서 자부심이었다.

무수한 반론에도 불구하고 부에노스아이레스는 아르헨티나가 그렇듯 아주 에스파냐적이다. 몇 년 사이에 이탈리아인, 유대인, 폴란드인, 프랑스인, 영국인 이주자에게 영어의 힘에 비할 만큼 동화력 있는 언어가 카스테야노 외에 더 있겠는가? 부에노스아이레스는 유럽적인 도시이지만 에스파냐의 골수를 지닌 도시이자 에스파냐를 뛰어넘는 문명의 도시이다. 이곳에서 에스파냐의 진보와 발전은 정점에 달했다. 멕시코는 인디오다. 어디서나 토착적 환경이 느껴진다. 쿠바는 물라토다. 물론 백인이 많기는 하지만 흑인의 영향이 있으며 식민지풍은 물론이고 아시아적인 옛풍도 있다. 칠레의 산티아고는 참으로 카스티야풍이다. 부에노스아이레스는 유일하게 세계주의적이며 에스

---

46 아르헨티나 독립전쟁의 영웅인 마르틴 미겔 데 구에메스(Martín Miguel de Güemes)를 기리기 위해 1915년 건설한 건물이다. －옮긴이

파냐의 정신을 보편성 안에 담고 있는 곳이다. 식민시대의 분위기가 남아있기는 하지만 세계주의적이다. 젊은 원기와 건장하고 새로운 인종, 즉 큰 키에 명량한 남성과 어디서도 볼 수 없을 만큼 늘씬하고 건장한 아름다운 여인이 있기에 이곳은 아직 지역적 도시이다. 이 땅의 거의 모든 도시의 대부분의 사람들은 못생겼다. 하지만 여기서는 아름답지 않은 사람을 찾아보기 어렵다. 정오에 플로리다가를 거니는 것은 욕망을 호흡하는 것 같았다. 차를 타고 가거나 안달루시아인이 음악을 만들듯 허리선을 뽐내며 걷는 아름다운 여인에게 사랑의 춤을 청할 수 있는 신이 되지 못한 게 안타까울 따름이었다. 여인들은 매혹적일뿐만 아니라 마음을 애타게 하고 심장을 고통스럽게 하며 근육을 전율케 하고 시선을 현혹했다. 그런 여인이 많다는 게 위안이었다. 여기저기에 그런 여인이 있었기에 앞서 봤던 여인은 잊어먹게 된다. 누구든 그 감각과 분위기를 채우는 관능미에 아찔할 것이다. 그러니 일부일처제는 진부하다. 대도시에선 신실함을 유지할 수 없다. 겉으로는 배신하지 않더라도 마음은 그리된다. 자신도 타인도 믿지 못한 채 영혼이 흔들리게 된다. 사람의 마음속에는 새로움과 아름다움에 대한 욕망, 깊은 사랑에 대한 배신의 원리가 내재되어 있기 때문이다. 많은 이를 사랑하는 것이 최선의 사랑일지도 모른다. 한 사람만을 깊이 사랑하는 것은 심각한 악행이자 죽음으로 보답할 수밖에 없는 달콤한 악행이며, 살아 있는 자는 늘 착각하고 변화하면서 새로운 것을 찾기에 배신할 수밖에 없다.

플로리다가는 살롱 같은 친근함을 풍겼다. 모르는 사이지만 서로 아주 가깝게 스치는 그들이 가족처럼 느껴졌다. 사람들이 지나는 그 고풍의 거리에선 아직도 식민시대의 사회생활이 남아있는 것 같았다. 멕시코에도 현대적인 화려함은 덜하지만 과거의 전통이 숨 쉬는 거리가 있다. 페루 리마에 있는 에스파데로스Espaderos 길도 그렇다. 그런 곳에서 사람들은 옷을 뽐내며 지인들을 만나고 새로운 만남을 즐긴다.

마요대로는 달랐다. 그야말로 세계적인 넓은 대로였으며 산책하는 사람이 아니라 일하는 사람으로 넘쳤다. 5~6층 건물이 빼곡한 그 길고 넓은 길는 아르헨티나 의회 건물로 뻗어있었다. 넓은 인도에는 키 작은 나무들이 있었고 사람들이 즐길 수 있는 카페 테이블도 군데군데 있었다. 그것만으로도 손님을 환대하는 도시임을 알기에 충분했다. 에스파냐나 프랑스에서도 그렇듯이 길거리에서 커피를 마시고 식사를 한다는 것은 길이 그저 통행을 위한 것이 아니라 사교와 휴식을 위한 공간임을 의미한다. 이는 사람이 머물 공간이 없는 뉴욕이나 런던에서는 불가능한 일이다. 그곳에선 사람에 떠밀려 가야하니 말이다. 뉴욕에선 서서 아이스크림을 먹거나 말구유 같은 대리석 진열대에 바짝 붙어 서둘러 먹어야 한다. 뒤로 사람들이 줄을 서서 기다리니 말이다. 부에노스아이레스는 그렇게 미개하지 않다. 사람들이 카페의 즐거운 테이블에서 얘기를 나누며 거리에 '머물' 수 있다. 아무 생각 없이 일에 치어 지나가는 사람과 부딪힐 일도 없다.

카사 로사다와 의회의 두 아름다운 광장을 잇는 마요 대로는 1킬로미터가 넘는다. 하지만 중심가라고 하기엔 짧은 편이다. 의회 뒤편으로 끝없이 펼쳐진 도시 왼편에는 대규모 빈민가가 형성되어 있지만 상당히 깨끗하다. 오른편으로는 부촌이 있다. 우아한 파리를 닮은 알베아르Alvear길도 거기에 있다. 그곳의 독특한 건물은 프랑스 건축가의 작품이다. 진짜 파리의 석재를 쓰진 않았지만 완벽하게 모방한 탓에 이를 알아챌 수 없다. 화려하고 아름다운 산타페 길로 나오면 상점과 붐비는 자동차, 그리고 현대적인 건물을 볼 수 있다. 그 길은 대리석과 잔디, 플랫폼과 분수로 조성된 레콜레타Recoleta 정원으로 이어진다. 부에노스아이레스의 정원은 뛰어난 프랑스 원예가의 손이 닿았음을 알 수 있을 정도로 정결한 우아함이 돋보인다. 레콜레타 정원에서 자동차가 즐비한 아름다운 팔레르모Palermo 대로에 접어들면 화려한 궁전과 일 년 중 반을 유럽에서 집을 임대해 사는 백만장자들의 별장이 있다. 반면에 땅을 일구는 소작농은 제 자식을 묻을 땅 한 평도 없다. 일 년 내내 일 해봐야 농장에 쓸 만한 거처 하나 제공해주지 않으면서 소작농이 제 몫을 요구하면 정부를 사주하여 군대를 보내달라고 하는 지주만 살찌고 있다.

팔레르모 대로를 따라 빈 집이, 보물을 즐길 줄 모르는 가문의 화려하지만 무용한 집이 줄지어 있다. 거기 사는 노인들이 권태에 빠져 있고 젊은이들이 악습에 젖어있는 탓이다. 언젠가 그 집들이 가난한 자와 피난민의 거처가 된다면 얼마나 아름답겠는가. 어쨌거나 인간이 만든 물건은 선을 위해 쓰여야 한다.

강 쪽에는 정원도 있고 플라타 강변과 맞닿은 곳에는 빈 땅도 여기저기 보였다. 하지만 건물과 울타리와 나무에 가려 강물은 보이지 않았다. 나무와 정원이 많은 부드러운 경사지에는 화려하면서도 수수한 벨그라노Belgrano 지구가 있었다. 현대적인 유럽식 가옥이 많았지만 좁은 골목길에는 아직 신세계 에스파냐의 고전적 건물이 지닌 고요하고 위용 있는 분위기가 남아 있었다. 그 길 중앙에 있는 로터리에는 기단부가 넓은 기둥이 하나 있었다. 하얀 대리석으로 된 그 기둥은 신대륙 발견과 정복에 대한 알레고리를 담고 있었다. 아르헨티나의 조국의 천사를 상징했다. 가까이에서 보면 설탕으로 만든 것 같은 그 기둥 위로 뻗은 선들은 우아함과 균형을 갖추고 있었다. '에스파냐인에 대한 기념비' 맞은편에는 못생긴 사르미엔토Sarmiento[47] 동상이 있었는데, 로댕Auguste Rodin의 작품이었다. 그 위대한 지도자는 원숭이처럼 굽어보였다. 사르미엔토의 모습이 추해 보이는 것은 조각가가 그의 초상을 알지 못하고 기념비를 세웠기 때문일 것이다. 만약 내일 세상이 문명화되고 플라톤이 찬미된다면, 자신의 초상을 세울 바보가 어디 있겠는가. 차라리 산을 조각하는 편이 나을 것이다. 그 조각가는 인물에 대해 알 필요도 없이 동상을 제작했을 것이다. 그는 아무 것도 모르고 주어진 초상을 복제했을 테고, 그를 아메리카의 어두운 영웅으로 보는 사람들 때문에 그런 아이러니가 발생했을 것이다. 아르헨티나의 조각가라면 성스러운 사르미엔토의 동상을 천재적인 로댕보다 잘 만들었을 것이다.

---

47 도밍고 파우스티노 사르미엔토(Domingo Faustino Sarmiento, 1811–1888). 1868년부터 1874년까지 아르헨티나 대통령을 역임했다. –옮긴이

대로는 계속 이어졌다. 우리는 경마장을 지났다. 그 유명한 로세달Rosedal 공원과 더불어 아름다운 나무와 우아하기 그지없는 정원을 품은 숲이 멀리 보였다. 연인들은 찬연하고 향기로운 꽃이 흐드러진 그곳에서 녹음을 거닐고, 그 드넓은 숲의 다른 쪽에선 많은 이가 휴일을 즐긴다.

◐ 이폴리토 이리고옌

우리의 첫 번째 공식 방문은 아르헨티나의 퇴임 대통령으로 자국에서는 논란이 많지만 멕시코와 각별한 우의가 있는 이리고옌Hipólito Yrigoyen이었다. 그는 정중히 우리를 맞았다. 그는 우리에게 최선의 편의를 제공했다. 그가 말수가 적었기에 대화는 많지 않았지만 만족스러웠다. 그는 아르헨티나 역사에서 중요한 위치를 차지할 인물이었다. 모범적인 엄격함, 의론의 여지가 없는 정직함, 거짓말을 하지 않는 단호함을 지닌 그는 과두제 권력을 깨뜨린 최초의 대통령이었다. '가진' 자들은 집권말기까지 그를 인정하지 않았다. 자본주의에 빠진 언론사는 그를 비난하며 부에노스아이레스 출신의 케케묵은 특권층 사람을 후임자로 인정했다. 당시에 나는 이리고옌을 지지했으며 후임자를 불신했었다. 모든 권력이 이리고옌에게 있으니 새로운 대통령이 그를 굴복시켜야한다고 할 때, 우리는 알베아르Alvear의 집권을 저지하고 싶을 정도였다. 그가 집권하면 과두제로 퇴보하는 것이라 판단했기 때문이었다. 그러나 다행스럽게도 아르헨티나에는 민주적 제도가 뿌리내려 있었다. 이리고옌도 생각지 못했던 일이었다. 또한 폭력사태도 발생하지 않았다. 알베아르는 집권 첫날부터 지휘권을 행사했다. 이리고옌은 수수한 그의 집으로 돌아온 뒤로는 절대 집밖에 나서지 않았다. 그로 인해 그에게 빈치류에 속하는 '펠루도(아르마디요)'라는 별명이 붙었다. 이리고옌의 통치 방식은 시대를 앞서갔다. 그가 농지문제에 손을 대지 않은 것은 사실이나, 퇴임 후를 생각하여 농장이나 집을 사둔 것도 아니었다. 그는 취임할 때의 재산 그대로 퇴임했다. 더 적었을지도 모른다. 그는 오랜 정치인 생활에도 불구하고 사업에 정치를 이용하지 않았으며, 상류사회에 있었기에 '특별한 사안'에 관여할 수도 있었지만 그렇게 하지 않았다. 그에겐 적당히 적색노선을 걸은 가짜 볼세비키주의자의 수치가 없었다. 더욱이 이리고옌은 국민의 존경을 받은 온건한 통치자에 머물지 않았다. 아메리카에는 아직 그가 시행한 주택법에 비길만한 법이 없다. 그 법률로 인해 20년 전의 임대료가 안착했으며 이는 부에노스아이레스의 노동자를 구해냈다. 6년의 재임기간 동안 잔인한 반대파에 맞서야 했지만, 내가 아는 한, 이리고예의 명으로 납치된 희생자는 단 한 명도 없었다. 사람들이 그러했듯이 나 또한 그가 무정부주의자의 선동을 진압할 목적으로 외국인을 추방한 것에 대해서는 그를 비난했다. 이는 부에노스아이레스에선 있어서는 안 될 일이었다. 하지만 아메리카에서 그런 일이 없었던 나라는 없다. 더욱이 사상의 자유를 억압하지 않은 나라는 없었다. 이리고옌은 자신의 의무와 신념을 확고하고 정직하게 지켜내면서도 반대파를 탄압하지 않았다. 그는 입법부를 개혁하고 정부를 민주화했으며 사회주의 운동의 발전을 촉진했다. 그리고 이 모든 것을 피 흘리지 않고, 추방하지 않고, 투옥하지 않고, 누구도 해치지 않고, 그의 면책적 지위를 남용하지 않고 이뤄냈다. 언젠가 가진 자들이 시위하는 노동자들을 향해 발포할 권리를 경찰에게 허용하라고 그를 압박한 적이 있었다. 극우파 조직인 아르헨티나 애국연합Liga Patriótica Argentina은 경찰서장의 죽음을 빌미로 시위대에 잔혹한 복수를 자행했다. 이리고옌은 그 조직을 해체하지도 않았고 그럴 수도 없었다. 하지만 그가 그 조직과 연루되지 않았음은 사실이다. 시간이 얼마 지나지 않았지만 그가 근본적으로 훌륭한 통치자였음은 분명하다. 퇴임 후 대통령궁을 나와 집으로 향하는 그를 환호하던 부에노스아이레스 시민들도 그렇게 생각했다.

이를 목격한 멕시코인은 피를 보지 않고 권좌를 내려놓을 멕시코 대통령이 나오려면 아직 갈 길이 멀다는 생각에 씁쓸했다. 우리는 그의 기품을 존경하며 멕시코를 비롯해 라틴아메리카에 대한 그의 변함없는 애정을 기억하고 있다. 우리는 민중을 향한 그의 모범에 감사를 표하며 그가 퇴임하는 길에 진심을 다해 동행했다.

◐ 여행

부에노스아이레스를 벗어나 코르도바로 첫 여행을 떠났다. 라플라타대학교Universidad de La Plata와 코르도바대학교Universidad de Córdoba는 열렬한 이스파노아메리카니즘을 지닌 학교였다. 안타깝게도 시간이 부족하여 로사리오Rosario와 산타페를 둘러볼 수는 없었다. 어느 날 오후 아르헨티나 중앙역에서 의전단이 마련한 특별객차로 출발했다. 세 시간 후 로사리오에 도착했다. 자동차로 도시를 둘러보는데 주어진 시간은 40분밖에 되지 않았다. 다시 못 볼 그 거대하고 낯선 도시를 밤 열시에 돌아본 우리는 마치 영화를 본 것 같았다. 지나치는 풍경의 속도와 불빛의 조화 때문이었다. 한적한 광장과 카페 테이블에서 밤을 보내는 사람들이 보였다. 낡고 지저분한 집이 있는 항구의 거리와 강어귀는 탐피코를 떠올리게 했다. 뒤이어 대로에 접어든 우리는 넓은 광장에 도착했는데, 시청 광장인 듯 했다. 건물은 새것이었고 중앙에는 식물과 나무가 심겨있었다. 맞은편으로 뾰족한 건물이 있을 것 같았다. 크고 세련된 도시인 로사리오에 대한 기억이 그것뿐임이 안타까울 따름이다. 뒷날 알프레도 팔라시오스가 주최자로 참석한 시 콩쿠르에서 찍은 사진에서 짧은 치마를 입은 아름다운 소녀들을 봤을 때, 조용하고 고요한 도시로 생각했던 그 도시가 그곳을 방문한 멕시코인에게 제공한 우애로운 대접을 나중에서야 확인했을 때, 나는 로사리오의 진정한 모습을 보지 못했다는 걸 알게 됐다.

그날 밤 다시 출발한 기차는 다음날 코르도바에 도착했다. 우리는 첫 날부터 그 도시와 사람에 매료됐다. 우리는 중앙광장 모퉁이에 있는 현대적이고 아름다운 호텔에 묵었다. 맞은편으로 벽돌과 조각된 탑으로 이뤄진 성당이 있었다. 옆으로는 상점들이 있었다. 어디를 보나 사람들이 움직이고 있었다. 우리가 처음 방문한 곳은 대학이었다. 전형적인 라틴아메리카식 건물에 이중 아치와 돌기둥으로 된 안뜰이 있었다. 에스파냐의 르네상스는 페루, 에콰도르,

멕시코를 비롯해 에스파냐인이 머문 모든 곳에 꽃피웠다. 코르도바의 교회는 웅장했다. 우리 교회가 그렇듯이, 비방과 오해 속에 세워졌지만 시적이고 위엄 있는 추리게라 양식이었다. 코르도바는 리마Lima나 키토Quito처럼 유명하진 않지만 교회는 그만한 가치가 있었다. 아름다운 양식과 더불어 견고한 석재도 뽐낼 만 했다. 코르도바의 건축술은 아메리카카 대륙에서 으뜸이라 할 멕시코의 도시 푸에블라Puebla나 산루이스데포토시San Luis de Potosí 혹은 모렐리아Morelia를 떠올리기에 충분했다. 물론 그러한 생각은 건축물만 봤을 때 그렇다는 것이다. 왜냐하면 코르도바는 앞서 말한 도시보다 인구도 많고 생기 넘치며 훨씬 중심적이다.

코르도바는 식민지풍과 현대풍이 섞여있었다. 건축물은 식민지풍이었으나 길과 호텔과 교통은 새것이었고 시민들의 생각도 아주 현대식이었다. 기자들, 학생들, 교수들과 반시간밖에 대화를 나누지 못했는데도 동시대적인 생각을 하고 있다는 걸 금세 알 수 있었다. 사실 젊음의 이상과 재능과 도덕적 정직함은 아메리카에 퍼진 무기력을 보상하고 있다. 코르도바에 며칠 더 머물고 나자 그 민족의 미래를 확신할 수 있었다.

코르도바는 아메리카 남부에서 쿠바에 이르기까지 대학생 운동의 중심지라 할만 했다. 내가 보기에 그 본질은 이상적인 교수진과 정확하고 자유로운 가르침에서 나온 것 같았다. 교육의 이상과 방법론을 혁신하고 교육 경쟁력이 없거나 뒤쳐진 교수를 퇴출하는 움직임이 보였다. 청년들은 사유가 뒤쳐진 교수의 퇴직을 요구하면서 생각의 혁명을 일궈냈다. 또한 교수에 대한 공식적 호의를 없애고 전적으로 미래를 위한 능력을 갖춘 교수로 대체하였다. 포르피리오Porfirio Díaz의 전제주의나 이투르비데Iturbide의 배신을 옹호한 교수를 제거함으로써 어려움에 봉착한 우리와는 딴판이었다.

청년들은 파업, 토론, 항의집회, 단과대와 대학의 연대를 통해 집단적으로 행동했다. 아르헨티나와 우루과이, 이 자유국가에서는 학생운동이 급속히 퍼졌다. 희생자는 거의 없었다. 이웃 나라에서는 퇴학시키거나 일시적으로 휴강을 하거나 집회 주동자를 수배하기도 했다. 아르헨티나와 우루과이의 대부분의 대학에는 정부에 의해 추방되거나 퇴학당한 학생들이 있었으며, 그들은 해방된 대학의 자애로운 품에서 과정을 마칠 참이었다. 이 수배자들이 이스파노아메리카 청년 연합의 연결고리가 되었다. 그들이 장차 실질적인 형제애를 이끌어낼 것이다.

학생들이 말하는 '학생혁명'은 라틴아메리카 주요 대학의 연대를 가능케 했다. 더불어 교수진은 생명을 얻었으며, 강의는 개선됐고 청년들은 미래의 사회활동을 위한 집단적 작업 방식을 배웠다. 자유주의 운동을 통해 사회개혁의 목적이 출현하자 아르헨티나 청년들은 우루과이, 칠레 청년들과 더불어 대륙적 관점에서 진보와 희망을 꿈꾸게 되었다.

민감한 사안이지만 밝혀두고 싶은 게 있다. 칠레인이 비록 적의 힘에 굴복한 상태이긴 하지만 아르헨티나인에 비할 만큼의 힘을 지니고 있으며 도덕적, 사회적 문제에 대해 명확한 개념을 갖고 있다. 페루 청년은 영웅적 행동을 이행하고 있다. 그들은 독재에 맞서 싸우고 있으며 그 속박에서 벗어나기 위해 멈추지 않을 것이다. 콜롬비아 청년은 과감하고 자유로우며 훌륭한 문예를 지니고 있지만 아직 사회적 관점을 갖추고 있지는 못하다. 쿠바 청년은 행동에 들어갔으며 멕시코 청년은 집단적 방식을 표출하기보다는 "모두는 하나를 위하여"와 "하나는 모두를 위하여"를 부정하고 "모두에 반하는 나"를 외치며 무정부적 개인주의에 젖어있다.

아르헨티나의 따스함은 그 어디에서도 찾을 수 없을 것이다. 그렇게 편안하고 마음에 드는 곳은 얼마 없을 것이다. 사람들이 다정하여 즐거이 머물 수 있는 곳은 어디든 있지만 외국인데도 자신을 과객이나 외지인으로 느끼지 못하는 경우는 드물다. 아르헨티나인은 그렇게 나를 대했다. 내가 조금은 여성적이고 극단적인 취향이 있는데도 말이다. 이는 나를 맞은 사람들의 성품을 가늠하기에 충분했다. 그들의 환대는 기품 있으면서 간소했다. 온화하기보다는 남성적이었기에 나는 그들과 형제가 된 것 같았다. 그곳에선 인위적인 포즈를 취할 필요가 없었다. 모든 게 투명하고 강렬하여 영혼의 문을 활짝 열게 만들었기 때문이다. 코르도바에 머문 지 두 시간 만에 육체적으로나 정신적으로나 모든 면에서 감동적이었으며 즐거웠다. 이에 우리는 가볍고 편한 마음으로 그곳을 둘러볼 수 있었다. 보는 것 마다 그 도시의 운명뿐만 아니라 우리의 운명이 그것과 이어지는 것 같았다. 이곳 대학의 문제는 멕시코 대학의 문제로 느껴졌다. 모든 게 친숙했다. 사람들의 모습, 건물, 유서 깊은 고장의 정중함, 학교의 복도, 교육 환경 등 모든 게 라틴아메리카의 내륙 지역을 연상케 했다. 그 어느 도시보다 왕성한 코르도바의 현대문화와 집단적 개혁에 대한 노력을 제외하고는 모든 게 익숙했다.

몇 번이고 도시를 둘러봤다. 어느 날 오전에는 드넓은 동물원에 가서 카지노, 놀이기구, 일본식 풍경, 동물 우리, 잎이 무성한 나무를 구경했다. 계곡이 있는 민둥산으로 장거리 소풍도 가고 식수를 저장한 댐을 방문하기도 했다. 그 방문길에 몇몇 청년과 노인들이 동행하여 앞 다퉈 우리를 대접했다.

코르도바에 머물며 우리는 세련된 고장이 뭔지, 도시와 농촌에서의 부자와 빈자의 삶이 어떤 것인지 알게 됐다. 우리는 차코Chaco 지역을 방문하는 상상을 했다. 그곳은 정복과 지배를 통해 열대를 문화로 바꿀 사람을 기다리는 강렬한 열대의 삶이 있는 곳이다. 코르도바는 그곳으로 나갈 필요가 있다. 사실 코르도바의 물리적 경계는 일반적으로 생각하는 것보다 훨씬 광대하다. 코르도바가 위치한 지역은 부유해지기 어려운 곳이다. 물이 부족한 데다 고원지대의 단점을 모두 갖고 있는 지역이다. 하지만 그지없이 풍요로운 광대한 대지와 맞닿아 있으니 장차 투쿠만주州, 살타Salta주州, 차코주州를 포함해 야만적 폭정에서 벗어나야 하는 볼리비아의 국경에 이르는 지역을 대표하는 대도시, 학문의 대도시가 될 것이다. 코르도바의 임무는 청년들이 아테네의 미래주의자로 교육되어 부에노스아이레스가 아니라 태동하는 왕국, 뛰어나고 강한 민족을 낳을 왕국의 진입로인 북쪽으로 가지를 뻗을 때 완성될 것이다. 지금의 청년들의 정신이라면 세계정복을 시작할 수 있으며, 그 세계는 진보가 강력히 침투하기를 기다리고 있다.

코르도바의 산을 찾았던 날, 어느 시골 마을에서 재치 있고 친절한 사람들과 웃고 즐기며 점심을 먹은 기억이 난다. 이후 어느 여름철 호텔에 들렀다가 유칼리나무와 높게 잎을 뻗은 나무가 있는 길을 따라 돌아왔다.

어느 날 밤 우리는 멕시코에서 대사를 지낸 마누엘 말브란의 형제인 말브란 제독의 집에서 열린 만찬에 참석했다. 그 자리에는 주지사를 비롯해 대학 총장과 교수진, 기자들, 몇몇 귀부인이 참석했다. 말브란의 부인도 있었는데, 유서 깊은 귀족의 자태를 지닌 그녀는 선하고 공손했다. 어린 아이에게는 요정 이야기에 나오는 왕비 같았을 것이다. 흠잡을 데 없는 배우자로서 언제 봐도 아름다웠다. 남편이 응접하느라 자리를 비우면 그 자리를 대신했다. 말브란은 재능 있고 건장하며 걸출한 인물로 품위 있는 삶을 누리고 어디서든 능력을 발휘할 사람이었다.

그의 이야기와 호의와 애정은 절대 잊을 수 없을 것이다. 그는 우리와 동행하며 늘 우리를 안내하고 설명해줬다. 코르도바에서도 부에노스아이레스에서도 그랬다. 그는 형제지간인 마누엘의 멕시코인에 대한 경의에 전염된 것 같았다. 그는 늘 우리를 챙겼다. 말브란 가문의 만찬은 영혼의 빗장을 열고 서로 알아가며 존중하는 친밀한 모임이었다. 그곳을 나오며 우리는 코르도바에 친구가 생겼다고 생각했다. 젊고 총명하며 박식하고 존경할만한 인물로 우리를 각별히 대해준 총장도 교수들과 함께 우리를 오찬에 초대했다.

나는 마지막 날 오후 강연자로 나서게 됐다. 누구든 새로운 느낌을 받게 되면 말을 꺼내는 일이 쉽지 않다. 게다가 강연문을 쓸 시간도 모자랐고 준비 없이 강연할 능력도 없었다. 하지만 나는 그들이 보여준 호의에 그 위험천만한 일을 흔쾌히 받아들였다. 그 즈음 남미를 방문한 유럽의 저명한 교수가 코르도바에 도착하여 실증주의자의 과학에 기초한 윤리에 대해 강연을 했다. 이에 나는 열성이 도태된다고 주장하는 자연도태설이나 약자를 착취하는 자본주의처럼 과학이 비인간적 결과를 초래한다면 과학을 부정해야 한다는 윤리에 대해 말해야겠다는 생각이 들었다. 나는 과학적 윤리에 반해 사회주의적 윤리를 말하고 그리스도에 기대어 행복과 정의 앞에 모든 인간이 평등함을 주장했다. 비록 두장폭지수가 인류학자의 꿈을 깨우고 있지만 말이다.

나는 과학을 혐오한다고 했다. 스펜서적인 다윈이즘을 조롱하며 그것을 동물학적 윤리로 치부했다. 그리고 그것을 우리의 의식과 그리스도의 계시를 통해 극복해야 한다고 했다. 나는 시장을 정복하려는 제국주의의 행태에 대한 저항의식 속에서 어떻게 멕시코의 공교육이 백인과 원주민이 평등하다는 테제에 맞춰 수정되었는지 설명했다. 학생들은 나의 주장에 공감하는 듯 내게 박수를 보냈다. 나중에는 두서없는 나의 강연 내용이 책자로 나왔다고 한다.

강연을 마치고 거리로 나왔다. 학생들과 교수진도 함께였다. 우리는 연호와 미소와 박수를 받으며 자리를 나왔다. 그리고 기차역 플랫폼에서 다시 모여 열렬한 환송을 받으며 코르도바를 떠났다.

◐ 사회주의자들과의 오찬

사회주의 지도자들이 부에노스아에리스 도축장에서 점심을 초대했다. 2백만 명에 이르는 도시민을 위해 매일 수천의 가축을 도축하는 곳이었다. 이른 아침에 본 도축장은 가축과 함께 야영하는 부족이 사는 벌판 같았다. 중앙건물을 지나자 말을 타고 돌아봐야 할 정도로 넓은 장소에 혼잡하게 배치된 가축우리와 좁은 길이 시야에 들어왔다. 가축을 팔던 사람 중 누군가 내게 가우초식 마구를 제공해줬다. 말의 등을 감싼 안장방석과 모포 위로 매끄러운 영국식 안장을 올려줬다. 하지만 등자가 발끝도 들어가지 않을 정도로 좁아서 지탱할 곳이 없었다. 다리로는 말을 지배할 수 없었다. 나귀를 탄 것 마냥 다리를 벌리고 있어야 했다. 처음 겪는 사람에겐 불가능한 조건이겠지만, 그런 조건에서도 훌륭하게 말을 타는 가우초에겐 뭔가 비밀이 있을 터였다. 나는 갈기를 꼭 붙들고 그 좁은 길을 지났다. 마치 거대한 농장의 들판에 나온 것 같았다. 흙냄새와 가축냄새가 좋았다. 그리고 도살장 건물을 방문했다.

나는 도살장의 잔혹하고 지독한 삶이 아니라 전원적 삶의 인상을 간직하고 싶었다.

천과 나무로 만든 천막 아래서 점심을 먹었다. 언제 마셔도 좋지만 빈속에 마셔야 더 좋은 따뜻한 마테차가 먼저 나왔다. 뒤이어 맛있는 냄새와 모락모락 김을 풍기며 갓 구운 고기가 시골풍 탁자에 놓였다. 입맛이 돌았다. 참기 어려운 식욕이 밀려왔다. 우리는 영국인처럼 육식가로 돌변했다. 내장, 순대, 안심, 갈비를 비롯해 이름도 모를 부위를 닥치는 대로 먹었고 포도주도 두어 잔 곁들였다. 점심을 먹고 나자 조랑말을 달리며 밧줄로 들소를 잡고 싶은 마음이었다. 하지만 일정을 지체할 순 없었다. 사회주의 지도자들은 어떤 결점도 없이 시계처럼 일정이 진행돼야 직성이 풀리는 것 같았다. 그것은 그들에게 당의 문제였다.

◐ 공연

부에노스아이레스에서 본 가장 아름다운 축제는 말레플라테Maleplate와 그의 청년 조직인 아르헨티나 민족연합Unión Nacional Argentina이 마련한 축제였다. 프로그램은 내가 멕시코 교육부에 있을 때 했던 것과 별반 다르지 않았다. 토속춤, 노래, 합창, 시낭송 등이 있었고 모두 공립학교가 준비한 것이었다.

축제는 유서 깊은 키로가Quiroga 극장에서 오전 11시에 시작했다. 그지없이 감미로운 노래를 들으니 그윽한 정취와 우수가 차오르는 것 같았다. 기타가 연주되자 그 느낌이 더욱 깊어졌다. 노래들은 라틴아메리카 전역에서 들을 수 있는 곡이었다. 레콩키스타에 따른 동양적 향취가 배인 노래로 에스파냐풍이지만 지역에 따라 다른 식으로 풍성해진 곡이었다. 식민 이전 시대의 노래는 없고 모두 크리오요풍 노래였다. 그 노래들은 크게 산지풍, 평원풍, 해안풍으로 나눌 수 있다. 산지풍은 제한적인 환경으로 인해 슬프고 깊으며, 고원풍 또는 평원풍은 드넓은 공간과 고독이 담겨있어 우수를 풍기며 해안풍은 활기는 없지만 관능이 넘친다.

예컨대, 멕시코 북부와 내륙의 고원지역은 코리도corrido가 지배적인데, 일종의 멜로디를 갖춘 서사적 로망스로 반半사막 지역이 그렇듯 구슬프고 긴 것이 특징이다. 반면에 비옥한 지역의 멜로디는 바히오Bajío주의 '토나다tonada'나 '하라베jarabe'처럼 즐겁다. 페루에도 아주 특징적인 산지풍의 노래가 있다. 멕시코 오아하카Oaxaca주의 산둥가zandunga나 쿠바의 단손danzón은 열대 분위기의 해안풍 노래이다. 산둥가는 강렬한 트럼펫과 현악기의 부드러움이 혼합되어 있는데 노래와 춤을 모두 갖춘 장가이다. 육체적 관능과 불같은 열정을 지닌 이 노래에는 지배와 정복의 의지가 담겨있다. 몇 소절만으로도 감성을 충만케 하여 전투적인 힘을 일깨우며, 환상과 몽환을 불러내는 곡도 있다. 산둥가는 관능과 영웅성이 야릇하게 섞인 아주 깊은 음악이다. 거기에 붙여진 진부한 가사가 깊은 느낌을 상쇄하긴 하지만 멕시코의 테우안테펙Tehuantepec의 토착민들이 연주하는 걸 들어보니 거의 제의적이었으며 느리게 진행되기도 하고 열정적인 순간도 절망적인 순간도 있었는데, 이는 마치 디오니소스가 강렬하고 열정적인 환희에 취한 것 같은 느낌이었다.

감상적인 노래에는 그 모든 스타일이 섞여있다. 하지만 다루는 주제는 훨씬 부드럽다. 그 노래는 내륙 소도시의 감각을 보여주는데 그런 소도시에선 모두가 어느 정도 감미롭고 낭만적인 시인이다. 이 장르에선 콜롬비아의 노래가 그렇듯 멜로디에 가사가 붙여진다. 하지만 평원풍의 노래에 가깝다. 페루의 해안과 아레키파Arequipa 지역에는 야라비yarabí라는 감동적인 노래가 있는데 원주민 피리인 케나quena가 쓸쓸함을 더한다. 그리고 칠레의 춤곡인 쿠에카cueca는 에스파냐의 호타Jota가 변형된 것이다. 브라질엔 파두fado가 있는데, 멕시코처럼 다양한 모티브를 지녔으며 흑인의 영향을 받은 마치차 같은 파생춤곡은 아르헨티나에서도 볼 수 있다. 또한 아르헨티나엔 열대의 폭발적 관능과 구슬픈 감상주의를 지닌 탱고 외에도 크리오요풍과 전원풍의 춤곡이 더 있다. 화음을 넣어 큰 소리로 합창하는 그 노래를 듣자니 멕시코의 전원풍 노래가 떠올랐다. 그 노래 중에서 투쿠만과 살타의 노래는 슬픈 민요풍이었다. 그날 우리는 아르헨티나의 즐겁고 경쾌한 전통춤곡인 페리콘pericón도 구경했다. 에스파냐의 영향을 받은 춤곡인데 유카탄의 가토gato나 봄바bomba로 불리는 춤곡과 닮아 있었다. 이 춤은 여러 사람이 함께하다가 갑자기 춤이 멈추면 한 커플이 사랑을 속삭인다. 그리고 이들이 미소를 지으면 다시 춤이 재개된다. 춤추는 사람의 환희와 즐겁고 관능적인 멜로디가 아름다운 감동을 강하게 남겼다. 언젠가는 강렬하고 전통적인 이 관능적 예술이 전원에서 도시로 들어와 빈약한 도시의 풍습을 바꿔놓을 것이다.

그날 오전은 모든 게 순수한 아름다움이자 감동이었다. 귀접스러운 탱고 같은 건 없었다. 감상적인 시 같은 대중적 노래와 가우초 스타일로 모슬린으로 만든 옷에 다채로운 손수건을 들고 페리콘 춤을 추는 소녀들이 있었을 따름이다. 처음에 소녀들은 불이 지펴진 마테차 용기를 중심으로 반원을 그리며 의자에 앉아 있거나 서서 얘기를 나눴다. 한 소녀가 마테차를 마시자 전체가 돌아가며 맛을 본 뒤 일어나 춤을 추기 시작했다. 사이사이 춤을 멈추고 시를 낭송했다. 그리고 짝을 이뤄 다채로운 손수건을 높이 치켜 흔들며 행진하는 것으로 막이 내렸다.

춤과 노래가 끝나자 두어 명의 소녀가 시를 낭송했다. 주의를 집중시킬 만큼 훌륭했다. 이를 두고 우리는 그저 단순한 억양과 웅변적 수사를 가르치는 에스파냐와 아메리카의 학교와 다르게 각 음절의 발음과 감동적인 억양을 가르치는 이탈리아 학교의 영향이라고 생각했다. 더욱이 C와 Z 발음을 카스테야노식([θ])으로 하지 않고 이베로아메리카식([s])으로 부드럽게 발음했다. 그로 인해 훨씬 자유롭고 강세도 정확했는데, 그렇게 자유로운 억양은 아르헨티나를 제외한 다른 에스파냐어권의 낭송에서는 보지 못한 것이었다. 서너 명의 아르헨티나 교사를 멕시코로 모셔올 수만 있었더라면. 사실 그럴 수만 있었다면 천명이라도 계약을 했을 것이다. 미국을 포함해 이 대륙에서 아르헨티나 교사보다 잘 준비된 교사는 없으니 말이다. 우리는 무지와 불신으로 페루와 같은 실수를 범하고 있다. 최근에 페루는 훌륭한 교사가 많은 아르헨티나를 거들떠보지도 않고 교육개혁을 위해 북미의 훌륭한 교사를 데려왔다. 그런데 그들은 카스테야노를 할 줄 몰랐기에 실패가 예견되어 있었다. 그 과오는 그들을 데려온 사람에게 있다. 따라서 북미의 교사가 더 낫다고 할 수는 없다. 왜냐하면 아르헨티나 교사가 북미의 교사와 동등한 수준을 갖추고 있으며 보편적인 기준으로 봐도 훨씬 이점이 많기 때문이다. 보통 양키는 다른 문명에 관심이 없다. 이것이 그들의 지평의 한계이다.

◐ 라플라타대학교에서의 연회

알프레도 팔라시오스는 자기가 꿈꾼 대학개혁을 이뤄냈다. 이베로아메리카에서 라플라타대학보다 역동적인 대학은 없을 것이다. 팔라시오스는 이베로아메리카니즘iberoamericanismo의 아르헨티나 사도이자 모든 대의의 사도이다. 그의 정신은 관용과 고귀함의 표본으로서 청년을 이끌 줄 알았다. 더군다나 뛰어난 웅변가로서 스승과 지도자로서의 모든 요건을 갖춘 사람이다. 그는 몬테비데오에서도 사랑 받고 브라질에서도 인정받고 존경받는다. 멕시코에서도 그는 호평과 애정을 받고 있으며 페루에서는 우상이 되었다. 학생들 사이에서 그는 지도자였다. 학생들이 대학개혁 운동을 개시하자 그는 학생들 편에 섰다. 또한 미시오네스Misiones와 차코 지역의 억압받는 농민의 편에 서서 의원으로서 노동 보호법을 이끌어냈다. 물론 그는 정치로 성공하지는 못했다. 타협할 줄 모르며 정직한 사람이기 때문이다. 하지만 아르헨티나 대학교는 그를 그러안았다. 라플라타대학교의 모든 이가 우리를 맞이하기 위해 그를 지원했다. 극장 같은 행사장은 사람이 북적였다. 아름다운 노래가 흘렀고 어여쁜 여인들도 보였다. 팔라시오스가 우아하게 우리를 소개하자 뒤이어 말브란이 열정적인 웅변으로 말을 이었다. 그리고 자연스레 내 순서가 됐다. 여행 중에 했던 연설 중에 그 때가 가장 엉망이었다. 연회 때문에 현실감이 떨어져 연설을 생각할 맘도 없었다. 몇 시간 전에 서둘러 끼적거려둔 메모를 호주머니에서 꺼냈는데 도무지 알아 볼 수가 없었다. 무슨 말을 해야 할지 몰랐던 건 차치하고라도, 행사장이 시끄러워 내 말도 잘 들리지 않았다. 내가 그 연설에 신경 쓰지 않은 것은 아니었다. 나는 그 강연을 위해 육체적 힘을 정신적 힘으로의 바꾸는 것에 대해 며칠간 생각을 정리한 터였다. 지금은 책자로 발간됐지만, 나중에 그 논리를 정리하는 데만 한 달이 걸렸다. 그러니 그날 밤에 내가 실수했다는 것도 놀랄 일은 아니다. 그런데 청중은 과도한 예의로 모른 채 해줬다. 그리고 연회가 이어졌다. 나는 여행하면서 가장 맘이 끌리던 연회에 다시 한 번 나를 내맡겼다.

연회에 앞서 대학 건물을 하나씩 둘러봤다. 라플라타대학교 캠퍼스의 건물은 일종의 도시 같았다. 모든 건물이 고급스럽고 적절하고 널찍했다. 그런 건물이 굉장한 파사드가 있는 우리의 유서 깊은 건물과 차이가 없어 보이지만 우리 것에는 교육적 기능이 없다는 점이 달랐다. 자유주의자와 혁명의 치명적 과오는 명령으로 모든 것을 처리하면서도 공익적 사업을 구상하지도 건물을 세우지도 않았다는 것이다. 독창적이고 아름다운 우리의 건축물에는 심각한 결점이 있으니 실내가 따뜻하지 않다는 것이다. 안뜰과 복도가 건축물의 상당부분을 차지하고 있고 줄지어 늘어선 방은 생활하기에 불편하다. 기후가 온난하다고 핑계를 댈 수도 있겠지만 고원지대는 일 년 내내 춥다. 남쪽 나라의 집은 파사드를 뽐내진 않지만 내부는 훨씬 화려하고 적절하다.

§이과수폭포

언젠가 로스앤젤레스에서 아르헨티나 사람과 이과수폭포를 얘기하면서 머릿속으로 초록빛 나무와 파란 하늘, 햇빛에 반짝이는 투명한 폭포수를 그려본 적이 있다. 그 순간부터 나는 이과수폭포에 가보리라 마음먹었다. 그곳과 지척인 곳에 왔으니 가보리라 생각했는데, 문제가 발생하여 화가 치밀었다. 친애하는 어느 교수가 내게 이렇게 말했다. "이과수에는 가시기 어려울 겁니다. 여행길이 고되고 오래 걸리니까요. 게다가 부에노스아이레스가 훨씬 끌리실 겁니다." 나는 참지 못하고 이렇게 말했다. "부에노스아이레스를 다 보지 못하는 한이 있더라도 이과수에는 꼭 갈 겁니다. 부에노스아이레스보다 중요한 곳이니까요." 이과수는 강력한 제국보다, 부에노스아이레스 두세 개보다 중요했다. 이과수는 아르헨티나의 미래나 마찬가지이며 라틴아메리카의 생명의 신경줄이자 역사상 유래 없는 문명을 추동할 중심이다. 이과수가 없이는 남미도 없을 것이다. 그게 아니라면 적어도 아르헨티나는 없을 것이다. 제아무리 넓어도 팜파는 미래가 아니다. 미래는 창조의 힘을 이용할 수 있어야 한다. 이과수는 오늘날까지 알려진 곳 중 아직 어디에도 쓰이지 않은 가장 큰 힘이다. 그러니 이과수를 지배하는 민족이 아메리카를 지배할 것이다.

사실 이과수 여행을 방해한 사람은 없었다. 우리의 의지가 이상하게 보일 수도 있었겠지만 우리는 서둘러 날짜를 정하고 전용객차를 준비했다. 그 길에는 동료이자 무관인 골드니Goldney와 우리를 보좌할 임무를 맡은 철도 감독관 벡카르Beckar, 그리고 시인인 카를로스 페이세르Carlos Pellicer와 훌리오 토리Julio Torri가 함께 했다. 그보다 더 멋진 여행은 없었다. 오후에 부에노스아이레스를 출발하여 지평선을 그려내는 건물이 있는 밝은 평원을 가로질렀다. 두 시간쯤 지나자 확 트인 팜파와 끝없이 이어지는 넓은 강이 멀리 눈에 들어왔다. 해질녘에 환승할 곳에 도착했다. 이비쿠이Ibicuy항의 맞은편에서 두 개로 분리된 기차는 미시시피 강을 건너는 압도적이면서도 부드러운 연락선처럼 파라나강을 가로지르는 연락선에 올려졌다. 여기저기 포장 기계 같은 것들의 불빛이 보였다. 습한 밤안개에 몸이 나른해지며 거대한 강 위로 고동치는 삶이 스며드는 것 같았다. 강을 건너기 시작한 지 반시간 만에 기차가 다시 대지 위를 달리기 시작했다. 밤은 깊어가고 우리는 객차에 모여 얘기를 나눴다.

벡카르는 새로운 인물이었다. 그는 우리가 꾸밈없는 사람임을 알고 대화에 끼어들었다. 우리에게 여정은 물론이고 아르헨티나 기찻길에 대해 세세하게 설명해줬다. 멕시코에서 철도원으로 일하는 한 친구의 말처럼 그는 '궤도에서' 30년을 보낸 사람이었다. 에스파냐인의 외모에 회색빛 짙은 콧수염을 한 그는 건장한 체격에 강인한 모습이었다. 볼그레한 피부색에 눈빛도 강했다. 하지만 투명한 안경 너머로는 친절한 눈을 지닌 사람이었다. 그는 얼마 전에 이탈리아 대사가 엔트레리오스Entre Ríos주를 여행한 얘기부터 에스파냐의 무희인 파스토라임페리오Pastora Imperio가 개를 데리고 여행할 수 없다는 안데스의 경비대원과 다퉜다는 얘기까지 자기가 보좌한 명망 있는 여행자들의 이야기를 즐겁게 풀어냈다. 그는 사람의 마음을 움직일 줄 알았기에 도와주는 사람만 있다면 고위직에 오를 사람이었다. 그는 성격도 좋고 과단성도 있었으며 친절하고 직분에 충실했다. 하지만 쉰에 접어든 그는 내리막길에 접어들었다고 생각했다. 몇 년 후면 꿈을 이루지 못하고 은퇴할 터였고 그리되면 가난을 피할 수 없을 것이었다. 우리네 중산층의 삶의 희망은 매 세대마다 반복되고 있다. 학생인 딸과 직업교육을 받는 아들을 둔 아버지가 이루지 못한 것을 자식들이 이룰 수 있을 것이라며 말이다. 5년, 10년, 아니 20년 전부터 우리는 그렇게 꿈을 빼앗긴 채 살아가고 있다.

아주 푸르고 광대한 평원을 달리던 중에 아침을 맞았다. 11시쯤 기차가 콘코르디아Concordia에 반시간 동안 정차했다. 우루과이강을 낀 그곳에서 우루과이의 항구도시 살토가 보였다. 시청 직원들, 학생들, 기자들이 역에 마중 나와 있었다. 우리는 차를 타고 4만 명이 사는데도 아직 도시의 모습을 갖추지 못한 그곳을 서둘러 지나갔다. 도로는 강에서 채취한 누르스름한 진흙으로 포장되어 있었다. 네모난 문과 창에 회칠된 벽에 늘어선 변두리의 단층집을 보니 에스파냐의 옛 건축물과 서둘러 세워진 멕시코 북부의 국경 도시가 떠올랐다. 아케이드, 벽돌, 저택, 성당이 들어설 시간이 없었던 듯 했다. 콘코르디아의 중심지에 있는 광장에는 심은 지 얼마 되지 않은 나무와 식물이 있었다. 네모난 광장은 붉은 벽돌과 백분이 발린 벽돌로 이뤄져 있었다. 사방으로 강변도시 특유의 상거래 풍경을 볼 수 있었다. 식품점, 그 지역의 포도주,

다양한 상품을 실은 수레, 짐승이 끄는 마차, 자동차가 부두에 접한 두어 개 길에 집중되어 있었다. 대지와 사람이 물의 흐름에 의존하여 살아가고 있었다. 우리는 서둘러 포도원을 구경했다. 돌아오는 길에는 학교를 방문할 계획이었다. 지나는 길에 보니 아르헨티나 전역이 그렇듯이 그곳에도 신식 건물에 훌륭한 학교가 있었다. 진보와 생명을 그곳에서도 느낄 수 있었다.

◐ 파소델로스리브레스

엔트레리오스주는 지구상에서 아주 특권적인 곳이다. 수많은 사람이 행복하게 살 운명의 땅이다. 오늘날까지 완전한 발전을 이루지 못하고 있는데, 이는 부에노스아이레스의 대자본가들이 농장을 소유하고 있는데다 소작농에게 땅을 파는 경우도 드물기 때문이었다. 그들은 약자에게 불리한 계약을 통해 소작농을 손아귀에 쥐고 있었다. 눈을 돌리는 곳 마다 푸른 초지가 보이지만 경작지는 보이지 않았다. 파라나강과 우루과이강 사이의 지역을 따라 북쪽으로 향했다. 이런 지형 때문에 엔트레리오스(강과 강 사이)라는 이름이 생겼다. 파라나강의 서쪽으로는 드넓은 농경지가 펼쳐져 있다. 그 강과 이어지는 파라과이강 너머에는 그지없이 광대하고 비옥하지만 미경작지인 차코지역이 있다. 그리고 그 불가사의한 초지는 안데스가 시작하는 지맥까지 뻗어있다. 그 거대한 나라는 미래 세대를 위한 조건을 갖추고 있었다. 그 지역은 아직까지 환상적인 이야기, 즉 흉포하고 음험한 이야기, 산을 무너뜨리는 길과 여름이면 개미가 사람을 잡아먹는다는 이야기 혹은 하늘을 뒤덮는 메뚜기 떼 이야기로 알려진 곳이다. 그 적막함을 이해하려면 오라시오 키로가의[48] 기막힌 단편 작품을 읽어봐야 한다. 또한 우루과이의 평원을 이해하려면 이바르보우로우[49] 산문과 시구를 읽어봐야 한다. 샤토브리앙이 미시시피를 만들어

---

48 오라시오 키로가(Horacio Quiroga, 1878–1937). 우루과이 살토 출신의 작가로 200여 편의 단편을 남겼다. –옮긴이

49 후아나 데 이바르보우로우(Juana de Ibarbourou, 1892–1979). 우루과이 시인. –옮긴이

문학에 끌어들였듯이,[50] 노래하는 자가 없으면 대지는 모습을 드러내지 않는다. 폭넓고 강력한 파라나강, 이 거대한 라틴의 강은 아직까지 제 시인을, 현대적 시인을 만나지 못했다. 『타바레Tabaré』(1888)를[51] 너머 5세기 동안 말이다.

우리가 방문한 곳은 잠재적인 풍요에도 불구하고 주민이 얼마 되지 않았다. 농장과 도시가 여럿 있었지만 말이다. 하지만 엔트레리오스 주민은 서편의 파라나강 쪽에 많았다. 우리는 위대한 강의 아름다운 중심지인 파라나, 산타페, 코리엔테스 같은 대도시를 근거리에서 스치듯 지나갔다. 우리는 엔트레리오스를 지나 우루과이와 맞닿은 콘코르디아에 도착했다. 이후 우루과이 국경을 따라가다가 왼편으로 방향을 틀어 파라나강의 연안도시인 포사다스Posadas에 도착했다.

오후 6시 쯤 해질 무렵에 1만 2천여 명이 사는 파소델로스리브레스Paso de los Libres에서 5분 정도 쉬어갔는데, 학생들과 야간 산업학교 노동자를 비롯해 많은 이들이 우리를 맞아줬다. 우리는 꽃다발과 환영인사를 받으며 선생님들과 파란 작업복 차림의 사람들과 악수를 나눴다. 그들의 외모는 부에노스아이레스나 최근에 갔던 도시에서 본 금발의 백인이 아니었다. 그곳엔 토착 혈통이 많았다. 특히 노동자들이 그랬다. 그 원주민들은 강인한 청동색 얼굴이었으며 곧은 머리칼에 숱도 많았다. 원주민과 크리오요 때문인지 편안하게 느껴졌다. 아르헨티나의 내륙지역에는 부에노스아이레스의 유럽색이 없으며 종족공동체의 힘, 즉 혈통, 언어, 영혼이 확실한 정체성을 볼 수 있었다. 이를 확인할 때마다 눈물이 고였다. 말이 필요 없었다. 지역민들도 그걸 알고 있었으며 우리와 같은 생각이었다. 우리는 그들과 손을 맞잡고 감격의 마음을 표하며 팔을 벌렸다. 파소델로스리브레스에도 언론사가 있었는데, 이 지역 일간지도 우리를 마중했다. 그곳의 모든 이들이 우리를 마중 나온 것

---

50 프랑수아르네 드 샤토브리앙(François-René de Chateaubriand, 1768–1848). 프랑스의 소설가이자 정치가로 스물 셋에 아메리카를 여행하다 미시시피강가에 사는 인디언을 접하고 『나체즈족 Les Natchez』을 발표하였다. –옮긴이

51 우루과이 시인이자 외교관인 후안 소리야 데 산 마르틴(Juan Zorrilla de San Martín, 1855–1931)이 쓴 작품으로 우루과이의 민족서사시로 평가받고 있다. –옮긴이

같았다. 깨어있는 그들은 놀라움과 해맑은 사랑으로 우리에게 감동을 안겨줬다. 아르헨티나에 죽은 민중은 없다. 아르헨티나에는 단순히 거주민이 사는 게 아니라 모든 지역에 깨어있는 의식과 변함없는 풍요를 품은 사람들이 있다. 에스파냐어를 쓰는 사람의 희망은 바로 아르헨티나에, 특히 아르헨티나의 지방에 있다.

§포사다스

아침 일찍 포사다스에 도착했다. 마중 나온 많은 인파와 더불어 꽃으로 장식된 구조물이 있는 환영식장으로 향했다. 우리는 자리를 잡고 학생들과 교사들이 준비한 환영 행렬을 맞았다. 말끔하게 차려입은 2천여 명의 아이들이 청색과 백색으로 된 국기를 흔들었다. 뒤이어 지방관의 관사로 향했다(포사다스는 연방에 귀속되기에 시장이 없다). 멕시코의 오리사바Orizaba나 푸에블라에서 볼 수 있는 식미지풍 가옥의 회랑에서 오찬을 나눴다. 공직자들과 교사들이 환영인사와 더불어 좋은 여행이 되기를 바란다는 인사를 건넸다. 지방 도시에서 보여준 그들의 다정한 호의가 감동적이었다. 배가 10시에 출발하기로 되어 있어서 인사를 마치자마자 부두를 향해 걸음을 옮겼다. 많은 사람이 우리를 동행했다. 거리와 집과 평원, 그 모든 것이 열대의 풍치를 자아내고 있었다. 마치 우리의 틀라코탈판Tlacotalpan처럼 뜨거운 대지의 연안도시에 있는 것 같았다. 물론 포사다스가 훨씬 크고 인구도 많았다. 길을 나오자 아래쪽으로 반짝이는 넓은 강이 눈에 들어왔다. 맞은편 연안 위로는 우거진 숲과 콘셉시온Concepción의 집들, 그리고 파라과이의 항구가 보였다. 당시에는 반란군이 그곳을 점령하고 있어서 방문할 수 없었다. 파라과이 땅은 불가능한 꿈이었다. 그토록 가까운데 그 땅을 밟을 수 없었다. 그런 유혹에도 우리는 하선하지 못한 채 6일간의 왕복길에 올랐다. 사실 걸림돌은 물리적인 게 아니라 시간이 없어서였다. 어쨌든 부두에서 나눈 포사다스 사람들과의 대화는 한 시간 넘게 이어졌다. 배가 밧줄을 풀고 출발하기 직전이었지만 우리 일행 중 젊은 사람들은 그곳 소녀들과 꽃을 주고받으며 이야기를 나누고 있었다. 우리 모두 그곳을 떠나기가 아쉬웠다. 열렬함은 덜했을지 모르나 그 느낌은 훨씬 깊었다. 그 사랑스러운 사람들을 다시 볼 수 없으리라는 생각에 말이다. 지워지지 않는 커다란 석판에 그 순간을 새겨두고 싶었다. 어찌할 수 없는 기억의 강물, 그 엷은 막을 신뢰할 수 없으니 말이다. 이젠 부에노스아이레스도, 리우데자네이루도, 우리의 조국도, 우리가 살아온 삶도 기억나지 않았다. 포사다스를 떠나는 그 순간이 우리에겐 고통이었다. 몇 시간 만에 그 작은 도시는 우리의 모든 애정을 독차지했다. 마침내 배가 출발하며 절망적인 헤어짐이 끝나고 물 위를 여행하는 더딘 고통이 시작되었다. 우리는 매순간 풍경과 감정을 바꾸며 달려가는 기차가 아니라 수상여행에 몸을 맡겼다. 하지만 수상여행은 앞으로 나아가고 있음을 느끼기도 어렵고 풍경도 바뀌지 않으며 생각할 필요도 없는 바다 여행보다는 불쾌감이 덜했다. 하루 종일 먹고 때때로 춤을 추는 대양의 생활은 서커스단의 곰이나 사육된 짐승의 그것과 다르지 않으니 말이다.

첫 느낌은 인상적이었다. 신비로운 파라나강은 1킬로미터가 넘는 강폭에 멋진 야생의 풍경을 지닌 우거진 숲의 성벽 사이를 흐르고 있었다. 이내 인적이라고는 찾아볼 수 없었다. 몇 시간이 지나자 절벽 위에 지은 나무집이나 비용을 들일 필요 없이 물길을 따라 항구로 흘러가는 벌목된 나무묶음이 보였다. 브라질식 뗏목이었다. 첫날 일정은 짧게 느껴졌다. 꽤나 유쾌했고 놀라운 풍경도 볼 수 있었으며 불타는 저녁노을은 장관이었다.

강의 양 연안에는 마테차 농장이 있었다. 관목처럼 재배된 차나무는 히우그란지두술보다 작았으며 경작지를 침범하는 밀림 탓에 재배규모도 제한적이었다. 우리는 그 농장의 역사를 알고 있었다. 그곳의 주인은 부에노스아이레스의 대농장주로부터 땅을 구매한 외국인이었다. 상당한 어려움을 겪으며 번성하기는 했지만 소작농은 별로 없었다. 포사다스에서 이과수에 이르는 땅이 재배도 매매도 하지 않는 스물 남짓 되는 가문의 소유인 탓이었다. 하지만 그 지역은 수백만 명이 살 수 있는 공간이었다. 하지만 그 땅은 에스파냐인이 탐험하고 정복할 때처럼 아직도 사람의 손이 닿지 않은 황무지였다. 선상 왼편으로 프랑스인 부부와 몇 명의 네덜란드인과 에스파냐인이 있었다. 각자 따로 있으면서도 똑 같은 비판을 늘어놓고 있었는데, 그 땅이 세계를 부양할 수 있음에도 대토지소유제도라는 악재 때문에 번창하지 못하고 있다는 내용이었다. 아르헨티나의 부유층은 그 땅을 독점함으로써 민족과 아르헨티나성을 배신하고 있다. 옛말처럼 먹지도 않으면서 남도 먹지 못하게 하는 채소밭 개들이 있다는 말이다.

선상에서는 대충 그런 얘기가 오갔다. 그리고 그 대화에서 우리와 함께 여행하던 골드니는 늘 기성질서를 옹호했다. 수상여행이 지루한데다 그 지긋지긋한 배가 밤마다 정박했음에도 불구하고 우리는 카드놀이를 하지 않았다. 여흥거리로 보물 같은 시간을 허비할 수는 없었다. 우리는 서로 분개할 때까지 언쟁을 하거나 물과 대지의 짙은 어둠과 별들의 마술로 더욱 깊어진 하늘의 어둠 속에서 선상에 쓰러질 때까지 산책을 하곤 했다.

두 번째 날에는 갈수록 맑아지는 넓은 물길을 따라 천천히 나아갔다. 강가의 벼랑은 나무와 잎이 장벽을 이루고 있었다. 아침 햇살에 노란색, 빨간색, 파란색을 띤 색색의 나비무리가 나타났다. 마치 열대의 깃발 같았다. 배에 내려앉은 나비도 있었다. 붉은 색과 검은 색이 섞인 양 날개에 정확히 8자 모양이 그려져 있어서 88나비로 불리는 나비도 많았다. 강 가장자리의 흙은 붉은 색을 띠었는데, 우거진 식물이 그 충적토를 뒤덮고 있었다. 강 양쪽의 높은 벼랑 위에는 무성한 잎을 품은 나무가 있었다. 그다지 무덥지 않아서 온전한 삶이 충만하기에 충분했다.

오른쪽으로는 예수회의 미시온Misión 지역이 있었다. 시간이 있는 여행객은 선착장에 내려 과거에 종교적, 정치적 공동체의 중심이었던 산이그나시오San Ignacio 유적을 방문했다. 캘리포니아를 위시한 아메리카 전역이 그러하듯이 예수회, 프란시스코회, 도미니크회의 서사시가 바로 그곳에 있었다. 예수회는 캘리포니아보다 많은 것을 그곳에 남겼지만 그 씨앗은 캘리포니아에서 더욱 잘 자라났다. 하지만 그곳에선 문명의 흔적이 지워져버렸다. 밀림이 그 흔적을 뒤덮어버린 것이다. 이 땅의 식민은 에스파냐 군인인 누뇨 카베사 데 바카Nuño Cabeza de Vaca가 도착한 1588년에 시작되었다. 그 이전에는 카잉강족과 과라니족이 살고 있었다. 원주민은 밀림에 순응하며 숲의 자연법칙에 따라 원시생활을 했다. 원숭이나 짐승의 삶과 다를 게 없었다. 그들은 자연을 바꿀 필요가 없었다. 자연의 불규칙성은 오히려 그들에게 득이 되었다. 촘촘한 나뭇가지는 그들에게 옷과 그늘을 선사했고, 큰 나무는 그들을 보호해줬으며, 개울은 그들에게 길을 열어주었다. 집을 짓거나 길을 낼 필요도 없었다. 그들은 자연의 리듬에 맞춰 정처 없이 이동했다. 중력에 의해 흘러가는 물길을 따라, 저지대와 골짜기를 따라서 말이다. 반면에 문명은 처음부터 새로운 리듬을 주입했다. 문명은 예속적 순응을 거부하고 환경의 숙명을 거스르며 더딘 자연의 순리에 맞서 가치를 생산하고 새로운 균형을 만들어 냈다. 문명이 길을 열면 밀림은 천천히 오므라든다. 문명은 중력의 법칙을 조롱하며 그에 맞서 성벽을 세우는 집요한 노력이었다. 그 성벽은 본질적으로 자연법칙을 위반하는 것이다. 문명은 중력이 인간을 위해 쓰이도록 돌을 차곡차곡 쌓아갔다. 하지만 인간이 주의를 기울이며 지속적으로 과업을 수정하지 않으면, 지치지 않는 자연은 복수를 감행하여 나무의 뿌리로 성벽의 기반을 파괴하고 성벽의 선을 벗어난 돌을 쓰러뜨린다. 문명은 자연에 대항하여 의식의 규범을 안착시키고, 자연을 인간의 기획에 따라 이용하려는 전쟁이니, 영웅적 인간이 거기에 제 노력을 쏟는 것보다 훌륭한 길은 없으리라! 처음엔 무모하고 모순적이나, 위대한 공학적 성과가 그렇듯이, 나중엔 조화를 이루게 되고, 그렇게 되면 폭력과 대립 없이 자연의 힘이 인간을 위한 톱니바퀴로 스며들게 된다. 예컨대, 터빈을 움직여 공장과 마을과 도시에 에너지를 공급하는 물의 낙하가 그러하다. 그러나 재능만으로 되는 것은 아니다. 거기에는 영웅적 행동이 있어야 한다. 일찍이 정복자와 "반데이란테스bandeirantes"[52]보다 영웅적인 용기를 보여준 사람은 없었다. 그 두터운 밀림을 헤치고 들어가기란 여전히 힘겨운 일이었다. 우리는 금세 녹초가 되어 완력으로 끌고 온 탓에 말을 듣지 않는 발뒤축을 의지의 힘으로 떠밀어야 했다. 그런 고독을 이겨내야 했던 정복 초기에는 어떠했을지 상상해보라. 자연을 정복하고 우리의 규범을 주입하기 위해서는 우리가 가진 동물성 위에 인간의 영웅성을 주입하여 추동력과 반동성을 얻어야 한다. 이는 우리가 자연에 순응하지 않고 물리적 저항 위에 의식이라는 고등 법칙을 세우기 위함이다.

일찍이 예수회는 1623년에 오늘날 미시오네스주의 칸델라리아Candelaria, 산타아나Santa Ana, 산이그나시오와 같은 번영의 도시를 건설했다. 하지만 이 지역은 에스파냐와 포르투갈의 국경분쟁의 중심이었다. 오늘날 동일한 두 문명의 활동영역을 정한 국경이 정해지기 이전에 정복자와 반데이란테스가 수행한 처절한 전투의 역사를 아는 이베로아메리카인은 얼마 되지 않는다. 에스파냐의 영광의 시대에 에스파냐인에 대적할 사람은 포르투갈인 밖에 없었다. 훗날 영국인이 그토록 많은 이득을 취할 수 있었던 것은 에스파냐와 포르투갈이 협력하지 않았기 때문이다. 만약 이 두 영웅적 왕국이 동맹을 맺었다면 오늘날 대영제국은 아시아에도 아메리카에도 아프리카에도 존재하지 않았을 것이다. 또한 '영어'권 세계가 아니라 라틴 세계가 됐을 것이다.

새로운 식민개척자는 브라질인으로부터 자기를 방어하고 불굴의 원주민, 환경, 질병에 맞서 싸워야 했다. 그리고 그 모든 투쟁에서 문명이 뻗어 나왔다. 하지만 예수회 추방으로 모든 게 해체됐다. 그러자 원주민은 떠도는 삶으로 돌아갔고 원시자연은 도시를 침범했다. 거리와 광장은 숲으로 변했고 성벽은 무너졌으며 지붕은 썩어 들어갔다. 거대한 나무가 돌기둥을 휘감고 뒤덮어 문명을 은폐해버렸다. 여행객도 이를 알아차리기 어려울 정도였다.

52 '깃발(bandera)'에서 유래한 말로 16세기에 상파울루를 기점으로 아메리카의 내륙을 탐험한 포르투갈 혈통의 정복자들을 가리킨다. -옮긴이

그 돌기둥은 명물이 되어있었는데, “돌 심장을 가진 나무”라는 이름이 붙여져 있었다.[53] 예수회의 마을은 대부분 사라지고 몇몇 곳만 아르헨티나 문명의 도움으로 갱생되고 있었다. 하지만 정말 놀라운 것은 유적지에 있었다. 거기에는 기막힌 성당 파사드, 세로 홈이 파인 기둥, 동물과 과일이 조각된 기둥, 힌두스탄식으로 조각된 기둥이 풍요로운 세공술을 뽐내고 있었다. 그곳의 문명이 보여주듯이 열대의 예술은 언제나 총체적이며 모든 형식과 모든 리듬을 활용한다. 그런데 냉대 기후와 온대 기후의 땅에 사는 미개인은 이것을 야만적이라고 하는데, 이는 그들의 열악한 환경이 그들의 의식에 반영된 탓이다.

⚜⚜⚜

우리는 산이그나시오를 방문하지 못한 채 여행자들의 이야기를 듣는 것으로 만족해야 했다.

오후 3시쯤 아르헨티나식 제복을 입은 원주민 혈통의 선장이 금과 은으로 도금된 항아리에 따뜻한 마테차를 보내줬다. 빨대도 챙겨줬다. 차 맛이 일품이었다. 달콤하고 향기로웠다. 강장과 이뇨 효과가 있어 사람들이 즐겨 찾는 차였다. 세계시장에 내놓으면 분명히 보편화될 것이다. 낮잠 시간이 지나 마테차를 마실 시간이 오자 여행객, 파라과이 농부, 뱃사람, 여인네가 선상에 모여 얘기도 나누고 기타 반주에 맞춰 구슬프게 노래를 부르기도 했다. 파라과이인은 어두운 피부에 호리호리해서인지 뜨거운 대지에 사는 우리네 원주민과 닮아 보였다. 그들은 붉은색 손수건을 목에 걸치고 허리춤에 칼을 차고 있었으며 깃을 세운 셔츠에 바지를 입고 있었다. 그래서인지 그들은 전사 같은 분위기를 풍겼다.

지루하지만 시와 감성으로 충만한 바그너의 4부작처럼 오후가 더디게 흘러갔다. 라인강보다 광대한 강이 미래 인류를 위한 기약을 담고 반짝이고

---

53 산이그나시오 유적지에 있는 나무로 굵은 기둥을 삼킨 모양을 하고 있다. – 옮긴이

있었다. 숲이 우거진 작은 섬들이 보였다. 언젠가는 그 곳에 현대식 호텔 같은 성이 세워져 현대 민주주의의 집단적이고 유동적인 주인인 부유한 대중이 그 곳에 머물 것이다. 휴식을 취하기에 아주 훌륭한 곳도 있었다. 그곳엔 현대의 마법사인 기술자들이 폭포의 힘을 이용하는 기적을 이루고 휴식을 취하러 올 것이다. 그들의 저택은 농업과 산업의 기술을 갖춘 집이 될 것이다. 지금은 〈지크프리트〉의 밀림처럼 야생 들풀밖에 없지만 황금빛 석양 속에서 그 화려한 오페라의 주제에 공명하듯 뿔 나팔 소리가 들리는 듯 했다.

곳곳으로 강이 뻗어있어서 강이 작은 만처럼 보였다. 하지만 모든 곳이 항행할만한 수심은 아니었기에 조타수는 조심스럽게 배를 움직였다. 완전히 고독한 여행이어서인지 탐험가가 된 것 같았다. 돌연 사슴 한 마리가 물가로 나오더니 물에 뛰어들어 강을 건너기 시작했다. 머리를 물 위로 내밀고 두 개의 콧구멍으로 힘겹게 숨을 몰아쉬었다. 물결이 반짝였다. 하지만 그 누구도 그 물결을 만져본 적이 없기에 여태 님프가 탄생하지 못했다. 아직 인간의 환상이 닿지 않은 것이다. 사람이 없으니 모든 풍경을 완전하게 해주는 것, 바로 영혼과 자연의 결합을 축하하는 노래인 시가 없었던 것이다.

황금빛 노을이 맑은 선홍색으로 흩어지며 대기를 적셨다. 화려한 오후의 비극은 장엄했다. 어둠이 빛의 결을 파고들어 깨뜨리며 빛을 압도했다. 그렇게 빛이 미세하게 가늘어져 조금씩 꺼져 가면서 태양은 열기를 품은 숯처럼 변해갔다. 이제 태양은 누구도 쳐다볼 수 없는 거만한 불이 아니었다. 밤이 깊어지며 어둠은 짙어지자 사물의 형태가 사라지고 밀림이 잠들었다. 강물도 검게 변해가며 신비로워졌다. 맑게 빛나는 별이 그에 대항해보지만 헛수고였다.

하지만 인간은 그 어둠에 대항하여 선체에 등을 켜고 앞으로 나아가며 노동과 꿈의 삶을 계속했다. 어둠 속에서 돌연 또 다른 빛이 나타나더니 기적소리가 들려왔다. 작은 배가 다가오더니 우리가 탄 배를 스치듯 지나갔다. 그 검은 배의 창으로 불빛이 흘러나오고 있었다. 두 배는 인사를 나누고 불빛을 창조한 인간을 태우고 각자의 길을 갔다. 그 빛은 너무나도 작지만 밤을 조롱하기에는 충분했다. 때때로 인간은 제 욕망 때문에 비싼 대가를 치르기도 하는 법, 그곳에서 멀지 않은 곳에 부서진 배의 잔해가 있었다. 석유로 운행하는 배에 부주의로 불이나자 강물도 불길에 휩싸였다. 헤엄쳐 빠져나온 여행자들도 화상을 입었다. 남은 거라고는 모래 속에 처박힌 철골 뼈대뿐이었다. 목숨을 잃은 사람도 있었다. 하지만 개미나 벌이 그러하듯 수백만 명이 그 자리를 메운다. 우리는 누구 때문인지도, 무엇 때문인지도 모른 채 그 부지런한 곤충처럼 부단히 움직이고 있다. 어쨌거나 세계는 유기체의 수만큼이나 많다. 그리고 우리가 세계라고 부르는 것은 무한한 미지의 품에 존재하는 수천 개의 세상 중 하나에 지나지 않는다.

셋째 날 오전에는 큰일을 앞두고 마음이 설렜다. 오후 1시에 푸에르토아기레Puerto Aguirre에 도착하여 1시간 정도 차를 타고가면 폭포에 당도할 것이라고 했다. 또한 대단한 사건에나 있을 법한 일이 있었다. 어느 선착장에선가 스칸디나비아 출신의 신사들이 배에 올랐는데 푸에르토아기레에 농장과 호텔을 소유하고 있었다. 그들이 폭포와 그곳의 삶에 대한 얘기를 소상히 들려줬다. 푸에르토아기레는 이과수강과 파라나강이 합류하는 지점의 고지대에 있는 작은 마을이었다. 배가 이과수강으로 들어가려고 방향을 돌린 뒤, 머잖아 선창에 도착했다. 더 이상 강을 거슬러 올라가는 건 무리였다. 폭포와 가까운 곳엔 급류가 흐르는데다 강바닥이 돌투성이였기 때문이다. 오후 2시쯤에 강 오른편의 눅눅한 땅에 내렸다. 버스와 포드를 나눠 타고 산길을 올랐다. 삼일 동안 움직이지 못하고 지내서인지 차를 타는 것으로도 놀랍고 흥분됐다. 우리는 목재 가옥들을 지나쳤다. 거기에 들를 필요도 없었다. 예전엔 거기에 호텔이 있었는데 이젠 폭포가 보이는 반대편에 있다고 했다. 훌리오 토리,

카를로스 페이세르, 골드니, 베카르, 그리고 나는 신속히 두어 대의 포드에 나눠 탔다. 한 시간 쯤 우거진 숲길을 내달렸다. 매 순간마다 폭포 소리가 들리는 것 같았다. 그런데 알고 보니 앞으로 보게 될 장관에 심장이 고동치는 것이었다. 우리는 박공지붕에 스칸디나비아식으로 지은 하얀 단층 건물 앞에 멈췄다. 그게 호텔이었다. 우리는 차에서 내려 안으로 들어갔다. 목재 출입문에 서니 숲에 둘러싸인 푸른 평지가 눈에 들어왔다. 왼쪽으로 갔다가 바로 오른쪽으로 접어드니 길 끝에 도달했다. 거기서 시선을 멀리 가져가자 폭포가 눈에 들어왔다. 숨죽인 채 그곳에 머물러 있었다. 우리는 놀라움을 금치 못했다. 마치 파란색과 하얀색으로 된 구릉 같은 폭포가 조용히 흐르는 엄청난 물 위로 끊임없이 그리고 조화롭게 추락하며 심연으로 사라지고 있었다. 처음엔 하얀 물거품을, 그리고 안쪽으로는 노란 물거품을 일으키고 있었다. 떨어지는 물줄기가 두세 겹으로 보였다. 그 위로 청명한 하늘이 보였다. 그리고 폭포 주변으로는 푸른 밀림이 펼쳐져 있었다. 한 순간 바라보는 것만으로도 거대한 뭔가가 수 세기에 걸쳐 떨어지고 있음을 알 수 있었다. 그리고 그것은 지속적이고 조화로운 파국의 인상을 남겼다.

그 광경에 감격하여 다리가 후들거리고 의지가 흐트러진 우리는 자리를 잡고 계속 폭포를 바라봤다. 몇 번이고 볼만한 가치가 있었다. 그 폭포는 오랫동안 지켜봐야 한다. 또한 순간적으로 보기도 해야 한다. 믿기지 않는 현실의 위대함과 경이에 의식이 따라가도록 내버려둬야 한다. 신세계에 들어가는 것임을 알아야 한다. 그 광대한 파노라마를 모두 알기란 쉽지 않으니, 그 광경에 상응하는 의식을 키워야 한다.

그곳의 경이를 느끼고 나자, 안내자가 오후에는 폭포 맞은편에 있는 야생자연공원을 산책하자고 제안했다. 목장 같은 호텔의 푸른 초지를 지나 빽빽한 나무와 대나무, 야자수, 관목 사이를 지나갔다. 작은 물길을 수없이 건너뛰고 임시로 놓은 나무다리를 따라 큰 물길을 건너면서 도랑과 내와 강을 볼 수 있었다. 그렇게 여러 갈래로 갈라진 물길이 거대한 절벽을 따라 떨어지고 있었다. 그 물줄기들은 각각의 소리와 빛을 발하며 폭포의 엄청난 심포니로 모아졌다.

그곳은 드넓고 그림 같은 곳이었다. 조금만 손보면 세계적으로 유명한 관광지가 될 수 있을 것 같았다. 처음엔 완만하다가 나중엔 급격해지는 산기슭을 내려와 보세티Bossetti 폭포 아래에 도착했다. 이에 앞서 우리는 라누세Lanusse 폭포를 보고 온 터였다. 풍부한 수량의 보세티 폭포가 만들어내는 물안개에 가려 멀리 산마르틴San Martín 폭포가 보였다. 여러 갈래로 나뉘어져 있으며 두 개의 층을 이루고 있는 이 폭포는 거대한 반원형을 그리며 떨어지고 있었다. 폭포가 거대한 액체 조직 혹은 천상의 조화로 만들어진 조직처럼 보이는 곳도 있었다.

아래로 내려오니 삼각형에 가까운 평평한 땅이 폭포를 등지고 산마르틴 폭포에서 흘러내린 물을 품은 넓은 공간에 자리하고 있었다. 반대편 끝에는 베야비스타Bella Vista라는 암벽이 솟아 있었다. 그곳에 올라 둘러보니 라루세 폭포와 보세티 폭포가 보였다. 다양한 폭포를 만드는 지류와 합류하여 더욱 커진 강의 맞은편 브라질 강기슭엔 숲이 우거진 높은 벼랑이 있었다. 오른편으로는 멀리 로스트레스모스케테로스Los Tres Mosqueteros라는 3중 폭포가 어렴풋이 보였다. 뒤이어 작은 섬, 야자수, 장대한 폭포를 가린 안개, 우니온Unión 폭포와 바로 옆에 있는 벨그라노Belgrano 폭포가 시선을 사로잡았다. 한편, 반대편 강기슭 끝으로는 플로리아노Floriano 폭포가 보였다. 그 폭포의 물줄기가 바위에 부딪혀 하얀 물거품과 물방울로 부서지며 반짝이고 있었다. 바위의 경사면에서 멀리 내다보면 신의 턱수염 같은 거대한 밀림이 보였다.

날이 저물 즈음 돌아왔다. 물론 호텔 테라스에 앉아 멀리서 다시금 폭포를 바라볼 시간은 충분했다. 그 반원형의 폭포는 영원한 이중의 파국 속에서 흰색, 파란색, 에메랄드 색으로 부서지고 있었다. 거대한 반원형의 폭포를 둘러싸고 밀림이 이상적인 풍경을 만들며 드넓게 펼쳐져 있었다.

◐ 물과 숲

아침 7시에 정글도를 챙겨 여섯 명이 넘는 안내자와 산악인을 따라 길을 나섰다. 차를 타고 강기슭에서 3킬로미터 쯤 숲으로 들어가 강 상류를 건널 예정이었다. 길을 나아가는 매순간마다 멋진 강의 풍경을 마주할 수 있었다. 그리고 다시 좁은 길을 따라 숲으로 들어갔다. 이름 모를 나무가 너무도 많았다. 삼나무, 월계수, 팀보, 알레크린의 굵직한 나무기둥이 무리지어 있었으며 별의별 크기의 하카란다와 대나무가 자라고 있었다. 덩굴, 칡넝쿨, 양치식물에 덮인 큰 나무도 있었다. 기생식물이 헤아릴 수 없을 정도로 많았다. 난초, 붓꽃, 미나리과 식물이 나무 꼭대기에서 아래쪽으로 커튼처럼 내려와 있었고 로마의 투구로 불리는 꽃을 피우는 식물처럼 이상한 덩이줄기도 있었으며 야자수, 부채모양의 잎을 지닌 워싱턴야자수, 뱀처럼 두꺼운 열대산 칡인 리아나도 있었다. 그 모든 게 줄기와 가지에 엉겨 무거운 궁륭을 만들어내고 있었다. 땅바닥에는 관목, 덩굴식물, 나뭇가지 등이 잡초와 엉겨있었다.

차에서 내려 안내자를 따라 걸으며 정글도로 풀과 가지를 헤치고 나아갔다. 강을 따라 3-4킬로미터를 올라가며 빽빽한 숲에 작은 길을 내는 일은 쉽지 않았다. 열기에 땀이 비 오듯 했으며 모기떼가 극성이었다. 모기를 쫓으려고 정글도를 휘두르며 복잡하게 뒤엉킨 식물을 자르면 향기가 흘러나왔다. 정글도를 휘두르다 모기떼를 자극하면 몸에 달라붙었다. 별의별 종류의 모기가 다 있었다. 산쿠도처럼 큰 모기에 물리면 금세 부어올랐다. 작은 모기나 날아다니는 게 서툰 모기는 해롭지 않은 것 같으나 물리고 나면 붉은 반점이 생기고 열이 나며 견디기 힘들 정도로 가려웠다. 하지만 적응하는 수밖에 없었다. 며칠간은 고통스럽지만 시간이 지나면 백신을 맞은 듯 이내 면역될 것이었다. 길을 가던 중에 안내자가 상류에 올라가 카누를 타고 강을 건넌 뒤, 반대편 강기슭을 따라 아르헨티나 호텔 맞은편에 있는 브라질의 호텔이 있는 곳까지 걸어 내려갈 예정이라고 했다. 5시간 정도 도보로 이동하여 오후 1시가 되면 브라질 식당에서 페이조아다를 먹고 있을 거라고 했다.

안내자들이 숲길을 열며 나아가다가 강기슭으로 사라진 흔적을 살펴보려고 걸음을 멈췄다. 멧돼지의 족적이었다. 누군가 멧돼지가 물을 마시러 내려온 거라고 했다. 그런데 자세히 살펴보더니 몰이꾼의 흔적이라고 했다. 촌사람들이 우리에게 들려준 이야기가 있는데, 도망치려는 인부와 그에게 빚을 지게 하여 노예로 붙잡아두려는 고용주에 대한 것이었다. 절망한 인부가 도주하면 고용주가 총잡이와 사냥개로 그 불쌍한 인부를 붙잡을 때까지 총을 쏘며 추적한다. 죽든 말든 상관없다. 반면에 부에노스아이레스에 사는 농장주들은 그들을 즐겁게 해주려고 파리풍으로 차려입고 프랑스어를 쓰는 가련한 청년에게 개평을 주면서 클럽에서 게임을 하거나 경마장에서 도박을 한다. 그러면서 한편에선 빚진 자를 사냥하는 것이다. 그 빚이 진짜든 가짜든 그건 중요치 않다. 그러니 밀림 안에서는 사형집행인의 흔적보다는 멧돼지의 흔적을 보는 게 다행스러운 일이다. 멧돼지가 그 인간보다 훨씬 정결하니 말이다.

땀에 젖고 흙이 묻은 채 선착장에 도착하여 넓은 카누에 몸을 싣고 노를 저었다. 강은 위압적이었다. 강 양편으로 나뭇가지가 드리워져 있었다. 브라질 쪽 기슭이 약간 더 높아보였다. 우리는 카누에 올라 노를 저어 건너편 강기슭에 갔다가 차에서 내린 곳으로 돌아가기 위해 다시 강을 건너야 했다. 차량은 오후에 같은 장소에서 기다리기로 되어 있었다. 강을 건너던 중에 패배한 부족을 추적하고자 부대를 이끌고 강을 내려간 과라니족장에 대한 이야기를 들었다. 그는 승리에 취해 강물이 그를 집어삼키고 있다는 사실도, 그의 전사들이 심연으로 추락하고 있다는 것도 눈치 채지 못했다고 한다. 멀리 보이는 강변으로 백로가 보였다. 밀림도 그렇지만 특히 강변에 새가 많았다. 인간의 솜씨를 믿었기에 배가 나아가는 물길이 머잖아 심연으로 떨어졌다가 하상의 바위에 부딪혀 물거품을 일으키며 거대한 강을 다시 만들어낸다는 생각에도 걱정스럽지 않았다. 사공들이 솜씨를 뽐내며 강나루에 정확히 배를 댔다. 우리는 기쁜 마음으로 브라질 땅에 발을 내디뎠다. 다리가 후들거렸지만 멋진 숲으로 이어지는 길을 따라 힘겹게 올라가야 했다. 우리는 힘을 아끼고 신선한 공기를 만끽하며 느긋하게 걸어갔다. 상상력이 무한히 나래를 펼쳤다. 하지만 발이 젖어있어서 마른 양말이 간절할 만큼 몸은 불편했다. 피로도 배고픔도 잊은 채 젖은 양말을 빨리 벗고 싶은 마음이었다. 어렵지 않게 먼 길을 걸어 호텔에 도착했다. 호텔은 거의 비어 있었다. 호텔을 관리하는 종업원이 수건과 마른 옷을 갖다 주고 점심을 준비했다. 우리 안에 있는 닭과 식료품 저장고에 있는 통조림과 포도주를 보고 마음이 놓였다. 식사가 준비되는 동안 우리는 경이로운 풍경을 보러 나갔다.

어제 오후에는 벼랑 아래서 뒷면을 봤다면 이번에는 정면에서 완연한 장엄함을 볼 수 있었다. 포스 두 이과수Foz do Iguazú 호텔의 뜰을 나오는 순간, 정면 아래쪽으로 푸른 덤불숲과 폭포수, 그리고 하얀 물거품의 장막이 눈에 들어왔다. 맨 먼저 우리가 머물고 있는 아르헨티나 호텔, 그 아름다운 초지에 세워진 빨간 지붕의 호텔을 바라봤다. 뒤이어 수평으로 눈을 돌리자 기막힌 풍경이 이어졌다. 할 말을 잃을 정도로 너무도 감동적인 광경이었다. 우리는 미세한 소리에도 그 황홀경이 깨질까봐 본능적으로 침묵했다. 그렇게 우리는 환상의 세계에 들어선 몽유병자 같았다. 발걸음 소리만이 그것이 현실임을, 우주의 힘이 만들어낸 가장 장엄한 현실임을 알려줬다.

맨 먼저 정면에 있는 라누세 폭포가 보였다. 그 폭포는 나무에 뒤덮인 바위 때문에 두 갈래로 갈라지며 하얀 물줄기를 쏟아내고 있었는데, 물과 거품을 뿜어내며 줄기차게 떨어지는 음악 같았다. 뒤이어 우리는 늘씬하고 우아한 보세티 폭포를 보러갔다. 바위 위로 수직으로 떨어졌다가 반반한 곳을 미끄러진 후 더욱 폭이 넓은 폭포를 이루며 물결치는 바닥으로 부서지고 있었다. 그리고 그 맑은 물줄기는 바위와 야자수와 지의식물 사이로 흘러갔다. 보세티 폭포에서 약간 떨어진 곳에 다른 폭포가 있었는데, 상대적으로 소규모였지만 강한 물줄기를 흘러내리고 있었다. 나무와 야자수와 바닥으로부터 솟아오른 덩굴 때문에 주主폭포와 분리되어 있었지만 육중한 수량을 과시하며 떨어지고 있었다.

벼랑의 가장자리를 따라 반대편을 바라보니 보세티 폭포 너머로 깎아지는 절벽에서 물의 장막이 흘러내렸다가 잠시 휴지기를 거쳐 다시 폭포를 만들어 내고 있었다. 또한 단번에 바닥으로 떨어지며 부서지는 폭포도 있었다. 그렇게 아래로 떨어진 모든 폭포가 한 곳에 모여 지류를 이룬 뒤 양쪽 벼랑을 흐르는 주류에 합류하였다. 그렇게 하여 개방형 반원형을 이룬 그 폭포가 산마르틴 폭포였다. 70미터가 넘는 높이의 그 폭포는 폭도 70미터에 육박했다.

우리가 둘러본 폭포는 이과수 폭포의 지류였다. 이과수 폭포는 그렇게 급류로 분기하여 떨어진 뒤 낮은 곳에서 다시 모이고 있었다.

산마르틴 폭포의 양쪽에는 크고 작은 12개의 소小폭포가 있는데 바닥으로 바로 떨어지기도 하고 층을 이루며 웅장하게 미끄러지기도 했다. 가장 큰 소폭포는 암벽에 가려 그 깊이를 알 수는 없었지만, 바로 그 지점에서 물길이 갈라지고 있었다.

산마르틴 폭포에서 멀지 않은 곳에는 로스트레스모스케테로스로 불리는 멋진 폭포가 있었다. 그 아래로는 숲이 우거진 벼랑과 바위가 있었다. 그 벼랑 위 높은 곳의 밀림에는 야자수가 무수히 자리하고 있었다. 빽빽한 밀림을 나오자 가늘지만 수량이 풍부한 미트레Mitre 폭포와 그보다 안쪽에 있는 넓고 수량이 많은 벨그라노Belgrano 폭포를 볼 수 있었다. 폭포 밑은 편자 모양의 청명한 물이 물거품을 이루고 있었다. 그곳에서 다시 모인 물은 굉장한 규모로 심연으로 떨어지며 땅을 울려댔다. 우리가 있던 곳에선 그 광포한 폭포수가 다 보이진 않았지만 끊임없이 떨어지는 폭포의 두터움은 확인할 수 있었다. 바닥에선 물결이 치고 있었고 폭넓은 폭포의 물줄기들은 서로 꼬이고 엮이며 하나로 뒤섞였다. 그렇게 떠들썩하게 파동을 일으키며 추락하여 물거품과 안개를 만들어 내는 모양이 마치 천지창조의 순간 같았다. 원시적 혼돈의 무언가가 그곳에 있었으니, 거기가 태곳적부터 "악마의 목구멍Garganta del Diablo"으로 불린 곳이었다. 그 목구멍을 채우고 있는 폭포가 우니온 폭포였다. 이는 폭포가 두 나라에 속하기도 하고 물이 모이는 중심으로써 둘레가

1킬로미터가 넘고 지구상에서 가장 수량이 많기 때문이었다.

폭포 가장자리에서 다시 시작되는 강은 폭포의 파국적 활동을 잠재우며 평온함과 안정감을 보였다. 그렇다고 폭포의 파노라마가 끝난 것은 아니었다. 악마의 목구멍에서 왼쪽으로 가보니 플로리아노 페이소토Floriano Peixoto 폭포가 엄청난 물줄기를 웅장하고 위압적으로 쏟아 내리고 있었다.

안내자가 플로리아노 폭포 쪽 절벽에 난 좁은 길로 우리를 안내했다. 튀겨 오르는 폭포수를 맞으며 내려오니 마치 브라질의 모든 폭포가 우리에게 쏟아지는 것 같은 느낌을 받았다. 한편, 폭포 안쪽을 들여다보니 신비로운 내부를 가늠할 수 있을 것 같은 기분이었다. 미지의 시나이Sinai를 살피듯 반짝이는 빛을 따라, 순간적으로 흩어졌다가 다시 뭉치는 안개의 장막을 통해 악마의 목구멍을 바라봤다. 중앙에선 쉼 없이 물기둥이 떨어지고 있었고 바닥에선 영원히 물이 튀고 순환하며 부서지고 있었다. 물안개 뒤로 엄청난 수량의 물이 떨어지고 있었다. 그 위압적인 폭포수는 검은 바위 위를 미끄러지고 있었다. 검은 바위는 광포한 물과의 오랜 마찰에 깎여 만질만질해져 있었다. 엄청난 힘의 혼돈 속에 있는 물과 바위가 겉보기엔 쓸모없을지 모르지만 신비롭게 많은 걸 준다. 그 둘의 마찰이 삶을 도와주는 동력을 생성할 수 있기 때문이다. 그 장엄한 깊이를 체험하고 우리는 왼편에 있는 플로리아노 폭포를 바라봤다. 길고 볼록한 그 거대한 폭포는 밀림을 비옥하게 한 뒤 한껏 빛을 받으며 하얗게 부서지고 있었다. 전체적으로 그 광경을 바라보니 산이 물기를 털어내는 것 같았다. 하지만 그 맹렬함을 통제할 수 있을 것 같아서인지 우리의 능력을 초과하고 우리의 환상을 혼란케 하는 우니온 폭포에 비해 훨씬 인간적으로 느껴졌다. 아래쪽의 강물은 넓게 퍼지면서 바위와 작은 섬들에 부딪히고 있었다. 이젠 공포도 환희도 없었다.

점심 식사 장소로 돌아가면서 우리는 뿌리와 가지를 잡고 벼랑을 올라야 했다. 큰 감동 때문인지 내키지는 않았지만 다시 길을 잡고 그 멋진 행로를 전체적으로 조망하며 서둘러 돌아왔다. 그 광경을 영혼에 새겨 영원히 간직할 수 있게 마음에 사진판이 있었으면 했다. 피곤한 줄도 몰랐다. 뭔가 중요한 것이 우리의 삶 속에 영원히 남을 것 같았다. 폭포는 죽음을 넘어 우리 곁에서 떼려야 뗄 수 없는 동반자가 되었다.

배를 타고 다시 강을 건넜다. 건너편에선 차량이 대기하고 있었다. 안내자는 우리가 부에노스아이레스에서 온 목적이 성사되도록 로마의 투구라는 꽃을 담은 유리병 서너 개를 준비해뒀다. 나는 그 목적을 달성했다. 그리고 전날에 보낸 메시지에 대한 답이 호텔에 도착해 있었다. 광막한 고독 속에서 검은 눈에 갸름한 얼굴의 다정한 이미지가 마음에 떠올랐다. 그것으로 더 이상 해야 할 일은 없었다. 삶은 그렇게 제 스스로 길을 정한다. 이과수를 보고난 뒤로 여행 기간 동안 우리에겐 사랑스럽고 포근한 부에노스아이레스 외에는 다른 걱정거리나 얘깃거리는 없었다.

◐ 호텔의 일상

관리자 부부와 그들의 딸을 제외하면 호텔에 손님이라고는 우리 6명이 전부였다. 22살에 아주 씩씩한 딸이 그곳에서 유일하게 젊은 여성이었다.

첫날밤 저녁식사 후 예상치 못한 모임이 있었다. 노부부와의 대화는 당연히 내 몫이었다. 그 사이 소녀는 낡은 축음기에 맞춰 사람들과 춤을 췄다. 그리고 조금씩 사람이 가려지기 시작했다. 끈질기지 못한 사람이나 그 젊은 처자가 원치 않는 사람은 물러나고 두 사람만 남게 됐다. 한 사람은 열정이 넘치는 나이든 사람이었고 다른 이는 일행 중 한 사람이었다. 다른 사람들은 잠자리에 들었지만 그 두 사내는 나더러 그녀의 부모와 계속 얘기를 나누길 바랐다. 물론 그건 농담이었다. 소녀의 춤은 나무랄 데 없었다. 거실 끝에서 나이든 사람을 껴안은 채 "엄마, 탱고 한 곡 더 출게요"라고 할 때는 관능적인 격동이 느껴졌다. 그러면 노파가 일어나 태엽을 감고 음반을 올렸다. 그러자 춤 대결에서 패배한 라이벌이 화내는 게 눈에 띄었다.

노부부는 성품이 좋았다. 그들은 겨울철에만 호텔을 맡아 관리하고 여름

철이면 마르델플라타Mar del Plata로 건너가 다른 시설을 관리했다. 두 번째 날 밤, 나이든 사람을 승리가 알려지자 경쟁자가 냉담하게 토라졌다. 그는 다음 날이 돼서야 승복했다. 그런데 그가 승복한 건 모기에 입술을 물린 탓이었다. 워낙 상태가 심하여 나병에 걸린 것 같았다. 그로 인해 그는 방에서 혼자 쉴 수밖에 없었다. 사랑이나 전쟁이 그렇듯이 그런 우연의 도움으로 나이든 사람이 그곳을 평정했다.

너무 지친 탓인지 지나친 감동 때문인지 아니면 만찬에서 과식을 한 탓인지 깊은 잠을 이루지 못했다. 하지만 호텔은 안락했고 밀림과 떨어져 있어서인지 방에 모기도 거의 없었다. 잠을 자러 가기 전에 복도 끝에 잠시 멈춰 서서 맑은 밤하늘의 은빛 낙수 같은 하얀 별들을 바라봤다.

◐ 마엘스트레온Maelstreon 기습

안내자 대표인 활달한 성격의 이탈리아 청년과 베카르씨가 시계처럼 모든 일을 조율했다. 마지막 여행에선 베카르씨가 빠졌다. 발이 젖는 게 싫어서 그러느냐고 추궁하자 그날 중에 정리할 일이 있다고 했다. 결국 군인인 페이세르와 훌리오 그리고 내가 길을 나섰다. 이미 가본 적이 있는 안센Hansen의 오솔길을 걷다가 카노아스Canoas로 불리는 지점에서 원주민이 타는 카누에 올랐다. 거기서부터 물길을 따라 거의 직선으로 악마의 목구멍으로 향해 나아갔다. 위험하다기보다는 감격적이었다. 우리가 나아간 드넓은 강엔 바위나 작은 섬이 거의 없어서 아무런 장애물 없이 거대하게 흘러가고 있었다. 수심은 낮았다. 하지만 빠른 유속의 물길은 커다란 여울과 경사면 그리고 물길을 가르는 암초와 어울리며 그림처럼 아름다웠다. 강의 주류는 악마의 목구멍의 깊은 목구멍 위로 떨어지고 있었다. 우리는 측면에서 악마의 목구멍을 감상하고자 그곳으로 가고 있었다. 그렇게 하려면 넓은 노가 필요했다. 금세 깊어지기도 하고 유속이 빨라지기도 하며 작은 폭포를 만들어내기도 하는 부채꼴 모양의 작은 물길 틈을 나아가야 했으니 말이다. 우리가 탄 배가 두어 번

정도 파도에 밀려 거의 1미터 가량 튕겨 올랐다. 인디언이 카누를 타고 흐르는 물 위로 도약하는 그림처럼 말이다. 나이아가라 폭포를 방문한 사람이라면 그 그림을 봤을 것이다. 배가 뒤집히기라도 한 것처럼 숨쉬기가 어려웠다. 그렇게 놀라고 나자 웃음이 나왔다. 그렇게 우리는 강물이 좁아지고 유속이 빨라질 때까지 나아갔다. 하지만 안내자는 아주 능숙하게 위험한 강바닥과 바위를 피하고 작은 섬의 나뭇가지를 붙잡으며 안전하게 절벽 가장자리로 우리를 이끌었다. 그가 아니었다면 현기증을 이겨낼 수 없었을 것이다. 가장자리의 물은 고요했으며 수심도 무릎 정도였다. 거기에 내려 걸어서 물길을 헤쳐 갔다. 배는 나무에 묶어두고 천천히 나아가며 돌무더기와 작은 섬들을 건너 심연을 지배하고 있는 암산에 도달했다. 그 시커먼 현무암 암산은 빽빽하게 자라는 푸른 이끼와 금빛 진흙에 덮여 있었다. 강물은 수세기 전부터 암산을 스쳐갔을 터였다. 또한 물길에 쓸려 껍질이 벗겨진 빳빳한 관목도 있었다. 우리는 어쩌다보니 출구가 없는 곳에 다다랐다. 벨그라노 폭포의 물길과 귀가 멀 정도로 굉음을 내며 보는 것만으로도 현기증이 나는 우니온 폭포의 급류 사이에 들어서 있었다.

목을 길게 빼고 내려다보니 성경에 나오는 노아의 홍수를 보는 것 같았다. 서로 얽혀서 떨어지며 뒤섞이는 폭포수는 파고들 수 없을 정도로 두터운 물의 장막을 이루고 있었다. 그리고 바닥에 부딪혀 굉음을 내며 폭발하여 출렁이는 물결로, 끓어오르는 물거품으로, 안개의 파장을 만들어내며 부서지는 물방울의 무지개로 솟아오르는 듯했다. 거대한 물 덩어리가 쉴 새 없이 무한히 돌고 있었으니, 결코 심연이 채워지는 일은 없었다. 모든 게 심연에서 끝난다고 할 것이다. 하지만 물리적 메커니즘을 비웃는 생명이 있었으니 급류 너머로 날아다니는 새들이었다. 그 중에서 가볍고 무구한 새 한 마리가 심연 위에서 흔들리고 있는 나뭇가지에 앉았다. 물속에선 뭔가가 노래하고 있었다. 그건 마치 그 순간 우주의 힘이 영혼을 침범하고 있음을 느끼며 벌벌 떨고 있는 인간의 심상을 고동치게 하고 밀림에 신선함을 불어넣으면서 물속에서 새로이 태어나기 위해 목욕하고 있는 생명의 외침 같았다. 인간은 그 거대한 혼돈의 파괴력을 영원히 이겨내야 할 계획을 확신하지 못하기에 불안하다.

어쨌든 그저 평범한 죽음에 지나지 않을지라도 누구든지 물과 함께 추락하여 반짝이는 물과 하나 되어 영혼이 춤추며 피어오를 걸 상상할 것이다. 하지만 육신은 망설이고 불안해하고 나약하여 창조의 초연함과 영원 속에서 제 시간을 지켜내기에 역부족임을 알게 된다.

상상을 접고 잠시 아무 생각 없이 쉬면서 그 경이로운 광경을 바라보며 그 윤곽과 리듬을 살피고 그 멜로디에 젖어 있었다. 일행 중 누군가 나무를 물길에 흘려보내 심연으로 향하는 걸 지켜봤다. 떠가던 나무가 부드럽게 미끄러지더니 추락하는 물길에 붙들려 사라졌다. 페이세르가 너무 가까이 그곳에 접근하는 통에 가슴이 철렁했다. 그를 나무랐지만 그는 아무 말 없이 그 광경에 빠져 있었다. 고개를 들어보니 엄청난 물이 물거품과 물결로 들끓는 하부를 향해 반원형으로 떨어지고 있었다. 폭포수는 억누를 수 없을 만큼 파괴적으로 퍼져나갔다. 그 깊은 심연에 추락하여 한 바퀴 구른 뒤 포효하듯 흩어져 하상을 채우며 방울방울 흩어져 나갔다. 그렇게 혼돈의 상태에 빠졌다가 안개로 피어올라 파들거리며 사라졌다.

유심히 바라보다 보니 순간적으로 피로가 몰려왔다. 머리가 지끈거리고 그 영원한 흐름 앞에서 창조를 일구고자한 우리의 시간이 쓸모없다는 생각이 스쳤다. 알 수 없는 낯선 힘의 노예가 된 것 같았다. 이 알 수 없는 지구에서 우리가 뭘 할 수 있겠는가. 우리가 이룬 가장 위대한 작품이라면 언어일 것이다. 언어는 모든 것의 축소판이자 행위의 의지이다. 언어은 삶, 사랑, 미를 의미한다. 하지만 영원의 개념은 언어에 붙들리지 않은 채 흘러버린다. 물이 흘러가듯이 흘러버리며 물이 파괴하듯이 우리를 파괴해버린다. 상실한 순간을 돌이키지도 못하면서 이 끝없는 건설과 파괴의 놀이를 왜 하는 것일까? 내가 죽으면 누군가 태어날 것이니, 나는 그 안에서 그리고 삶을 살아야 하는 모든 이들 속에서 다시 태어난다. 모든 게 그저 쓸데없는 말로 느껴질 때가 있다.

인도의 현자, 그리스의 현자, 신학자가 확신하는 단 한 가지, 그것은 사랑, 미, 삶이라는 말에 대한 확실성이다. 거기에 영혼이라는 말도 들어갈 것이다. 하지만 우리가 알 수 없는 것, 결코 찾아내지 못할 그것은 말이, 그 현실이 서로 얽히는 방법이다. 우리에겐 매듭이 필요하다. 현실은 풀려 있다. 사랑은 그 현실을 묶어낼 수 있지만 대자연은 현실뿐만 아니라 우리마저도 해체해버린다. 그리하여 삶, 힘, 미, 영혼, 덕이라는 거대한 말은 또 다시 흩어져버린다. 솔직한 사람이라면 잘 모른다고 할 것이다. 하지만 내 안에는 자연, 덕, 힘, 미, 사랑이라는 신성하고 위대한 말의 본질을 바라봤다는 끝없는 행복이 머무르고 있었다.

✣✣✣

돌아오는 길은 더뎠다. 물길을 거슬러 올라와야 했으니 말이다. 작은 섬들을 건너면서 모기떼의 습격을 받았다. 미칠 지경이었다. 눈물도 모자라 앞을 볼 수도 없을 지경이었다. 우리는 돌이 바위에 부딪히며 만들어 낸 홈이나 웅덩이가 없는지 찾아봐야 했다. 크고 작은 웅덩이가 있었다. 특히 마노색에 둥글고 매끈하며 물기 때문에 거의 투명하게 보이는 돌멩이가 많았다. 그건 언제 봐도 신기했다. 그 기하학적 형태가 하상의 부드러운 물결이 돌을 바위의 하부에 부딪히게 하여 만들어진 것이니 말이다.

모기떼의 습격이 워낙 심하여 얼굴은 만신창이가 되고 온 몸에 열이 났다. 모기에 물려 한 쪽 눈이 덮일 정도였다. 이게 호텔 소녀와의 춤 겨루기에서 두 번째 남자가 패배한 이유였으니, 입술이 퉁퉁 부어서 밤에 홀에 나올 엄두가 나지 않았던 것이다. 그걸 본 그의 경쟁자는 미소를 지으며 모기에 물리지 않으려고 제 얼굴을 때려댔다. 허리까지 물에 젖어 있었고, 얼굴에선 피가 날 정도였으며, 손은 부어 있는데다 피로가 엄습해왔지만 정신을 차리고 호텔에 돌아오니 거의 밤이 되어 있었다. 그렇게 그 잊지 못할 멋진 하루가 지나갔다. 나와 친분이 있는 양키 교수의 말처럼 '피곤하지만 행복했다'.

⚜⚜⚜

이과수 폭포에 과한 몇 가지 수치화된 자료를 반드시 알 필요가 있다. 이베로아메리카의 대부분의 독자가 그 힘 있고 풍요로운 거대한 폭포의 존재를 모르니 말이다. 그리고 그 자료를 우리 민족이 활용한다면 가장 강성하고 번영을 누리는 나라와의 경쟁에서 유리하게 작용할 것이다.

이과수 폭포의 면적은 7만5천 헥타르이며 단일 지역이다. 그 지역은 개발되지도 개발이 허용되지도 않는다. 총 2천7백 미터에 걸쳐 폭포가 있다. 6백 미터는 브라질에 속하며 2천1백 미터는 아르헨티나에 속한다. 폭포의 최고 높이는 80미터이고 최소 높이는 56미터이다. 그 힘은 최대 6,985,170마력, 평균 1,214,807마력, 최소 132,400마력이다. 평균 낙하 수량은 시간당 6,300,000제곱미터이다. 강은 해발 900미터에서 시작되어 파라나강에 들어서면 해발 90미터가 되는데, 그 차이는 1,320킬로미터에 이르는 거리에서 발생한다. 12개에서 15개에 이르는 대규모 폭포 외에도 상대적으로 작은 폭포가 70여 개에 이른다.

중앙 폭포인 우니온 폭포는 플로리아노 폭포와 이어져 있으며 그 폭과 높이에 있어 나이아가라 폭포의 두 배에 이른다. 수량은 나이아가라 폭포의 세 배를 넘는다. 수량에서는 아프리카 잠비아에 있는 빅토리아 폭포를 앞선다. 물론 높이에서는 빅토리아 폭포가 117미터로 앞선다. 독일인 탐험가 헤세 바르텍Hesse Wartegg은 이과수 폭포가 지구상에서 가장 규모가 크다고 했다. 겉보기에도 이과수 폭포의 규모는 나이아가라 폭포를 넘어선다. 나이아가라 폭포를 보러 가는 여행자가 느낄 수 있는 유일한 이점이라고는 그 폭포가 편안한 공원 한 가운데 있다는 점이다. 반면에 이과수 폭포는 원시의 자연 그대로이다. 길을 포장하고 수로와 다리를 놓으려면 수년이 걸릴 것이다. 하지만 에너지를 생산하는 중심이자 가장 아름다운 공원이며 세상에서 가장 경이롭고 방문객이 많은 이과수 폭포는 지구상에서 가장 그림 같은 곳, 바로 그곳에 있다.

아직은 주민도 없고 농산물도 없으며 개발도 되지 않았지만, 이는 대농장의 악영향 때문이다. 하지만 황량한 푸에르토아기레와 마주한 연안도시인 포스두이과수에는 3–4천 명의 주민이 집과 길과 광장을 건설하고 자동차를 타고 다니며 시장을 만들어냈다. 그곳에선 농지소유권이 자연스럽게 농부에게 재분할되었다.

✣✣✣

인근에 또 다른 경이가 있었다. 파라나 강을 따라 위로 올라가면 새로운 폭포를 만날 수 있었다. 리마이Limay의 폭포와 30미터 높이의 거대한 카라파Carrapá 폭포의 맞은편으로 밀림이 우거진 절벽 사이의 좁은 강을 지나면 항해의 종점인 포에르토멘데스Puerto Méndez에 이른다. 거기에서 브라질의 농촌 지역을 가로질러 육로로 60킬로미터를 들어가면 푸에르토과이라Puerto Guayrá에 이르는데, 이 마을과 동일한 이름의 강을 따라 조금만 가면 폭포의 시리즈라 할 만한 경이로운 과이라 폭포를 만날 수 있다. 그 폭포는 그 강도와 크기에서 이과수폭포에 견줄만하지만 그다지 탐사되지 않았다. 큰 폭포가 18개에 이르며 한 개의 거센 지류와 엄청난 수량을 지닌 하나의 물길과 더불어 파라나 강물이 모두 유입된다. 그리고 전 지역에 걸쳐 펼쳐져 있는 이 폭포들은 상대적으로 작긴 하지만 자료에 따르면 이 지역이 언젠가는 세계 산업의 중심이 될 것이라고 한다. 나이아가라폭포 주변과 시카고에서 뉴욕에 이르는 오대호 지역에서 이 시대의 가장 거대한 산업제국이 탄생했다면, 자연 그대로를 보존하고 있는 브라질과 아르헨티나의 경계지역인 이곳이 앞으로 수년 혹은 몇 세기 안에 어떻게 변할지는 상상조차 어렵다. 장차 엄청난 산업 생산물이 남쪽으로는 부에노스아이레스를 통해, 그리고 북쪽으로는 브라질의 광대하고 비옥한 고원을 가로질러 아마존의 항구로 보물을 옮기는 기차가 넘쳐날 것이다. 따라서 이 지역에 비견될 만큼 물질적 풍요를 약속해주는 곳은 어디에도 없을 것이다.

◐ 귀환

3일간 배를 타고 귀환하는 길은 참으로 힘들었다. 밤마다 배가 정박하는데다 예정보다 빈번하게 멈췄으며 돌아갈 의지가 없는 듯 행로가 더뎠다. 부에노스아이레스가 열정적으로 우리를 부르고 있었다. 귀환의 순간, 친구의 얼굴, 꿈만 같은 거리, 그곳의 편안함과 매력이 그리워졌다. 이젠 강박이 되어버린 그 불가능한 것을 다시 볼 수 있을지 걱정스러웠다. 우리는 거의 절망적인 고통의 시간을 보내고 있었다. 그런데 거기에는 모종의 담합이 꿈틀거리고 있었다.

나는 사안이 급박함을 깨닫고 서둘러 바로잡으려고 했다. 담합을 꾸민 사람은 그 친절한 벡카르였다. 골드니는 거기에 끼지 않았다. 그도 나처럼 수도에 빨리 돌아가고 싶었기 때문이었다. 하지만 벡카르는 이미 다른 사람들을 끌어들인 상태였다. 내용인 즉, 하선하여 우리가 '볼리바르의 여조카들'이라고 이름 지은 전설적인 세 여인이 사는 마테차 대농장을 방문하리라는 것이었다. 벡카르가 말하길, 15~20년 전에 베네수엘라의 명문가가 대통령의 탄압을 피해 그 지역에 들어와 살았는데 지금은 아메리카의 해방자의 증손녀인 아름다운 세 아가씨를 데리고 행복하게 살고 있다는 것이었다.

페이세르는 그 이야기에 넋이 나가서 정박할 때마다 하선해서 밀림을 가로질러 그녀들을 찾아가려고 했다. 훌리오도 비밀리에 그 목적에 동조했으며 감상적인 목적을 지니고 있었을 벡카르가 그들을 꼬드기는 통에 나와 마찰을 빚었다. 심지어 그들 사이에서 나는 모험에 동조하지 않는다는 이유로 폭군이 되어 있었다. 사실 나 또한 호기심이 발동하여 거기에 따르고 싶었지만 일정을 구체적으로 알아보니 배가 정기적으로 운행하지 않는 탓에 귀환에 3일이 걸릴 수도 보름이 걸릴 수도 있었다. 그로 인해 볼리바르의 조카손녀들에 대한 얘기는 영원한 명성을 얻었지만, 실체가 없는 꿈같은 얘기가 되었다.

어둠 속에서 포사다스에 정박하여 기차가 떠나버렸는지 알아보려고 했다. 그런데 수속 절차 때문에 배에서 내리지도 못했다. 다음날, 기차가 출발하기에 앞서 즐거운 시간을 함께 보낸 지방관과 공무원 그리고 유력 인사들이 역에 마중 나왔다. 지방관은 마테를 담은 포대자루를 우리에게 선물했다. 이후 우리는 줄곧 객차에서 보냈다.

이튿날 콘코르디아에 도착했다. 우리가 폭포를 발견하기라도 한 것 마냥 열렬한 환호를 받았다. 기자들은 부에노스아이레스에 전보를 보내려고 우리에게 방문한 느낌이 어떠냐고 물었다. 지역신문도 우리의 기사를 실었다. 한 지역신문은 우리가 부에노스아이레스의 안락함을 포기하고 대자연을 즐길 줄 안다면서 우리를 외교관이기에 앞서 예술인이라고 평했다. 사범학교에서는 떠들썩한 열기를 느낄 수 있는 축하연을 열어줬다. 애국적인 노래와 열렬한 환영인사가 이어졌다. 학생들과 청년들이 감격해하며 우리와 악수를 나눴다. 페이세르는 뜨거운 박수갈채를 받으며 이과수에 대한 시를 낭송했다. 그렇게 이 대륙의 운명에 대한 우호와 희망이 넘쳐났다. 그 뒤로 우리는 신속히 채소밭과 포도밭이 즐비한 인근의 농촌을 둘러봤다. 그리고 그곳에서 생산된 포도주와 교사들이 선물한 꽃다발을 안고 부에노스아이레스로 돌아왔다.

아르헨티나에 대한 단상

독립 이후 문화적으로 아르헨티나에 비길만한 라틴아메리카 국가는 없었다. 식민시기에 멕시코, 페루, 콜롬비아는 고도로 문명화된 삶의 중심이었다. 하지만 해방 이후 멕시코는 혼돈의 나락으로 추락했고 아직도 회복하지 못하고 있다. 페루는 영토를 상실했고 콜롬비아는 변변찮은 상태에 머물러 있다. 반면에 아르헨티나는 독립 이후에 부상하기 시작했다. 알베르디Juan Bautista Alberdi는[54] 무지한 자들로 인해 권력에서 밀려나 직접적으로 통치하지는 못했지만 그의 정책은 적어도 사르미엔토에게 이어졌다. 사르미엔토는 군사적 통치 전통을 종결하고 집단적 문화의 토대를 안착시켰다. 로사스Juan Manuel de Rosas는[55] 최후의 폭군이자 마지막 야만인이었다. 로사스 이후의 통치자는 대체적으로 훌륭했으며 문명인이었다. 여러 나라에서 여전히 '파쿤도Facundo'의 시대가 지속되고 있지만 아르헨티나에선 거의 신화적인 얘기가 되었다. 그리고 아르헨티나의 위대한 번영을 위한 필연적 조건은 에스파냐어권 나라 중에서 수량이 풍부한 강이 흐르는 드넓은 평원을 지닌 유일한 나라라는 데 있다. 에스파냐가 지배권을 행사한 지역 중 그 어디에도 수백만 제곱킬로미터에 이르는 아르헨티나의 비옥한 저지대의 평원에 비길 땅이 없다. 오늘날의 아르

54 후안 바우티스타 알베르디(Juan Bautista Alberdi, 1810–1884). 아르헨티나 작가이자 법학자로 아르헨티나 최초의 헌법을 만들었다. –옮긴이

55 후안 마누엘 데 로사스(Juan Manuel de Rosas, 1793–1877). 1829년부터 1852년까지 아르헨티나를 통치한 독재자이다. –옮긴이

헨티나는 플라타강이 만들어낸 작품이다. 아르헨티나는 선진국의 반열에 오를 것이며 거기에 파라나강도 포함돼야 한다. 따라서 아르헨티나의 경쟁 상대는 미국과 브라질밖에 없을 것이다.

장차 어찌될지는 차치하고 현재를 진단했을 때, 그 중심이 에스파냐 문화라는 사실에는 의심의 여지가 없다. 이는 부에노스아이레스가 2백만 명이 사는 강렬한 문화의 원천이기 때문만이 아니라 아르헨티나 사회조직이 평균 이상의 지성을 갖춤으로써 아메리카에서 가장 발전했다는 사실 때문이다. 도시는 악습과 결점으로 인해 사라지게 마련이다. 하지만 인위적인 방식으로 사라져서는 안 된다. 즉, 폭력적 파괴로 사라져선 안 되며 일정한 공간으로 대체되어야 하는데, 옛날식의 공간이 아니라 도시화된 공간으로 대체되어야 한다. 결국 미래가 진보를 향한다면 오늘날 같은 도시는 볼 수 없을 것이고 몇몇 이론가가 꿈꾸는 원시적 농촌풍의 삶이 아니라 농촌과 도시의 이점이 결합된 삶을 보게 될 것이다. 도시는 지성을 연마하고 재능을 발전시키고 예술을 통해 공감력을 키움으로써 마침내 집단적 삶을 창안하여 각 개인의 삶을 풍요롭게 하는 토대가 될 것이다. 그러나 농촌도 대자연의 숨과 힘으로 그에 기여해야 한다. 따라서 도시는 농촌과 뒤섞이면서 확장되어야 한다. 또한 집단적 결집의 공간인 대광장, 경기장, 극장 등을 존속시키고 노동이나 사업 같은 그 외의 일은 전원적 공간에서 전화나 라디오를 통해 이뤄져야 한다. 그리하여 산업은 온전한 기계화를 통해 개인의 것으로 돌아갈 것이다. 수천 명이 일하는 공장은 사라질 것이며 빵을 구하려고 움직이는 군중도 거리에서 사라질 것이다. 사람들은 예술과 종교 행사에 모이는 일에 익숙해질 것이다. 대규모 공원에는 산책로, 극장, 사원이 마련될 것이다. 문명의 시대가 오면 도시에는 그것만 남을 것이다. 하지만 도시 파괴는 앞으로 오랫동안 있을 수 없는 일이 될 것이다. 여전히 카스티야어를 쓰는 아르헨티나의 수도 부에노스아이레스는 많은 결실을 맺어야 한다.

오늘날 이스파노아메리카 문화의 중심이 부에노스아이레스에 있음은 자명한 사실이다. 이에 반하여 아르헨티나가 세계주의를 따른다는 이유로 이스파노아메리카 문화가 아니라 유럽의 반영물이라고 주장할 수도 있다. 하지만 이는 아르헨티나에 민족주의가 강력하게 살아 있다는 사실 혹은 라틴아메리카의 다른 어떤 나라보다 개화된 나라임을 무시하는 주장이다. 아르헨티나성에 대한 로하스Ricardo Rojas의[56] 글을 기억하거나 갈수록 토착적 특성을 닮아가는 문화예술의 경향을 보는 것만으로도 충분하다. 그런 아르헨티나성은 문화 활동과 유럽식 교육의 결과이며 편협하지도 공격적이지도 않다. 아르헨티나성은 포용성과 참신성을 지녔으며 참으로 라틴아메리카적이다.

아르헨티나대학교는 화려한 건물이나 교수에게 지불되는 급료와 교육의 자율성뿐만 아니라 교육의 보편성과 방법론 개선은 물론이고 외국의 저명학자를 초청하는데 있어서도 다른 아메리카 대학에 앞서 있다. 에스파냐 대학교의 저명한 교수 중에 아르헨티나에서 강의하지 않은 교수가 거의 없을 정도이다. 반면에 우리는 여전히 에스파냐로부터 배울 게 없다는 편견에 사로잡혀 있다. 이탈리아나 프랑스의 뛰어난 현자, 과학자, 작가 중에 아르헨티나의 대학교에서 발표나 강좌를 하지 않은 이가 없을 정도이다.

다른 나라와 마찬가지로 아르헨티나도 해결해야 할 문제가 산적해있다. 하지만 아르헨티나의 문제가 문명화된 나라의 문제인 반면에 우리는 우리를 문명화해야 하는 문제에 봉착해 있다. 아르헨티나는 아메리카 대륙에서 에스파냐 문명이 확고히 성공한 첫 사례이다. 그 성공을 본받아 우리 모두가 아르헨티나를 따라잡고 뛰어넘기를 바란다. 하지만 지금도 그렇듯 앞으로 오랫동안 아르헨티나는 이스파노아메리카의 밤에 등대가 될 것이다. 거기에 희망을 걸고 노력해야 한다. '그들은 이탈리아인이야! 그들은 유럽인이야!'라고 말하는 사람도 있고 스스로 그렇게 말하는 아르헨티나인도 있다. 어느 정도 그렇기도 하다. 하지만 그 혈통은 에스파냐에 있으며 그 방향은 이베로아메리카 대륙의 위대함과 통합을 향하고 있다.

---

56 리카르도 로하스(Ricardo Rojas, 1882-1957). 아르헨티나 작가이자 역사가로 『아르헨티나성 La Argentinidad』(1916)을 펴낸 바 있다. -옮긴이

고유한 이름만 인정하는 이들에게 나는 오늘날의 아르헨티나 역사에는 글과 출판물, 선거와 평가를 통해 사회적 과업을 실행한 시인, 사상가, 소설가, 작가, 정치가, 현자가 있음을 말해주고 싶다. 아르헨티나의 고유한 이름은 지방의 카우디요의 이름이 아니며 아르헨티나를 방문한 외지인이 익혀야 할 필요도 없다. 아르헨티나라는 이름은 국제적이다. 적어도 카스티야어에 있어서는 말이다. 한번 알려지면 세상이 다 안다. 아르헨티나에 갈 필요도, 지역적 소문이나 파벌적 아첨을 믿을 필요도 없다.

오래전부터 페루나 콜롬비아나 에콰도르의 화가, 디자이너, 작가가 부에노스아이레스를 찾고 있다. 칠레인은 경계인이 가질 수밖에 없는 의구심 때문인지 유럽을 찾는다. 그들에겐 여전히 국적에 대한 감정이 강하다. 하지만 그런 감정은 이스파노아메리카 나라 사이에선 의미가 없다. 그런데 불행히도 여전히 편협적이다. 안틸리스인, 중앙아메리카인, 멕시코인은 여행길이 쉽지 않은 탓에 부에노스아이레스를 찾는 일이 많지 않다. 하지만 시간이 갈수록 부에노스아이레스는 이베로아메리카에서 사유의 중심이 되고 있다. 부에노스아이레스는 우리의 파리이자 우리 아메리카의 수도이다.

아르헨티나의 사유의 특징을 몇 마디 말로 정리하라면, 나는 그들의 사유가 일반적으로 명쾌하고 광범하며 개방적이고 어딘가 광대한 팜파와 거대한 강의 신선함을 지니고 있다고 말할 것이다. 그들의 사유는 파괴가 아닌 건설적인 사유로서 긍정적이고 진지하며 독특한 이상주의이지만 견고하고 진정성 있으며 균형을 갖췄다. 아르헨티나는 아메리카에서 가장 강한 나라이자 가장 아름다운 나라이다. 신의 은총이 영원하기를 바란다.

멕시코의 인간상과 문화

El perfil del hombre y la cultura en México

사무엘 라모스(Samuel Ramos)

번역본: Herederos de Samuel Ramos, 1934

Espasa Calpe, S.A.—Madrid, España, 1951

서문

이 책의 세 번째 판본을 내면서 나는 이 책의 주요 논지에 대한 그간의 논평에 화답하기에 적절한 기회라고 생각했다. 1934년에 출판된 첫 판본이 세간의 관심을 받으며 금세 완판 됐다. 이에 나는 1938년 두 번째 판본을 냈다. 그 동안 이 책은 멕시코뿐만 아니라 아메리카 전역에 널리 유포되었으며 멕시코나 아메리카의 문화를 다룬 다양한 글과 책에 인용됐다. 이는 이 책이 그동안 그다지 다뤄지지 않던 새로운 영역의 사유와 연구의 장을 열었음을 의미한다. 그리고 멕시코인에 대한 정신분석을 필두로 이 책에 담긴 몇 가지 성찰은 보편적으로 수용되기에 이르렀다. 하지만 저자로서 참으로 반가운 일은 무엇보다 이 책이 평범한 주제에서 전문성이 필요한 특수한 주제에 이르기까지 멕시코 문화와 정신분석에 대한 연구를 자극하고 추동했다는 사실이다.

이 책은 주제와 전개가 참신하여 기존의 학문 영역으로 분류하기 어려웠다. 이 책을 멕시코인의 삶에 대한 열정적 비평으로 고려할지 사회심리학 에세이로 고려할지 판단하기 어려웠던 것이다. 몇 해가 지나서야 이 책은 어느 정통한 비평에 의해 문화에 대한 철학적, 성격학적 에세이로 분류됐다.

나는 멕시코인과 멕시코 문화의 근원적 양태를 설명할 이론을 찾고 싶은 뜨거운 열망에서 이 책을 구상했다. 이 작업은 우리의 역사를 해석하는 일이자 민족적 악습을 발견하는 일이었다. 나는 그렇게 얻은 지식이 멕시코의 정신적 변화를 위한 불가결한 출발점이 돼야 한다고 생각한다.

나는 민족적 악습을 교정할 수 없다고 생각지 않았다. 멕시코인이 그 악습을 모른 채 하고 그 악습의 심리적 원인을 인식하지 못하는 경우가 아니라면 말이다. 이 책에서 제시한 소견이 일반적으로 수용된다면, 견고한 토대 위에서 멕시코인의 삶을 혁신할 수 있도록 멕시코인의 기질을 변화시켜야 한다는 결론이 자연스럽게 도출될 것이다.

혹자는 이 책의 핵심적인 논지 중 하나인 멕시코인의 열등감을 마치 멕시코인이 실제로 신체적 혹은 정신적으로 열등한 것처럼 이해하고 있다. 그러나 이런 주장은 나의 생각과 판이하게 다르다. 나는 열등감을 설명하려고 기질적인 열등이 실재한다고 가정할 필요는 없다고 생각하기 때문이다. 이를 명확히 할 필요가 있기에 나는 열등콤플렉스를 규정하는 정신적 메커니즘이 무엇인지 살필 것이다.

인간의 삶을 지탱하는 기본적 감정 중 하나는 안정이다. 이 감정은 자신의 능력과 힘이 유효하다는 사실이 확인될 때 나타난다. 다시 말해, 행위의 반복적 성공이 점진적으로 개인의 의식 속에 안정감을 심는 것이다. 이 감정은 우호적일 수도 적대적일 수도 있는 외적환경으로부터 심각하게 영향을 받을 수 있다. 하지만 기본적으로 이 감정은 내적인 요인, 즉 주체의 자기 신뢰에 대한 강도에 좌우된다. 주체가 자신의 능력에 대해 온전한 주인으로 느낀다면 살면서 부딪치는 난관과 문제를 두려워하지 않는다. 오히려 그는 그러한 난관 속에서 의지를 다질 수 있는 자극을 얻을 것이고, 그리하여 그 난관을 극복하게 되면 만족감은 배가될 것이다. 누구든지 자기가 속한 특수한 환경에 적응하면, 즉 자신을 그 환경의 강도에 맞춰 가면, 인생에서 성공할 수 있다고 말한다. 하지만 인간의 유연성에는 한계가 있으며 외적 환경의 요구에 비해 개인의 적응력이 부족한 경우가 허다하다고 할 수도 있다. 그렇다고 그런 사람에게 세상의 문이 닫혀있는 것은 아니다. 그런 상황에 처하더라도 인간에게는 짐승과 다르게 독점적으로 누릴 수 있는 자산이 있다. 즉, 인간에게는 자신의 능력에 맞게 환경을 바꿀 수 있는 능력이 있다. 예를 들어, 인간은 자신의 목적에 가장 적합한 장소를 찾아 자리를 옮기거나 자신의 재능이나 적성에 맞춰 직업을 바꿀 수도 있다. 불행하게도 인간과 노동환경의 완전한 조화가 언제나 지성이나 의지에 좌우되는 것은 아니다. 오히려 불가피한 사회적 혹은 경제적 질서에 좌우된다고 할 수 있다. 하지만 나는 각 개인에게 강요된 강력한 삶의 테두리 속에도 자유롭게 행동할 수 있는 소소한 여백이 존재한다고 생각한다.

인간은 일상에 필요한 것을 얻는데 그치는 존재가 아니다. 안정감에 대한 열망은 필요 이상의 것을 획득하도록 추동하기 마련이다. 그리고 안정을 얻는 최선의 방법은 강력한 존재가 되는 것이다. 권력에 대한 본능은 인간의 본질적 욕망이다. 따라서 수많은 사람들이 권력욕에 휩쓸리고 실질적으로 달성할 수 있는 것보다 큰 야심을 품는 것은 당연한 일이다. 예를 들어, 야심이 넘치는 사람이 그 야심을 실행할 때의 정신작용을 살펴보라. 자기가 바라는 것과 할 수 있는 것 사이의 불균형이 너무 심하면 그 일은 분명히 실패할 것이며 그의 정신상태는 순식간에 비관주의에 빠질 것이다. 그리고 그 상황을 돌이켜보더라도 진짜 실수가 무엇인지 인식하지 못한 채 자신을 무능한 인간으로 상상하게 될 것이다. 바로 그 순간에 자기불신이 나타난다. 그리고 이는 마침내 내적 열등감을 유발하게 된다. 예를 들어, 육체가 약하지 않은 자가 스포츠에서 성공하고자 하는데, 그의 능력이 이를 달성할 수준이 아니라면 열등감에 빠질 수 있다. 열등감이 상대적일 수밖에 없음에도 불구하고 주체의 자기비하는 절대적으로 작용함을 독자 여러분도 알아야 한다. 열등감은 자신의 실제 능력이 실현하고자 하는 목적을 따라가지 못할 때 나타나는 현상이다. 권력욕은 주체를 제 위치에서 이탈시키고 역량을 정확히 파악하지 못하게 하여 욕망과 역량의 불균형을 낳는다. 그리고 성과가 욕망을 따르지 못하면 스스로를 약하고 무능한 사람, 열등한 사람으로 판단한다. 하지만 비관적 의식에 사로잡힌 채 살 수 있는 사람은 아무도 없다. 만약 그런 의기소침에 바로 대응하지 않는다면 자살의 위험에 봉착할 것이다. 사실 사람에게는 삶에 역행하는 비관적 생각을 떨쳐내려는 방어력이 내재되어 있다. 또한 경우에 따라서는 자신의 오류를 찾아내고 자신에 대한 과대평가를 바로잡기도 한다. 그렇게 되면 주체는 현실과 조화를 이루면서 가장 적합한 활동 영역에서 다른 이들처럼 능력 있는 사람임을 알게 된다. 열등감은 사라지고 상황에 맞는 의식을 갖게 됨으로써 갈등도 해결된다. 그런데 불행히도 자신을 과대평가하는 모든 사람이 자아도취를 포기할 준비가 되어있는 것은 아니다. 자신의 "자아"를 우월시하는 것을 주요한 삶의 목적으로 설정한 사람도 있기 마련이다. 그런 사람의 지배적 본능은 권력지향성이다. 그런 이에게 사랑, 돈, 문화는 자신의 가치를 고양하는 수단에 지나지 않는다. 심리학자 융Carl Gustav Jung은 이런 부류를 "내성적" 인간으로 분류했다. 이 부류의 인간은 무슨 일이든 할 수 있지만, 자기가 생각하는 것보다 자신의 가치가 평가절하 되는 것은 용납하지 못한다. 이런 정신 상태가 열등감이 발전하기에 가장 좋은 토양이다. 그렇다면 위선적 과대평가를 절대적으로 확신하는 상태에서 어떻게 자신의 콤플렉스를 극복할 수 있는가? 때때로 열등콤플렉스와 자아도취 사이의 긴장이 격해지면 노이로제에 빠질 수 있다. 하지만 대부분의 경우, 그 갈등은 정상적인 범위 내에서 해결되며 사람들은 거기에 만족한다. 그 해결책이 자신에게 득이 되지 않더라도 말이다. 그에게 남은 유일한 출구는 현실영역을 벗어나 허구로 피신하는 것뿐이다. 열등감이 개인의 성격이 형성되는 유년기나 청년기에 나타난다는 사실을 감안하면, 그렇게 형성된 성격이 열등감을 보상받으려는 특성을 보인다는 것도 이해될 것이다. 열등콤플렉스를 지닌 사람들은 정신적으로 아주 독특한 특성을 보인다. 그들의 모든 행동은 다른 사람들과는 다르게 우월하다는 환상에 사로잡히는 경향이 있다. 그들은 무의식적으로 자신의 본 모습을 허구적 인물로 대체하고 그 허구적 인물이 진정한 자기라고 믿는다. 즉, 거짓된 삶을 사는 것이다. 그들은 그렇게 해야만 고통스러운 열등감으로부터 해방될 수 있다.

이 책에서 나는 프로이트Sigmund Freud의 제자였다가 그를 떠나 신경증적 체질에 관한 독자적 이론을 전개한 알프레드 아들러Alfred Adler의 정신분석학을 개괄적으로 다뤘다. 몇 해 전에 여러 멕시코인 그룹의 정신적 특성을 연구하다가 공통점을 발견했는데, 아들러의 관점으로 설명할 수 있을 것 같았다. 나는 멕시코인의 기질을 보여주는 몇몇 표현들이 무의식적 열등감을 보상받으려는 것임을 알게 됐다. 열등감이 어떻게 발생하는지 아는 독자라면 내가 멕시코인이 열등하다고 하는 게 아님을 알 것이다. 내가 지적하고자 하는 것은 멕시코인이 스스로를 폄하하고 있으며, 그로 인해 자신의 개성을 부당하게 취급하는 오류를 범하고 있다는 것이다. 나는 이 정신분석의 결과를 모든 멕시코인을 대상으로 일반화하는 것은 아니다. 왜냐하면 성격에는 상이한 특성들이 있으며 그 특성들의 메커니즘은 다른 과학적 원리로 설명될 수 있기 때문이다. 다시 말해, 나의 연구는 아직 미완성이며 멕시코인의 정신에 대해 연구할 영역이 많이 남아있다. 또한 나의 연구는, 여러 가지 이유가 있지만, 나의 주장을 뒷받침할 선행연구가 거의 없다는 결함이 있다. 따라서 나의 연구를 시발점으로 이 분야에 대한 연구가 더욱 풍요로워지길 기대한다. 이 책에서 전개한 주장을 이 자리에서 되풀이할 필요는 없겠지만, 멕시코에서 대중적으로 쓰이는 펠라도Pelado라는 말을 보면 열등감을 보상받으려는 펠라도의 태도가 아들러의 "남성적 과시"라는 용어와 정확히 일치한다는 것을 말해두고자 한다. 또한 모든 사회계층의 다양한 그룹에서 발견되는 기질적 요소로는 불신, 공격성, 민감성이 있으며 이 특성들은 열등감과 동일한 원인에서 출현한다는 점도 지적하고자 한다. 필자가 보기에 우리 민족의 열등감의 근원은 정복과 식민화라는 역사적 맥락에서 찾아야 한다. 하지만 국가의 틀을 갖춰야 하는 독립의 순간이 오기 전까지는 그 기원이 명확하게 드러나지 않는다. 멕시코는 신생국이었음에도 불구하고 순식간에 유럽의 문화 수준으로 뛰어오르고자 했다. 그로 인해 원하는 것과 할 수 있는 것 사이의 갈등이 야기됐다. 이에 대한 해결책은 유럽을 모방하는 것, 즉 유럽의 사상과 제도를 모방하면서 집단적 허구를 창조하는 것이었다. 그런데 그 일이 실행되자 작위적인 방식에 따른 정신적 충돌이 발생하고 말았다.

레오나르도 다 빈치Leonardo da Vinci는 "할 수 있는 것을 바라고 원하는 것을 하라"라는 지혜로운 말을 했다. 매혹적인 목표와 그 목표를 달성하기 위한 능력의 불균형으로 인해 희생된 사람들에게 이보다 더 적절한 삶의 격언이 있겠는가. 의지의 용수철을 최대로 끌어당겼다면, 달성할 수 있는 것 이상을 욕망하지 말아야 한다. 그래야만 레오나르도 다 빈치의 가르침을 태만함이나 소심함으로 치부하며 그 뜻을 훼손하는 일이 없을 것이다. 야망은 클수록 좋고, 그렇게 해야만 자신을 향상시킬 수 있다고 생각하는 사람도 있을 것이다. 그러나 이는 가능한 것과 불가능한 것 사이의 한계를 인지하고 자신의 행보를 면밀히 살피는 의식이 있을 때만 그러하다. 즉, "너희 중에 누가 염려함으로 그 키를 한 자라도 더할 수 있겠느냐"(마태복음 6:27)라는 진리를 염두에 둬야 한다. 그러나 오직 즐거움을 누릴 목적으로 어떻게든 타인을 지배하기 위해 우월함에 사로잡힌 삶을 산다면, 영혼은 늘 불안하고 자신의 허위가 들통날까봐 걱정하고 방어할 것이다.

멕시코는 젊은 나라이며 젊다는 것은 상승의 힘이 있다는 것이다. 그런 점에서 나는 우리의 의지로 인간형을 진화시키고 삶을 개선하며 우리 민족의 모든 가능성을 전개할 수 있다고 믿는다. 나는 이 글에서 멕시코인의 심리적 결점과 악습을 지적했다. 하지만 나는 밝은 미래가 우리를 기다리고 있으며 미래가 우리의 것이라고 확신한다. 아마도 우리의 실수는 장년기에 들면 고쳐질 청년기의 실수일 것이다. 우리의 정신이 환상과 꿈의 시절에 머물고 있는 민족의 정신이기에 현실에 대한 실증적 감각을 얻을 때까지 좌절을 맛보고 있다. 나는 멕시코의 구원을 믿는다. 우리는 교육이 부족할 뿐, 지성과 활력이 충분한 민족이다. 하지만 우리에게 필요한 지혜는 학교에서 배우는 지혜가 아니라 경험을 통해서만 얻을 수 있는 지혜이다. 다시 말해, 책에 쓰인 지혜가 아니라 오직 삶 자체에서 배워야 하는 삶의 지혜이다. 멕시코인이 여태껏 죽음밖에 배우지 못했다면 이제는 삶의 지혜를 얻어야 한다.

멕시코가 시도한 대부분의 변화와 개혁은 신실한 개선의 의지에서 비롯했다. 이는 멕시코가 진보적 추진력이 있음을 분명히 증명하고 있다. 그러나 그 추진력에는 변화와 개혁의 가의를 깨뜨리는 무의식적 기질들이 뒤섞여있다. 나는 정신분석학을 통해 멕시코인의 영혼의 이면, 즉 성장을 향한 열정으로 위장하고 있으나 실제로는 사람들을 퇴행시키는 어두운 면을 밝혀냈다. 멕시코에선 위선적 가치를 고양하기 일쑤였으며, 때로는 외국의 것을 맹목적으로 모방하여 우리의 잠재적 발전을 저해하기도 했다. 이에 반해 온건한 민족주의적 기획을 제시하며 멕시코에 필요한 외국의 가치를 거부하기도 했지만 이는 단지 불안감을 지우려는 것이었다. 그러나 이 모든 부정적인 힘에는 비논리적 모방충동이 여전히 지배적이며, 그러한 충동 속에서 시대를 건너뛰려는 유아적 조급함을 보이고 있다.

나는 다양한 질서의 외래 사상과 체제의 유혹에 맞서 싸웠다. 그것들이 이 나라에 필요하지도 않고 멕시코인의 강한 추진력을 방해할 수 있기 때문이다. 자유를 박탈하여 인간을 짐승의 무리로 취급하는 모든 사상과 정치체제는 하위인간성을 지향하는 권력이나 마찬가지다. 예를 들어, 인간을 순전히 본능적 존재로 고려하는 물질주의적 개념은 인간의 정신적 기능을 성욕, 식욕, 권력욕 등 생물학적 필요로 야기된 현상으로 설명한다.

멕시코 정신 형성의 문제를 고려하면서 나는 이 책의 마지막 장에서 우리 문화의 이상향이 새로운 휴머니즘의 실현에 있다고 제안하였다. 이러한 주장을 설명하면서 나는 "새로운 휴머니즘"이라는 말의 의미를 생각해보지 않을 수 없었다. 나는 이 말 속에는 인간의 본질에 대한 철학적 문제가 내재되어 있기에 논의를 확장하고자 『새로운 휴머니즘을 향하여Hacia un Nuevo Humanismo』(1940)라는 책을 출판하게 됐다. 인간의 본질에 대한 문제는 개별적 사례를 다루기보다는 추상적일 수밖에 없었다. 비록 『새로운 휴머니즘을 향하여』가 그런 방식으로 쓰기는 했으나, 그 문제의식은 이 책에서 비롯하였다. 따라서 『새로운 휴머니즘을 향하여』는 이 책에 대한 철학적 전개라고 할 수 있으며, 결과적으로 두 책은 상호보완적이다.

르네상스는 인간이 천상의 존재에 대한 강박으로 인해 현실적 삶, 세속적 존재에 대해 관심과 주의를 기울이지 못했음을 발견했다. 휴머니즘은 천상의 인간을 땅으로 끌어내리고 인간의 사유와 행동을 가능한 범위에 맞춰 현실적 테두리 안으로 한정한 정신적 운동이었다. 그렇게 휴머니즘은 교육체제로 변모하여 유럽의 모든 학교에 전파되었고 고대 문헌에 담긴 삶을 밝혀내려는 사어死語 연구처럼 오늘날까지 지속되고 있다. 그리스-라틴 세계는 정신적 진정성을 문화적 유산으로 남겨두었기에 고전어를 익히면 바로 이해할 수 있다. 그렇지만 그리스와 로마의 작품의 매력은 고고학적 즐거움이 아니라 르네상스 시대에 처음으로 드러난 영구적 현재성이라는 생명력 있는 정신에 있다. 그 작품들에 정의된 삶의 의미는 새로운 역사의식 속에서 깨어나기 시작하던 삶의 의미와 유사했다. 수 세기 후 니체는 그 의미를 "지상의 의미"로 규정했다. 다시 말해, 고전적 휴머니즘이 상부에서 하부로 향하는 운동이라면, 새로운 휴머니즘은 정확히 그 반대 방향, 즉 하부에서 상부로 향하는 운동이어야 한다. 새로운 시대는 바로 그것을 요구하고 있다. 우리의 근대문명에는 인간을 하부로, 하위인간성으로 떠미는 요소들이 즐비하다. 그 하강에 저항하는 모든 것이 힘을 잃어갔고 추락은 갈수록 가속화됐다. 관찰력이 뛰어나지 않더라도 우리 눈앞에서 하위인간성이 전개되는 현상을 충분히 목도할 수 있을 것이다. 우리는 야만과 미개함에 함몰되려는 의지가 인간의 내면에 자리하고 있음을 일상적으로 목격하고 있다.

목차

19세기의 유럽 모방하기

오직 영혼을 출발점으로 삼아야만 인간의 역사를 발견할 수 있다.

-스펜서-

§방법론

"멕시코 문화"를 깊이 있게 연구하고자 할 때, 우리는 이 영역이 너무 막연함을 알게 된다. 멕시코인이 생산한 방대한 작품을 마주하면서도 그 안에 멕시코 특유의 스타일이 있다고 입증할 질적 독창성을 구별해낼 수 없을 것이다. 하지만 작품이 존재하는 한, 독창성이 결여되어 있다고 하더라도 작품을 생산한 민족에게 고유한 문화가 없다고 할 수는 없다. 문화의 본질은 인간의 존재방식에 있다. 그 인간에게 창조자로서의 면모가 없다고 하더라도 말이다. 객관적인 문화가 없어도 문화는 다른 형태로 존재할 수 있다. 다시 말해, 주관적인 문화가 있다. 따라서 선험적으로 멕시코 문화의 존재를 긍정하거나 부정할 수는 없다. 데카르트의 방법론을 따르면 이런 의심은 우리가 앞으로 진행할 연구에 당위성을 부여해준다. 본 연구는 문화에 대한 주관적 개념에서 출발하여 멕시코인의 정신을 분석하는데 집중할 것이다.

멕시코 문화가 있다는 가정 하에 그 문화가 무엇인지 설명하려면 이 연구의 목적에 필요한 자료를 선별해야 한다. 다만 그 목적을 달성하려면 우선적으로 멕시코 문화가 어떻게 구성되는지 알아야 한다. 악순환이 아닐 수 없다. 멕시코 문화가 어떤지 알려면 먼저 대상을 설정해야 하는데, 사전에 그 대상이 어떤 것인지에 대한 개념을 잡지 않고는 불가능하니 말이다. 우리가 찾는 것에 대한 개념을 정립하지 않은 채 단순히 문화를 관찰하려는 것은 출구 없는 막다른 길에 들어가는 것과 같다.

"멕시코 문화"가 실재하는지 아닌지 알아보는 일은 잠시 미뤄두고, 멕시코 문화가 존재한다면 어떻게 존재하는지 생각해보기로 하자. 그렇다고 실제적 현실과 다른 차원의 추상적 추론을 살펴보자는 것은 아니다. 우리는 문화가 인간의 정신 구조와 인간사의 사건에 좌우된다는 사실을 알고 있다. 그 자료를 탐구하기 위해 우리는 다음과 같은 문제를 설정할 수 있을 것이다. 인간의 역사에 구체적인 사고방식과 일정한 사건이 있다면, 어떤 형식의 문화가 생성될 수 있는가?

§자기비하

멕시코 문화의 존재 여부를 떠나 멕시코에 자생적 문화의 가능성, 독창적 문화의 가능성이 있는지를 추정하는 건 무의미하다. 역사가 우리에게 물려준 정신구조를 묵살하기는 생물학적으로 불가능하기 때문이다. 우리는 문명으로부터 고립된 채 세상에 나온 게 아니다. 우리는 문명을 만들지는 못했다. 오히려 문명이 우리에게 주입됐다. 그 과정은 우연이 아니라 문명과의 정신적 관계를 통해 이뤄졌다. 결과적으로 우리는 어쩔 수 없이 우리의 유일한 문화가 물려받은 문화임을 받아들여야 한다.

멕시코는 멕시코가 된 이래로 유럽문화로 부양됐으며 유럽문화에 관심을 기울이고 그 가치를 높게 평가했다. 그런 이유로 19세기에 독립을 맞았을 때 소수의 최상류층은 유럽의 고급문화를 따름으로써 멕시코와 차별화되고자 했다. 상당수 멕시코인에게 외래문화에 대한 관심은 정신적으로 조국을 벗어나는 것이었다. 즉, 문화가 자국의 현실을 멸시하고 무시하는 사람들의 탈주로였던 셈이다. 이러한 "자기비하"의 그릇된 정신적 태도가 벌써 한 세기 넘게 이어져오면서 우리 역사의 방향을 잡는데 심각한 타격을 줬다. 이와 관련하여 카를로스 페레이라는[1] 자신의 저서 『아메리카의 역사Historia de América』(1925)에서 "이스파노아메리카 민중은 백년에 걸쳐 자기비하에 시달렸으며 열등한 인종이라는 정서가 뿌리내린 탓에, 이에 대한 반발이 지나친 허세가 되기에 이르렀다"라고 언급하였다. 따라서 현재의 민족주의적 반발은 유럽을 따라하려는 문화풍조에 대한 증오에서 나온 것이며 멕시코에 대한 멕시코인의 평가절하의 책임 또한 그에 있다는 판단에 기인한 것이다. 지나치게 외국을 모방함으로써 야기된 무수한 실패를 고려하면 유럽문화에 대한 적대성에는 훨씬 다양한 원인이 있다.

§모방

수많은 국가적 실패의 원흉이 문화라고 단죄하는 일반적 주장은 타당하지 않다. 이 문제는 명확하게 해명할 필요가 있다. 문화를 경시하는 일은 멕시코의 현실을 경시하는 것만큼이나 심각한 결과를 초래하기 때문이다. 우리나라에서 문화가 실패한 것은 문화에 결함이 있어서가 아니라 문화가 적용된 시스템에 문제가 있었기 때문이다. 백년 넘게 멕시코에서 보편적으로 행해진 이 문제적 시스템은 바로 모방이다.

멕시코인은 모방하는 줄도 모르고 오랫동안 모방해오면서 이 나라에 문명을 도입했다고 굳건히 믿었다. 이렇듯 미메시스는 무의식적 현상으로서 메스티소인의 독특한 심리적 특성이다. 따라서 모방이 문화를 규정했다고 해도 지나친 말은 아니다. 무의식적으로 모방했다는 것은 외부의 시선은 물론이고

1 카를로스 페레이라(Carlos Pereyra, 1871–1942). 작가이자 사상가로 실증주의와 마르크스주의의 영향을 받았으며 미국의 팽창주의는 물론 마데로를 비롯한 멕시코 혁명세력에 대해서도 비판적 태도를 견지했다. –옮긴이

자신의 시선에서도 문화의 부재를 숨겼다는 것이다. 뭔가를 모방하려면 그것이 모방할 가치가 있다는 믿음이 필요하다. 따라서 문화의 가치에 대한 이해가 없다면 우리의 미메시스도 설명되지 않는다.

하지만 멕시코에선 문화의 가치에 대한 인식이 희미한 탓에 비교라는 잣대로 현실이 경시되고, 이로 인해 열등감을 경험하고 있다. 모방은 방어적 심리 메커니즘으로 나타나기 때문에 문화적 틀이 형성되는 순간 우리는 열등감에서 해방될 수 있다. 여기서 나는 이런 질문을 던져본다. 개인이 문화를 이해할 능력이 있고 문화를 바람직한 가치로 판단한다면 자기만의 문화가 생성되지 않을까? 사실 문화에 대한 진정한 동화는 지속적이고 안정적인 노력을 요한다. 그런데 멕시코인의 정신이 열등감으로 인해 변질된 데다가 19세기에는 우리의 삶이 무정부 상태와 내분에 휘말렸기 때문에 평화롭고 꾸준하게 노력할 수도 없었다. 따라서 우리는 또 다른 무질서에 봉착하기 전에 서둘러 그 일에 착수해야 한다. 더불어 그 이행은 반성이 아니라 내적 불쾌감을 서둘러 치유는 방향으로 가야 한다. 그렇게 되면 문화의 정신적 의미는 사라지고 괴로운 낙심을 가벼이 해주는 자극제가 될 것이다. 문화는 치유의 목적으로 사용될 때 진정한 제 이미지를 갖추게 될 것이다.

나는 멕시코인의 모방에 대한 논지를 통해 모방이 교만함에서 비롯한 게 아님을 밝히고자 한다. 왜냐하면 교만한 자는 자기의 외적 효과를 외부에서 찾지만 멕시코인은 모방의 효과를 자기 내부에서 찾기 때문이다.

멕시코에서는 모든 분야의 문화에 모방이 나타난다. 그 중 가장 두드러진 모방은 19세기 멕시코 헌법이다. 이 부분에서 우리는 멕시코 역사에서 모방이 실질적으로 얼마나 중요했는지 가늠할 수 있다. 이 글에서 나는 가장 전형적인 몇 가지 사례를 살펴보고자 한다. 이미 알고 있듯이, 지난 세기에 우리나라에 들어온 헌법은 미국을 모델로 삼고 있다. 카를로스 페레이라에 따르면, 어느 치과의사가 최초로 미국헌법을 들여왔는데 번역이 엉망이었다고 한다. 에스파냐제국이 몰락하고 연방주의자와 중앙집권주의가 충돌했을 때 세르반도 데레사 데 미에르는[2] 청중 중에 "연방공화국이 어떤 혈통의 짐승인지" 아는 자가 있다면 "내 목을 치겠소"라며 열변을 토했다고 한다. 이는 당시에 아무 의식 없이 근대정치제도를 복사하기 시작했다는 점을 명확히 보여준다. 현명한 자가 현실과 꿈의 괴리를 지적했음에도 불구하고 꿈꾸는 자를 깨우지는 못했다. 미에르 신부는 다음과 같이 연방주의를 공격했다.

> 연방은 분리된 걸 결합하는 수단이다. 그래서 미국이 그 제도를 도입한 것이다. 그곳에선 모든 식민역사가 새로운 국가의 유일한 형태로 연방 협정을 요구했다. 그러나 이곳에서 연방제는 결합된 걸 분리했다. 강고하고 일관성 있는 새로운 멕시코가 요구되는 시점에 말이다. 사람들은 드넓은 영토에 흩어져 산다. 물론 어느 정도 탈중심적 행정조치가 요구되지만, 통합 운동을 가속화하고 변방 지역이 이탈하려는 경향을 억제할 수 있는 정치적 조치가 필요하다.

멕시코 역사에서 너무나도 빈번했던 뜻밖의 일이 닥쳤다. 중앙집권주의가 반동주의의 동의어가 돼버린 것이다. 우리나라는 자유주의의 승리로 연방공화국이 되었지만 그저 이름뿐이었다. 법을 초월한 현실적 압박 때문에 19세기 멕시코 정부는 무정부주의가 판치는 와중에 일정한 결속을 유지할 수 있는 위장된 중앙집권주의를 실행해야 했다. 헌법에 규정된 모든 원칙이 그와 같은 처지에 놓여있었다. 가르시아 칼데론은[3] 이렇게 말한다.

> 이베로아메리카에서 민주주의는 존경스러운 정신이 담긴 정치적 헌장과

---

2 세르반도 테레사 데 미에르(Servando Teresa de Mier, 1763–1827). 멕시코 독립시기에 활동한 도미니크회의 수도사로 1923년 제헌의회에 참여하여 〈예언의 연설 Discurso de las profecías〉을 발표하며 미국식 연방제를 거부하고 멕시코식 연방제를 주장하였다. –옮긴이

3 프란시스코 가르시아 칼데론(Francisco García Calderón, 1883–1953). 페루 대통령을 역임한 프란시스코 가르시아 칼데론 란다(Francisco García Calderón Landa)의 아들로 주로 외교관으로 활동했다. –옮긴이

> 터무니없이 다르게 전개된다. 그 헌장은 유럽의 대국들이 적용하고 있는 정부의 원칙들로서 다양한 권력의 조화를 담고 있다. 하지만 현실은 유럽에서 들여온 이상적 법규에 반하고 있다. 지배적 민족의 전통이 단순하고 원시적인 정부 시스템을 창조한 것이다.[4]

마지막으로 모방은 멕시코인의 삶에 영향을 끼쳤지만 역사가들은 그에 주의를 기울이지 않았다. 하지만 모방은 우리 이전 시대를 이해하는 데 매우 중요하다. 모방의 영향으로 우리의 삶이 현실과 허구라는 양면으로 분리됐기 때문이다. 이러한 괴리는 역사적 관점에서 사건들을 살펴봐야 인지할 수 있기 때문에 그 사건들의 내부에 있는 사람은 현실과 허구의 차이를 전혀 알아챌 수 없었다. 예를 들어, 헌법이 공포된 이상, 현실정치가 헌법을 따라야 하는데 현실정치가 법률과 일치하지 않으니 늘 비합법적일 수밖에 없었던 것이다. 독자 여러분은 내 말을 새겨들어야 한다. 삶이 법과 현실이라는 두 가지의 상이한 의미로 분리되면 현실은 늘 위법이 되고 만다. 게다가 이런 상황에서는 맹목적인 역심이 끓어오르게 마련이라서 정당한 명분 없이도 언제든 반역이 일어날 수 있다. 이것이 19세기 멕시코 역사를 악습으로 물들인 끝없는 "혁명"의 시리즈였다.

§멕시코 역사에 대한 철학적 단상

19세기의 정치적 사건들을 논리적 연쇄로 기술하는 것은 "역사"를 다루는 게 아니다. 역사적 이라는 말을 획득한 사건들은 강한 사회적 필요에 의해 발생한 사건들이다. 따라서 시간의 흐름에 따라 사건들을 연속적 전개로 정렬하면 현재 상황은 과거에 새로운 요소로 덧붙여지며, 과거는 결코 현재에 동일하게 반복되지 않는다. 따라서 우리가 역사를 제대로 인식한다면, 역사는

---

4 Francisco García Calderón Rey, *Les démocraties latines de l'Amerique*, 1912, 341.

죽은 과거를 보전하는 게 아니라 살아 있는 과정이어야 하며 그 속에서 과거는 늘 새로운 현재가 될 것이다. 하지만 역사의 각 순간은 고정적 시점時點이 있으니 결코 동일하게 되풀이되지 않는다. 칼데론은 이스파노아메리카 역사의 총체를 말하면서 "우리의 삶은 똑같은 약속과 방법론을 들고 나오는 자들의 잇따른 혁명으로 인해 역류ricorso하고[5] 있다. 혁명, 독재자, 국가재건 프로그램이라는 정치극이 주기적으로 반복되고 있다"라고 지적한다. 우리 역사에 나타난 이러한 주기성은 전복 자체를 목적으로 하는 개인주의의 맹목적 폭력이 집요하게 끼어들었기 때문이다. 보다 훌륭한 비판의식으로 멕시코 역사를 재평가할 때가 온다면, 멕시코인의 깊은 요구를 담아내지 못하는 부차적 현상으로서의 그 단조로운 '역류'의 서사는 몇 줄의 글로 축소될 것이다. 사실 멕시코인의 혁명은 역사적 가치를 지닌 사건들 속에서 발생했다. 후스토 시에라는[6] 19세기 멕시코를 다음과 같이 평가했다.

> 멕시코에는 두 번의 혁명밖에 없었다. 즉, 진보를 위한 두 번의 결정적 가속이 있었다. 이는 당시의 시대적 상황과 인종과 역사가 낳은 내적 움직임으로서 일군의 집단으로 하여금 당대 상황의 극복이라는 이상을 끊임없이 구현하도록 추동했다. 첫 번째 혁명은 멕시코시티가 해방된 독립이었다. 이는 크리오요에 대한 에스파냐의 통치력 상실과 크리오요의 통치력에 대한 확신에 기인했다. 이 혁명은 나폴레옹이 이베리아 반도를 점령하려는 시점에 구체화됐다. 두 번째 혁명은 레포르마Reforma(개혁)로서 자유주의 체제의 정치구조를 공고히 하는데 반드시 필요했다. 이는 사회변혁, 특권층 제거, 상당 부분 부동적이던 공공재산의 공평한 분배, 노동 개선, 공교육을 통한 전면적 국가의식 형성에 기반을 두었다. 이 두 번째 혁명은 조국 수호에 대

5 "역류"는 비코(Giovanni B. Vico, 1668–1744, 이탈리아)에 의해 정립된 용어로, 그는 역사가 순류(Corso)와 역류(Ricorso)의 주기를 보인다고 주장했다. –옮긴이

6 후스토 시에라(Justo Sierra, 1848–1912). "아메리카의 스승"으로 알려진 멕시코의 석학이다. –옮긴이

> 한 특권층의 무능력을 드러낸 계기가 된 미국의 침략과 국가라 하기에도 어색할 만큼 취약한 조직성 때문에 구체화됐다. 멕시코 역사에 있어 두 혁명은 사회적 과업의 표출, 그 자체였다. 에스파냐로부터의 해방이 그 첫 번째였고 식민체제로부터의 해방이 그 두 번째였다. 이 두 시기는 공히 스스로 주인이 되는 국민을 생성하는 시기였다.[7]

우리의 과거에 나타난 악순환은 반역사적이었으며 역사의 긍정적 힘의 실행을 지연시킨 장애물이었다. 우리의 운명을 이해하는데 있어 악순환을 우발적이고 불필요한 것으로 고려한다면 그것의 진정한 효과를 알 수 없다. 그것이 우리의 삶에서 수행한 역할은 질병의 역할에 비견될 만하다. 그렇다고 질병을 인간 운명의 구성소로 고려할 수는 없다. 비록 질병이 인간의 행로에 우발적으로 끼어들어 운명을 바꾸기도 하지만 인간의 운명처럼 깊은 뿌리에서 출현하지는 않기 때문이다. 후스토 시에라는 이렇게 말한다.

> 이 시대에 역사는 과학적이어야 하기에 감성을 제거하고 실제 사건을 설정하여 분석하고 그 사건의 지배적 특성을 정리함으로써 그 총체를 알아내야 한다. 하지만 우리 역사는 똑 같은 실수와 오류를 되풀이했으며 이 개탄스러운 단조로움이 쓰라리고 고통스럽게 심장을 옥죈 순간이 너무나도 많았다.[8]

우리 역사의 중추가 되는 사건들을 다루려면 우리는 이데올로기로부터 운동을 구분할 핵심적이고 사실적인 정황을 식별해내야 한다. 이데올로기는 가면이기 때문이다. 그런데 유럽의 역사가 그렇다. 그 이중성으로 인해 중대한 과거사의 전경이 뒤틀리면, 사건의 본질은 훼손되고 시뮬라크르 같은 유럽사의 면모를 지니게 된다. 이것이 앞서 밝힌 모방 프로세스의 영향이다. 이 악습

---

7 Justo Sierra, *México y su Evolución Social*, Tomo I, 225.

8 Justo Sierra, *México y su Evolución Social*, Tomo I, 200.

으로 인해 멕시코인은 유럽문명의 원리에 기댄 채 독창적 작품은커녕 진정한 멕시코 정신을 보여줄 자생적 작품을 일궈내지 못하고 있다. 우리의 역사에 개탄스러운 일이 있다면, 그것은 우리의 선조들이 –아마도 "자발적 퇴보"의 결과로 인해– 장점도 결점도 있는 사람으로서의 진솔한 자신이 되지 못하고 외국에서 들어온 수사로 현실을 감춰버렸다는 것이다. 다행히 현대사에서 그 실수를 바로잡기 위해 부단히 애쓰고 있다. 지금까지의 소견이 보다 확장되고 구체화된다면 멕시코 역사에 대한 철학을 이해하는 길잡이가 될 것이다.

§아메리카의 에스파냐 정신

이 글을 시작하면서 나는 우리의 문화가 필연적으로 "파생된" 것이라고 밝혔다. 그러나 앞서 보았듯이 멕시코 문화가 모방으로 형성됐다고 생각할 필요는 없다. 그렇다면 하나의 문화가 다른 문화로부터 파생되는 데 있어 모방보다 자연스러운 방식이 있을까? 있다. 바로 "동화asimilación"가 그것이다. 모방과 동화의 차이는 기술적인 것과 조직적인 것의 차이와 같다. 이에 우리는 역사적 고찰을 통해 외견상 모방인 작품의 배후에 문화적 동화의 과정이 있었는지 알아볼 것이다.

우리는 문화적 동화가 어느 지점까지인지 알지 못한다. 우리 역사의 기원을 거슬러 오르면 우리 민족이 유럽인의 피를 받았고 유럽인이 아메리카에 들어오면서 그들의 문화도 가져왔음을 알 수 있다. 혈통적 혼혈mestizaje은 있었지만 문화는 그렇지 않았다. 정복자들이 인디오와 접촉하면서 인디오문화는 파괴됐다. 이와 관련해 알폰소 레예스는 "물병과 무쇠 솥이 부딪혔다. 물병은 아주 부드럽고 아름답지만 너무나도 깨지기 쉽다"라고 표현했다.

아메리카의 문화 발전은 두 시기로 구분된다. 첫 번째는 "이식"의 시기이고 두 번째는 "동화"의 시기이다. 모든 문화가 이 같은 생성과정을 거치는 것은 아니다. 예를 들어, 고대 문화는 제 근원이 생성된 바로 그 자리에서 움트고 자랐다. 또한 가장 근대 문화는 과거의 문화에서 유래한 이질적 재료의 접목으로 형성됐다. 그리하여 새로운 활력으로 현대화된 과거의 문화는 새로운 인간 정신으로 변모하였다. 한 나라에 파생문화가 형성됐다고 할 때, 이는 원류 문화에서 선택된 요소들이 무의식적으로 그 나라 정신의 일부가 됐음을 의미한다. 문화는 현실과 무관하게 순수한 정신활동뿐만 아니라 정신적 영감에서 나온 다양한 행위를 포함한다. 그런 관점에서 식민시대 이후 멕시코인의 삶은 유럽에서 들여온 세련된 문화의 물줄기 속에 있었다. 이 이식의 과정에는 두 개의 주요한 매개물이 있는데, 언어와 종교가 그것이다. 에스파냐 선교사들은 그것을 기본적인 가르침의 목적으로 삼았으며 19세기 멕시코의 "정신적 정복"에 괄목할만한 성과를 거두었다.

그 과업은 인디오가 일정 정도 수용했기에 가능했는데, 이는 인디오가 그들을 정복한 백인만큼이나 종교적이었다는데 그 이유가 있다. 인디오가 기독교 씨앗이 신세계에 뿌리내리기에 좋은 기질을 지녔던 것이다.

우리는 르네상스에서 태어난 근대사상의 흐름에 자기 민족이 휩쓸리지 않도록 투쟁한 가톨릭 신권 사회에[9] 정복당할 운명이었다. 그리고 아메리카에 식민지가 형성되자 에스파냐를 제외한 다른 나라와의 교역을 막고 항구를 폐쇄하여 이단으로부터 식민지를 수호하려는 봉쇄정책이 시행됐다. 따라서 가톨릭교회가 신세계의 유일한 문명 전도사로서 교육을 독점하였고, 이로써 아메리카 사회는 중세의 삶의 테두리 안에서 형성됐다. 학교뿐만 아니라 사회적 삶의 방향도 교회에 종속될 만큼 교회권력은 국가권력이나 다름없었다. 살바도르 데 마다리아가는[10] "에스파냐에서 종교는 무엇보다 사랑, 질투, 증오, 욕망 같은 개인적 열정이다"라고 언급하며 에스파냐 정신의 본질적 기저를 열정에서 찾았다. 이처럼 가톨릭이 열정적으로 신봉되고 교회가 전파한 교육도 그 맥락에 있었음을 감안하면 새로운 인종의 심장에 가톨릭 문

9 에스파냐의 반종교개혁을 의미한다. —옮긴이

10 살바도르 데 마다리아가(1886–1978). 에스파냐의 사학자이자 정치가로 제2공화국 시절에 문화부장관을 역임했다. —옮긴이

화가 얼마나 깊이 아로새겨졌을지 짐작할만하다. 나는 이 문화를 "크리오요" 문화로 칭하고자 한다. 크리오요 문화가 전적으로 에스파냐인의 것은 아니지만, 식민시기에 에스파냐의 기질과 아주 긴밀하게 접착된 요소가 멕시코인의 무의식 속에 자리 잡은 것은 사실이다. 교회를 매개로 한 에스파냐의 활동은 굉장한 위력을 발휘했다. 더욱이 젊은 영혼이 처음으로 받은 영향이 오래 지속되듯이 켜켜이 쌓인 크리오요 문화는 멕시코의 가장 두드러진 특성이 됐다. 우리 사회의 짙은 보수적 성향의 기원이 거기에 있다. 19세기에 루카스 알라만은[11] 보수당을 창당하고 교회와 연대하며 에스파냐의 식민체제를 고수하는 정책을 폈다. 그리고 이러한 문화적 전통은 지방 중산층의 도덕적, 종교적 기준과 일상적 관습에서 여전히 발견되고 있다. 세월이 흐르며 변화를 갈망하였으나 전통주의는 이에 대해 강력히 저항했다. 전통주의의 저항은 멕시코 정신을 근대적으로 바꾸고자 하는 강한 반향을 야기했다. 그렇다면 이러한 반향은 우리의 기질 안에 있는 에스파냐적 기저와 무관한 정신작용으로 발현한 것인가? 그렇지는 않은 것 같다. 왜냐하면 에스파냐성이 우리에게 부분적인 성향으로만 내재되어 있는 게 아니라 모든 성향을 –그 성향이 얼마나 다양하든지 상관없이– 아우르는 보편성을 보이기 때문이다. 사실 전통주의적 성향과 근대적 성향에는 공통점이 있으며 이 공통점은 진정한 에스파냐성을 담은 정신적 단일성에서 물려받은 것이다.

§에스파냐의 개인주의

마다리아가는 에스파냐인의 정신을 분석하며 에스파냐 사람을 열정적이면서 집단적 삶이 부여한 그 어떤 속박에도 저항하는 개인주의자라고 했다. 실제로 개인주의는 에스파냐 역사의 두드러진 특징이다. 예를 들어, 아메리카 정복은 에스파냐의 국가적 과업이라기보다 제 나름의 과업을 수행한 모험

11 루카스 알라만(Lucas Alamán, 1792–1853). 멕시코의 사학자이자 정치가로 중앙집권 체제를 지지하기 위해 보수당(Partido Conservador)을 창당했다. –옮긴이

가들의 업적이었다. 부족 단위로 살던 원시 이베리아인에게 통합이나 규율에 대한 저항은 크나큰 긍지였다. 희한하게도 에스파냐에서는 에스파냐 사람임을 포기하지 않고도 극단적인 개인주의자가 될 수 있다. 에스파냐에서는 개인주의가 판치지만 미겔 데 우나무노를[12] 통해 알 수 있듯이 뼛속까지 에스파냐적이다. 잠시나마 제국의 권세와 통합을 누리던 시대가 지나고 에스파냐의 삶이 불안정해진 것은 통합적 집단행동을 어렵게 하는 사람들의 원심력 때문이었다. 정치, 예술, 문학, 사상은 고립된 개인의 활동이 됐고 현실과 적절한 상호관계를 형성하지 못하기 일쑤였다. 에스파냐인은 반원자反原子 같아서 자연적 중력의 중심에서 벗어나려고 한다.

에스파냐 식민지의 독립은 새로운 존재가 자생할 준비가 되면 모체로부터 분리된다는 생물학적 법칙으로 설명되지 않는다. 아메리카 지배시기에 에스파냐의 정책은 식민지가 장래에 국가체제를 충분히 갖추는 걸 결코 용납지 않았다. 그러나 에스파냐적 기질에 내재된 성향은 왕실의 의지보다 훨씬 강력했다. 독립은 내재된 심리적 원인, 즉 분리 충동의 결과였다. 마다리아가는 "재외영토에 사는 에스파냐인은 유럽에 사는 형제들만큼이나 개인주의자였다. 기회가 오자 제 열정을 행동으로 보여주는 사람의 특질인 원심력이 예기치 않게 발휘됐다"라고 지적한다. 식민지마다 또 하나의 에스파냐가 되고자 한 것이다. "에스파냐인에게 죽음을!"이라고 외치며 에스파냐에 대항하여 독립혁명의 깃발을 올렸지만 그 거부 행위가 에스파냐 정신을 드러내는 것에 다름 아닌 것이다. 따라서 우리는 에스파냐식으로 에스파냐로부터 해방된 것이다.

§시대상황의 영향

새로운 삶의 조건이 주는 압박, 그리고 무엇보다 혼혈의 영향으로 인해 우리 민족이 지닌 에스파냐적 요소에 중대한 변화가 있었음은 짐작할 수 있을

---

12 미겔 데 우나무노(Miguel de Unamuno, 1864–1936). 작가이자 철학자로 실존적 생의 문제를 다루며 에스파냐의 국가정체성을 탐구했다. –옮긴이

것이다. 따라서 여기에서는 그 변화가 어떤 것인지 살펴보고자 한다.

근대 심리학에 따르면, 영혼 형성의 방향을 결정하는 유년기의 경험을 인식하지 못하고는 개인의 기질을 규정할 수 없다고 한다. 따라서 멕시코의 영혼이 특정한 행로 속에서 형성되었음을 보여줄 사건이 있었는지 살펴보려면 우리 역사가 어떻게 시작됐는지 돌이켜봐야 한다. 우리는 그에 필요한 자료가 있다. 이스파노아메리카 국가들은 참으로 특수한 환경에서 역사의 장에 들어왔다. 이 나라들이 세상에 나왔을 때, 세상에는 이미 문명이 존재했다. 알폰소 레예스는 이 상황을 "우리가 문명의 연회에 초대됐을 땐 이미 식사가 차려져 있었다"라고 표현했다.

아메리카의 새로운 민족들이 제 길을 만들기 위해 이미 세상이 만들어 놓은 길을 포기하기란 불가능했다. 정복자의 후손들은 에스파냐 혈통으로 유럽과 연결되어 있었기에, 레예스의 표현처럼 이미 차려진 밥상을 무시할 수 없었다. 오히려 그들은 그 밥을 먹고 싶어 안달이었다. 그들은 미개인이 아니라 진보한 정신의 소유자였으며 문명화를 꿈꿨다. 하지만 당시에 그들은 그들의 필요에 상응하지 않는 미개한 세계 한 복판에 놓여 있었다. 아메리카 카우디요 중 독특한 기질을 지닌 시몬 볼리바르Simón Bolívar는 그런 현실을 정확히 꿰뚫어봤다. 그는 이렇게 말한다. "우리는 유럽인도 인디오도 아니다. 우리는 인디오와 에스파냐인의 중간에 있다. 우리는 아메리카에서 태어났지만 유럽인의 권리도 있다. 따라서 우리는 가장 독특하고 복합적인 경우에 해당한다."

에스파냐의 문명화 노력이 가상하기는 하지만 아메리카의 난관을 극복할 정도는 아니었다. 무엇보다 에스파냐는 거대한 신대륙을 식민할 필요가 있었다. 그러나 당시 에스파냐는 이주할 수 있을 만큼 인구가 많지 않았다. 더욱이 그들의 목적은 아메리카 식민화가 아니라 착취였다. 그로 인해 그 문제는 해결되지 못한 채 역사의 논쟁거리로 남았다. 아르헨티나의 알베르디는 지난 세기까지도 여전히 "아메리카에서 문명화는 식민"이었다고 단언한다.

멕시코에서는 인구 부족으로 인해 에스파냐인의 근원적 에너지가 약화됐다. 한 줌밖에 안 되는 사람들이 광대한 영토에 흩어져 있었고 복잡한 지형에 따라 나뉘어 살았는데, 그런 자연 앞에서 무기력한 건 당연했다. 문명은 사막 속의 섬에서 태어나기 시작했다. 문명화된 삶이 고립되어 있었으니 민족의 활동이 수도원 생활로 변하면서 모험적 활동성을 상실했다. 사회적, 정치적, 경제적 조직이 어느 정도 형성됐을 때도 누에바에스파냐는 대도시의 삶을 통합적으로 재생산할 수 없었다. 또한 인디오가 혼혈인으로 변하면서 사람들도 예전 같지 않았다. 사람들은 서로 다른 땅에서 다른 공기를 마시고 다른 풍경을 보며 살았다. 그렇게 그들은 새로운 세상을 살았다. 그 세상에서 원형의 문화는 분할되고 해체됐다. 역사의 운명은 그들을 온전히 자기 것일 수 없는 두 세계 사이에 배치했다. 그들은 아메리카에 살았으니 더 이상 유럽인이 아니었다. 그렇다고 아메리카인도 아니었다. 제 부모처럼 유럽적 삶을 유지했으니 말이다. 이러한 정신적 갈등 속에서 특수한 역사적 사건이 발생했다.

§식민 예속

후스토 시에라는 "에스파냐가 지배하는 동안 아메리카의 교양인 집단을 결정적으로 종속 또는 동화시키는 작업이 17세기에 정점에 달했다. 그러나 바로 그 시기에 에스파냐는 부와 힘을 무분별하게 낭비하여 절대적 지배권을 놓쳤다. 에스파냐는 여전히 강력한 식민권력이었으나 해상 지배권은 상실했다(이 불균형이 아메리카 제국의 파멸을 초래했다). 인구 부족으로 제대로 된 식민 경영자가 될 수 없었기에 누에바에스파냐의 발전도 멈춰버렸다. 모든 게 굳어져버렸다. 그러나 이는 모든 게 인습화되고 현상現狀이 유지됐음을 의미한다. 17세기가 창조의 시대였다면 18세기는 보존의 시대였고 19세기는 와해의 시대였다. 그런 상황에서 사회적 성장은 더디게 지속됐다"라고 지적한다. 애초부터 식민 기관은 새로운 인종의 정신을 억압했다. 정복자들은 노동자가 아니라 정복한 민족의 소유물을 탈취하는 군인이었다. 따라서 아메리카에서 노동은 필요충족을 위한 활동이 아니라 주인을 위해 감내해야 하는 치욕이었다. 멕시코인은 의지와 자발성을 발휘할 기회도 없었다. 부는 노동이 아니라 하층민을 착취하는 부당한 특권으로 얻어졌다. 상업은 재화를 제 땅으로 가져가려고 아메리카에 온 에스파냐의 "구멍가게 주인"이 독점했다. 광업과 농업은 부의 원천이었으나 이 또한 유럽으로 빠져나갔다. 특권을 지닌 자들은 학교에서 교육을 받을 수도 있었고 자유로운 직종에 종사했다. 직종은 두 부류, 즉 신부와 "학사"였다. 중산층에게 가장 나은 삶의 기회는 부르주아가 되는 것이었다. 그로 인해 인구의 대다수가 활력을 잃고 게을러지고 가난해졌으며 복권 같은 신의 은총이 아니면 가난을 벗어날 희망이 없었다. 생산된 부가 멕시코에서 뽑아낸 것이었으니 경제가 피폐해지는 것은 당연한 결과였다. 물론 이런 환경은 멕시코의 특질이 강화되기에 좋지 않았다. 더욱이 에스파냐의 쇠퇴는 그런 악습을 악화시켰고 멕시코인에게 심리적으로 악영향을 끼쳤다. 누에바에스파냐의 단조롭고 틀에 박힌 삶은 의지를 무기력하게 하고 멕시코 정신에서 모든 개혁의 힘을 앗아갔다. 에스파냐는 타국인이나 타국의 사상이 그 고인 물에 파장을 일으키지 못하도록 아주 조바심을 냈다. 멕시코에선 오늘날까지 그 단조로운 리듬이 지속되고 있다. 이는 아시아인의 불변성만큼이나 더디게 변화하는 이곳 사람들의 삶에서 충분히 살펴볼 수 있다.

§인디오의 "이집트성"

그런 삶의 경직성은 인디오 혈통의 영향과 무관하지 않다. 인디오의 수동성을 전적으로 피정복자가 됨으로써 발생한 노예성의 결과로 판단할 순 없다. 그들이 정복된 것은 그들의 정신이 수동성에 맞춰져 있었기 때문이다. 정복 이전부터 인디오는 모든 변화와 개혁에 반발했다. 그들은 전통에 집착했고 단조롭고 보수적이었다. 그들의 문화에는 변화하지 않으려는 의지가 낙인처럼 찍혀있었다.

예를 들어, 인디오 예술에는 동일한 형식이 반복되는 경향이 있는데, 이는 진정한 창조적 활동이 아니라 예술 생산에 있어 틀에 박힌 방법을 따랐음을 보여준다. 오늘날 인디오 문화는 세대를 이어가며 여전히 동일한 모델을 반복적으로 재생산하고 있다. 지금의 인디오는 예술가가 아니라 전통적으로 물려받은 숙련된 솜씨로 작품을 만드는 수공업자에 다름 아니다.

정복 이전 시대의 기념비적 예술은 대부분 제의적 형식주의를 따르는 탓에 환상이 결핍되어 있다. 조각에서도 부동적이고 정태적인 느낌을 주는 무거운 돌덩어리가 많다. 돌에 움직임을 투영한 예술 형식이 아니기에 비유기적인 무거움만 증대될 따름이다. 멕시코 고원의 예술 표현은 죽음과 같은 경직성이다. 마치 돌의 견고함이 유동적인 삶을 짓누르는 듯하다. 멕시코 예술을 고찰하다보면 어쩔 수 없이 이집트의 정신을 떠올리게 된다. 보링거는[13] 이집트 예술에 대해 이렇게 언급한 바 있다.

> 경직성, 비인간적이고 탈인간적인 경직성이 그 문화의 기호이다. 그 문화에 어찌 영원한 유동성의 공간이 자리할 수 있겠는가? 물론, 경직성이 높게 평가될 수도 있지만 이는 활기, 즉 유동성이 얼마나 경직성에 굴복되었는지에 달려있다. 악마적 경직성이라는 게 있다. 이 경직성은 인간의 가장 풍부한 기질인 경외의 떨림을 숭고한 초월과 숭고한 안식에 이르게 한다. 반면에 절제되고 메마른 경직성도 있는데, 이 경직성은 삶에 대한 깊은 전율을 불러일으키기에는 무감정적이고 무감각하다. 필자가 보기에 이집트의 경직성은 두 번째에 해당한다. 역동적 '생성'으로서의 정지가 아니라 모든 '생성'의 이전 혹은 이후인 것이다.

혹여 인디오의 혼이 그런 "무감정과 무감각"을 닮은 것은 아닌가? 멕시코

---

13 빌헬름 보링거(Wilhelm Woringer, 1881–1965). 추상과 감정이입의 원리를 통해 미술사를 설명한 예술사가이다. –옮긴이

인디오가 문명에 동화되기 어렵다면, 그것은 그들이 열등해서가 아니라 문명이 "다르기" 때문이다. 그들의 "이집트성"은 문명과 양립하기 어렵다. 문명의 법칙은 생성에 있다. 인디오의 이집트주의는 마술적 영향력을 통해 멕시코의 모든 사람과 사물과 소통했기에 보편적 진화의 급류에 휩쓸리지 않는다. 우리는 유행이 그러하듯이 외형적 새로움에만 끌린다. 멕시코는 유구한 역사에도 불구하고 그다지 변하지 않았다. 더욱이 우리의 변화는 진정한 변화라기보다는 외형적 변화였다. 변화가 내면의 정신을 숨기는 다양한 변장에 지나지 않았던 것이다.

§독립적 삶의 시작

다행히 멕시코 사회의 진화를 보면 집단적 삶에 정적인 힘만 있었던 것은 아니다. 19세기 초부터 우리 역사의 방향은 유럽의 근대사상에 정통한 역동적 소수의 손에 달려있었다. 독립을 이룩한 멕시코는 기존의 케케묵은 생활양식을 고수하며 살고자 하지 않았다. 그러나 식민시대가 남긴 무거운 잔재는 그들의 노력을 헛되게 하고 출구를 찾지 못할 정도로 갈수록 복잡한 혼란을 야기했다. 멕시코인이 지성이 부족하거나 삶을 개선할 역량이 없어서가 아니었다. 그들의 의지가 식민의 무기력에 마비됐기 때문이었다. 당시까지 그들은 그 사실을 인지하지 못했다. 그들에게는 의지를 실행할 자유가 없었다. 하지만 국가 건설이라는 위급한 상황에 놓인 지금, 그들은 그러한 결점을 인식하고 있다. 그들은 의지가 박약하다고 생각할지 모르나, 그들은 사실 나약하지 않다. 그들이 그렇게 느끼는 것은 그들의 의지를 실행해보지 않았기 때문이기도 하고 중대한 기획에 대한 의지가 상대적이기 때문이기도 하다. 멕시코인은 과거를 청산하고 아무것도 없었던 듯 새로운 삶을 시작하고자 했다. 다만 인간의 의지를 넘어서는 생물학적 법칙이 현재적 실행에 실질적으로 영향을 끼치는 과거를 급진적으로 제거하지 못하게 막고 있다. 당시에 멕시코인은 교만해서가 아니라 경솔했기에 제 운명을, 불가피하게 우리 삶에 작동하는 어떤 힘이라 할 수 있는 운명을 등지려고 했다. 자유 국가를 출범시킨 사람들은 부지불식간에 초인간적 과업을 짊어져야 했으니, 그 어떤 강인한 민족이라도 그 중대한 과업 앞에 몸을 움츠리지 않을 수 없었을 것이다. 앞서 지적한 현실적 가능성과 그들이 지닌 이상의 불균형은 멕시코인의 무의식에 아주 고통스러운 상흔을 남기게 될 경험을 야기했다.

자유로운 행위에 대한 경험이 일천했기에 그들은 초기의 어려움에 스스로 열등감을 느낄 수밖에 없었다. 이를 멕시코 민족을 과소평가하는 것으로 해석한다면 우리의 사상을 이해하지 못하는 것이다. 이는 우리가 실제로 열등하다는 말이 아니다. 우리는 유럽문화가 절대적 가치로 고려되던 때의 열등한 민족에 대한 논리를 신뢰하지 않는다. 이런 관점에서 출발한 헤겔은 『역사철학 강의』에서 아메리카인에게 긍정적 열등함이 있다고 지적한 바 있다. 멕시코인도 지난 세기엔 그와 동일하게 생각했으며, 심지어 자기폄하의 논리를 만들어내기까지 했다. 그러나 우리의 사상을 또 다른 자기폄하의 논리로 이해해서는 안 된다. 우리는 그 열등감에 객관적 근거가 없음을 표명해야 한다. 왜냐하면 오늘날까지 우리 민족의 생물학적 조직이나 기능이 퇴화했다는 어떠한 자료도 없기 때문이다.

한편, 유럽문화는 새로운 철학적 관점에서 비판적으로 재검토됨으로써 1차 세계대전 이전에 지니고 있던 절대 우위의 지위를 상실했다. 반反주지주의자들이 삶의 비이성적 요소의 가치를 인정함으로써 최근 사상계의 흐름은 과거에 멸시받던 "유색인종"을 보다 합당하게 평가하고 있다. 생물학적 혼혈의 문제는 여전히 치열한 논쟁을 야기하고 있으며 그것이 인종개량인지 퇴화인지에 대한 결론은 유보된 상태이다.

열등감에 대한 반응에는 —이 자체가 열듬감이 있음을 입증한다— 개인적 혹은 집단적 성격을 과장하여 고양하는 모든 움직임이 포함된다. 예를 들어, 훔볼트가 "멕시코가 세상에서 가장 부유한 국가"라는 신화를 창조했을 때,

이 신화는 실질적 행위의 원칙으로 수용되는 게 아니라 비참한 현실을 숨기고 애국이라는 허영을 포장하려는 신조로 받아들여졌다. 또한 자유로운 멕시코인이라는 유토피아적 이상주의도 열등감을 지우려는 행위로 고려되어야 한다. 그 이상주의는 우리의 환경이 지닌 현실적 가능성은 고려하지 않은 채 완전한 근대화를 추구하며 정치시스템을 이식하려 하고 있다. 19세기 멕시코 역사가 보여준 실패는 내부의 인종적 결점 때문이 아니라 소수 지도자의 지나친 야망에 기인한 것이었다. 그들은 국가형성에 있어 환상적 계획에 눈이 멀어 멕시코 국민의 진정한 문제를 등한시했다. 독립 초기의 멕시코 현실은 그러했다. 혼종적 인종이 전 국토에 지리적으로 분할되어 있었으며, 인디오처럼 빈곤하고 천박하고 수동적인데다 무관심한 다수 국민이 멋대로 살고 있었고, 소수의 역동적인 교양인은 열등감 때문에 지나치게 개인주의적이었으며 그 어떤 질서와 규율도 거부했다. 당시에 가장 위급한 문제는 경제와 교육이었다. 정치는 오히려 부차적인 문제였다.

그럼에도 불구하고 우리는 경험적 자료를 완전히 무시하고 이상주의를 무기로 정치만을 공격하고 있다. 멕시코인은 이상주의자다. 이상주의가 자기의 이상만을 고양한다는 점에서 말이다. 개인주의자로서 멕시코인의 행위 목적은 특정한 과업에 있는 것이 아니라 개인성을 확인하려는 데 있다. 그리고 그의 기획이 실현될 수 없을 정도로 현실과 배치될 때도 그는 목적을 포기하기에 앞서 무의식적으로 새로운 허구적 계획을 세우려고 애쓴다. 그렇게 하여 환상에 불과할지라도 개인성을 확인하려는 충동을 만족시킨다. 이러한 사고가 이 글을 시작하며 언급했던 멕시코식 "미메시스"론의 내용이다.

19세기 프랑스의 영향

§독립 시기 지식인

모방으로 야기된 해악을 살펴봤으니 시간이 흐른 지금 그 모방이 과연 멕시코 문화에 이로웠는지 살펴봐야 것이다. 모방의 본질이 그렇듯, 모방은 정신과 문화의 외면을 접속하며 늘 문화적 외형을 재생산해왔다. 그렇다면 사람들은 문화를 지탱하는 기본적인 원리를 이해하고 있었는가? 또한 그 문화가 멕시코인의 영혼에 스며들었는가? 이 두 가지는 분명히 실현됐다. 지난 세기를 지배한 인간형은 메스티소였다. 그들의 주된 관심사는 정치였고 그들의 행동규범은 무비판적 모방이었다. 멕시코는 열정적으로 프랑스를 근대문명의 전형으로 판단하고 그 문화를 동경했다. 근대문명 재생산이 강렬한 열정의 목적이 되자 그 뜨거운 열기의 효과로 근대문명이 실질적으로 그들의 영혼에 파고들었다. 프랑스 정치사상이 멕시코인의 관심사가 되자 모든 프랑스 문화에 관심이 쏠렸다. 지난날 종교적 열정이 에스파냐 문화에 동화되는 것이었듯이, 멕시코의 정치적 열정은 프랑스 문화에 대한 동화로 이어졌다. 외부의 제물 되기로 시작된 일이 습성이 된 것이다. 물론 우리 역사에서 작위성은 작위적이지 않은 뭔가로 조건 지어졌다. 사실 19세기 프랑스가 정치적으로 가장 진보한 국가는 아니었다. 선두는 영국이었다. 그렇다면 멕시코가 프랑스를 모델로 삼은 이유는 무엇인가? 멕시코인에게 프랑스 문화를 이해하는 정신적 기질이 없었다면 프랑스 문화에 전혀 관심을 두지 않았을 것이다. 그렇다면 멕시코인과 프랑스인의 친화성은 어디에서 비롯하는가? 프랑스의 혁명정신은 과거와 싸우는데 필요한 원리를 신생국 멕시코에 제공했다. 정치적 압제에 대항한 자유주의, 군주제에 대항한 민주공화국, 교권주의에 대항한 자코뱅주의와 세속주의가 그것이다. 또한 멕시코 사회에서 가장 역동적인 지성인들은 낡은 제도를 무너뜨릴 무기로 프랑스의 사상을 이용했다.

에스파냐의 카를로스 3세[14] 통치 시절에 아메리카 식민지는 일정한 이득을 취할 수 있었다. 무역을 위한 커뮤니케이션이 가속화되면서 새로운 사상이 유입됐다. 카를로스 3세가 멕시코에 초등교육과 고등교육의 토대를 마련하면서 공립 및 사립학교도 번성했다. 그 중에는 저명한 철학자인 가마라 박사가[15] 이끌던 산미겔엘그란데San Mguel el Grande의[16] 산 프란시스코 데 살레스San Francisco de Sales 학교가 있다.

> 이 학교는 유럽의 명문 학교에 버금가는 수준의 교육계획을 갖추고 있었으며 아리스토텔레스를 밀어내고 데카르트 철학을 가르치는 등 근대 철학을 배울 수 있는 최초의 학교였다. 우리의 해방을 위한 사상적 선구자 가마라는 당대 청년들이 기초과학의 토대인 수학을 열정적으로 연구하도록 독려했으며 그 유명한 『인간의 이해의 오류Errores del entendimiento humano』(1781)라는 저술로 당대 사회문제와 악습을 공격했다. 그리고 '멕시코의 사상가Pensador Mexicano'와[17] '파요 데 로사리오Payo de Rosario'가[18] 그 명맥을

14 카를로스 3세(Carlos III, 1716-1788). 부르봉 왕가 출신으로 1759년부터 에스파냐 국왕으로 재위하였다. -옮긴이

15 후안 베니토 디아스 데 가마라(Juan Benito Díaz de Gamara, 1745-1783). 멕시코 계몽주의를 대표하는 철학자이다. -옮긴이

16 멕시코 오아하카(Oaxaca)주에 있는 도시. -옮긴이

17 멕시코 작가이자 기자로 활동한 호세 호아킨 페르난데스 데 리사르디(José Joaquín Fernández de Lizardi, 1776-1827)의 별칭이다. -옮긴이

18 멕시코 정치가이자 사상가이던 파블로 데 비야비센시오(Pablo de Villavicencio, 1796-1832)의 별칭이다. -옮긴이

이어갔다. 이 사회개혁과 준비 작업에 클라비헤로Clavijero, 아바드Abad, 알레그레Alegre, 게바라Guevara 등의 크리오요 예수회교도도 예수회 학교에서 독립의 도래를 위해 새로운 사상을 퍼트렸다.[19]

우리 역사에서 독립이라는 중대한 과업은 누에바에스파냐의 "지식인"에 의해 준비되었으며 그들은 거의 예외 없이 성직자였다. 멕시코왕실가톨릭학교Real y Pontificio Seminario de México는[20] 반란의 중심이었다. 파스토르 모랄레스Pastor Morales라는 신학생이 프랑스의 백과전서파를 따른다는 이유로 종교재판을 받은 바 있는데, 이에 대해 앞서 언급한 나바라의 저작에는 다음과 같은 흥미로운 대목이 있다.

> 아메리카 태생에 스물다섯 살인 그는 이 학교에서 근대철학과 신학을 공부한 학생으로 재능이 특출했다. 그는 라틴어 시詩, 특히 테렌티우스, 호라티우스, 메타스타시오를 연구했으며 프랑스의 최근 저작에 심취했다. 하지만 중세학풍의 신학에는 흥미가 없었다. 그의 생각과 언변은 자유분방했다. 특별하고 현학적이었으며 교양 있고 깊은 침묵과 부드러운 능변을 지닌 그는 다음과 같이 말하고 행동했다.
>
> 1. 프랑스인에게 열정적이던 그는 빈번히 독립과 자유를 표명했다. 그러면서 그는 공화정 체제와 프랑스 국왕이던 루이 16세에 대한 처형을 옹호했다. 또한 국왕이 제 의무를 이행하지 못하는 정부는 국민의 행복에 있어 가장 무용한 정부라면서 국민의 권력을 옹호했다.

심지어 그는 금서를 읽었으며 볼테르, 루소, 달랑베르 같은 자유주의 철

19 Nicolás Rangel, *Preliminar a los precursores ideoloógicos de la Independencia, 1789-1794*. México, 1929, Publicaciones del Archivo General de la Nación.

20 1551년 설립된 고등교육기관으로 현재의 멕시코국립대학교(UNAM)와 멕시코가톨릭대학교(UPM)의 전신이다. –옮긴이

학자들의 논리를 신봉했다는 혐의를 받았다. 이는 우리의 정신이 프랑스화되고 있음을 보여주기에 충분한 예로서, 이와 유사한 경우가 부지기수였다.

멕시코에서 프랑스 사상이 즉각적으로 수용된 이유는 우리와 프랑스가 공히 라틴 정신을 지녔기 때문이다. 멕시코는 가톨릭교회와 로마법의 영향으로 라틴화됐다. 식민시기에 학교와 대학에서 진행된 연구는 기본적으로 세 가지 학문 분야, 즉 철학, 신학, 법학으로 구성됐다. 또한 직업도 신부와 법률가로 한정되어 있었다. 그 때부터 (멕시코에서 "학사"로 칭하는) 법률가는 국민에게 신부 다음으로 권위 있는 직업이었다. 그로 인해 법률은 감히 건드릴 수 없는 권위를 얻게 됐다. 하지만 유동적인 삶은 견고한 틀에 구속되지 않고 늘 합법성을 깨뜨렸으며, 그로 인해 법률의 일관성도 상실됐다. 이는 비단 멕시코만의 문제가 아니라 라틴아메리카 전역의 문제였다. 이에 대해 프랑스의 정치학자 앙드레 시그프리드는 다음과 같이 지적한다.

> 그 나라들만큼 헌법을 언급하는 나라는 없을 것이다. 그런데 그 나라들에선 날마다 헌법이 위반된다. 훌륭한 법률가들이 법전의 의미를 놓고 진지하고 진중한 논의를 벌이지만 정치인들은 법전에 코웃음 친다. 그들이 오묘한 미소를 지으면 법관들은 권리를 보장할 법조항을 가리켜보인다. 법률의 위엄은 없다. 그저 말로만 그럴 따름이다.[21]

우리 민족은 라틴 정신의 모든 장단점을 지니고 있다. 시그프리드가 라틴아메리카의 토크빌로[22] 칭한 가르시아 칼데론은 자신의 저작에서 라틴아메리카인이 라틴 혈통임을 확신한다.

> 아메리카인의 삶은 고전적 정신의 장단점을 보여준다. 실용적인 것을 과소평가하는 집요한 이상주의, 휴머니즘과 평등과 보편성에 대한 사상, 인종적

---

21 André Siegfried, *Amerique Latine*, Paris, A. Colin, 1934, 100.

22 알렉시 드 토크빌(Alex de Tocqueville, 1805–1859). 프랑스의 정치가이자 역사학자. –옮긴이

다양성, 형식에 대한 교양, 라틴식 활기와 불안정성, 순수한 이상과 정치적 신념에 대한 믿음, 이 모든 것이 탁월하면서도 경박한 지성, 자코뱅주의, 뛰어난 언변술과 더불어 바다 건너 이 땅에 함께 한다. 열의와 낙관주의 또한 이베로아메리카인의 기질이다.

라틴아메리카 국가들은 라틴민족의 그 어떤 일반적 결점에서도 자유롭지 못하다. 국가는 절대권력을 지녔고 자유직이 지나치게 발전했으며 관료주의적 권력은 불안정하다. 시민의 기질은 그들이 지닌 상상력과 지성에 비해 나약하다. 통합을 위한 사상과 연대정신이 이 민족이 지닌 천부적 자유분방함에 맞서 싸우고 있다. 외적 요인과 정치적 소요의 지배를 받는 탓에 그들에겐 내면생활이 결핍되어 있으며 장대한 서정성도 신비로움도 찾아볼 수 없다. 세속적 현실 앞에서, 그들은 과도한 개인주의에 빠져있다.

§프랑스 문화

현시대의 프랑스 문화는 고전정신의 생명력을 보여준다. 프랑스 문화는 그리스, 로마, 르네상스가 만개한 이탈리아의 정수로 이뤄졌으며 그 전통은 오늘날에 이르고 있다. 따라서 프랑스 문화의 기본적 특징을 살펴보면 이스파노아메리카에 미친 프랑스의 영향을 이해할 수 있을 것이다. 프랑스는 카이사르에서 카롤루스대제 시대에 라틴의 외형을 갖췄다. 갈리아인의[23] 정신이 로마화 된 시기도 그 때였다. 클로도베쿠스 1세[24] 통치 하에 있던 프랑크족은 갈리아를 점령했다. 하지만 갈리아 문화를 없애기는커녕 그 문화를 수용하고 동화됐다. "카이사르의 정복이 갈리아 지역을 로마화했다면, 클로비스의 정복은 프랑크족을 로마화했다." 그 이후로 프랑스 문화의 역사는 라틴정신에

23 현재의 프랑스 남동부, 벨기에, 스위스, 독일 남부 등의 지역을 가리킨다. – 옮긴이

24 클로도베쿠스 1세(Chlodovechus I, 446–511). 프랑크족의 군주로서 프랑크왕국을 세우고 갈리아 일대를 점령하였다. – 옮긴이

동화되는 과정에 다름 아니었다.

프랑스 문화의 본질을 구성하는 특질은 루이 14세라는 걸출한 인물이 지배하던 "위대한 세기"에 그 외형을 갖췄다. 프랑스의 고전주의가 그 시기에 시작하는데 이 사조는 단순한 모방의 양식을 따르지 않았다. 예술, 건축, 시문학, 원예술에서 이성의 경계 내에서 환상이 넘치는 미학적 성향이 표출됐다. 이것이 프랑스 문화의 특질을 보여주는 것으로, 쿠르티우스는[25] 프랑스 문화가 프랑스의 현실 안에서 그 현실을 통해 보편적인 작품을 창출한다고 지적한 바 있다. 하지만 그 문화에 이성주의, 형식의 정확성, 논리적 배치, 보편성을 담보한 전통은 바로 라틴 전통이었다.

프랑스의 문화자산은 세계를 이해함에 있어 일반적 수준을 넘어서는 기발한 비전이 있어서가 아니다. 쿠르티우스는 프랑스가 "중간계Terre du milieu"이며 이와 마찬가지로 문학도 "중간문학"이라고 한다. 프랑스 문화의 빼어남은 오래도록 정점을 유지하고 있는 영감의 고결함 때문도, 보편적 감성에 대한 깊이 때문도 아니다. 그것은 정신적 영역을 담금질할 줄 아는 조화로운 균형에 기인한다. 프랑스 문화는 모든 프랑스인이 자기 것으로 느끼고 참여할 수 있는 중간적 가치를 지니고 있다. 다만 그들은 프랑스 문화를 '프랑스' 문화가 아니라 모든 인간을 향한 보편 문화로 이해하고 있다. 그런 점에서 멕시코에 프랑스 문화가 유입된 것은, 한편으로는 프랑스 문화에 내재된 프로파간다의 영향이라고 할 수 있으며, 다른 한편으로는 멕시코가 프랑스 문화가 들어오기에 적합했기 때문이기도 하다. 프랑스 문화가 일반적 수준을 벗어나지 않을 뿐만 아니라 르네상스의 인문주의를 지속하고 있기 때문에 다양한 근대 문화 중에서 가장 인간적이다. 예를 들어, 프랑스 문학은 "인간을 부단히 탐구"한다. 프랑스인에게 문화라는 말은 정신적 노작에만 제한되지 않고 이성적 규범 안에 있는 삶의 질서를 의미한다. 또한 문화는 음식, 대화, 사랑 등 소소한 인간 활동에서도 찾아볼 수 있다.

25 에른스트 로베르트 쿠르티우스(Ernst Robert Curtius, 1886-1956). 독일의 문예 비평가. -옮긴이

프랑스 문화는 실질적으로 인간에 적용될 가능성을 지닌 "유용한" 가치이기 때문에 "휴머니즘"을 지녔다. 이 "유용성"은 이스파노아메리카인에게 매력적이었다. 실제로 이스파노아메리카에 뿌리내린 사상은 정치적, 사회적으로 적용 가능했다. 예를 들어, 멕시코에서 실증주의는 자유주의와 자코뱅주의를 옹호하는 이론으로 수용됐다. 이처럼 멕시코인의 "선택적 친화력"은 철학에 대한 쿠르티우스의 언급을 통해 이해될 수 있다.

> 대부분의 프랑스인은 철학이 추상적 영역에서 벗어나 인간의 삶과 세계를 목적으로 하는 지식의 총체로, 정치적 해방을 지지하는 보루로, 새로운 사회적 행동 양식에 대한 전조로, 그리하여 과학과 제휴하기 전까지는 철학에 관심을 두지 않았다. **(출처불명-옮긴이)**

카이저링은[26] 형이상학적 환상의 구름이 드리워진 근작 『남아메리카 명상Meditaciones Sudamericanas』에서 이스파노아메리카인의 기질과 삶을 아주 훌륭하게 관찰해냈다. 저자가 쓸데없이 덧붙인 내용을 제외하면, 이 저작의 핵심은 『남아메리카 명상』 출판에 앞서 아르헨티나의 『수르Sur』지誌에 발표한 「남아메리카인의 관점Perspectivas sudamericanas」이라는 짧은 글에 있다. 여기서 "남아메리카"는 유럽식으로 미국의 남쪽에 있는 모든 나라를 가리킨다. 그리고 『남아메리카 명상』에서 빈번히 멕시코를 암시한다는 점에서 그의 주장은 우리나라에서도 유효하다. 그는 남아메리카의 정신적 환경의 특징이 "태고의 것과 세련된 것의 총체"라고 주장하는데, 이 논지는 프랑스 문화와 연계된다는 점에서 중요하다. 프랑스 문화는 외견상 설명하기 어려운 것을 이해할 수 있게 한다. 근래에 문명화된 국가들은 섬세한 색조의 스타일을 받아들여야 하는데, 이는 프랑스에서 오랜 역사적 과정을 거쳐서 형성된 것이다. 그런데 이스파노아메리카인, 특히 고원지대에 사는 이들은 카이저링이 언급한 세련

---

26 헤르만 폰 카이저링(Hermann von Keyserling, 1880-1946). 독일의 사회철학자. -옮긴이

됨을 지니고 있기 때문에 프랑스의 고유한 예술형식인 색조의 의미를 잡아낼 수 있었다. 또한 가장 현대적인 프랑스 스타일에는 관능이 있는데, 이는 지중해에 그 기원을 두고 있는 탓에 우리가 지닌 열대의 관능과 쉽게 조화를 이룰 수 있었다.

19세기 아메리카인의 삶이 앵글로색슨의 영향을 받기는 했지만 멕시코인이 과학, 예술, 철학, 문학을 통해 문화를 성취하려는 노력은 프랑스의 영향하에 있었다고 단언할 수 있다. 그 정신적 영향이 포르피리오[27] 집권기에 최고조에 달하면서 교양인 층은 파리의 유행과 관습을 분별없이 따라했다. "과학자들"과 부유층에 진입한 자들은 집을 지으며 망사르드 지붕을 올렸는데 멕시코엔 눈이 오지 않으니 필요치 않은 것이었다. 교양인으로 인정받으려면 프랑스어 구사 능력이 필수였다. 멕시코에 프랑스 사상이 넘쳐나자 멕시코의 현실은 직시되지 못했고 유럽문화의 지배에 대한 멕시코인의 반작용이 강하게 표출됐다.

27 포르피리오 디아스(Porfirio Díaz, 1830−1915). 멕시코 대통령(1876−1880, 1884−1910)을 역임했으며 "과학자들"을 통해 프랑스의 문화, 제도, 사상을 도입하였다. −옮긴이

멕시코인에 대한 정신분석

"인간이 견딜 수 있는 진리는 어느 정도인가?" 이 글이 끝날 즈음에 우리는 니체의 이 질문을 상기하게 될 것이며 독자는 이 내용이 어떻게 구성되는지 짐작할 수 있을 것이다. 이 글은 우리가 생각하는 멕시코인의 정신에 대한 가혹하면서도 객관적인 글이 될 것이다. 그렇다고 이 글이 멕시코인을 폄하한다고 추측한다면 오판이다. 왜냐하면 오늘날의 멕시코인의 기질이 멕시코인의 책임이라기보다는 의지를 초월한 역사적 숙명의 결과이기 때문이다. 앞으로 보게 될 기질을 지니고 있다는 것이 그다지 달갑진 않겠지만, 옷을 갈아입듯 그 기질이 바뀔 수 있다는 것을 아는 것만으로도 마음이 놓일 것이다. 그 기질은 우리의 진정한 모습을 위장하려고 받아들인 것이니 수치스러워할 이유가 없다. 따라서 이 글은 자기비하도 "부르주아 골탕 먹이기"라는[28] 목적으로 긁어 부스럼내자는 것도 아니다.

우리는 속을 환히 내보여서 얻을 게 없을 바에야 마음을 드러내지 않는 게 낫다고 생각한다. 그런데 우리 멕시코인은 기질이 운명에 반할 때 기질을 무시하는 건 좋지 않다고 생각하며, 기질을 바꿀 수 있는 유일한 방법은 기질을 아는 것이라고 생각한다. 사실 이것이 기만 속에 사는 것보다 나을 것이다. 어쨌거나 이 글은 멕시코인의 대표적인 기질을 살펴보는데 그치지 않고 그 기질의 숨겨진 원인과 우리의 영혼을 어떻게 바꿀 것인지를 깊이 있게 들

---

28 19세기말 보들레르와 랭보 등 프랑스의 데카당스 문인들이 부르주아의 속물주의를 경멸하며 썼던 말이다. –옮긴이

여다볼 것이다.

이 글의 목적은 악의적으로 멕시코인을 비판하는 게 아니다. 누구든지 우리의 정신을 연구하고 출판할 자유가 있으며, 그 결과가 불편하든 그렇지 않든 우리 모두에게 유익할 것이다. 제때 알아차리지 못한다면 우리의 삶을 파괴할 수도 있는 비밀스러운 힘이 우리에게 내재되어 있음을 알게 해주니 말이다. 비판에 익숙하지 않은 사람은 찬사가 아니면 적대시하지만, 사실은 그 찬사가 그들을 적대시하고 상처를 야기하는 가장 확실한 방법이다.

우리 민족의 열등감을 얘기한 사람들이 있었지만, 그들 중 누구도 우리의 기질에 대한 주장을 체계적으로 설명하지 않았다. 이 글에서 나는 처음으로 아들러의[29] 심리학 이론을 멕시코인에게 적용할 것이다. 자기의 개성을 지나치게 긍정하는 모든 개인, 다시 말해 권력과 결부된 일이나 상황에 강한 관심을 보이고 모든 점에서 앞서고 지배하고자 지나치게 애쓰는 사람에겐 열등 콤플렉스가 있다. 아들러는 아이가 자기의 힘이 부모의 힘에 비해 무기력함을 인식했을 때 열등감이 나타난다고 한다. 멕시코가 형성되고 문명 세계에 진입했을 때의 상황은 어린 아이가 어른을 마주하는 것과 같았다. 성숙한 문명이 지배하는 시기에 역사에 진입했으니, 유아적인 정신으로는 그 문명의 절반도 이해하기 힘들었다. 그런 불리한 상황에서 열등감이 태어났으며 정복과 혼혈과 불균형적인 대자연Naturaleza에 의해 악화됐다. 하지만 그런 심리가 멕시코인의 심리에 예민하게 작동하진 않는다. 독립 시기이던 1830년대까지는 말이다.[30]

이런 해석에 근거를 대려고 자료를 모을 필요는 없을 것이다. 이 문제에

---

29 알프레드 아들러(Alfred Adler, 1870−1937). 개인심리학을 수립한 오스트리아의 정신의학자. −옮긴이

30 카이저링은 "미성숙한 민족에겐 응집적이고 비판적인 정신이 없다. 그런 민족은 모든 미성숙한 존재가 그러하듯이 정신적으로 수동적이고 아주 쉽게 영향을 받으며 악평도 감수한다. 이는 생리학적으로든 도덕적으로든 약하기 때문이다. 다시 말해, 그들은 지속적으로 열등감에 사로잡혀있다"라고 지적한다. *L'Avenir de l'Esprit Europeen,* Edición del Instituto de Cooperación Intelectual, 1934, 28.

진지하게 관심을 두고 이 해석을 기꺼이 받아들이는 독자라면 이를 입증할 자료를 찾을 수 있을 것이다. 멕시코인의 삶을 얘기하기에 앞서 우리는 개인의 심리가 어떻게 작용하고, 그 일반적 반응은 무엇이며 그 동인이 어디에 있는지 살펴봐야 한다.

독자 여러분은 멕시코인은 열등한 게 아니라 "열등감을 느낀다"라고 −이 말의 차이는 아주 크다− 밝히고 있는 이 글에 불쾌해하지 않기를 바란다. 사적인 경우에 열등감이 정신적, 기질적 결점으로 이해된다면, 대부분의 멕시코인에게 열등감은 집단적 환영으로서, 선진국의 아주 높은 가치로 인간을 평가하려는 데서 기인한 것이다. 따라서 독자 여러분은 아주 공정하게 우리가 지닌 사고를 파고들기 바란다. 이런 해명에도 불구하고 언짢은 독자가 있다면 참으로 안타까운 일이다. 하지만 카이저링이 지적하듯, 우리 아메리카 나라에는 "쉽게 흥분하는 성향"이 있으며, 이러한 불쾌감의 반응이 바로 이 글에서 확실히 확인하고자 하는 바이다.

§펠라도[31]

멕시코인의 영혼을 추동하는 힘을 찾아내려면 멕시코인이 집단적으로 행한 주요 운동을 살펴봐야 한다. 플라톤은 국가를 개인이 확장된 이미지로 이해했다. 이와 마찬가지로 우리는 이 글에서 멕시코인의 태도가 사적인 영역과 공적인 삶에서 동일함을 보게 될 것이다.

멕시코인의 심리는 열등감을 감추려는 행위의 결과물이다. 첫 장에서 설명했듯, 그런 위장은 외부세계에 대한 재현을 조작하고 자신에 대한 가치를 고양함으로써 실행된다. 멕시코인은 유럽 문명의 양식을 모방함으로써 자기의 가치가 유럽인과 동일하다고 느끼며 자기가 사는 도시에 특권 그룹을 형성하여 문명의 외부에 있는 여타 멕시코인보다 우월하다고 생각한다. 이 허

31 펠라도(Pelado)는 문화적 하류층이나 무지렁이를 의미한다. −옮긴이

구화는 외부의 대상에 한정되지 않는다. 또 그렇게 허구화한다고 하여 열등감으로 파괴된 정신적 균형이 회복되는 것도 아니다. 이 허구화는 개인에게도 적용되는데, 개인은 자신에 대한 자의식마저 조작한다. 먼저, 멕시코인에 대한 정신분석에서 개인적 측면을 살펴보자.

멕시코인의 정신적 메커니즘은 모든 운동이 격화된 사회라는 컨텍스트 속에서 살펴봐야 한다. 이로써 우리는 멕시코인의 정신이 형성된 노정을 파악하게 될 것이다. 멕시코에는 그 대표적인 예로 펠라도라는 말이 있는데, 이 말은 멕시코인의 기질을 명확히 포착한 표현이다. 대중극이나 소설, 회화에서 지겹도록 쓰인 바 있으니 자세한 설명은 생략하겠다. 이 글에선 그 용어의 속말을 살핌으로써 그 특징을 보여주는 근본적 힘이 무엇인지 알아보고자 한다. 사실 이 말의 의미는 아주 명확하다. 뻴라도는 자신의 영혼을 거리낌 없이 드러내는 사람으로 자기의 가장 깊은 내면에 무엇도 숨기지 않는 사람을 일컫는다. 이들은 사람들이 감추고자하는 충동을 뻔뻔하게 과시한다. 펠라도는 사회적 하층민에 속하며 대도시의 파괴된 인간을 대변한다. 이들은 경제적으로는 프롤레타리아만도 못하며 지성에 있어서는 미개인이나 다름없다. 삶의 모든 것이 그들에게 적대적이기에 삶에 대한 그들의 태도는 앙심으로 가득 차있다. 그들은 본성적으로 폭발성을 지닌 위험한 자들이라서 사소한 마찰에도 폭발한다. 그들이 폭발성은 말로 표출되는데, 천박하고 공격적인 말을 쏟아냄으로써 자신을 긍정한다. 그들에겐 일상어에 새로운 의미를 가미한 그들만의 은어가 있다. 그들은 사람을 놀래고 자기가 더 강하고 단호하다는 것을 보여주려고 포악한 행동을 일삼는 짐승이다. 그런 행위는 갈 데까지 간 자신의 현실을 만회하려는 허위이다. 이 불편한 진실은 의식의 외부로 표출되려 하지만, 자존감이 손상될 수 있다는 무의식적인 힘이 그 작용을 막는다. 모든 외적 조건이 열등감을 악화시키기 때문에 그들은 의기소침을 감추려고 폭력적인 반응을 보인다. 이것이 지속적인 화의 원인이며, 그 화로 인해 아무 것도 아닌 일로 싸운다. 이런 호전적 정신은 인간에 대한 적대감으로는 설명되지 않는다. 펠라도는 풀죽은 "나"의 목소리를 끌어올리기 위한 자극제로 싸움을 갈구한다. 자신에 대한 믿음을 다지기 위한 지지대가 필요한 것이다. 그들은 현실적인 가치라고는 가진 게 없으니 허구적인 것으로 그 가치를 메우려 한다. 그들은 아무 것도 없는 망망대해에서 불안해하다가 남성다움이라는 예기치 않은 구명줄을 발견한 조난자다. 펠라도는 성적 함의가 짙은 용어로서, 남성적 힘을 상징하는 남근에 대한 강박을 표출하는 말이다. 따라서 그들이 싸울 때면 상대에게 가상의 여성성을 부여하고 본인은 남성의 역할을 자처한다. 이런 책략으로 상대보다 우월함을 확인하려 하는 것이다.

이와 관련한 예를 살펴보자. 안타깝게도 펠라도가 쓰는 말은 날것 그대로의 현실을 반영하기에 특징적인 표현들을 옮겨 쓰기는 어려울 것 같다. 그렇다고 몇 가지 전형적인 표현을 누락할 수는 없으니, 독자 여러분은 내가 인용할 말에 불쾌해하지 않길 바란다. 멕시코에서 그 표현들은 아주 허물없는 대화에서 쓰이는데 심리학자라면 그 말의 천박함과 투박함에서 고결한 의미를 찾아낼 수 있을 것이다. 혹시라도 그 표현들이 귀중한 연구 자료임을 저버리고 언어의 품위를 깎아내리는 것으로 치부해서는 안 될 것이다. 이는 화학자가 나쁜 냄새가 난다는 이유로 분석의 대상 물질에 대한 연구를 거부하는 것과 같다.

펠라도는 참으로 불행한 사람이지만 "튼실한 알"(고환)을 지녔다고 표출함으로써 스스로를 위안한다. 여기서 중요한 점은 이 신체기관이 한 가지 능력, 즉 성적 능력뿐만 아니라 인간의 모든 능력을 포괄한다는 것이다. 펠라도는 어떤 활동이든, 어떤 분야에서든 승리하는 자인데, 이는 "튼실한 알"을 지녔기 때문이다. 더불어 자주 쓰이는 표현으로 "내가 네 애비다"라는 것이 있는데, 이는 우월함을 표출하려는 의도가 담겨있다. 따라서 가부장적인 우리 사회에서 아버지가 권력의 상징임을 분명하다. 펠라도라는 말이 지닌 남근에 대한 강박은 다산과 영원한 삶이라는 의미가 담긴 남근숭배와 다르다는 점도 염두에 둬야 한다. 펠라도에게 남근은 권력을 의미한다. 그로 인해 남자라는 개념은 축소되어버렸다. 남자는 물질적 내용물이 없는 존재이기에 그 공허함을 접근 가능한 유일한 가치, 즉 '마초(수컷)'로 채우려 한다. 남성에 대한 이러한 개념이 대중화되면서 모든 멕시코인에게 불행한 편견이 됐다. 그리하여 멕시코인이 외국의 문명화된 남성과 비교되면서 그 무능함이 드러나면 다음과 같이 위안을 삼는다. "유럽인에겐 과학, 예술, 기술 등이 있다. 이 땅에 사는 우리는 그 중 아무 것도 없다. 하지만 우리는 진짜 사나이이다"라고 말이다. 동물학적 의미의 남성, 다시 말해 모든 동물적 능력을 향유하는 수컷이 되는 것이다. 허세를 애인으로 둔 멕시코 남자는 그 능력을 용맹하게 표출한다. 그 용맹함이라는 게 고작 연막에 지나지 않거늘!

따라서 우리는 겉모습에 속지 말아야 한다. 펠라도는 강하지도 용감하지도 않다. 그들의 인상은 가짜다. 즉, 자신은 물론 자기와 접촉하는 모든 이를 호도하려는 "위장"이다. 용맹함과 힘을 크게 과시한다는 것은 감추고 싶은 나약함도 크다는 것이다. 펠라도가 환상을 통해 제아무리 자신을 속이려 해도 나약함은 드러날 수밖에 없으며, 이를 부정하더라도 자신의 힘을 확신하지는 못한다. 펠라도는 늘 나약함을 들킬까봐 조바심을 내며 자신을 믿지 못한다. 그로 인해 사고력에도 문제가 생겨 장차 마주할 사람을 적으로 가정하고 자신에게 접근하는 모든 사람을 불신한다.

간략하게나마 펠라도에 대해 설명했으니 펠라도의 정신작용과 구조를 개괄적으로 살펴보자. 이는 뒤에서 멕시코인의 심리를 이해하는데 도움이 될 것이다.

1. 펠라도는 이중인격, 즉 실재 인격과 허위 인격을 지녔다.
2. 실재 인격은 허위 인격에 의해 감춰져있으며, 주체로서 자신을 드러내고 타인에게 보여주려는 인격은 허위 인격이다.
3. 허위 인격은 실재 인격의 정반대이다. 허위 인격의 목적이 실재 인격의 무기력한 정신력을 끌어올리는데 있기 때문이다.

4. 그는 인간적 가치를 지니지도 그 가치를 습득할 능력도 없는 주체로서 자신의 무력감을 숨기는 책략을 쓴다.
5. 허위 인격에는 현실적 토대가 없기 때문에 자신을 믿지 못한다.
6. 자기불신은 정신작용을 불안정하게 한다. 특히 현실 인식에 문제를 야기한다.
7. 이런 비정상적 사고는 타인에 대한 근거 없는 불신을 낳는데, 타인과 접촉하면서 나타나는 지각과민증 등이 그러하다.
8. 이 인간형은 위선 속에 살기 때문에 늘 불안정한 상황에 놓이고, 이런 상황에서 그는 현실에 무관심한 채 끊임없이 "자아"를 감시하게 된다.

현실에 대한 주의 결핍과 상호관계에서의 독선으로 인해 펠라도는 "내향적인 사람"으로 분류된다. 펠라도의 열등감은 멕시코인이라서가 아니라 프롤레타리아라는 조건에 있다. 사실 프롤레타리아라는 사실 만으로 열등함을 느끼기에 충분할 것이다. 그러나 그것만이 열등감을 야기하는 요인이 아닌 몇 가지 이유가 있다. 우리는 펠라도가 남성다움의 개념을 민족성nacionalidad의 남성다움에 결합함으로써 용맹함이 멕시코인의 고유한 기질이라는 오류를 야기한다는 점을 알아야 한다. 펠라도가 애국적 감정에 대해 민감하고 되룽거리며 목청껏 소리치는 것은 민족성 그 자체가 열등감을 야기함을 보여주는 것이다. 멕시코인이 개인적으로든 집단적으로든 빈번하게 애국을 표명한다는 것은 민족적 가치에 대해 확신하지 못함을 상징적으로 보여준다. 이에 대한 결정적 증거는 교양인이나 지식인 같은 부르주아 멕시코인이 그런 감정을 느낀다는 데 있다.

§도시의 멕시코인

여기서는 도시민이라는 인물형을 볼 것이다. 도시민의 심리가 농민의 심리와 다르다는 것은 당연지사이다. 농민의 생활양식이 다를 뿐만 아니라 대부분의 농민이 인디오 혈통이기 때문이다. 멕시코 인구의 상당부분이 인디오임에도 불구하고 그들은 역할은 수동적이다. 능동적인 그룹은 도시에 사는 메스티소와 백인이다. 인디오의 피가 이 그룹에 섞였으니 인디오가 이들의 영혼에 영향을 끼쳤음은 분명하다. 그러나 오늘날 인디오의 사회적, 정신적 영향력은 외모로만 축소됐다. 마치 멕시코의 삶의 드라마에 조용히 들어온 코러스처럼 말이다. 그러나 그들의 출현이 제한적이라고 하여 그들이 중요하지 않은 것은 아니다. 인디오는 존재 자체만으로도 화학작용을 일으키는 "촉매"라 할 수 있다. 그 무엇도 그들의 영향을 제거할 수 없다. 왜냐하면 인디오는 이 나라의 모든 것을 감싸는 두터운 대기이기 때문이다. 그런 점에서 인디오는 멕시코의 "배후지背後地"라고 할 수 있다. 하지만 이 장에서 이 점을 다루지는 않을 것이다.

한 눈에 확인할 수 있는 가장 두드러진 멕시코인의 특징은 불신이다. 사람과 사건의 모든 접촉의 기저에 불신이 있다. 그 태도를 지니게 된 토대가 있는지 없는지의 여부와 상관없이 그러한 태도가 나타나는 건 사실이다. 그 불신에는 원칙도 없다. 왜냐하면 멕시코인은 보통 원칙이 없기 때문이다. 그 불신은 마음 깊은 곳에서 나오는 비이성적 불신이다. 불신이 가장 기본적인 삶의 감정이다. 이에 대한 입증 여부와 상관없이, 멕시코인이 불신을 통해 이해하고 판단한다는 것을 부정할 수는 없다. 불신은 멕시코인이 지닌 "선험적" 형태의 감수성이라 할 수 있다. 멕시코인은 특정 부류의 남성 혹은 여성을 불신하는 게 아니라 모든 남성과 여성을 불신한다. 멕시코인의 불신은 사람에 대한 불신으로 제한되지 않고 존재하고 발생하는 모든 것으로 확장된다. 예를 들어 상인은 거래를, 직장인은 직업을, 정치인은 정치를 신뢰하지 않는다. 멕시코인은 사상을 무의미한 것으로 판단하고 그것을 경멸조로 "이론"이라 부르며, 과학적 원리에 대한 지식을 무용한 것으로 치부한다. 얼핏 보면 실용성을 중시하는 것으로 보일 수도 있다. 하지만 멕시코인은 행동이 굼뜬지라

행위의 효력에 대해서도 그다지 신뢰하지 않는다. 종교도 신앙도 없으며 사회적, 정치적 신념도 없다. 최대한 "이상주의자"가 아니고자 한다. 또한 이유 없이 모든 것을 부정하는데, 이는 부정이 인격화된 존재가 멕시코인이기 때문이다.

그렇다면 멕시코인은 왜 사는가? 어쩌면 살아가는데 이념이나 믿음을 가질 필요가 있겠느냐고 대답할지도 모른다. 그런데 실제로 그렇다. 멕시코인의 삶은 통상적으로 계획도 없으며 무분별하다는 인상을 준다. 멕시코인은 즉각적인 목적에만 관심을 둘 뿐이다. 오늘과 내일을 위해 일하지만 그 다음을 고려하진 않는다. 미래라는 걱정거리는 멕시코인의 의식에서 제거됐다. 장기적인 결과를 기대해야 하는 일에 모험을 걸 멕시코인은 없다. 다시 말해, 맥시코인은 삶에서 가장 중요한 미래를 버린 것이다. 멕시코인의 불신이 낳은 결과가 그것이다.

현재로 제한된 삶에는 본능만 작동한다. 지적인 숙고는 우리가 활동을 멈췄을 때 개입할 수 있다. 사고와 행동은 동시적일 수 없다. 사고한다는 것은 우리가 기다릴 수 있으며 기다리는 자에게 미래가 허용된다는 것을 가정하고 있다. 미래가 없는 삶이 규범을 가질 수 없음은 자명하다. 그로 인해 멕시코인의 삶이 바람에 휘둘리며 정처 없이 표류하고 있다. 사람들이 닥치는 대로 산다는 말이다. 멕시코 사회가 규율도 조직도 없는 혼돈에 빠지고 그런 사회에서 사람들이 산발적인 원자마냥 멋대로 움직이는 건 당연하다.

불신의 직접적 산물인 이 혼돈의 세계가 바로 그 불신 위에서 불신에 객관적 정당성을 부여하며 자라나고 있다. 개인이 불안정한 세계를 부유한다고 느낄 때, 다시 말해 자신이 밟고 있는 땅에 대해서도 확신하지 못한다면, 불신이 증폭되어 즉각적인 실리를 취하도록 사람들을 부추긴다. 그로 인해 삶의 지평은 더욱 협소해지고 도덕은 추락하여 문명의 외양을 갖춘 사회임에도 불구하고 사람들은 굶주린 짐승처럼 물질을 놓고 싸우는 미개한 무리를 닮아간다. 불신과 긴밀한 관계에 있는 표지가 있으니 과민함이 그것이다. 불신하는 자는 모든 것에 대해 늘 불안해하며 신경을 곤두세우고 방어적으로 산다. 그는 모든 몸짓과 행동과 말을 의심한다. 그리고 그 모든 것을 모욕으로 해석함으로써 믿기지 않는 극단에 치우치게 된다. 더 이상 정상적인 지각력을 발휘하지 못한다. 지나치게 민감한 감수성 때문에 멕시코인은 끊임없이 싸우게 된다. 때로는 이러한 병리적 반작용이 너무 과도하여 불필요한 범죄에 휘말리기도 한다.

방금 기술한 심리적 이상異狀은 의심의 여지없이 자기불안에서 비롯한 것이다. 멕시코인은 자기도 모르게 그 불안을 세상과 사람에 대한 불신으로 변조하여 외부로 투사한다. 이러한 정신적 전위轉位는 "나"라는 자아를 방어하기 위한 본능적 전략이다. 이런 현상의 출발점은 자신에 대한 불신으로 경험된 열등콤플렉스에 있으며, 개인은 불신에서 오는 불쾌함을 벗어나고자 외부의 존재를 불신의 대상으로 삼는다.

인간이 자신의 영혼에서 불쾌감을 떼어내려 할 때는, 앞서 언급했듯이, 언제나 환상에 기대기 마련이다. 하지만 우리가 보고 있는 이 독특한 경우엔 그 과정도 만족스러운 결과를 낳지 못한다. 왜냐하면 피하고 싶은 괴로움을 덮으려고 펼친 장막이 괴로움을 제거하는 게 아니라 괴로움의 동인만 바꿀 따름이기 때문이다. 통상적으로 멕시코인의 심리상태에는 내적 괴로움이 담겨있으며 자체적인 조화가 결핍되어 있다. 멕시코인은 민감하고 신경질적이다. 거의 항상 언짢은 기분에 성내고 폭력적이기 일쑤다.

멕시코인은 충동적으로 자신에게 힘을 부여하는데, 그 힘은 허위이다. 진정한 힘은 충동을 슬기롭게 통제하고 때로는 그 충동을 억제하는데 있다. 멕시코인은 정열적이고 공격적이며 약하기 때문에 전투적이다. 자신의 행동을 통제할 의지가 결핍됐다는 말이다. 한편, 그러한 행동에서 나타나는 힘은 멕시코인의 활력에 부합하지도 않으며 그 활력도 대체적으로 잔약하다. 그렇다면 그 폭력적 행동을 어떻게 이해해야 하는가? 이는 내적인 정신적 불균형으로 초래된 과도한 흥분의 결과로 밖에 볼 수 없다.

자아에 대한 이데아와 멕시코인의 실제 모습을 비교하지 않고는 멕시코인의 심리를 이해할 수 없을 것이다. 앞서 멕시코인이 스스로에게 힘을 부여한다고 언급했을 때, 이는 멕시코인이 자신에 대해 좋은 자아상을 갖고 있다고 볼 수 있다. 물론 나의 단언에 반한 근거를 찾을 독자도 있을 것이다. 이 자리에서 우리는 모든 멕시코인이 숨기고자 하는 몇 가지 진실을 들춰냈다. 멕시코인은 실제의 자신이 아니라 되고자 희망하는 자신의 이미지로 진실을 덮고 있다. 그렇다면 멕시코인이 속으로 바라는 가장 강렬한 욕망은 무엇인가? 아마도 용맹함과 힘으로 사람들 속에서 우월한 사람이기를 바랄 것이다. 이런 이미지의 암시가 멕시코인을 작위적으로 고양시키고 그 이미지에 맞게 행동하도록 하여 마침내는 스스로 창조한 환영적 현실을 믿기에 이른다.

§부르주아 멕시코인

이 장의 마지막 부분인 이 글에서는 가장 지적이고 교양 있는 멕시코인에 대해 다룰 것인데, 그들 대부분은 이 나라의 부르주아 계층에 속한다. 그들의 특징을 보여주는 표지는 열등감에 대한 반작용에 있다. 물론 이 열등감은 경제적, 지적, 사회적 열등함에서 오는 게 아니라 멕시코인이라는 사실에 기인한다. 본질적으로 부르주아 멕시코인과 프롤레타리아 멕시코인은 다를 게 없다. 다만 프롤레타리아 멕시코인의 열등감이 국적과 사회적 위치라는 두 가지 요소에 의해 나타난다는 점을 빼면 말이다. 도시 프롤레타리아 계층의 거칠고 무례한 말투와 부르주아의 과장되기 일쑤인 예의바른 고상함은 대조적이다. 하지만 교양인 계층의 모든 멕시코인도 분노로 인해 자기 통제력을 상실하면 하층민의 언어와 어조를 쓴다. 그런 성난 사람을 힐책할 때 우리는 "펠라도 같으니라고!"라고 한다. 부르주아 멕시코인은 농촌 사람과 똑 같은 애국적 민감성을 지니고 있고 민족성에 있어서도 그들과 동일한 편견을 지니고 있다.

멕시코의 상류층이 하층민과 구분되는 정신적 차이는 상류층이 열등감을 철저히 은폐한다는 데 있다. 그들이 표출하는 행위와 무의식적 동인 사이의 접점이 지극히 간접적이고 섬세하기 때문에 그 연결점을 발견하기란 쉽지 않다. 이에 비해 펠라도는 자신의 심리적 메커니즘을 여과 없이 드러내며 의식적인 것과 무의식적인 것이 마음속에서 아주 간명하게 연결된다. 앞서 봤듯이, 양자는 대척점에 있다.

그렇다면 앞서 언급한 반작용을 유발하며 영혼을 성나게 하는 내적 결핍의 감정이 어떻게 구성되는지 살펴볼 필요가 있다. 그 감정은 불쾌함과 우울함을 야기하기 때문에 의식으로는 그 감정을 감내하지 못한다. 그렇기 때문에 그 감정을 무의식 속에 숨길 필요가 있으며, 이로써 그 감정은 막연히 불쾌한 기분으로 나타나게 되는데, 개인은 그 동인이 무엇인지 알지도 규정하지도 못한다. 그들의 의식을 들여다보면 다양한 양상이 발견된다. 그 중 몇 가지를 살펴보면, 나약함, 자기 비하(열등감), 무능력함, 활력의 결핍 등이다. 개인이 자신의 열등함을 인정하는 것은 자신에 대한 믿음의 결핍에서 온다.

부르주아 멕시코인은 열등감을 은폐하는 위장을 완벽하게 수행하는 데 있어 프롤레타리아보다 많은 지적 자원과 재능을 지녔다. 다시 말해, 각 개인이 설정한 허구의 "자아"가 너무나도 완전하여 현실적인 외형을 지니기 때문에 진정한 "자아"와 거의 구분되지 않는다.

그렇다면 멕시코인이 어떻게 허구적 작품을 구현하는지, 어떤 열등감이 반작용을 일으키는지 살펴봐야 한다. 그 일은 실제 모습을 욕망하는 모습의 이미지로 덮고 그 욕망이 달성됐다고 간주하는 것으로 이뤄진다. 때로는 그 욕망이 경멸이나 굴욕을 피하려는 것으로 제한되기도 하지만 나중엔 단계적으로 확장되면서 다른 사람과 동등해지려는 욕망, 그들 속에서 우월하고자 하는 욕망을 보이다가 마침내는 권력에 대한 의지로 상승한다.

우월성에 대한 욕망에 맞춰 이미지를 구축하는 일은 자신에 대한 각별한 주의를 요한다. 그로 인해 멕시코인은 내향적으로 변하고 실재하는 자신에 대한 관심을 상실하게 된다. 멕시코인은 사람과 사물을 거울로 인식하긴 하지만 보기 좋은 이미지만 취한다. 다른 사람들이 그 이미지를 신뢰하도록 하고 그 이미지 속에서 자신의 믿음을 강화하리라는 것은 분명하다. 따라서 환상의 생산은 사회적 공모로 이뤄진다. 하지만 이 현상이 전적으로 멕시코인에게만 나타나는 것이라고 주장하는 것은 아니다. 국적과 상관없이 보통 사람이라면 누구라도 그와 같은 허구화의 도움 없이는 살 수 없을 것이다. 하지만 허구인줄 알면서도 허구의 영향을 실제적으로 수용하는 것과 허구인줄도 모르고 허구를 살아가는 것은 다른 일이다. 전자가 삶의 난관과 저항을 이겨내기 위한 자극제로서 이상향 혹은 모형을 갖는 것이라면, 후자는 엄밀한 의미에서는 삶이라 할 수 없으며, 삶을 속이는 짓에 다름 아니다. 이 태도는 의식적이고 의도적인 목적에서 비롯한 것이 아니므로 그 어떤 범주의 윤리도 적용할 수 없을 것이다. 최근 심리학 연구에 따르면 무의식에는 논리가 결핍되어 있다. 물론 무의식에서의 논리는 이성적 논리와 다르다. 멕시코인은 자신이 허위를 산다는 것을 모른다. 그렇게 하도록 압박하는 무의식적 힘이 있기 때문인데, 만약 그 속임수를 인지하게 된다면 그렇게 살지는 않을 것이다.

자기기만이 자신이 원하는 존재가 됐다는 믿음으로 형성되듯, 멕시코인은 자신의 이미지에 만족하면 실질적인 자기 개선의 노력을 단념한다. 그리하여 세월이 흘러도 어떤 변화도 겪지 않는 사람이 된다. 문명세계가 변화하고 새로운 방식의 삶과 예술과 사상이 출현하면 멕시코인은 유럽인처럼 느끼려고 모방을 시도한다. 하지만 사실 오늘날의 멕시코인은 한 세기 전의 멕시코인과 다르지 않으며 겉만 근대적인 도시에서 인디오가 농촌에 묻혀 살 듯 구태의연하게 살아간다.

허구의 세계에 은신코자 자기를 버린 사람이 멕시코인이라 할 것이다. 그렇다고 멕시코인의 심리가 이것으로 정리되는 것은 아니다. 자신의 시각을 인식함에 인색한 멕시코인의 영혼 깊숙한 곳에는 자신의 위치에 대한 불안감이 꿈틀거리고 있다. 미풍에도 부서질 수 있는 멕시코인의 나약한 인격은 자신의 어두운 면을 알면서도 자기보호를 위해 밤송이마냥 자기를 가시로 뒤덮는다. 그를 건드리면 반드시 다친다. 멕시코인은 비판에 대해 지나치게 민감하며, 과민한 상태에서 이웃을 향해 저주를 퍼부을 태세를 갖추고 있다. 그런 이유로 자기비판에 대해서는 마비상태에 있다. 멕시코인은 타인이 자기보다 열등함을 확인하고 싶어 한다. 그들은 그 어떤 우월함도 수용하지 않기에 경애와 존중과 규율을 알지 못한다. 그들은 이웃을 멸시하고 제거하는 데 있어 천부적이다. 그들은 식인종처럼 잔인한 저주를 실행한다. "자아"에 대한 숭배가 고대 아스테카인 만큼이나 잔학하여, 인간을 재물로 살아간다. 그들은 조갯살처럼 각자 자기 안에 갇혀 타인을 불신하는 태도로 살아가며 누구도 접근치 못하도록 악의를 표출한다. 멕시코인은 집단적 가치에는 무관심하며 그들의 행동은 언제나 개인주의적이다.

멕시코인의 심리에 대한 이 글을 마치기에 앞서, 나는 멕시코인에게 내재된 환영을 쫓아낼 수 있는지 묻고자 한다. 그렇게 되려면 각자가 "너 자신을 알라"라는 소크라테스의 격언을 겸허하고 과감하게 실천해야 한다. 오늘날 우리는 자아를 인식함에 있어 인간의 자연적 능력만으로는 불충분하기에 정신분석을 지적인 도구를 갖춰야 함을 알고 있다. 그렇게 준비된 인간이 자신을 발견하게 되면 나머지 일은 알아서 해결될 것이다. 어둠의 존재인 환영은 한 줄기 빛만으로도 사라질 것이다.

§크리오요 문화

멕시코인의 심리적 특성은 모든 형태의 민족적 삶에 맞춰 인위적 목표를 고안한다는데 있다. 우리의 유럽주의가 지극히 인위적임은 분명하다. 그렇다고 순수 멕시코주의를 창안하려는 기획이 인위적이지 않은 것도 아니다. 멕시코인은 제 삶의 현실, 다시 말해, 역사, 인종, 생물학적 조건이 멕시코인의 미래에 부과한 한계를 결코 인식하지 못했다. 멕시코인은 가장 흥미로운 혹은 가장 유익한 것으로 고려되는 것이라면 무엇이든 선택할 자유가 있다는 듯이 삶을 계획한다. 개인이나 대중이 선택할 수 있는 가능성의 지평이 얼마나 협소한지 모른 채 말이다. 역사적 유산, 민족적 정신 구조, 환경의 독특함은 개인의 의지로 변경할 수 없을 만큼 강력하게 발전 방향을 선결한다. 이 불가피함을 우리는 운명이라고 한다. 멕시코인은 수년에 걸쳐 줄기차게 운명을 거역해왔다. 그런 태도로 인해 멕시코인은 유럽의 기후에서나 재배 가능할 뿐, 이 땅에선 온실 작물처럼 나약하고 힘없이 자라게 될 씨앗을 뿌리고 말았다. 마침내 실패를 인정하긴 했지만 그 원인을 이해하지 못한 채 그 원인을 실제적 문제, 즉 멕시코인의 정신에 내재된 악습에서 찾은 게 아니라 유럽 문화의 균열을 의심하는 것으로 돌렸다. 그로 인해 멕시코인은 계획을 수정함에 있어 외부의 대상은 대체했지만 정신적 메커니즘은 동일했다. 이것이 바로 인위성이다. 이제 멕시코인은 문화를, 즉 멕시코식 삶을 창조하려 하고 있으니 이보다 나은 유토피아가 있겠는가. 신석기시대를 시작으로 모든 문화의 과정을 재창조할 수는 없겠지만 무에서 유를 창조하는 일이니 말이다. 최근 민족주의의 득세는 멕시코인이 정신적 편안함에 안주하여 스스로를 왜곡한 것은 아닌지, 자기도 모르는 진정한 본질을 거짓 이미지로 덮은 것은 아닌지 걱정스럽게 하고 있다. 현재의 멕시코인에게 긴급하게 요구되는 권고는 진솔함이며, 그렇게 해야만 진정한 모습을 은폐한 위장막을 걷어낼 수 있을 것이다.

멕시코에서 유럽주의는 문화적 온실이었다. 그 문화의 본질이 우리와 거리가 멀어서가 아니라 우리가 외국의 현실에 맞춰 우리를 배치했다는 허위적 관계 때문이다. 우리는 문화에 대한 관점이 유럽의 틀에 갇혀있음을 인정해야 한다. 문화란 모자의 상표를 고르는 게 아니다. 우리는 유럽의 혈통과 언어를 물려받았고 관습과 도덕도 유럽의 것이다. 우리의 모든 악습과 미덕 또한 에스파냐로부터 물려받은 것이다. 이 모든 것이 우리의 운명을 결정짓고 피할 수 없는 우리의 노정을 설계하고 있다. 우리에겐 유럽의 정신과 우리가 처한 새로운 조건을 조화롭게 아우를 지혜가 필요하다. 우리의 삶은 유럽적이다. 그러나 우리는 아메리카에 살고 있다. 따라서 상이한 환경에 있는 우리의 삶은 상이한 방식으로 실현되어야 한다.

특정 그룹의 작위적인 유럽주의 장막(도시마다 일정 거주지역의 건축에서 그 영향이 드러난다)을 배제하면, 중산층을 중심으로 한 멕시코인의 진정한 삶의 핵심을 마주하게 되는데, 이들의 삶도 유럽의 생활양식에 맞춰져 있다. 비록 대부분의 인구가 인디오이지만 그들의 정신은 여전히 자연에서 벗어나지 못하고 있다. 그들은 자연과 더불어 원시적 환경을 형성하며 나머지 인구를 에워싸고 있다. 중산층은 산술적으로 소수에 불과하지만 그들의 사회적 위치 때문에 우리 역사의 축을 이뤘으며 여전히 이 나라의 자양분이 되고 있다. 이 계층에서 가족, 종교, 도덕, 사랑 등의 개념은 변형된(혹은 빈한한) 유럽식 틀을 유지하고 있긴 하지만 생생한 실태로 작동하고 있다. 그 실태를 중류문화 혹은 지리적 위치에 맞춰 "크리오요 문화"라고 부를 수 있을 것이다. 이 크리오이스모Criollismo는 외국의 유행을 따라 변질되는 경향이 적은 지방도시에서 두드러지게 사용되는 말이다. 그런 도시는 여성의 외모나 건축물에 나타나듯이, 멕시코 풍경과 결합된 유럽적 모습을 지니고 있다. 이는 지역의 미덕을 약화시키는 무기력하고 수동적인 보수주의나 물질주의 대도시의 탈인격화에 대항할 수 있는 훌륭한 정신적 불씨가 아니겠는가!

이런 포괄적 문화의 "대지" 위에서 크리오요식 선택 방식이 생겨났고 소수에 의해 구현되어왔다. 이들이 가치 보편적 층위에서 겸허해질수록 그들이 우리의 유일한 고급문화를 대변한다는 사실을 인정해야 할 것이다. 그들 중 몇몇의 미덕은 그들의 업적이 아니라 인물 자체에 있기도 했다.

그들은 이스파노아메리카인이 이를 수 있는 최고의 품성을 지녔다. 유럽문화가 없었다면 그들의 성장은 불가능했다. 삶에 대한 깊은 자각 속에서 그들은 이상적 관심을 조국과 긴밀하게 연결했다. 그들 대부분이 교육자나 인도자로 혹은 모범적 성품으로 비교적 광범위하게 사회적 영향력을 행사했다.

그들의 고상한 의식은 때로는 이스파노아메리카의 암울한 운명을 밝게 비추기도 했다. 신세계라는 척박한 환경에서 어떻게 그런 인물이 나올 수 있었으며 유럽의 영향에서 벗어난 결실을 맺을 수 있었는지 오늘날까지도 설명하기 어렵다. 자기 땅에서 얻은 기질이 유럽의 영향을 앞지르지 못했다면, 유럽의 영향이 무용하다고는 누구도 생각지 못했을 것이다. 우리는 그 인물들의 무정부적 성향이나 독자적 개인주의의 단면만을 봤기에 그들을 문화의 궤도에 수렴할 수 없었다. 그럼에도 불구하고 크리오요주의의 관점에서 그 모든 이질적 인물들은 상호적 총체를 구성한다고 볼 수 있다. 사실 크리오요 문화는 오늘날까지도 정의되지 않았다. 그 문화의 존재가 대기처럼 두루 퍼져있기 때문이다. 그런데 그 투명함으로 인해 가시화되진 않았다.

정복시대부터 이어진 우리의 정신활동을 통합함에 있어 문화라는 범주를 부여하는 동인은 신앙이다. 통합된 전체가 적대적 원칙의 저항을 배제하지 않음을 상기한다면, 대립은 한 지점을 향해 집중된다. 다시 말해, 정신적인 면에서 멕시코의 역사는 신앙에 대한 긍정과 부정의 역사라고 할 수 있다. 우리의 선조는 인디오 편에서든 에스파냐 정복자 편에서든 고양된 신앙을 지닌 인종으로 귀착됐다. 멕시코에서 문화의 선구자들은 포교를 위해 건너온 수도사들이었다. 에스파냐의 종교적 의지는 도시에 세워진 건축물로 강력히 아로새겨졌다. 도시 중심부나 볼록한 언덕 위에는 교회가 세워지는 게 보통이었는데, 이는 그 지역 내외부의 어디서든 첨탑이 하늘을 가리키고 있음을 보여주려는 것이었다. 멀리서 봤을 때 멕시코의 소도시에 보이는 첫 건물은 교회의 종탑과 돔이며, 그 실루엣은 산재된 부락에 건축적 총체성을 부여하듯 길게 늘어져 있다. 도시의 기하학적 중심에 교회만 있는 것은 아니다. 교회 앞에는 "아르마스 광장Plaza de Armas"이[32] 넓게 펼쳐져 있는데, 이 공간은 시민의 삶의 진정한 심장이다. '시장'과 '관청'과 정원이 있는 그곳은 정치적, 종교적 활동이 이뤄지고 장사를 비롯해 별의별 탈선이 벌어지는 곳이다. 단순히 크기로만

32 도시 중심에 있는 대광장을 가리킨다. —옮긴이

보면 교회만이 우글거리는 사람을 주재할 권위를 지닌 것처럼 보인다. 더욱이 교회는 아름다워서 가장 중요한 건물이기도 하다. 정신적으로든 물질적으로든 교회는 늘 가장 높은 곳에 위치한다.

모든 문화는 언제나 종교적 의미의 삶을 토대로 형성된다. 종교적 감정은 창조적 원기를 추동하는 강력한 근원이다. 아메리카에 들어온 정복자가 복음을 전파하는 노력을 기울이지 않았다면 유럽문화는 아메리카에 뿌리내리지 못했을 것이다. 연대기적으로 봤을 때, 초기의 문화적 과업은 종교적인 삶과 직결되었으며 종교적 삶을 구성하는 것이었다. 멕시코에서 교회 예술은 초기 크리오요 문화로 출현했다. 이 예술의 일반적 특징이 유럽에서 구상되긴 했지만, 그 예술이 멕시코 땅의 돌로 구현되고 인디오가 나름대로 장식적 요소를 연출하여 세공하고 제작했다는 것은 상징적이라 하겠다. 그 첫 번째는 금욕적 간결함을 보여주는 프란시스코회 스타일로, 사원의 모습에 군사 요새의 특성이 가미되며 직선과 각으로 건설됐다. 각진 모서리로 이뤄진 기하학적 모양은 공격적이고 힘찬 남성성을 연출하는데 밀림을 지배하기 위해 외딴 곳에 세워진 성채들이 그러하다. 세월이 흐르자 이 원시적 강인함은 교회 주위로 도시가 번성하면서 부드러워졌고 넘치는 상상력은 금욕적인 규율을 깨고 보다 평화롭고 세속적인 삶을 반영한 바로크 건축을 낳았다. 크리오요 건축은 종교적 의미의 언어로서 신세계의 삶에 결합한 생명력 있는 예술이었다. 순수 미학적 측면에서 오늘날 우리는 나중에 유입된 외래 스타일이 식민지풍 건물에 어울리지 않다고 느낀다.

식민시대에서 19세기 후반까지 멕시코의 교육은 신학교육이었다. 사제는 좋든 싫든 대중의 의식을 이끄는 사람이었다. 그들은 그리스어와 라틴어로 신학을 가르치면서 멕시코에 인문주의를 키워나갔다. 여러 세대에 걸쳐 지중해 문화를 표준으로 지성을 일궜다.[33] 따라서 당시에 전해진 교육방식은 당연히

33 알폰소 레예스는 『베르길리우스를 위한 글 Discurso por Virgilio』에서 "멕시코인의 정신은 라틴의 물이 우리에게 이르렀듯이 이 땅의 붉은 흙을 핥으며 3세기에 걸쳐 흐르며 이곳 우리의 집에서 이뤄졌다"고 썼다.

당대 유럽에 비해 상당히 뒤쳐져 있었다. 그럼에도 불구하고 근대 사상은 교회의 독점적 교육의 일부를 담당하던 폰티피시아대학교Universidad Pontificia나 여타 교육기관에 스며들지 못한 채 공식적, 종교적 검열에 의해 비밀리에 걸러져버렸다. 하지만 프랑스 혁명의 여파가 너무나도 컸기에 프랑스 사상이 학술의 장에 이르지 않을 수 없었다. 그리하여 멕시코 독립전쟁에 나선 최초의 카우디요는 바로 사제였다.

그리고 19세기 중반에 들어서면서 종교성에 대한 부정적 입장이 부각됐다. 혁명적 레포르마와 더불어 자유주의가 극적으로 시작되었으며, 이로써 비非교파적 교육과 헌법이 가능해졌다. 그 움직임을 이끌고 입법화한 열정적인 자코뱅주의 정치인은 학구적인 지식인이었다. 그들은 반교회적 쟁점에서 수사와 더불어 신학적 변증을 활용했다.

그 때부터 교회의 권력은 합법적으로 무너졌다. 물론 교회권력의 영향력은 상당한 세월이 흐른 뒤에야 실질적으로 줄어들었다. 멕시코인의 노정에서 신앙심만큼이나 중요한 다른 정신적 요소는 없을 것이다. 레포르마를 완수한 자유사상가의 종교에 대한 부정적 발언은 단지 대항적이었을 뿐 강한 종교적 감정의 기운이 담겨있었다. 다시 말해, 자코뱅주의 정신은 종교로부터 해방된 이상적 인간의 정신이 아니라 오늘날 정신분석학자들이 "양면적" 감정이라고 하는 모순적 현상의 경우에 속한다. 1857년 헌법을 제정한 자유주의 사상가들이 사용한 무기는 철학이 아니라 수사에 가까웠다. 그들은 지식인이 아니라 정치인으로 처신했고 사상체계를 생산하지 못했다. 그들의 종교적 감정은 카메라 렌즈에 비치듯 뒤집힌 상으로 맺혔다. 그들의 "평등주의", 막연한 "박애주의", 그리고 프랑스식 "계몽"에 대한 뒤늦은 메아리로서의 합리주의적 태도가 그들이 지닌 세계에 대한 이미지를 개선하기에는 역부족이었다. 멕시코의 사상과 관련하여 어느 양심적인 역사가가 자코뱅주의적 삶의 개념을 구성하는데 필요한 자료를 연구하여 파편화된 사상들을 한데 모은다면 그들의 행태가 신도, 교회도, 교리도 없는 추상적 기독교주의와 다르지 않음을 어렵지 않게 찾아낼 수 있을 것이다.

모든 생명체가 그러하듯이 종교는 지적 비판으로 인해 종교적 믿음이 새로운 삶의 의미와 화해하지 못하면 되면 천천히 사그라져 죽음을 맞게 마련이다. 종교적 감정이 식으면 신앙의 실천과 의례는 특유의 가치를 상실한 기계적 행동처럼 사회적 무기력에 휩싸인다. 얼핏 보기에도 종교적 열정은 멕시코 역사의 장에서 거리가 멀어졌으며 멕시코인의 정신활동에서도 핵심적 열기를 상실했다. 레포르마에 뒤이어 들어온 실증주의는 비종교적 교육의 이론적 토대로서 종교사상을 뿌리 뽑는데 가장 적절한 철학이었다. 바레다 Barreda는[34] 대학예비학교를 세웠는데, 그 교육과정은 새로운 영혼을 지닌 청년들을 배출하고자 콩트가 분류한 학문 분과에 맞춰 진행됐다. 실제로 교육개혁은 멕시코의 정신적 방향 전환에 괄목할만한 영향을 끼쳤다.

교회의 물질적 권력을 무력화하는 일은 어쩔 수 없는 역사적 필요에 따른 것이었고 역사적 사건들은 의식 속에 종교에 대항할 논거를 심어뒀다. 그렇다고 종교적 감정이 파괴된 것은 아니었다. 당시의 사건들은 멕시코인의 심리적 근간을 바꿀만한 정신적 자질이 없었기에 종교적 감정의 물질적 힘에 눌려있었다. 신앙심은 무너지지 않았다. 비록 모두가 신앙심이 무너졌다고 믿었지만, 신앙심은 반종교적 편견과 같은 외적 억압에 의해 무의식 속에 억눌려있었을 뿐이었다. 오늘날까지 멕시코 정신을 형성한 복잡한 메커니즘을 연구한 사람은 아무도 없었다. 그 연구가 우리의 자화상을 볼 수 있는 유일한 길인데도 말이다. 신앙심에 대한 이런 설명은 현재 멕시코인의 정신적 비정상성을 이해하는데 각별한 도움이 될 것이다. 종교적 삶은 일시적인 심리 현상이 아니라 영구적이고 불가분하게 작동한다. 따라서 종교적 삶에 대한 충동이 정신적 영역 내에서 다른 대상으로 전이되지 않거나, 그 충동의 출현이 용납되지 않으면, 그 충동은 가치에 대한 시각을 왜곡하는 어두운 힘으로 변환되어 개인을 환영적 세계 안에 살게 한다. 왜냐하면 그 충동이 "자아"와 사물에 엄청난

34 가비노 바레다 이 모이세스(Gabino Barreda y Moisés, 1818–1881). 의학자이자 정치철학자로 대학예비학교 초대 교장을 역임했다. –옮긴이

허위를 부여하기 때문이다.[35]

실증주의가 반종교적인 의도로 멕시코 교육 계획에 포함되면서 실증주의는 자유주의와 동일한 것으로 받아들여졌다. 그리고 상당히 많은 교리가 자유주의자들의 목적에 유리한 관점에서 문제시됐다. 이들은 자신의 부정을 합리화할 규준을 찾아 과학적 확실성과 현대성이라는 권위를 부여했다. 이 교육의 과업에서 분파적 열정에 대한 철학적 판단이 지속됐다면, 종교에 대한 비판이 그러하듯이, 실증주의가 그다지 만족스럽지도 않을뿐더러 형이상학적 의미의 결핍으로 인해 종교를 대체하기는커녕 종교보다 못하다는 것을 보다 일찍 인지했을 것이다. 태생적으로 취약한 실증주의는 멕시코에서 종교적 감정에 대한 지적 비판을 방해하는 결과를 초래했다. 하지만 실증주의는 종교적 감정을 억누르는 편견으로서는 기계적으로 작동했다. 영혼 깊숙한 곳에 갇혀버린 종교적 감정은 탈출을 꿈꾸며 팽창하다가 과학적 미신을 만나게 된다. 신앙의 결핍으로 말미암아 계몽된 계층은 과학을 신격화했다.

한편, 고양된 종교적 감정은 19세기 말 이스파노아메리카 사상가에게 이상주의적 자극을 줬다. 그들 중 가장 주목할 인물이 호세 엔리케 로도이다.[36] 그는 완전한 인격의 소유자로 크리오요 문화를 대변하는 인물이다. 이 훌륭한 우루과이 작가도 콩트, 귀요Guyau, 텐느Taine, 르낭Renan 등 프랑스 실증주의의 영향을 받았지만 그의 실증주의는 폭넓은 르네상스의 지평과 고결함을 지니고 있었다. 로도 만큼 우리 민족의 감수성을 유럽문화의 정수에 동화시킨 사람은 없었다. 우리는 로도가 아리엘Ariel로 상징한 정신적 감정을 처음으로 인식하게 됐다.

아메리카의 청춘기가 그의 목소리에 전율한 이유는 우리가 그의 조화로운 말에서 우리를 발견하고 우리의 고결한 열망을 위해 용기를 북돋을 방도를

35 융의 저작 『무의식 Lo inconsciente』를 참조하시오.

36 호세 엔리케 로도(José Enrique Rodó, 1871–1917). 우루과이의 사상가이자 정치가로 그의 대표작 『아리엘 Ariel』은 북아메리카의 물질주의를 견제하며 정신적 이상주의를 토대로 최상의 민주주의를 실현할 것을 주문한다. –옮긴이

찾았기 때문이다.

그의 작품에 담긴 절도와 문학적 형식의 명쾌함, 헬레니즘, 기독교정신, 이성에 대한 신뢰는 지중해 정신을 완성하고 있다. 그는 어떻게 지중해 정신을 아메리카에 펼칠 수 있었을까? 이에 대해 우리는 앞서 열거한 요소들이 학교에서 배우는 게 아니라 감수성과 이해력이라는 자질, 즉 개인이 배운 모든 것을 일정한 재현의 틀에 맞춰 정리하는 자질에서 나온다는 점을 알아야 한다. 영혼의 격을 빚어내는 형식들은 가톨릭교회가 그렇듯이 태어나서 죽을 때까지 들이마시는 대기로서 여러 세대를 거치며 지속적으로 작동하는 정신적 힘만이 만들어 낼 수 있다. 척박한 아메리카의 환경에서 아주 상이한 분위기의 문화적 양식을 생산한 로도와 같은 인물을 기적이라 한다면, 기독교가 아메리카에 지중해의 고전 정신을 옮겨 심은 수단이었음은 분명하다. 개인이 종교에서 해방됐다고 해서 자신을 구성하는 총체를 버리는 것은 아니다. 초자연적이고 신화적인 것에 대한 믿음을 거둬들여도 그 진수 혹은 삶에 대한 정신적 감정은 남게 된다. 따라서 로도의 정신은 종교적 감정과 기독교적 형식, 그리고 이성과 범아메리카주의로 변환된 보편주의적 이상을 지니고 있다. 로도는 아메리카의 정치적 통합을 주장한 시몬 볼리바르의 사상을 수용하여 이스파노아메리카의 이상으로 보다 넓지만 덜 구체적인 "대大조국"을 상상한다. 이는 마치 기벨린의[37] 정신을 되살리는 것 같다.

종교적 전위의 예는 저명한 작가들의 글에서 얼마든지 찾아볼 수 있을 테지만, 이 글의 목적이 아메리카 문화의 공통분모를 찾는 것이니 그 예는 앞서 제시한 것으로 충분할 것이다. 비록 이 글이 주로 멕시코를 다루기는 하지만, 남아메리카 작가를 선택해도 부적절하지는 않을 것이다. 왜냐하면 이스파노아메리카 국가들의 역사발전의 정체성은 한 국가에서 발생한 사건을 분석함으로써 얻은 결과가 다른 나라에서도 유효함을 보여주기 때문이다. 다만 반종교적 편견은 이스파노아메리카 지성의 변덕스러운 개인주의를 통합적

---

37 기벨린(Ghibellini, 황제파)은 12세기에서 13세기에 이르기까지 교황권을 지지하는 구엘프(Guelfi, 교황파)에 맞서 신성로마황제의 권력을 지지하던 정파를 일컫는다. – 옮긴이

문화에 엮는 유일한 고리가 종교의 힘이었음을 인정하기 어렵게 한다.

아메리카에 대한 중대한 자각이 간절한 목소리를 낼 때마다 종교적 소요가 나타났다. 루벤 다리오가[38] 자신의 영혼이 "성당과 무신론적 폐허" 사이에서 싸우고 있다고 한 것도 그 때문이다. 이것이 아메리카라는 드라마의 이미지가 아닐까? 성당을 세운 문화와 새로운 총화를 일궈내지 못한 "우리의" 폐허의 문화를 분리하는 일은 여전히 심각한 문제를 야기하고 있다.

멕시코의 경우, 실증주의의 영향이 문화를 죽이는 결과를 초래할 수도 있는데도 한 때는 그 실증주의가 소수의 지도층에게 해방과 진보로 작동했다. 그들은 학술적으로 침체된 교육에 실증주의를 꺼내들면서 과학적 연구의 문을 열어 악습에 물든 학교의 분위기를 개선했다. 그것이 실증주의의 성과였다. 실증주의는 멕시코의 사회적, 정신적 필요에 상응했기 때문에 금세 보편화됐다. 그것은 외래종 식물이었지만 이곳의 대기에 생존할 수 있었다. 실증주의는 "실증주의"라는 말과 모순되게 거의 언제나 부정적 열정이었다. 그렇지만 열정처럼 강렬하다는 것은 실증주의가 생명력 있는 교리였음을 의미한다. 따라서 실증주의는 크리오요 문화의 핵심이라 할 수 있다.

몇몇 실증주의 옹호자는 그 용어와 거리가 먼 혹은 그에 반하는 요소를 실증주의의 고매한 윤리로 삼았다. 하지만 윤리의 본질이 그렇지 않기에 그들의 주장은 윤리에 대한 정신 수준을 깎아내리다 못해 상식적 철학으로 축소하고 본능적 이기주의를 정당화했을 따름이었다. 그것이 포르피리오 디아스 체제 하의 지배-착취 부르주아의 '과학적' 윤리의 기원이었다.

따라서 1908년 시작된 〈청년문예협회Ateneo de la Juventud〉의 문화적 작업은 포르피리오 디아스 시대의 패덕悖德에 대항한 투쟁이었다. 1910년 정치적 혁명이 있기 2년 전에 혁명적 지성이 움직이고 있었던 것이다.

후스토 시에라가 그 운동의 선구자였다. 그는 인문주의자였고 멕시코 문

---

38 루벤 다리오(Rubén Darío, 1867-1916). 모데르니스모(modernismo)를 주창한 니카라과 시인으로 현실과 괴리된 시학을 추구한다는 혐의에도 불구하고 라틴아메리카 문학사에 큰 궤적을 남긴 작가이다. -옮긴이

화에 활기를 불어넣었으며 역사 선생님이자 교육부 장관으로서 저명인사 중에서도 명예로운 위치를 차지할 만큼 훌륭한 인품을 지닌 걸출한 인물이었다. 〈청년문예협회〉는 구성원의 격에서도 그들의 활동에서도 이 나라의 중요한 사건이었다. 그들이 지닌 자질은 서로 달랐다. 인문주의자로는 페드로 엔리케스 우레냐Pedro Henríquez Ureña, 철학자로는 대학교육을 이끈 안토니오 카소Antonio Caso, 정치에 있어서는 호세 바스콘셀로스José Vasconcelos, 수필가로는 알폰소 레예스Alfonso Reyes, 훌리오 토리Julio Torri, 헤수스 아세베도Jesús Acevedo, 비평가로는 에두아르도 콜린Eduardo Colín, 시인으로는 곤살레스 마르티네스González Martínez가 있었다. 이 문예협회는 세상에서 고립된 동호회가 아니었다. 그들의 기획은 문화를 일신하고 전파하는 것이었다. 모든 구성원이 작가였으며 나중에는 대부분 대학 교수로 일했다. 그들은 각자 다른 목적에 봉헌했지만 공통의 목표가 있었으니, 도덕화가 그것이었다. 다시 말해, 모든 면에서 멕시코인의 정신을 고양하고자 했던 것이다. 이 〈청년문예협회〉는 공교육의 철학적 토대 개선을 위한 운동을 전개했다. 민족 앞에 그들의 정신주의는 그 정신주의를 억압하던 편견을 깨고 빛을 밝혀 제 이름에 대한 부끄러움을 없앴다. 카소와 바스콘셀로스 같은 철학자는 유럽의 정신이 소생하고 있음을 인지하고 베르그송Bergson 같은 권위 있는 철학자에 의지하여 그 사상을 이 땅에서 재생산했다. 그들은 고등교육이 철학적 토대 위에서 설계되어야 함을 인식하고 있었다. 이에 카소는 대학에 철학 교육을 도입했다. 그는 정신활동, 즉 지식, 예술, 철학을 통해 윤리의 의미를 끌어냈다.[39] 바스콘셀로스는 삶에 대한 신화적 개념을 통해 진일보하는데, 그 개념의 결정적 요소는 미학적 감수성에 있었다. 문학에 있어서도 작가의 도덕성을 고취할 필요가 있었다. 문화적 수양이 없는 영감과 재능은 무용하기 때문이다. 〈청년문예협회〉의 진중한 미학과 헤수스 발렌수엘라Jesús Valenzuela가 이끌던 잡지인 『모던Revista Moderna』을 중심으로 한 기성세대 지식인의 보헤미아는

39 안토니오 카소와 그의 작품에 대한 연구는 필자의 『가설 Hipótesis』(1928)을 참고하라.

상당한 차이를 보이는데, 기성세대에게 예술의 의미는 상아탑과 작위적인 파라다이스에 있었다. 더불어 당시에 도덕성을 외친 주목할 시인으로는 엔리케 곤살레스 마르티네스Enrique González Martínez가 있다. 그는 루벤 다리오의 유미주의에 맞서 "기만적인 깃털을 지닌 백조의 목을 비틀지어다"라는 시구를 남겼다. 도덕성이 예술만큼이나 필수적인 영역이 있으니, 바로 문학비평이다. 에두아르도 콜린Eduardo Colín은 그 두 가지 면모를 갖춘 비평가였다.

〈청년문예협회〉의 작업은 전체적으로 멕시코 지성계의 고요한 정적을 깨는 충격이었다. 새로운 사상을 유포하고 호기심과 지적 욕구를 일깨웠으며 문화에 대한 시야를 확장했다. 그들은 철학을 통해 갈수록 커지는 실용주의의 영향을 저지하면서 청년들에게 정신적 가치를 고취했다. 1910년대 그들의 운동은 우리의 지적 삶의 반경을 확장하고 품격을 고양했다. 그런 이유로 오늘날까지 그 지성의 소생이 비극적 상황에서 일어났다고 주장하진 않는다. 그리고 바로 그 1910년에 혁명이 일어났다. 내전이 전국에서 동시다발적으로 발생하진 않았다. 혁명은 회오리치듯 제가 지나간 곳을 뒤엎었지만 곧바로 도덕적인 삶을 회복했다. 그럼에도 불구하고 머잖아 전쟁의 여파를 어디서든 느낄 수 있었다. 누구도 악화되는 경제 위기를 피할 수는 없었다.

이 민족적 드라마의 한복판에서 글을 쓴 시인들, 학자들, 철학자들의 작품에선 급진적 비관주의의 그림자나 절대적 부정 같은 낙심의 표현을 찾아볼 수 없을 것이다. 우리의 사상가들은 정신적 가치로 강하게 삶을 긍정하는 철학에 열중했으며 삶의 종교적 의미를 수용하려 했다. 그들의 목소리는 이스파노아메리카인의 목소리였으며 그런 지성의 전통은 유심론의 변주였다. 바스콘셀로스가 멕시코대학교에서 "우리의 혼은 말할지어다. 우리 민족을 위해"라고 했을 때, 그의 사상은 개인적 의지를 초월한 것이다. 하나의 영감 같은 그의 직관은 집단적 무의식의 미스터리를 환히 밝히고 있다.

이렇게 훌륭한 지적 작업들은 멕시코의 즉시적 현실에 얽매이지 않은 자유롭게 이뤄졌으며 이로써 영웅적 지위를 획득했다. 천박한 비평가는 그들의 작업에서 현재의 멕시코 역사를 찾을 수 없다며 그 작업의 민족적 의미를 부정했다. 그러나 지성인들은 주위의 즉시적 현실이 죽음임을 알고 있었으며 자신의 신념, 즉 문화의 저장고를 지키는 것이 삶의 불씨를 지키는 것임을 알고 있었다. 따라서 그들은 세상을 외면한 것이 아니다. 자신을 구원하는 것이 국가를 구원하는데 기여하는 것이었기 때문이다.

멕시코의 지성이 즉각적인 현실을 언급하지 않은 이유는 국가를 경시하거나 자신의 문제를 제대로 이해하지 못했기 때문이 아니다. 정신이 표현되려면 적절한 언어로 구체화되어야 하는데 아메리카에는 아직 그런 언어가 없었고 유럽의 문화만이 그렇게 할 수 있었던 것이다. 우리의 "유럽주의"가 언제나 예속적 모방을 하거나 경박하게 유행을 따른 것은 아니다. 그것은 인간적 삶에 대한 유효한 가치를 인정하고 그 가치를 담고 있는 세계에 진입하려는 열망이었다. 그 세계에 무관심하다는 것은 열등함의 신호이며, 그 열등함은 조국이라는 테두리를 결코 넘어설 수 없게 함은 물론이고 보다 광대한 공동체에 접근할 수 없게 할 것이다. 유럽은 근대시대의 유일한 보편 문화를 창조하며 그 과업을 이상적으로 추구했다. 다행히 이스파노아메리카인은 보편정신에 도달할 능력이 있으며 그 보편정신을 가능한 방식으로 실현할 의지도 있다. 이미 언급했듯이, 우리의 소중한 사상가들은 바로 그 의지를 표명했으며 그 의지가 크리오요 문화의 핵심적인 동인이었다. 비록 바스콘셀로스의 "보편인종"이 현재의 우리의 삶에 적절하지 않고 실질적 가능성도 낮기에 신뢰할만한 예견이 아니라 할지라도, 그의 사상에서 우리는 그가 말하는 관념, 즉 신화적으로 표현된 "우리 인종"에 대한 보편주의적 의지를 확인할 수 있다.

우월한 문화의 필요성을 인식한 멕시코의 정예 지식인들은 자신이 살고 있는 세계 안에서 그 문화를 찾지는 못했지만 자기 안에서 그 문화를 실현했다. 그들은 멕시코의 영혼이었지만 그 영혼에는 육체가 없었다. 우월한 문화가 유지되기 위해서는 활기찬 환경으로서의 중간적 문화라는 사회적 틀이 있어야한다. 그러한 환경이 바로 우리 문화의 유기적 총체성을 완성하고 실효성을 보장할 육체일 것이다. 계몽이 공동체에 전파되어야만 교양을 갖춘 소수의 영혼이 전방위로 퍼질 수 있으며 신경계가 유기체의 조직을 움직이듯이 공동체를 움직일 수 있을 것이다.

멕시코의 "문화 폐기"

I

19세기 초에 멕시코의 지배적 철학은 실증주의였다. 일반인이나 "과학자"들이 그 용어를 다른 방식으로 해석했을지라도 본질적으로는 동일한 개념이었다. 멕시코 최고의 엘리트로 구성된 〈청년문예협회〉는 공리주의와 실증적 유물론에 대항한 운동을 전개했다. 그들은 실증주의의 영향으로 추락한 삶의 고결한 가치를 회복하기 위해 새로운 정신주의적 철학을 도입함으로써 지적 환경을 개선코자 했다. 그들의 문화적 과업은 로도의 『아리엘』과 동일한 정신을 품고 있었다. 머지않아 그들은 대학의 철학교육의 방향을 바꿔놓았다. 콩트와 스펜서의 권위는 베르그송과 제임스, 부트루 등의 철학자로 대체됐다. 새로운 사상의 유입은 청년들을 요동치게 하고 문화에 대한 지대한 열의를 불러일으켰다. 하지만 그 열의는 오래가지 못했다.

바스콘셀로스가 공교육을 개시한 1919년, 우리의 문화적 운명에 급격한 변화가 찾아왔다. 다시 말해, 바스콘셀로스는 초등교육을 광범위하게 실행하고자 했지만 당시엔 누구도 사회적 평등에 신경 쓰지 않았던 것이다. 따라서 그의 과업은 교육혁명으로 여겨졌다. 공교육에 대한 변화는 모든 단계의 교육에 대한 비판적 재검토를 야기했으며 초등학교에서 대학까지 교육에 대한 다양한 개혁의 발의가 전개됐다. 민족주의 사상, 중등 및 기술교육에 대한 관심, 대학 연구에 대한 무관심과 대학 연구를 공익으로 전환하려는 구상이 출현한 것도 그때였다. 그런 구상은 교육자, 정치인, 지식인 등 다양한 영역에서 제기되었으며 청년층과 대중에게 우호적으로 받아들여졌다. 따라서 그런 움직임은 작위적이지 않았다. 이 움직임은 이론에 기초하여 설명할 필요조차 없을 만큼 누가 봐도 자연스러웠다. 그 움직임은 역사적 필요에 따른 것이었지 지적인 관심에서 나온 것이 아니었다. 비록 그런 새로운 경향이 이질적이기는 했지만 그 속에는 공통점이 있었다. 그것은 모두가 전통적인 교육 방식에 만족하지 못했다는 사실과 실용성과 양적 기준에 따른 교육을 인정했다는 점이다. 그럼에도 당시까지는 고등교육이 문제시되지는 않았는데, 이는 당연한 일이었다. 1920년대 이전까지는 고등교육에 대해선 이론의 여지가 없었으나 이 시기에 들어서 문제시됐다. 그때부터 고등연구에 대한 관심은 줄어들었으며 대학생도 자신을 예전의 대학생으로 생각하지 않았다. 또한 완전히 사라진 것은 아니지만 "지식인"에 대한 존경과 부러움도 없어졌다. 결과적으로 쿠르티우스Curtius가 말한 "문화 폐기Abandono de la cultura"에 해당하는 보편적 현상이 모방을 벗어나 자발적으로 멕시코에서 발생한 것이었다.

교육개혁의 공통분모는 '유용한 활동'이었다. 청년과 교사는 물론이고 지식인도 즉각적으로 삶에 적용할 수 있는 지식을 추구했다. 그로 인해 "실용주의"와 "생기론"이 대학계의 가장 적절한 교육론이 됐다. 이러한 문화적 현상을 문화 영역 밖의 다른 현상과 연계하여 생각해보면 전술한 일들의 정신적 기원을 찾을 수 있을 것이다.

나는 우리의 사회적 환경을 간략하게 살펴봄으로써 멕시코인의 삶이 모든 영역에서 즉각적인 결과를 얻으려는 방향으로 향했음을 알아보고자 한다. 개인적이든 사회적이든 삶의 프로그램은 현재나 가까운 미래에 맞춰져 있게 마련이다. 현실이 인간의 노력에 만족스럽게 화답할 지는 중요하지 않다. 중요한 것은 그렇게 하려는 인간의 의도이다. 삶이라는 것은 정확한 목적지가 없으면서도 별의별 충동적인 행동을 동반한 경솔한 행위라는 인상을 준다. 새로운 민족교육 계획과 문화의 의미에 대한 막연한 개념들은 (이런 개념 속에서 민족교육 계획이 정당화된다) 집단적 상태를 반영한다. 그 계획의 영감은 상부의 지성이 아니라 본능의 어두운 면에서 비롯한다. 이 과정이 없다면 자신이 열등하며 보잘 것 없다고 여겨야 할 것이다. 사실 역사적으로 중대한 운동은 영혼 깊은 곳에서 벼려지며 삶에 대한 원초적이고 기본적인 충동이 그곳에 머물고 있다. 멕시코의 교육개혁은 자신의 존재를 확인하고 정당화하려는 민중의 추진력이 표현된 것이자 공적인 삶의 전면에 대중이 출현하게 된 사회적 변화가 문화적 영역에 투영된 것이라 할 수 있다. 대중은 각 개인의 본능이 지닌 역할을 사회 속에서 재현한다.

금세기 초에 멕시코인은 보통 자기가 가진 모든 것을 경멸한 반면 삶의 월등한 의미를 부여해줄 모델을 찾아 외국으로, 주로 유럽으로 관심을 돌렸다. 유럽인과 똑같은 일을 하더라도 유럽인이 그 일을 어떻게 했는지 알아내지 않고는 누구도 그 일에 뛰어들지 않았다. 정신적인 면에서 멕시코는 식민지였다. 멕시코 부르주아의 최고 이상은 유럽으로 건너가 조국으로 돌아오지 않고 그곳의 학교와 대학에서 공부하는 것이었다. 그들은 이 땅에서 태어났다는 사실을 인정하지 않고 살았다. 어쩔 수 없이 멕시코에 살았지만 그들의 정신은 유럽에 살았다.

하지만 금세기 20년대에 들어서면서 세계를 보는 멕시코인의 태도는 바뀌었다. 멕시코인이 자신을 둘러싼 환경과 제 삶에 관심을 쏟게 된 것이다. 예전에는 보지 못했던 가치를 발견했으며, 이로써 당시에 참혹한 전쟁을 겪고 있던 유럽에 대한 동경은 줄어들었다. 이런 상황에서 수많은 이스파노아메리카인은 그토록 동경하던 문화에 대해 환멸을 느꼈다. 뒤이어 전후의 비관론은 아메리카인의 의식에서 유럽의 권위를 약화시켰다. 멕시코인은 슈펭글러의 『서구의 몰락』에서 유럽문화에 반하는 최초의 철학적 주장을 찾게 되었고, 이 철학적 주장은 외국의 정신을 본능적으로 거부하던 멕시코인의 감수성에 기운을 불어넣었다.

그렇다면 그 정신적 변화는 어디에 기인하는가? 멕시코의 민족적 "자아" 의식의 깨우침은 생물학적 기원에서 출발한다. 외국의 문명을 분별없이 모방하려는 다양한 시도가 실패함으로써 우리는 더 이상 부인할 수 없는 우리만의 기질과 독자적인 길이 있음을 고통스럽게 배웠다. 새로운 민족적 감정에서 비롯한 반작용으로 유럽문화에 대항하여 우리의 문화를 형성하려는 의지가 싹텄다. 유럽을 등지기 위해 멕시코는 민족주의를 그러안았다. 그런데 이 또한 유럽 사상이었다.

멕시코인이 유럽에 반감이 있다는 것은 당연한 일이다. 유럽의 정신에 대한 관심이 몇 세기에 걸쳐 멕시코 고유의 가치를 폄하하는 결과를 초래했기 때문이다. 유럽에 대한 미몽이 무수한 파괴를 낳은 것이다. 그런데 불행히도 민족적인 것에 대한 새로운 관심은 명확한 목적을 지니지 못했다. 심지어 우리의 운명을 탐구하려는 선한 목적이 유럽에 대한 원한 때문에 적개심과 뒤섞여버렸다. 수많은 무기력한 의지가 진중한 노력으로 완성될 문화 형성의 과업을 벗어나고자 문화를 폄훼했다. 초기 민족주의는 유럽을 부정하는 것 말고는 아무 내용 없는 공허한 움직임이었다. 그 결과, 멕시코는 문명세계에서 고립됐고 풍요로운 정신적 힘을 자발적으로 버린 꼴이 됐다. 그 정신적 힘이 없이는 그토록 열망하던 영혼의 성장이 불가능한데 말이다.

우리의 삶에 독자적인 인장을 찍는 작업은 논리적인 출발점, 다시 말해 멕시코인에 대한 앎에서 시작돼야 했으나 실상은 그렇지 못했다. 우리의 존재방식, 우리의 열망, 우리의 능력, 우리의 역사적 사명을 규정하지 않는 한, 민족주의적 개선의 과업은 모두 실패할 운명에 놓인 맹목적인 작업이 될 것이다. 멕시코인에 대한 명쾌한 개념의 결핍은 멕시코 문화를 위해 수용해야 할 규범이 무엇인지 열정적으로 논쟁을 벌인 두 분파, 즉 민족주의파와 유럽주의파를 발생시켰다. 우리는 이 두 사고방식에서 멀어져야 한다는 결론에 이르렀다. 민족주의자들은 멕시코가 보편적 문화에 진입하는 것에 반대함으로써 멕시코를 다른 세계에서 고립시키는 오류를 범했다. 고립이 독창적인 정신의 발전을 보호하기는커녕 오히려 역효과를 야기하여 독창적이든 아니든 모든 형태의 정신적 삶을 방해한다는 사실은 명백하다. 또한 고립은 작위적으로 독창적 스타일을 찾는 위험한 일이다. 왜냐하면 독창성 획득의 여부는 의식적 의지가 개입할 수 없는 운명의 결과이기 때문이다.

유럽주의자들 또한 오류를 범했다. 그들은 멕시코를 기준으로 유럽문화를 보는 게 아니라 유럽에서 멕시코를 본다. 그들은 자신을 둘러싼 삶을 버리고 멕시코인이기를 포기한 자들이다. 그들의 정신에는 유럽문화의 영향을 받으면서도 유럽문화라는 나무의 몸통에 새로운 가지를 접목하여 독립적인 문화를 창달할 토착적 요소가 없다.

II

"에스파냐든 포르투갈이든 이베리아반도의 인장은 라틴아메리카의 사람의 기질과 삶의 환경을 결정지었다. 여태까지 '엘리트들'은 프랑스에서 지적인 문화를 찾았다. 그리고 마침내 북아메리카로부터 기술적 수단과 더불어 물질적 산물이 갈수록 복합적으로 유입되고 있다."[40] 구체적으로 멕시코를 예를 보더라도, 미국식 삶이 과거에 우리를 지배하던 유럽의 규범을 순식간에 대체하고 있음을 확인할 수 있다. 실용적 노동, 자본, 기계, 속도 등이 새로운 인간형에게 엄청난 흥분을 유발하고 있다.

현재 멕시코의 교육 지침은 '도구적 인간의 개념'라는 이미지에 맞춰져 있다고 할 수 있다. 이는 기술 전문화와 자유직업을 향한 사교육이 낳은 당연한 결과이다. 초등교육에서 대학까지 전 교육과정에서 기술훈련의 원칙을 일률적으로 적용하는 미국의 도구로서의 문화가 우리나라에 유입되는 것을 막고 있는 것은 생물학적 절박함뿐이다. 멕시코의 교육 방향의 변화는 누군가 개인적으로 책임질 일이 아니다. 지근거리의 미국이 우리의 가난을 더욱 처참

40 A. Sigfried, *Amerique Latine*, 143.

하게 하는 화려한 물질문명의 모범이기 때문이다. 활력이 넘치고 가공할 욕망의 상상이 넘치는 나라에, 화려한 옷을 입은 강력한 대자연과는 대조적으로 무자비한 기후에 덩그러니 내던져진 벌거벗은 인간의 나라에 아이러니한 운명이 닥쳐온 듯하다.

미국의 교육은 무의식적으로 기계적 사회라는 개념과 맞물린다. 그리고 이 개념은 세계를 기계로 재현한다는 보편적 관점을 축약하고 있다. 그 메커니즘은 본능적 인간이 사물의 질서를 잡는 형식에 있는데, 여기서 세계는 인간이 기계를 다루듯이 손쉽게 굴복시키고 지배해야 하는 사냥감에 다름 아니다. 기술 전문화에는 –본능적인 동물들의 행동이 그러하듯이– 얼마 되지도 않고 다양해질 수도 없는 전형적인 행위에 맞춰진 방안이 이미 주어져 있다. 따라서 그렇게 제한된 상황에서 살기에 적합한 사람은 기술자밖에 없다. 다시 말해, 사람이 경직된 전문 분야에 묶여 살게 되고, 이는 그의 삶에 단 하나의 직업밖에 없다는 것을 의미한다. 따라서 위치가 바뀌면 그는 길을 잃는다.

숭고함이 없는 본능은 자연 상태에서 작동하는 난폭한 힘이다. 따라서 본능은 생물학적 기능을 사용하는 것이며 삶을 낳는 원리가 되지 못하고 삶을 파괴하는 힘에 머무는 것이다. 본능이 물질문명을 꿈꾸게 되면 진정한 인간의 삶은 자동적이고 기계적인 날조된 삶으로 대체된다. 학교가 전적으로 물질적 기술에 봉헌한다면 인간을 문명에 의해 손쉽게 부서지는 존재로 만드는 일이 된다. 학교가 극악무도한 짓을 하는 것이다. 무릇 교육이란 문명에 대항하여 자신을 지켜내는 삶을 경주해야 한다. 문명은 겉보기엔 인간을 살기 좋게 하는 것 같지만 인간을 의지도 지성도 감각도 없는, 즉 영혼이 없는 완벽한 로봇으로 만들어버린다.

멕시코 문화의 상(像)

볼리바르는 신세계에 관한 글에서 아메리카인은 당연히 유럽인이라고 쓴 바 있다. 멕시코에서 그 당위성은 한 세기 내내 남용되어 개인적인 변덕에 따라 아무렇게나 유럽을 모방했다. 멕시코 유럽주의의 원죄는 우리의 영혼에서 싹터 우리의 필요에 적용 가능한 열매를 맺게 할 외래문화의 씨앗을 골라낼 기준이 없었다는 것이다. 그 기준이란 다름 아닌 현실 그 자체일 것이다. 하지만 현실은 무시됐다. 모든 관심과 주의가 유럽을 향했기 때문이다. 유럽 모방의 오류는 문화를 유럽식 개념으로 이해했기 때문이다. 즉, 문화를 지나치게 이상화하며 삶에서 분리했다. 정신을 지탱하는데 있어 활기와 열의가 필수불가결한 게 아니라는 듯이 말이다.

우리에겐 우리 민족의 소명, 역사적 숙명을 결정지을 문화가 있을 것이다. 나는 이 글에서 독특한 역사의 산물로서 사회와 인간의 유기적 구성체인 멕시코에서 문화가 어떤 모습으로 나타나는지 살펴보고자 한다.

위선적 유럽주의를 지속할 수는 없다. 하지만 또 다른 위험한 환상, 즉 위선적인 멕시코인의 환상도 피해야 한다. 외국의 것이라면 무조건 거부하는 멕시코주의는 지금까지 형성된 토대와는 다른 토대 위에서 우리의 모든 삶을 바꾸려 하고 있다. 마치 한 순간에 모든 역사를 제거할 수 있다는 듯이 말이다. 그들은 모든 기묘한 혼합으로부터 자신의 근원성을 해방시키기 위해 외부 세계와의 접촉으로부터 멕시코를 고립시키고 있다. 문화가 삶과 분리되어 존속할 수 있다는 사유에 기초한 "유럽주의"와 마찬가지로 멕시코주의는 멕시코가 이미 명확한 민족적 특성을 지니고 있으니 우상을 발굴하듯이 그저 밝은 빛으로 끌어내면 된다는 믿음에 기반하고 있다. 이러한 믿음은 산과 선인장, 그리고 민속의상을 입은 인디오가 하얗게 점점이 흩뿌려져 있는 풍경의 현실에, 그 "그림 같은" 현실에 기대고 있다. 최근 멕시코 예술은 공명상자처럼 "그림 같은" 차원이 확장된 것으로서 양키 관광객의 시선을 사로잡았다. 그러나 말을 타는 멕시코인, 다채로운 스타일의 여성드레스, 혹은 야만적 전설의 멕시코(나는 이것이 그토록 유럽인의 이목을 끄는 이유를 모르겠다. 1914년 이래로 그들이 표출했듯이 그들 역시 야만성의 대가大家이면서 말이다)[41]로 재현된 멕시코는 탬버린의 나라 에스파냐처럼 잘못 알려져 있다.

열등감의 전형적인 반응으로서 외래의 것을 거부하는 민족주의적 성향을 제거한다면 분명 멕시코를 위해 필수불가결한 가치의 도덕적 내용이 도출될 것이다. 그것이 오랜 세월동안 자신의 운명에 귀를 막은 멕시코인이 처음으로 듣게 될 내면 깊은 곳의 진정한 목소리이다. 별것 아니라고 할 수도 있겠지만, 이는 참으로 새로운 일이다. 멕시코인은 솔직하게 살지도 못했고 거짓 없는 역사를 지니지도 못했다. 따라서 이제 우리는 그 호명에, 진솔하게 살라는 명령에 귀를 기울여야 한다. 우리는 자기되기의 가치를 지녀야 하며 가난하다는 사실을 부끄러워하지 말고 우리에게 닥친 삶을 겸허히 받아들여야 한다. 우리가 겪은 모든 악은 그 단순한 소박함의 법칙을 실천하지 못하고 현실을 이탈한 상황을 꾸며냈기 때문이다. 그러한 오만을 치유하는 순간, 오늘날 우리가 겪고 있는 고통은 사라질 것이다. 현실 밖에서 살았던 탓에 우리는 혼돈에 에워싸여 있었으며 그 속에서 우리는 아무런 계획도 없이 거센 바람에 떠밀려 맹목적으로 길을 나아갔다. 길을 잃었을 때는 가장 친밀한 곳, 태어난 곳으로 돌아가는 것보다 나은 것은 없다. 기운이 쇠하거나 판단력을 잃는 위기가 닥쳤을 때 인간과 인간사회는 늘 그런 방식으로 젊음을 회복했다. 이와

---

41 제1차 세계대전을 말한다. – 옮긴이

마찬가지로 우리가 대지로 돌아가면 육신의 건강과 필수적 도덕을 회복하여 미래에 대한 믿음을 소생시킬 수 있을 것이다. 몇 해 전부터 멕시코의 의식이 진정한 민족적 성찰의 노력을 경주하고 있음은 다행스러운 일이다. 하지만 그러한 의식의 실험이 불행히도 엄정하고 심오하고 객관적으로 진행되지 못하고 있다. 모두가 개인적 이익과 당파적 열망에 영향을 받는데 어떻게 공정한 판관이 될 수 있겠는가? 우리는 이익 혹은 (이익이 아닌) 열망 혹은 엄청난 열망에 저항할 수 있는 게 아무것도 없음을 경험적으로 알고 있다. 다시 말해, 우리의 사소한 열망을 진리를 위한 대망으로 바꿔야만 개인으로서도 국민으로서도 우리의 모습을 알게 될 것이다. 진리를 위한 대망은 현실적이든 이상적이든 사람과 사물을 위한 헌신적인 사랑의 방식, 즉 앎에 대한 사랑이다. 플라토닉 에로스는 그 사랑의 상징이다. 앎에 대한 사랑을 펼쳐가는 일, 이것이 멕시코 교육을 위한 첫 과제가 돼야한다.

진리를 향한 대망을 지닌 사람이라면 진정한 자기비판을 위해 필수적인 도덕적 힘을 얻게 될 것이며 자신의 내면세계에 대한 투명하고 객관적 시야를 방해하는 다혈질적 감수성을 억제할 수 있을 것이다. 우리가 이 세계의 존재가 아니라 단순한 지적 관찰자로서 사물을 관조하는 정신적 차원에 이르는 것만으로는 현실의 참모습을 알아내기에 충분치 않다. 우리는 도덕적 덕목에 더하여 지적 덕목을 갖춰야 한다. 멕시코의 문제를 살피는데 있어 절대적인 준비 덕목으로 과학적 교육을 지지하는 주장이 없다면 나의 주장도 무의미할 것이다. 하지만 잘못된 과학의 개념은 위험한 오류를 낳을 것이다.

여기서 잘못된 개념이라 함은 무지와 피상적 이해에서 비롯한 천박한 개념을 말하는 것으로서 실증주의가 아련하게 메아리치는 개념이다. 이 개념은 현실에 오감을 열어두는 것만으로도 과학이 달성된다는 믿음으로 구성된다. 여기서 지적 기능은 과학적 프로세스의 부차적인 것으로 이해되었으며 경험은 원래의 제 미덕이 그렇다는 듯이 사상으로 전환되는 마술적 능력을 지닌 것으로 이해됐다. 그리하여 과학적 연구는 자료를 수집하는 것으로 축소되고 말았다. 상당한 자료가 모여 일정 정도 축적되면 과학적 지식의 빛을 발한다는 듯이 말이다. 극단적 "민족주의"는 유럽의 과학을 따르면 모든 지적인 작업이 연구자의 정신에 편견을 심을 것이며 토종의 원형을 찾는 일을 방해할 것이라고 주장한다. 그러니 보편적 과학의 원칙을 이해할 필요성도 느끼지 못한 채 그와 유사한 과학의 논리로 "멕시코식 과학"을 창조하려는 생각이 퍼진 것도 이상할 게 없다.

따라서 멕시코는 과학에 대한 진정한 이론을 서둘러 정립해야 한다. 왜냐하면 앞서 언급한 천박한 개념은 과학의 캐리커처에 지나지 않기 때문이다. 과학적 연구는 현실과 '선입관'을 대면시키지 않고는 실행할 수 없다. 선입관은 발생한 현상을 향한 관심을 이끌어가는 힘이 있다. 우리는 선입관 덕분에 상이한 사건들의 관계를 밝혀낼 수도 있으며, 표면적으로 상이한 사건들 속에서 동일한 프로세스의 연속성을 정립할 수도 있다. 다시 말해, 선입관은 경험을 통해 우리에게 과학적 사상을 가져다준다. 따라서 선입관이란 연구에 앞서 과학에 대한 원칙을 배워가는 과정에서 얻어지는 것이다.

외국의 문화계와 상관없는 독창적인 멕시코 문화를 발전시킬 수 있다는 믿음은 문화에 대한 몰이해 때문에 발생한다. 보통은 문화를 순수한 '앎'으로 여긴다. 정신의 기능이 현실을 인간화하는 데 있음을 무시한 채 말이다. 하지만 그 정신작용이 자연적으로 생성되지 않는다는 것도 명백한 사실이다. 그렇기 때문에 오늘날까지 축적된 문화유산에 대한 교육이 필요한 것이다. 그 문화가 각 개인의 정신 속에서 성장할 수 있도록 말이다. 교육의 방향이 올바로 잡힌다면 지식의 양을 늘리기보다는 정신적 능력을 통해 지식을 변형하는 방향으로 나아감으로써 개별적인 경험에서 나온 질료를 인식하고 정제할 수 있도록 해야 한다. 전통 문화의 진수를 아주 섬세하게 추출하여 우리의 정신적 "범주"로 변환해야만 문화를 흡수했다고 할 수 있을 것이다.

정신이 형성되고 성장하려면 보편적인 문화의 자극과 자양분이 필요하다. 우리가 외래문화에 대해 문을 걸어 닫고 외부세계로부터 고립된다면 멕시코인의 의식을 연구해봐야 무의미할 것이다. 그것은 어둠에 빠지는 일이다. 민족문화의 미래를 위한다면 다음과 같은 두 가지의 극단적 방법론이 교육에 적용되어서는 안 된다. 즉, 지난 1세기 동안 그랬듯이 우리의 정신을 무너뜨리는 위험을 안고 유럽문화를 체득하려고 멕시코의 현실을 아예 방기하거나, 무無에서 뭔가를 얻는다는 것이 불가능함에도 불구하고 멕시코 문화를 창조하겠다는 유토피아적 희망으로 유럽의 문화를 완전히 부정해서도 안 될 일이다. 길잡이 사상을 통해 우리의 존재를 파고들지 않는다면, 우리 존재의 미스터리를 결코 풀어내지 못할 것이다. 물론 우리는 그 길잡이 사상을 유럽에서 가져올 수밖에 없을 것이다.

우리 영혼의 존재방식이 밝혀진다면 우리는 복합적인 유럽문화 속에서 우리의 방향을 찾을 방도를 준비할 수 있을 것이다. 기실, 유럽에는 중요한 요소가 많겠지만 우리의 관심을 끌지 못할 수도 있다. 우리는 오직 과학적 지식을 활용함으로써 복합적인 유럽문화를 체계적으로 탐구할 수 있는 토대를 갖게 될 것이며 우리의 환경에 맞는 요소를 분리해낼 수 있을 것이다. 오늘날까지 구세계의 정신적 삶의 혼종적 산물을 평가함에 있어 그 유일한 기준은 유행이었다. 우리는 우리 영혼에 대한 특정 지수를 지니지 못한 탓에, 유럽의 사물에 대한 비전을 멕시코의 관점에서 정리할 수 있는 우리의 발화 지점이 없었다. 우리는 이 땅에 동화될 수 있는 유럽문화의 형식에 대해 체계적이고 의식적인 선별 작업을 할 생각도 못했다. 하지만 우리는 그런 체계를 갖출 수 있다. 다양한 문화 속에서 특정한 문화적 측면을 선호하는 우리의 본능적 친화성을 토대로 마련한다면 말이다. 어려운 점이 있다면, 자연적인 호감과 엉뚱한 관심을 구분하는 일이다. 사실 문화에 대한 관심은 후자에 의해 끌려왔다. 멕시코인은(천박한 극소수를 제외하고) 오늘날까지 문화의 기저에 다다르는데 관심이 없었다. 오히려 문화의 화려한 외양에 현혹되어 문화의 표면에 머물렀을 따름이다.

멕시코는 장래에 "멕시코 문화"를 가져야 한다. 하지만 우리는 멕시코 문화를 여타 문화와 다른 독창적인 문화로 이해하지 못하고 있다. 우리는 멕시코 문화를 우리와 함께하고 있고 우리의 영혼을 표현해줄 수 있다는 이유로 '우리' 것이 된 보편문화로 이해하고 있다. 그 "멕시코 문화"를 형성함에 있어 우리에게 주어진 유일한 길이 유럽문화를 배우는 것이라는 점은 기묘하다. 우리 민족은 유럽인으로부터 갈라져 나왔으며 우리 역사는 유럽의 틀 안에서 전개됐다. 하지만 우리는 문화와 삶을 분리함으로써 우리의 문화를 형성하지 못했다. 우리는 더 이상 온실의 꽃 같은 작위적 문화를 원치 않는다. 우리는 위선적 유럽주의를 원치 않는다. 따라서 우리는 무수히 반복된 나머지 진부하게 느껴질 수도 있는 근대적 원리를 적용해야 한다. 즉, 문화와 삶을 연계해야 한다. 우리는 문화가 없는 삶이나 삶이 없는 문화가 아니라 살아있는 문화를 원한다. 따라서 과학적 지식이 인정되는 만큼, 우리는 보편 학문의 원리에 대한 연구를 매순간마다 우리의 현실에 대한 구체적 관찰과 연계해야 한다. 문화에 대한 적의는 모든 권위와 규범을 거부하는 멕시코인의 개인주의적 성격에 기인하기도 한다. 따라서 급진적 민족주의 사상을 수용한다면 정신적 혼돈이 지속될 것이고, 힘들이지 않고 쉬운 과업을 골라서 겉핥기식으로 관찰하고 과학적 정확성이 결여된 파편적 연구를 하게 될 것이다. 우리가 장차 정신을 강고히 하려면 (대)학교의 청년들을 반드시 지성과 의지를 향한 교육에 맞춰 키워내야 한다. 문화를 고려한다면 특정 지식에 몰입해서는 안 된다. 진정으로 중요한 사안은 문화를 배우는 일이다. 문화에 지적이고 도덕적인 수양이 있으니 말이다. 그렇게 된다면 고도의 정신적 삶을 영위하는 사람조차도 모국을 폄하함으로써 자긍심을 느끼는 오류에 빠지지 않을 것이다. 그들은 오히려 그러한 깨우침을 통해 멕시코의 현실을 더욱 잘 이해하고 평가하게 될 것이다.

멕시코인 상(像)

지금까지 살펴본 주제인 멕시코의 문화적 운명은 멕시코인의 잠재능력에 대한 검토를 요구한다. 왜냐하면 문화의 시작과 끝이 바로 사람이기 때문이다. 문화의 가치가 인간적인 목적과 무관하다고는 상상조차 할 수 없다. 글머리에 밝힌 문화적 운명이라는 주제에 대해 앞으로 전개할 이야기는 이론의 여지가 없는 바로 그 사실에 기반하고 있다. 막스 셸러Max Scheler에 따르면, "문화란 '뭔가를 위한' 교육, 다시 말해 직업이나 전공 혹은 어떤 이익을 위한 교육이 아니며 문화가 그런 교육을 위해 존재하는 것도 아니다. '뭔가를 위한' 모든 교육은 문화를 위해, 즉 '완전한 인간'을 위해 존재한다." 정신 활동의 최종 목적은 문화가 아니라 인간성의 발전에 있다. 문화적 산물은 영혼이 스스로를 찾는 여정에 놓인 정거장과도 같다. 따라서 교양인의 사적인 영향력은 특정 과업에 대한 자극제로서의 효과를 뛰어넘어 문화 촉진을 위한 자극제가 된다.

멕시코 문화의 도래가 어느 선에서 가능한지 알아보려면 우선적으로 그 문화를 창조할 멕시코인의 정신적 조건이 무엇인지 알아야 한다. 우리의 독특한 역사적 운명에 대해 명쾌한 의식을 갖고 우리를 에워싼 혼돈 속에서 우리를 이끌어줄 위대한 지성인이 필요하다는 점에는 모두 동의할 것이다. 멕시코에서 능력과 교양이 출중한 인물은 뿌리 뽑힌 지성인, 다시 말해 멕시코의 삶에는 그 어떤 존엄성도 없다고 생각하여 멕시코의 삶을 업신여긴 자들이었다.

소수의 교육받은 자들은 정신적인 면에서 우리 민족의 개인주의에 대한 표상이며, 그들의 사상과 문예활동은 이 나라의 역사와 다르다. 행여나 어느 작가가 권좌에 앉아 이 나라를 통치하는 일이 벌어진다면, 그는 시공간에 구애받지 않고 적용할 수 있는 일들을 떠벌리며 이 나라를 추상적으로 이끌어 갈 것이다.

바로 그 반대편에 급진적 민족주의자가 있다. 이들은 준비되지 못한데다 문화라고는 찾아볼 수가 없는 사람들이다. 그들은 사물을 표면적으로 이해하며 협소한 지역주의로 인해 "지역색"을 멕시코성이라고 믿는다. 그들의 영향력이 멕시코의 정신적 삶에 퍼진다면 지역적 정신이 문화적 원형이 될 것이며 머지않아 이 나라는 문명세계 한복판에 내던져진 보잘 것 없는 마을로 전락할 것이다. 우리의 수도는 멕시코에 뿌리내리지 못한 보편적 문화로부터도, 보편성 없는 그림 같은 "멕시코주의"로부터도 멀어져야 한다. 우리가 실현할 이상은 특유의 민족적 특징과 그 가치의 보편성을 정밀하게 결합함으로써 형성될 인격이다. 이 말의 의미를 보다 정확히 이해하고자 하는 독자라면 러시아나 에스파냐의 예술을 떠올려보기 바란다. 그곳의 예술가는 자기 민족의 가장 개인적인 특징을 포착함과 동시에 보편적 초월성을 획득하고 있다. 따라서 "민족주의"는 우리의 삶을 정화하고 그 삶이 보편성의 지평에 진입하는 것을 방해하지 말았어야 했다.

멕시코는 이미 그러한 인격이 발현됐어야 했으나 아직도 오리무중이니, 우리가 불모의 나라에 살고 있는 것은 아닌지 의심해야 하는가? 그렇지는 않다. 그 원인은 다른 곳에 있다. 연이은 역사적 사건이 우리의 삶을 비정상적으로 바꿔버렸으며 멕시코인의 정신적 진화를 어두운 길로 잘못 이끌어갔다. 학교와 사회가 사람을 키워냄에 있어 의식적이고 성찰적인 규율을 따르지 않은데다 정신적으로 평화와 안정의 환경이 갖춰지지도 않았었다. 수세기에 걸쳐 형성된 우리의 기질은 무의식적 동인에 의해 추동된 불연속적 프로세스였다. 이러한 비정상성이 우리의 운명을 왜곡한 탓에 오늘날 우리는 우리가 나아갈 올바른 방향을 찾아 헤매고 있다.

하지만 멕시코의 미래를 신뢰할만한 징조가 있으니, 멕시코인이 내면에 존재하는 빈자리를 인식하고 결핍된 인격을 갖춰가며 그 빈자리를 채우려는 의지를 보인다는 것이다. 부디 모든 이가 우리 문화의 문제가 성과를 내는데 있는 게 아니라 인간을 만드는데 있다는 점을 깨닫기 바란다. 만약 우리에게 "공적 의식"이 있다면, 그 과업의 현실화를 도덕적 명령으로 받아들여야 할 것이다.

그 목적을 달성하려면, 무엇보다 오늘날까지 진정한 존재의 성장을 억눌러왔던 무의식적 콤플렉스로부터 멕시코인이 자유로워져야 한다. 인간의 행동이 외적 동인에 의해 작동한다고 믿는 것은 구태의연한 생각이다. 허다하게 인간은 자기가 원하는 것이 무엇인지 모르며 자기 행위의 추동 요인을 착각한다. 허구적 환영을 만들고 지적 판단을 왜곡하며 가치의 의미를 인지하지 못하게 하여 이상한 목적에 이롭게 주체의 정신을 바꾸는 등, 의식력을 교란하며 보이지 않게 작용하는 의도들을 효과적으로 살피려면 심리학자가 되어야 할 정도이다. 나는 지금 병리현상이 아니라 평범하고 건장한 사람의 정신적 삶에서 일상적이고 빈번하게 일어나는 일을 말하고 있다. 현대 심리학은 그것의 본질을 상당히 정확히 분석하고 그 진실을 찾아냈다. 사적·공적 사건 속에서 인간을 이해하고 검토하는 이 귀중한 기술은 역사적, 사회적 화제를 연구하는 길잡이이다. 이를 통해 오늘날의 사상가들은 심원한 시각으로 영혼을 살펴봄으로써 미처 알지 못했던 영혼의 가려진 세계는 물론이고 장차 빛을 보게 될 일들이 그 이면 세계의 품에서 구상됨을 발견할 수 있었다. 한편으로 우리는 이러한 원리를 적용하여 문화 속에 있는 특정한 사회적 사건을 해석하고자 했다. 또한 우리는 개인적 특성을 지닌 멕시코인이 아니라 정치적 공동체의 주체로서의 멕시코인에 대한 정신분석을 통해 얻게 된 중요한 연구를 제시하기도 했다. 우리의 연구에는 멕시코인의 무의식에서 가장 중요한 요소가 기재되어 있다. 여기서는 다만 유럽적 기준으로 형성된 부당한 자부심이 낮은 고약한 콤플렉스가 쉽게 파괴될 수 있다는 점만 지적하고자 한다. 멕시코인이 자신의 가치를 평가하면서 의기소침해지는 이유는 비교 가치에 주목하기 때문이며, 이 비교 가치는 어떻게 적용되느냐에 따라 엄청난 차이를 보이게 된다. 척도의 단위를 다른 나라 사람이나 다른 수준의 문화에서 찾아서는 안 된다. 누구든지 자신의 잠재적 발전 가능성을 최대한으로 끌어올릴 수 있으며, 이로써 자신의 능력에 대한 이상적 원형原型을 얻을 수 있다. 멕시코인은 자기를 평가함에 있어 이 원형을 척도로 적용해야 한다. 그렇게 얻은 가치는 고유한 가치가 될 것이며, 이룬 것과 이룰 수 있는 것 사이에 다소 차이가 있을 수는 있겠지만, 다른 가치와 비교하더라도 그 가치가 과대해지거나 축소되지는 않을 것이다. 그리고 열등콤플렉스가 사라지면 가치절하의 느낌을 보상하려고 변장하듯이 진정한 자신을 덮어버리는 허위적 기질도 자연스레 없어질 것이다. 그렇게 되면 두 번째 독립, 아마도 첫 번째 독립보다 훨씬 초월적인 독립이 시작될 것이다. 자신의 운명을 정복할 정신이 해방될 테니 말이다.

멕시코인이 무의식적 힘의 지배로부터 벗어나는 것은 자기의 영혼을 아는 법을 배운다는 것을 의미한다. 그 순간 멕시코인은 진솔함으로 가득한 새로운 삶을 시작하게 될 것이다. 루벤 다리오에 따르면 “진솔하다는 것은 능력이 있다는 것”이다. 보기에는 간단해보이나, 이 기본적인 명제를 실천하기란 쉽지 않다. 고유 인격에 대한 확신을 지속적으로 방해하는 요소는 사회적 정황, 허무함, 불안, 에고이즘, 사욕 등 다양하다. 이것들은 의식을 현혹하여 인격 형성의 길잡이가 될 모델을 선택함에 있어 오류를 범하게 한다. 현재 멕시코가 지닌 위험은 민족성의 틀이 이미 존재한다는 믿음에 있다. 이 오류는 유럽주의와는 다른 방향으로 진정한 멕시코의 본질을 왜곡할 것이다. 그런 오류를 범하지 않으려면 멕시코성에 있어서 어떠한 모델도 존재하지 않는다고 생각해야 하며, 우리 내부에서 자생적으로 출현한 운동을 편견 없이 주의 깊게 살펴봄으로써 그 운동을 우리 안에 ‘있지만’ 우리 것이 아닌 충동과 혼동하지 말아야 한다. 이를 위해 필요한 유일한 기준은 우리의 것과 외부의 것을 구분할 수 있는 정확한 직관이다. 작위적 문명은 심각한 장애물로서 우리의 의지를 엉뚱한 방향으로 끌고 갈 수 있다. 따라서 우리는 마침내 우리가 어디에 이를지에 대해 너무 염려하지 말고 때 묻지 않은 원시인처럼 나아가야 한다. 그렇게 해야만 세상의 모든 민족 속에서 우리를 드러낼 차별적 색채를 지니게 될 것이다. 진솔함이라는 이상을 실현하기 위해서는 근원에 대한 강박을 반드시 치유하고 완전함을 향한 장대한 의지를 품어야한다. 이것이 우리의 운명을 밝혀줄 뭔가를 찾는 가장 확실한 길이다.

지난 세기 마지막 10년간 우리는 혼란스러운 사상 속에 살면서 휴머니즘이라는 말을 잃어버렸다. 따라서 우리가 일깨운 새로운 의지를 충족시키고자 한다면 인간중심 교육을 실행해야 한다. 쿠르티우스는 "휴머니즘이라는 말에 4세기에 걸쳐 교육의 먼지들이 내려앉고 있다"라고 했다. 그러나 휴머니즘은 영속적 현재이다. 왜냐하면 휴머니즘 정신은 고대나 르네상스라는 역사적 시대구분의 한계를 넘어 모든 시대를 초월하기 때문이다. 요즘 같은 때에 휴머니즘을 지지하는 일이 보수주의자가 된다거나 과거로 회귀한다는 것을 의미하진 않는다. 역사의 매 순간마다 고유한 휴머니즘이 있었으니, 그 휴머니즘에서 출발하여 과거에서 유래한 인간중심적 영감을 새로운 관점에서 고찰할 수 있을 것이다.

멕시코에서 문화는 언제나 이미 완성된 결과물과 진리를 배우는 것이었다. 진리로 인도할 실질적인 프로세스를 재생산하지 못한 채 말이다. 그런 이유로 문화가 정신을 전파하는 매개체 역할을 효과적으로 수행하지 못했다. 다시 말해, 문화가 "인간 중심적"이지 못했다. 교육의 내용에 변화가 없다고 하더라도, 우리의 연구가 현학적인 지식에 앞서 문화 창출의 기능을 실행하는 방향으로 나아간다면 우리의 연구도 인문주의적 의미를 지닐 것이다. 우리가 스피노자가 구분한 "능산적 자연"과 "소산적 자연"을[42] 문화에 적용한

42 스피노자는 무한한 실체로서의 자연을 능산적 자연으로, 여기서 파생되어 시간 속에서 변화하는 자연을 소산적 자연으로 구분한다. —옮긴이

다면 나의 주장을 쉽게 이해할 수 있을 것이다. 즉, 작품으로 객체화된 문화가 있고 활동 중인 문화가 있는 바, 후자가 멕시코 고등교육의 가장 중요한 목표가 되어야 한다는 말이다.

우리가 휴머니즘의 개념을 상실한 탓에 휴머니즘이라는 말이 이 시대의 말이 아닌 듯 낯설게 들리기에 이르렀다. 그렇지만 휴머니즘은 현대인의 삶을 온전히 채우고 있다. 우리가 할 일은 휴머니즘에 심도를 더하는 것이다. 쿠르티우스는 다음과 같이 말한다.

> 휴머니즘의 내밀한 의미를 파악하려면 지적인 실험을 해야 한다. 사회적, 과학적 진보가 절정에 달했다고 가정해 보자. 전쟁도 계급투쟁도 생존투쟁도 없는 사회를 상상해보자. 사회문제와 성문제가 해결된 세상을. 질병은 사라지고 감옥이 폐쇄된다. 국가의 경계도 경제적 경계도 없다. 생산 과정도 무난하게 진행된다. 안락사가 공식적으로 승인됨으로써 죽음의 공포도 없어진다. 이런 사회에서 사회주의는 할 일이 없다. 평화주의도 민족주의도 제국주의도 마찬가지이다. 하지만 그 사회에서도 사람은 태어나고 살고 죽는다. 이 사회의 모든 기술적인 문제는 해결된다. 한 가지 해결되지 않은 게 있다면, 그것은 인간 존재의 의미를 찾는 것이다. 어떻게 살 것인가? 어떻게 사랑할 것인가? 어떻게 죽을 것인가? 이런 질문들은 여전히 제기될 것이며 어쩌면 그 어느 때보다 심각하게 대두될 수도 있다. 최상의 세계에 사는 유토피아적 인류는 괴로움과 고통 속에 이렇게 물을 것이다. 인간은 무엇인가? 인간적인 것은 무엇인가? 어떻게 하면 인간의 삶에 깊이를 더하고 빛나게 할 수 있는가?

뒤이어 크루티우스는 이렇게 덧붙인다. "그렇다고 미래의 가상 인류를 기다릴 필요는 없다. 앞의 질문은 인류 역사가 그랬듯이 오늘날에도 제기되고 있다. 그 질문이 인간의 존재와 인간의 본질과 더불어 움텄기 때문이다." 그의 허구적 이야기는 휴머니즘이 과거의 특정 시대에 제한되는 것이 아니라 그 본질이 시간을 초월함을 말해준다.

물론 인간중심적 문화의 필요성은 당위적이지만 그런 문화의 보편적 수용은 쉽지 않은 일이다. 왜냐하면 멕시코인의 의식에 뿌리내리고 퍼져나간 편견, 즉 실용적 교육에 대한 편견과 충돌할 게 빤하기 때문이다. 멕시코는 기계 문명의 전방위적 침공을 피하지 못했을 뿐더러, 앞으로 설명하겠지만, 그 문명을 바람직한 것으로 간주할 수밖에 없었던 중대한 이유가 있었다. 그렇게 멕시코인의 삶은 점차 근대적으로 변화했다. 그 변화가 문화 영역에 투영되자, 멕시코인의 삶은 새로운 양식의 삶에 따른 기술을 갖추는 방향으로 전환됐다. 그런데 그 변화가 초보적인 단계에 머물렀음에도 불구하도 심각한 모순을 야기했다. 물론 그 모순은 근대문명이 필연적으로 수반하는 것으로 위기에 맞닥뜨린 선진국에서 나타나는 특징이기도 하다.

인간이 창조한 사물은 일종의 악마적 힘을 내재하고 있어서, 인간의 손아귀를 벗어나 제 조물주로부터 독립하면 제 스스로의 논리에 따라 방치상태에서 발전하여 애초의 의도에 어긋난 결과를 초래한다. 근대 기술처럼 인간을 위해 고안된 단순한 수단이 자체적 활동을 통해 과도하게 확장되자 그 활동 자체가 목적이 되고 말았다. 문명의 산물이 인간이 통제할 수 없을 만큼 무한정 축적되어 인간에게 적대적인 효과를 초래하게 되고, 인간은 그 산물을 더 이상 필요치 않으면서도 그 산물의 주체임으로 인해 제 그물에 걸린 동물처럼 포로가 되어버렸다. 지나치게 성장한 기계문명이 인간을 위해 쓰이기는 커녕 인간의 본성을 위협할 만큼 위험하고 버거운 짐이 된 것이다. 자기가 창조한 기계의 힘 덕분에 담대해진 인간은 개인의 삶과 사회 속에서 기술적 이상을 실현하는데 눈이 멀어 인간 본래의 목적을 잃어버렸다. 갈수록 복잡해지는 현대의 삶은 인간 활동을 다양한 부분으로 흩어버리고 사람으로부터 삶을 멀어지게 했다. 인간은 새로운 기술이 주는 만족감에 빠져 사물의 원래 목적을 잊어버린 것 같았다. 예술계에서 빈번히 그렇듯이 말이다.

이 현대문명은 권력의지의 거대한 도구로서 르네상스 시대부터 근대사를 통틀어 인간의 동력이었다. 인간은 과학적 기술을 통해 자연에 대한 지배를 성공적으로 확장해갔다. 하지만 그 도구가 지닌 악마적 힘을 억누를 수는 없었으니, 그 도구의 수가 지나치게 많아지자 인간은 압도적인 물량 속에 갇혀버렸다. 멕시코인의 기질이 정상화된다면 오늘날 멕시코인의 가장 두드러진 특징인 –멕시코인의 자기폄하에 대한 보상이라고 하기에는 부차적인 요소인– 권력의지가 상당 수준 조절될 것이다. "파우스트적 인간만이 제 나름대로 생각하고 느끼고 살아간다. 기술은 그런 사람을 위해 '정신적으로' 필요하다"라고 하며[43] 근대 기술이 유색인종에게 반드시 필요한 것은 아니라는 슈펭글러의 말은 일리가 있다. 다소 혼혈이 되긴 했지만 백인혈통의 멕시코인이라면 당연히 자신을 "파우스트적 인간"으로 이해하고 또 그렇게 느낄 것이다. 하지만 인디오는 그렇지 않다. 멕시코에서 인디오를 문명화하려 한 사람들은 인디오가 근대 기술을 수용할 수 있을 것이라고 생각했는데, 이는 근대 기술이 보편적이기 때문에 이성을 지닌 인간이라면 누구라도 그 기술을 활용할 수 있을 것으로 가정했기 때문이었다. 그들은 기술을 '이해하는' 것으로는 기술을 받아들이기에 충분치 않다는 점을 알지 못한 채 그들의 정신이 기술을 창조한 사람의 정신과 동일하다고 생각했다. 심리학자 융은 푸에블로인디언[44] 부족의 추장이던 친구가 이런 말을 했다고 한다.

> 우리는 백인을 이해하지 못한다. 그들은 늘 뭔가를 갈구하고 안절부절못하며 뭔가를 찾는다. 대체 뭘 찾는 것인가? 우리로선 알 수가 없다. 우리는 그들을 이해할 수가 없다. 코는 뾰족하고 입술은 얇고 잔학하며 얼굴은 도드라져있다. 우리는 그들이 미쳤다고 생각한다.

푸에블로인디언과 유사하게 멕시코의 인디오도 기술을 흡수하기에는 정

43 Oswald Spengler, *El hombre y la tecnica*, 1931, 124.

44 미국의 뉴멕시코, 애리조나, 텍사스 등지에 거주하는 인디오 부족. –옮긴이

신적으로 불가능하다. 이 자리에서 설명하기는 적절치 않지만, 그들은 권력의지가 없으며 탐욕스러운 인간이 아니기 때문이다. 인디오는 자동차나 천경기를 다루는 법은 배울 수 있으나 그 기계의 작업능력에 대한 백인의 감흥을 느끼지는 못한다. 인디오는 그런 고급기술을 추구할 내적 필요성이 없기 때문에 그 기술을 버리고 미개한 방식으로 돌아가고 만다. 또한 외부의 강요도 그들을 문명의 영역에 머물게 하지 못한다.

유색인종에게 지배하고자 하는 정신이 없다는 것은 분명하다. 만약 멕시코인에게 기본적인 정신적 힘인 강한 권력의지가 없는데도 근대 문명을 멕시코에 도입하려 한다면, 그것은 지배하려는 민족에 맞서 자기만의 무기로 스스로를 방어하기 위함일 것이다. 슈펭글러는 "유색인종에게 기술은 파우스트적 문명에 맞서 싸울 무기에 불과하다. 그들에게 무기는 목적을 완수하면 내팽개치는 나뭇가지와도 같다"라고[45] 말한다. 그에 따르면, 역사적으로 수세기 전부터 "인종투쟁"이 있었고 1914년 1차 세계대전 이후로는 "계급투쟁"만큼이나 혹은 그보다 더 중요해졌으며, 이 문제가 광범위해지고 첨예해지면서 "세계적 인종 혁명"이 됐다고 한다. 이는 지배자인 백인에 대한 유색인종의 전쟁이 전세계로 확장되었음을 말한다. 이제는 책과 고등교육을 통해 모두에게 제공되는 기술지식이라는 무기가 투쟁에 활용되기 시작했다. 슈펭글러에 따르면 백인이 기술의 비밀을 퍼트려 파우스트적 문명을 괴멸할 수 있는 수단을 적의 손에 쥐어줌으로써 자기의 문명을 배신하는 실수를 저지른 것이다. 백인은 라틴아메리카에서 인종투쟁이 독립과 더불어 시작됐다고 생각한다.

> 1811년 볼리바르가 시작한 이스파노아메리카의 독립운동은 1770년대의 영불문학과 나폴레옹, 그리고 영국으로부터의 미국 독립 없이는 생각하기 어렵다. 애초부터 독립운동은 전적으로 백인들 간의 싸움이었다. 즉, 몇 세대에 걸쳐 아메리카에 뿌리내린 지주층 귀족 크리오요와 식민 영주 체제를

45 Oswald Spengler, *El hombre y la tecnica*, 1931, 124.

유지하던 에스파냐 관료들의 싸움이었다. 미란다Francisco de Miranda나 산마르틴San Martín처럼 순수 백인혈통이던 볼리바르는 전적으로 백인의 과두제를 통한 군주국을 세우고자 했다. 뒤이어 "프러시아" 스타일의 권력자인 아르헨티나의 독재자 로사스도 자코뱅주의에 맞서 귀족정치를 추구했다. 당시에 자코뱅주의는 멕시코에서 남아메리카로 순식간에 퍼졌으며 교회에 적대적이던 공제조합의 지지를 받았다. 그들은 모두의 평등을 요구했는데, 이는 인종에 있어서도 마찬가지였다. 그로 말미암아 에스파냐뿐만 아니라 모든 백인 혈통에 대항한 인디오와 메스티소의 운동이 시작되었으며, 그 운동이 지속적으로 전개된 끝에 오늘날 그 목적이 거의 성취됐다. 훔볼트는 순수 이베리아 혈통에 대한 자긍심을 지적한 바 있는데, 칠레의 저명한 가문에서는 비시고도나 바스크의 선조로부터 전해진 전통이 여전히 유지되고 있다. 하지만 19세기 중반 이후의 혼란한 상황으로 인해 귀족층은 대부분 무너지거나 유럽으로 돌아갔다. 선동적이고 호전적인 유색인 카우디요가 정치를 지배했다. 그들 중에는 후아레스나 포르피리오 다아스처럼 뛰어난 재능을 지닌 순수혈통의 인디오도 있었다. 오늘날 백인 상류층 혹은 그 계층에 속한다고 생각하는 사람의 비율은 아르헨티나를 제외한다면 전체 인구의 1/4에서 1/10 정도이다. 어떤 나라에선 의사나 변호사 혹은 공직자가 거의 인디오인 경우도 있다. 그들은 스스로를 메스티소 프롤레타리아 계층의 도시민으로 생각하며 재화를 소유한 백인들, 즉 크리오요나 영국인 혹은 미국인을 증오한다. 페루, 볼리비아, 에콰도르에서는 행정 및 교육에서 두 번째 모국어로 아이마라어를 사용하고 있다. 그들은 모스크바의 열정적 지지를 받으며 잉카인의 공산주의를 표명하고 있다. 어쩌면 순수 인디오 체제라는 인종적 이상의 현실화가 코앞으로 다가온 것인지도 모른다.[46]

슈펭글러의 견해는 흥미롭다. 물론 그의 주장이 전적으로 타당하지도 않

46 Oswald Spengler, *Años decisiones*, 1933, 176.

고 이스파노아메리카의 미래에 대한 근거 없는 판단으로 오류를 범했을 수도 있지만 말이다. 우리는 인종투쟁의 관점에서 우리 역사의 특정 시기를 재검토해볼 필요가 있으며, 그렇게 해야만 다음과 같은 슈펭글러의 판단이 타당한지 알 수 있을 것이다.

> 하지만 중국의 태평천국 운동,[47] 인도의 세포이 항쟁, 막시밀리아노 황제에 대항한 멕시코인의 항쟁을 살펴보면 단 하나의 공통적 동인에 이르게 된다. 바로 백인에 대한 증오와 백인을 제거하기 위한 확고한 의지가 그것이다.

현재 백인은 멕시코를 위협하고 있으며 방심하다가는 경제와 기술이라는 조용한 수단으로 이 나라를 정복할 수도 있다. 그들이 양키라는 사실을 모두 알고 있을 것이다. 우리가 장차 외국인의 노예로 전락하지 않으려면 우리 유색인은 근대문명을 우리의 정신에 완전히 합치시키지는 못하더라도 그것을 흡수하면서 "기술의 배신"을 이용할 필요가 있다. 하지만 우리가 문명의 길을 가면서 기계화되지 않으려면 다른 선진국의 경험을 고려해야 한다. 이 땅에서 태어난 우리가 권력의 공포에 질질 끌려간다면 생각지도 못한 순간에 영혼이 도려내진 꼭두각시로 전락하여 엉뚱한 곳에 이르게 될 것이다. 다행스럽게도 다른 나라들이 문명의 최종적 결과에 다다를 즈음에 우리의 삶에 문명을 들여오기 시작했으니 우리는 문명의 가치를 정확히 평가하고 엄격하게 비판하는데 필요한 자료를 갖게 됐다. 우리는 갓 들어온 문명을 신뢰하고 조건적으로 숭배하던 지난 세기에 살고 있지 않다. 그 근대문명은 벌써 낡았으며 그 빈약함이 드러나면서 신뢰를 상실했다. 그리하여 이제 사람들은 근대문명을 불신하고 있다. 우리 멕시코인이 모든 자료를 갖고 있고 문명이라는 과업을 온전한 의식을 통해 실현할 수 있는데도 다른 나라들이 범한 오류와 똑같은 오류를 범한다는 것은 용서받지 못할 일이다. 그 나라들은 문명을

47 원문은 "revolución de Yaipin"으로 되어 있으나 Taiping을 가리키는 것으로 보인다. —옮긴이

처음으로 경험했다는 점에서 용서받을 수 있지만 말이다. 지나치게 기계화된 삶을 피할 수 있도록 우리나라의 기술성장을 지적인 노력을 통해 지금부터 조절하지 못할 이유가 있겠는가? 이제는 문명의 이점과 폐해를 구분할 수 있으니, 문명의 폐해로 고통 받는 다른 나라들과 달리 문명의 진정한 이점을 취할 수 있을 것이다. 또한 이러한 지적인 기획을 적용한다면 문명화되지 않은 삶의 좋은 점을 보전할 수 있을 것이다. 멕시코인이 그 삶이 주는 즐거움을 여전히 즐길 줄 아니 말이다.

놀라운 기계기술에 당위성이 있다면, 그것이 장래에 인간을 육체적 노동으로부터 해방시킴으로써 인간이 제 능력을 인간의 본성을 고결하게 할 원대한 과업에 쏟을 수 있게 한다는 것이다. 우리는 문명이 아직 완성되지 않았기에 얼마든지 수정할 수 있는 초기 시점을 이용하여 기술교육의 방향을 정해야 한다. 이 기술교육이 사람의 손에 익숙한 도구가 되도록 말이다. 구대륙 유럽에서 그러했듯이 문명이 최종적으로 완성되어 전통적 구조가 뿌리내린다면 앞서 말한 방식으로 시스템을 수정하려는 어떠한 시도도 불가할 것이다. 만약 그렇게 돼버린다면, 과거는 급진적 혁신을 허락지 못할 정도로 무거운 짐이 될 것이고, 인간은 자신이 추구한 소기의 목적을 달성할 자유를 빼앗긴 채 문명의 덫에 걸리고 말 것이다. 괴테의 말을 빌리자면, 인간이 제가 창조한 환영의 희생자가 되는 것이다.

지금까지의 논의를 읽은 독자라면 외모로 인간을 속여 인간을 기계로 만드는 마술적 힘을 숨긴 근대적 키르케 같은 문명의 영향력에 맞서기 위해 그 어느 때보다 교육에 휴머니즘을 도입해한다고 느낄 것이다. 그러나 우선적으로 우리는 특정 부류의 연구로 수렴되는 낡은 틀의 "휴머니티"를 수정하고 보편적 영감을 불어넣음으로써 현실 속에서 보다 고차원적인 목표를 향한 문화를 위해 모든 노력을 경주해야 할 것이다.

교육과 열등감

I

국가적 교육에서 가장 시급한 일은 멕시코인의 기질에서 악습을 바로잡는 것이다. 개인의 기질은 가정과 학교에서 형성되기 시작하지만 그 기질은 오직 삶 속에서 얻어지고 결정된다. 그렇지만 장래의 개성을 결정지을 핵심적 방향은 학교와 가정교육에 있다. 교육자가 가정과 삶의 방식을 바꾸기는 쉽지 않다. 반면에 학교는 교육자가 통제하는 아주 탄력적인 기관이기 때문에 소기의 목적을 위한 계획적 활동을 조직할 수 있다.

앞서 멕시코인의 일반적 결점은 무의식적 동인인 열등감에 기인하다고 설명했다. 사실 열등감이 멕시코인에게만 해당하는 독특하고 비정상적인 정신상태는 아니다. 열등감은 그 모티브가 지극히 인간적인 성질의 정신적 충돌이기에 인종과 국적을 가리지 않고 나타난다. 하지만 다른 나라에선 열등감이 상당부분 개인에 제한되는 반면에 멕시코에서는 집단적 결점으로 나타난다. 이런 결점을 낳은 역사적 정황, 즉 열등감이 생산된 메커니즘은 다른 장에서 이미 설명했으니 여기에선 열등감을 멕시코의 교육 문제와 관련지어 살펴볼 것이다.

열등감은 제 성질상 개인의 의식으로 표출되는 게 아니라 그 감정을 무의식적으로 보상받으려는 반작용을 통해 나타난다. 열등감이 습관이 되면 점차 기질로 발전하게 된다. 그리하여 본인에게도 타인에게도 사람은 그저 허영에 차 있고 경멸적이며 오만하고 내성적이고 질투가 많으며 믿을 수 없는 존재가 된다. 하지만 본인은 그런 반작용이 의미하는 바가 무엇인지 인식하지 못한다. 이 무의식적 상태가 표출되는 방식은 무모함, 시니시즘, 허위적 배짱, 나약함이나 소심함 등 매우 다양하며 때로는 모순적으로 나타난다. 이러한 이종적 표출방식에는 눈에 띄는 공통점이 있는데, 타인을 희생시킴으로써 자신의 개인성을 확신하려 한다는 것이다. 자긍심의 충동은 모든 이를 멸시하고 홀로된 내성적인 사람과 허영에 차서 자기의 공과를 과시하려는 사람에게 작동한다. 자신에 대한 강박과 지속적인 주의집중은 자연스럽게 타인에 대한 상호 관심의 결핍, 즉 이웃의 삶에 대한 몰이해를 야기한다. 한 마디로 말해서, 열등감에 따른 반작용은 개인주의로 이어지며 공동체에 대한 감정을 다소간 손상한다. 멕시코가 협동정신과 집단적 규율에 취약함은 부정할 수 없는 사실이다. 결국 우리의 삶은 사회적 연대가 손상되며 혼란스러워지고 분산될 것이다. 열등감을 유발하는 내향성은 외부세계를 향한 무관심을 강요하며 현실감각을 약화시킨다. 열등콤플렉스에 빠진 사람은 세상에 적응하지 못한다. 왜냐하면 자기 내면에 부적응성이, 즉 비정상적 정신작용으로 인한 의식의 불균형이 자리하고 있기 때문이다. 보통 이런 사람의 야망은 자신의 능력에 맞춰져 있지 않다. 원하는 것에 비해 능력이 부족하다는 말이다. 이로써 우리는 열등감이 그 자체로 실재하는 게 아니라 과도한 야망과 연계되었을 때 나타나는 것임을 알 수 있다. 따라서 우리의 욕망을 우리의 능력에 맞춰 조절한다면 열등감이 발생할 이유가 없다.

열등감은 과도한 권력욕을 야기한다. 다시 말해, 모든 것이 우월함과 열등함으로 구분되는 세상에서 최고를 욕망하게 되는 것이다. 원한, 증오, 앙심, 복수와 같은 부정적 태도는 필연적으로 분쟁을 불러오며, 모든 층위의 권력투쟁은 크건 작건, 사적이건 공적이건, 가정적이건 국가적이건 고립, 인간 혐오, 신경증 등을 낳는다. 이런 역효과는 공동체의 삶에 대한 부적응으로 옮아가게 된다. 따라서 유소년기부터 나타나는 열등감을 극복하려면 학교의 도움이 절실하다.

물론 그 목적에 적합한 구체적인 방법론을 수립하기는 쉽지 않다. 그 일은 잘 준비된 교육자이자 훌륭한 심리학자의 숙련된 기술에 달린 문제이다. 즉, 멕시코의 교육자는 어느 정도 "영혼 치료"의 전문가가 되어야 한다. 고등교육을 담당하는 교육자라면 이미 심리적 부적응을 경험한 사람을 성실히 재교육해야 한다. 여태까지 열등감을 방기하거나 심지어는 악화시킨 멕시코 학교의 문제 중 하나는 학업과 삶을 연계하지 못했다는 것이다. 그렇다고 이 말이 흔히 제기되는 주장, 즉 시급하고 실질적인 문제를 해결하는 데 있어 학교가 직접적인 행위주체여야 한다는 것을 의미하진 않는다. 나의 주장은 초등학교에서 대학에 이르기까지 모든 단계의 교육이 "멕시코 알기"로 방향을 잡아야 한다는 것이다.

II

멕시코 알기가 교육의 중요한 목적 중 하나가 되어야 한다는 주장은 애국주의나 공허한 민족주의의 슬로건처럼 구태의연한 주장의 반복일 수도 있다. 하지만 사실상 이 주장에 내포된 광의는 깊이 있게 다뤄지지도 학교에서 진지하게 실천되지도 않았다. 멕시코인은 학교나 대학을 졸업하면 다른 나라에 대해선 아는 게 많은데 정작 제 나라에 대해선 거의 아는 게 없다. 알고 있는 지식과 살아야 할 현실의 괴리로 인한 부적응은 삶에 장애를 유발한다. 사람들은 장래에 이 나라에서 일하기 위해 학교나 대학에서 기술을 배우고 직업교육을 받는다. 따라서 장래에 그들이 활동할 영역에 대한 지식 또한 당연히 교육이 담당해야한다. 이것이 우리가 외국의 사상, 시스템, 수단의 침범을 막는 유일한 방법이다. 우리가 이미 인지하고 있듯이 멕시코인의 삶의 문제를 외국의 것으로 해결하는 일은 이 나라의 자연스러운 발전을 저해하는 위험한 실험이기 때문이다. 인간의 지식과 인간을 에워싼 환경의 부조화는 정치인, 입법인, 교육인, 전문인, 학자 등 모든 영역의 삶을 붕괴하는 원인이며 이들의 지식은 현실에서 실천적으로 작동하지 못한다. 그리고 그 붕괴가 집단적으로 발생하면 열등감은 더욱 악화된다. 우리에게 실천이 결핍되어 있다는 것은 교육이 공허하다는 것, 즉 현실주의적 감각이 없다는 것이며, 역으로 생각하면 우리의 교육이 낙담과 비관주의로 이어질 낭만적이고 유토피아적인 인간을 키웠음을 의미한다. 우리는 우리가 모방해야 할 선진국의 모범을 모방하지 않고 있다. 다시 말해, 초등교육에서 대학까지 학생들에게 자기 나라에 대한 지식을 가르치지 않았다는 말이다.

과학은 연구원칙과 방법으로서 우리가 배워야할 보편적 가치이다. 나는 멕시코의 지식이 과학적이고 엄격하며 체계적이어야 한다고 생각한다. 18세기 후반 멕시코에 과학적 움직임이 일었다. 이 작업은 호세 안토니오 알사테를[48] 중심으로 모인 석학들이 이끌었다. 이들은 모두 독학자였으며 과학적 지식이 변변찮았음에도 불구하고 멕시코를 알기 위해 과학을 적용했다. 그들은 아무런 지원도 받지 못했으며 필요한 도구는 스스로 만들어야 했다. 그들은 민족의식을 일깨운 시발점이었으며 우리가 이어 받아야 할 뛰어난 전통을 일궈냈다. 후스토 시에라가 언급하듯이, 교육은 "조국 없는 영혼들의 이상적 조국"을 이뤄내야 한다. 그는 진정한 교육이란 모든 문화적 원천을 살펴 "지식을 멕시코화하고 과학을 국가화하는 수단을 얻을 수 있도록 계획하는" 것이라고 피력했다.

모든 교육과정의 거의 모든 교과목이 이 나라의 현실에 대응하여 구성되어 있다. 먼저, 언어와 문학 교육은 민족문화를 세우는 기초에 해당한다. 다음으로, 지리학, 역사, 자연과학, 생명과학, 사회과학, 경제학, 정신과학, 철학이 있으니, 그 어떤 학문도 멕시코를 아는 데 필요한 원리를 담지 않은 게 없다. 그런 점에서 교육의 방향을 체계화하는 일은 생각보다 어려운 일이

48 호세 안토니오 알사테(José Antonio Alzate, 1737–1799). 인문학에서 자연과학까지 다방면의 학문을 섭렵한 18세기 멕시코 석학. –옮긴이

다. 물론 우선적으로 교육자를 양성해야 하는데, 사범학교가 중추적 역할을 수행해야 한다.

학교 교과서에 실린 멕시코에 대한 개념들은 열등감에 따른 자기비하로 왜곡되어 있기 때문에 반드시 재검토되어야 한다. 멕시코 것에 대한 존중과 관심을 장려해야 한다. 우리의 현실을 불리한 편견 없이 살펴볼 수 있다면 예상 밖의 가치를 얻게 될 것이며, 그에 따른 지식은 의심의 여지없이 멕시코인의 도덕적 인식을 함양하는데 기여할 것이다. 그렇다고 멕시코에 대한 앎을 교육의 유일한 목적으로 이해하지 않길 바란다. 하지만 그것이 가장 중요한 일 중에 하나임은 분명하며, 그렇게 함으로써 오늘날까지 갈피를 잡지 못했던 민족문화의 방향에 구체적인 내용이 채워질 것이다.

열정과 이익

멕시코인에게 열정은 삶의 가락을 담보하는 음표와도 같다. 특히나 특정 활동이 대중적인 장으로 퍼져나갈 때는 더욱 그러하다. 본질적으로 대중적일 수밖에 없으며 어디서든 쉽게 과열되는 정치뿐만 아니라 집단적 관심을 불러일으키는 모든 일은 열정을 쏟아내는 직접적인 대상이다. 예술에 대한 논쟁이 그러하듯 과학적 문제도 결코 평온하게 흘러간 적이 없었으며 이런 논쟁들은 심상치 않은 상황과 열정적 분위기가 조성되면서 출현한다. 열정은 우리에게 필연이 되었으며, 논쟁이 있는 곳이면 어디든지 이목을 끄는 자극제로서 열정이 요구됐다. 자기의 말이나 행동으로 청중의 주의를 끌기 위해 사람들은 목청을 돋우고 몸짓을 크게 하고 거친 표현을 하게 됐다. 그런 열정으로 얻은 명성에 대해 필자는 그 명성이 합당한 내용이 아니라 표정과 몸짓으로 얻은 것은 아닌지 의심스러울 때가 있다.

열정의 편재는 열정을 가장 중요한 역사적 요소로 만들었다. 열정은 집요하고 맹목적인 원동력이다. 열정으로 추동된 프로세스를 이성적으로 보면 부조리하고 어지럽고 논리가 없어 보인다. 언젠가 중앙아메리카와 멕시코를 방문한 어느 영국인 작가의 글에서 역사철학에 대한 개요를 읽은 적이 있는데, 그는 역사철학의 해석 원리로 열정을 제시했다. 올더스 헉슬리가[49] 그 사람이다. 나는 그의 저서 『멕시코만을 넘어Beyond the Mexique Bay』에서 다음과 같

49 올더스 헉슬리(Aldous Huxley, 1894–1963). 영국 태생으로 미국으로 이주하여 작가로 활동했으며 1934년 중앙아메리카를 여행하고 『멕시코만을 넘어』를 발표했다. – 옮긴이

은 내용에 주목했다.

> 중앙아메리카에서 벌어진 전쟁에서 놀라운 점은 그 어떤 전쟁도 경제적인 원인에 기인하지 않았다는 것이다. 그 전쟁들은 시장 점유를 위한 것도, 위협적인 무역 경쟁자를 무너뜨리기 위한 것도, 고가의 산업자원이 있는 지역을 점령하려는 것도 아니었다. 그 다섯 나라의 전쟁은 보수주의자와 자유주의자, 교권주의자와 반교권주의자, 연방주의자와 독립적 국가주권을 주장한 자들 간에 벌어진 전쟁이었다. 즉, 경제적 이익을 위한 전쟁이 아니라 "정치적 신조"에 따른 전쟁이었다.

헉슬리의 주장은 경제적 이익과 열정을 분리하고 있다는 점에서 주목할 만하다. 보통은 그 반대로 해석하니 말이다. 경제적 이익이 열정을 불러낸다는 점은 이론의 여지가 없다. 하지만 모든 열정이 경제적 이익 때문인 것은 아니다. 물론 여기서 말하는 열정이란 개인적인 열정이 아니라 역사적 인자로서의 역할을 하는 집단적 열정을 말한다. 이성 자체는 역사가 될 사회적 사건을 촉진할 힘이 없지만, 쟁투 중에 이익이 중대하게 손상될 위기에 놓이면 이성이 작동하기 마련이다. 모든 이익에는 계산이라는 이성이 작용하며, 그 계산은 종국적 파멸 속에서도 적절한 때에 뭔가를 구해내기 위해 타협안을 끌어낸다. 하지만 열정이란 한번 촉발되면 맹목적이고 제어할 수 없는 충동으로 발전하여 어떠한 협상도 수용하지 않는다. 헉슬리가 인용한 사상가 알랭은[50] "이익은 타협할 수 있으나 열정은 타협하는 법이 없다"라는 말로 양자에 대한 심리적 차이를 완벽하게 총화하고 있다.

특정한 역사적 사건의 원인을 이익의 개입을 완전히 배재한 채 순수한 열정의 영향에서 찾는 이유가 거기에 있다. 이스파노아메리카에서는 별의별 종류의 분쟁과 싸움이 있었음에도 이해타산이 드러난 경우는 없다. 왜냐하면

---

50 에밀 샤르티에(Émile Chartier, 1868–1951). 프랑스의 철학자이자 비평가. 알랭(Alain)은 그의 필명이다. –옮긴이

결과적으로 이득을 본 자는 없고 모두에게 폐허만 남겼기 때문이다. 이론적으로 아메리카 국가에는 "사적유물론"을 지지하는 사람이 부지기수지만 실제로 우리는 아직도 지구상에서 가장 낭만적인 사람들이다. 우리 삶 속의 낭만주의는 이상을 위해 현실을 희생하는 미숙한 어른의 낭만주의이다. 우리는 "세상이 무너져도 정의를 지켜라"라는 인간의 태도 중 가장 냉혹한 말을 모델삼아 언제든 신념을 지켜낼 준비가 되어 있다. 목숨을 내놓는 한이 있더라도 말이다. 우리의 역사, 그 혼란스러운 과거사에 대해 일관된 설명을 찾으려 하면 오직 탐욕과 무관심, 돈키호테와 산초 판사가 혼돈 속에서 싸우는 것 같은 연쇄적 모순을 보게 될 것이다. 그런데 이런 인상은 유럽 역사를 이해하는데만 적용되는 선입관을 우리의 역사에 적용하는데서 비롯한 것이다. 나는 늘 우리 역사가 독특하기 때문에 외국의 이론적 범주에 맞추면 우리 역사가 완전히 손상된다고 생각해왔다. 물론 이런 관점의 논지에 반하여 특정한 역사적 사건의 동력이 열정에 있음은 사실이지만 그 이면에 현실적 만족을 위한 이익과 욕구가 숨겨져 있다고 항변할 수도 있다. 하지만 나는 이익과 욕구의 이면에는 필요에 따라 그 이익과 욕구를 희생하면서 자기만족을 추구하는 열정이 숨겨져 있다고 생각한다. 바로 여기에 이성적으로 이해하기 어렵지만 분명한 사실, 즉 열정이 모든 것을 평정하고 파괴한다는 사실이 있다. 그렇다고 내가 모든 열정적 태도가 그러하다고 비난하는 것은 아니다. 왜냐하면 나는 이익interés에 대한 열정과 열정에 대한 관심interés을 구분하기 때문이다. 이는 단순한 말장난이 아니라 두 가지의 상이한 심리적 현실을 나타내는 말이다. 전자는 추진력을 지닌 열정이 정신적 혹은 생적生的 이익을 위해 쓰이는 경우이고, 후자는 정신적 혹은 생적 관심이 열정을 위해 쓰이는 경우이다. 열정이 보다 높은 목적을 달성하려는 수단으로 쓰이지 않고 그 자체로 목적이 되면 문제가 된다. 열정에 대한 관심은 자기애, 허영 혹은 자긍심 같은 개인적인 목적을 충족시키는데 쓰인다. 이익을 위한 투쟁에서 우리는 50% 혹은 10%라도 얻으려고 한다. 즉, 전부를 잃느니 조금이라도 건지고자 한다.

하지만 열정에 대한 투쟁에서 우리는 자기애가 손상되는 것을 용납지 못한다. 이는 있을 수 없는 일이다. 열정은 타협하는 법이 없다. 표면적으로 열정은 무의미한 난폭한 힘으로서 모든 이성에 대항하지만 내적으로는 숨겨진 제 논리, 즉 특정한 목적을 따른다. 그런 점에서 열정은 무의식적으로 자기확신을 앞세우며 그에 대항하는 그 어떤 것보다 우위를 차지하려 한다. 나는 어떤 이상에 대한 관심으로 그 이상을 실현하고자 열정을 쏟을 수도 있다. 그것이 객관적인 선善이라고 믿고 말이다. 혹은 그 이상의 가치는 차치하고라도 오직 그 이상만을 실현하고자 욕망할 수도 있다. 그렇게 해야 내가 옳고 나와 다른 방식으로 생각하는 자들을 꺾을 수 있기 때문이다.

나는 의도치 않게 융이 말한 내향성과 외향성이라는 심리적 모델에 맞춰 열정을 두 부류로 나누게 됐다. 외향적인 사람은 개인적 행위와 감각, 사상을 외적 현실의 규범과 연관 짓는 반면에 내향적인 사람은 자기 외에는 다른 규범을 용납지 않는다. 그렇다고 개인의 모든 정신적 기능을 내향적 혹은 외향적이라고 할 수는 없다. 따라서 이성, 감각, 감성 등 어느 것이 내성적인지 각 경우를 살펴야 한다. 어쨌거나 이 주제와 관련하여 우리는 외향적인 열정과 내향적인 열정이 있다고 결론지을 수 있을 것이다. 주지할 점은 앞서 언급한 모든 유형에서 융이 무의식적인 심리적 기능으로 내향성이 있다면 그에 대한 보상으로 의식적 활동이 외향적으로 나타난다는 점을 지적하고 있다는 것이다. 그런 점에서 보면, 상당수 멕시코인이 어느 정도 그런 유형에 상응하며 앞서 살펴본 모순도 충분히 설명될 수 있을 것이다. 따라서 멕시코인은 무의식적인 면, 즉 열정에 있어서는 내향적이며 의식적인 면, 즉 이성에 있어서는 외향적이라고 할 수 있다. 그러므로 이론적으로 멕시코인은 실증주의자도 유물론자도 현실주의자도 될 수 있지만 실제로는 개인의 우월성을 확인하고자 애쓰며 아주 냉정하게 현실적으로 행동한다.

사회생활에 있어 외부가 아니라 내부로 향하는 열정은 부정적이고 파괴적인 힘이 된다. 그런 열정은 가치 있는 기획을 자기목적을 성취하려는 구실로 만들기 때문에 그 기획은 불모가 되고 만다. 그로 인해 우리가 역사에 쏟은 각고의 노력과 투쟁이 아무런 의미도 없는 것처럼 보이고 서글프게도 아무런 결실을 맺지 못한 것으로 이해되는 것이다. 이 부정적 열정은 변호 받거나 정당화도 될 수 없으므로 모든 수단을 동원하여 부정적 열정에 대항해 싸워야 한다. 열정을 긍정적으로 변화시킬 수 있는 것은 훌륭한 규율밖에 없을 것이다. 아마도 전방위적이고 장기적인 재교육만이 열정의 에너지가 집단적 삶에 진정으로 이롭게 쓰이도록 올바른 방향으로 유도할 것이다.

유토피아적 청춘

멕시코는 청년들에게 무수한 기회가 제공되는 나라이다. 20여 년 전부터 사회 고위급 인사, 학자, 정치인의 자리를 젊은이들이 채우고 있으며 그들의 정신이 이 나라의 지배적 경향이 됐다. 서른이 채 되지 않은 청년들이 자영업, 언론계, 교육계, 문학은 물론이고 특히 정계에 들어와 각 영역에서 직접적으로 영향력을 행사하고 있다. 우리 세대에는 예수가 그랬듯이 30대 초중반에 자신의 임무를 실현해야한다고 생각하는 사람도 있다. 이 나이대가 인생의 정점이며 이후로는 내리막길이라고 한다. 그런 생각에 기대어 서른다섯의 나이에 스스로 늙었다고 하는 사람도 있다. 물론 조숙해서 그럴 수도 있다. 흥미로운 건 그런 생각으로 인해 인생이 두 시기로 나뉘었고 장년기가 낄 틈도 없이 청년기에서 순식간에 노년기로 접어든다는 것이다.

멕시코에서 청년기가 지적, 사회적으로 우위를 점하게 된 현상은 도대체 어디에서 비롯하는가? 오르테가 이 가세트는[51] 역사가 시계추의 움직임처럼 노년기와 청년기를 오가며 규칙적인 생물학적 법칙을 보인다고 말한 바 있다. 나는 그의 주장에 전적으로 동의하지도 않는데다가 이를 입증하려면 모든 과거를 되짚어봐야 할 테지만, 최근의 멕시코 역사에서 그러한 연속성이 발견되는 것은 사실이다. 이제와 생각해보면 대략 1920년 즈음까지 이어진 포르피리오 정권 말년이 노년기였던 것 같다. 그 이후로 혁명가들은 구체제 인사

51 호세 오르테가 이 가세트(José Ortega y Gasset, 1883–1955). 대중사회론의 선구자로 평가받는 에스파냐의 철학자로서 그의 사상은 니체의 생철학에 기초하고 있다. –옮긴이

들을 전방위적으로 대체하기 시작했으며 청년들이 공적인 영역에 등장했다. 그 때부터 지금까지 35세 미만의 고위급 각료와 장관이 나타났다. 혁명 이후 이 나라에 청년의 시대가 도래했음은 의심의 여지가 없다. 오르테가 이 가세트의 주장을 입증하려고 우리의 과거사에 이와 비슷한 일이 있었는지를 살필 필요는 없을 것이다. 어쨌거나 이런 현상이 전적으로 멕시코에만 있는 것은 아니다. 다른 나라도 이러한 현상을 겪었다. 물론 그 강도가 멕시코에 견줄 수 있을지 모르지만 말이다. 이탈리아, 독일, 러시아, 그리고 미국도 일정한 영역에 있어 청년에게 행보를 물려줬다. 그러나 유럽에서는 전통적 삶의 틀과 고도화된 조직성 그리고 높은 인구밀도로 인하여 청년 세대의 진입이 어려웠다. 그런 점에서 유럽에서 삶은 마흔에 시작했다고 해도 과언이 아니다. 특히 정계에서 말이다. 얼마 전에 38세의 앤서니 이든Anthony Eden이 영국의 장관직에 오르며 유럽에서 가장 젊은 장관으로 이목을 끌었다.

그렇다면 청년의 활동이 멕시코의 삶에 어떤 영향을 미쳤는가? 청년기는 아주 각별한 연령대로서 다른 연령대와 구별되는 정신적 요소를 지니고 있다. 인간이 살면서 거치게 되는 유년기, 청년기, 장년기, 노년기는 순차적으로 이어지는 시기라기보다는, 다음 단계로 나아가기 위한 계단 역할 외에 각 시기별로 일정한 목적성을 지니고 있다. 따라서 유년기는 단순히 청년기를 준비하는 시기가 아니라 그 시기에 상응한 가치가 있으며 고유한 세계를 지닌 삶의 장이다. 아이들의 세계에도 그들만의 가치가 있으며 그 가치는 그 자체로 존재하는 것이지 성년기의 목적에 도달하기 위한 수단이 되기 때문에 그런 것은 아니다.

예를 들어, 유년기 교육을 전적으로 그런 방향으로 끌어간다면 유년기의 이점을 제거하는 것이다. 유년기 교육을 위한 모든 제도가 실현해야 할 가장 중요한 목표는 완연完然한 유년을 누리게 하는 것이다. 청년기도 마찬가지이다. 청년기 또한 제 세계와 제 가치가 있다. 다만 청년들은 이미 삶을 영위할 수 있으므로 그들에겐 일정한 규율 속에서 자신의 행동을 제어해야 할 책임이 있다. 물론 청년에게 부과된 품성은 특정 행위에는 적합할 수 있으나 그렇지 않은 결과를 낳을 수도 있다. 따라서 스포츠처럼 거의 전적으로 청년을 위한 영역이 있다. 스포츠에서 챔피언이 될 수 있는 사람은 그들뿐이다. 그들은 추진력과 활동성이 요구되는 활동에 적합하다. 활기가 넘치는 그들이 영웅의 가능성을 지녔다는 것은 누구나 아는 바이다. 일반적으로 전쟁에서 청년이 최전방에 있었음을 상기해보라.

시문학이나 철학처럼 일정한 추상성과 관념을 요구하는 지적 활동은 청년들을 강하게 매료시킨다. 그러나 이 글의 목적은 청년들의 존재 방식에 맞는 활동을 나열하는 게 아니라 멕시코의 삶에서 눈에 띄는 현상, 즉 청년들의 정계 진출이 낳은 결과를 살펴보는 것이다.

정치가 특정 사회 내에서 "권력"을 수단으로 특정 목적을 달성하는 예술이라는 점에서 정치는 권력의지가 가장 욕망하는 대상이다. 멕시코인은 전반적으로 정치에 관심이 많다. 멕시코인에게는 권력의지가 고양되어있기 때문이다. 하지만 청년들이 정치에 관심을 갖는 이유는 고상한 이상주의 때문일 수도 있고 정치에 대한 찬미와 열광이 사적인 이익 같은 부도덕한 동기에 기인함으로써 부패를 낳았기 때문일 수도 있다.

최근 몇 년간 멕시코 정치의 지배적 경향은 급진주의였다. 중우정치로 인해 멕시코 민중 속에 멕시코에 근간을 두지 않은 극단적인 사회적 독트린이 퍼졌는데, 이는 멕시코의 현실을 고려했을 때 완전히 유토피아적인 것이었다. 그런 정치적 이상은 멕시코에서 현실적 가능성이 (거의) 없었다. 백 년 전과 마찬가지로 정치는 유럽을 모방하고 있다. 우리가 스스로 생산한 정치노선은 미미할 따름이다. 대부분 외국의 삶을 모방하고 있으며 책에서 얻은 이론을 따르고 있다. 그로 말미암아 우리의 존재와 우리가 되고자 하는 존재의 간극이 너무나도 크게 벌어졌다. 이런 태도가 바로 유토피아적 이상주의이다. 그런데 필자가 보기에 멕시코의 유토피아적 이상주의에는 현실적 감각이 결여되어 있으며, 이것이 청년기의 가장 두드러진 정신적 특징 중 하나이다.

멕시코가 젊은 국가이기에 청년 국가의 약함과 국가를 이끌고 국가를 위해 일하는 개인의 나약함이 우리 정치에 영향을 끼치고 있다.

급진주의는 이데올로기적 구상에 현실을 맞추려 한다. 하지만 현실은 고유한 제 법칙이 있기 때문에 그런 이상주의적 기획은 늘 좌절되기 마련이다. 더욱이 현실에 대한 상대적 무관심이 청년정신의 특징이기도 하다. 청년들의 우선적 관심사는 자기 자신이며 자신의 감정이 고양되면 세상을 자기 것으로 생각한다. 이것이 “내향적” 심리이며, 이 내향성은 사물에 대한 객관적 인식을 가로막는 주요한 장애물이다. 관찰능력이 부족하고 멕시코인이면서 멕시코에 대한 사유가 불확실한 것은 그 때문이다. 시인이나 사상가라면 환상을 창조하더라도 어느 정도 용납될 것이다. 하지만 정치가에겐 가당치 않은 일이다. 정치란 본질적으로 현실화이며 정계에서 일하는 자는 자신이 속한 현실에 대한 명확한 의식을 지니고 있어야 하며 아주 실천적인 사람이어야 한다. 따라서 유토피아적 이상주의에는 정치적 감각이 완전히 제거되어 있다.

그렇다고 정치를 노년층의 손에 맡길 수는 없는 노릇이다. 그들이 정치적 방향을 뒤집을 공산이 크기 때문이다. 다시 말해, 정치가 현실적인 일에 대한 행위라는 점에서 정치는 장년층의 과업이 되어야 한다. 그들의 지성은 청년들에게 결핍된 현실감각을 갖추고 있다. 결론적으로 우리의 유토피아적 급진주의가 청년기의 표지라면, 그것은 다른 한편으로는 정신적 미성숙을 의미하는 것이기도 하다.

세대 갈등

몇 해 전부터 멕시코에서 "세대"라는 말이 회자되고 있다. 특히 문학계에서 그렇다. 그 말에 대한 정의도 없는데 그 의미가 확실하다는 듯 쓰고 있다. 사실 그 용어를 생각해보면 얼마나 공허하고 불확실한지 알게 될 것이다. 우리는 자신을 시간에 배치하면서 "내 세대"라는 말을 쓴다. 예전에 "내 시절"라는 말을 썼듯이 말이다. 이런 표현을 쓰는 사람 중에서 "세대"라는 말의 의미를 명쾌하게 설명할 수 있는 사람은 얼마 되지 않을 것이다. 오르테가 이 가세트가 『우리 시대의 문제El tema de nuestro tiempo』에서 역사이론의 토대로 그 용어를 썼는데, 이 책이 멕시코에 전해지기 전까지 우리는 그 용어를 쓰지 않았다. 이 책이 1922년에서 1923년 쯤 출판된 뒤로 그 용어가 일반화되다 못해 남용되기에 이르렀고, 이제는 아무데서나 세대라는 말을 쓰고 있다. 예를 들어, 실체가 없는 1915세대처럼[52] 말이다. 따라서 우리는 오르테가의 관점에 따라 그 용어의 정확한 의미를 파악하고 멕시코에서 그 용어가 얼마나 정당화될 수 있는지 알아볼 필요가 있다.

나이대가 유사하고 같은 시대에 상이한 영역에서 활동했다고 해서 세대를 구성하는 것은 아니다. 개인의 집합이 세대가 될 때는 공통적인 삶의 의미를 지녔다는 것이다. 물론 그 삶의 의미는 다양한 문화적 형식과 활동으로 표현될 수 있다. 이는 예술에서도 사상이나 문학에서도 마찬가지이다. 사람들이

52 1916년 멕시코의 문화부흥을 위해 설립한 "공·강연협회(Sociedad de Conferencias y Conciertos)"의 설립자를 일컫는 말로 "7인의 석학" 혹은 "1915 세대"로 불린다. – 옮긴이

공통적인 관심사를 갖고 하나의 과업을 이루기 위해 모이면 그룹이 된다. 그 구성원의 삶의 의미가 각자 다르더라도 말이다. 그렇다고 이를 세대라고 할 수는 없다. 세대를 구성하려면 그 그룹이 단순히 편의에 따른 외적 동인이 아니라 정신적으로 깊은 결속을 통해 결합되어 있어야 한다. 그런데 그러한 조건이 언제 생성되는지를 규정하기란 쉽지 않다. 왜냐하면 각 개인의 삶의 의미가 무의식 속에 감춰진 정신활동의 뿌리와도 같아서 뚜렷한 형태를 갖추지 못한 경우가 많기 때문이다. 따라서 나는 그 그룹만으로 세대가 형성된다고 판단하기 어렵다고 생각한다. 과업이 생성되고 일정한 시간이 흐른 뒤에야 한 세대의 정신적 단일성이 있었는지 여부를 판단할 수 있을 것이다.

오르테가 이 가세트는 세대를 굉장히 중요하게 다루는데, 이는 그가 세대에서 역사의 동력을 찾으려 했기 때문이다. 역사를 설명하는데 있어 대립적인 두 이론이 오랫동안 논쟁을 야기했음은 모두들 알고 있을 것이다. 먼저, 역사가 전적으로 개인들에 의해 움직이며 대중은 그저 그들의 의지를 유순하게 따른다고 주장하는 사람들이 있다. 그렇다면 개인은 무엇인가? 혹여 개인이 대중으로부터 고립된다면 개인은 추상抽象일 따름 아닌가. 반면에 개인은 아무것도 아니며 대중이 전부이자 역사적 움직임의 수행자라고 생각하는 사람들도 있다. 그런데 이 또한 마찬가지로 개인이 없는 대중은 머리 없는 육체와 같기 때문에 결국에는 대중도 또 하나의 추상이 되고 만다. 오르테가 이 가세트는 역사를 추동하는 힘이 개인도 대중도 아닌 세대에서 나온다고 주장한다. 그리고 세대는 개인과 대중의 매개적 요소와도 같다. 세대는 어느 쪽에도 속하지 않지만 양자의 성질을 모두 지니고 있다. 이 상이한 두 이론의 지지자들은 각자의 주장을 정당화하기 위해 역사적 사건에서 그럴싸한 증거를 제시해왔다. 하지만 작금의 역사적 현실에 비춰보면 -지금의 현실이 우리가 확인할 수 있는 유일한 것이기에- 오르테가 이 가세트의 주장이 가장 타당하다. 지금 이 순간에 대중의 운명을 손에 쥔 사람은, 좋던 싫던 간에, 개인이나 대중이 아니라 소수의 지배층이다. 현직 독재자들도 이와 다르지 않다. 왜냐하면 그들 뒤에는 "정당"이 있으며 대중의 의지에 반하더라도 그들은 정당의 이름으로 통치하기 때문이다. 국가사회주의, 파시즘, 공산주의는 권력을 쥔 정치적 소수의 이름에 다름 아니다.

따라서 한 세대는 단순한 문학그룹보다 훨씬 초월적이며, 여타 그룹과 더불어 삶의 근원적 의미에 나름대로 영향을 끼치는 한, 역사를 만들어갈 수도 있다. 한 세대의 가치는 그 세대가 이룬 과업과 사회적 환경과의 관계로 평가되어야 한다. 각 세대는 문화적 자산을 더하고 한 나라의 전통을 형성하는데 기여하는 영속적 자취를 남기게 마련이다. 따라서 세대의 연속성이 없다면 역사도 없을 것이다. 역사는 시간의 축적이지 논리적 일관성 없이 장면이 전환되는 영화의 시퀀스처럼 단절된 순간의 연쇄가 아니니 말이다. 만약 삶이 이와 같다면 매일 끝났다가 매일 새로이 시작하는 꼴이 될 터이고 세대의 노력은 시지프 신화에 지나지 않을 것이다.

세대의 성과에는 논리적 연속성이 있다. 물론 때로는 그 관계가 반목과 투쟁이라는 변증적 형식을 보이기도 한다. 한 세대가 15년 단위로 구성된다고 하면, 4개의 세대, 즉 유소년 세대, 청년 세대, 장년 세대, 노년 세대가 더불어 살고 있는 셈이다. 그렇지만 역사의 원기는 가장 활동적인 세대인 청년 세대와 장년 세대로부터 나온다. 이 두 세대는 가깝지만 늘 대립한다. 사실 사람의 과업의 가치는 성인기에 결정된다. 따라서 국가의 공공활동을 지휘해야할 세대는 장년 세대이다. 멕시코는 이 당연한 사실을 받아들여야 한다. 왜냐하면 이미 다른 글에서 밝혔듯이 설익은 청년들이 공적인 삶에 진입하고 있기 때문이다. 과대평가된 이 세대가 공적인 삶에 얼마나 기여했는지는 모르지만 이런 현상은 세계적 추세이다. 각지에서 청년의 가치가 이토록 높게 평가된 적은 없었다. 처음에는 그들의 가치 속에서 이 시대의 활력이 보이는 듯 했다. 하지만 이내 심리학자들은 그 현상을 단순한 전후戰後의 유행이자 피로와 노화의 징후로 해석했다.

이제 청년기는 유행을 지나기 시작했다. 하지만 아직도 청년 세대는 자기의 권리와 중요성을 과장하는 경향이 있다. 그런 청년들의 태도를 단죄할 수는 없다. 왜냐하면 청년들은 그런 방식으로밖에 존재할 수 없으며 그런 결점은 그 나이에 당연하기 때문이다. 자신을 우주의 중심으로 여기고 각자의 삶이 있다고 믿는 것은 청년들의 고유한 심리이다. 그렇기 때문에 청년들은 과거를 배제하고 낙원의 아담처럼 시작하기를 원한다. 그 시기를 경험한 사람이라면 그 시기에 참으로 거만했었다고 생각할 것이다. 멕시코의 세대갈등에서 청년들의 특권적 위치는 폭력을 불러왔으며 자신들이 옳다고 생각되는 것이라면 무엇이든 성급하게 요구하고 있다. 그런 싸움으로는 아무 것도 얻을 게 없다. 혹여 모종의 결과를 낳는다 하더라도, 그것은 멕시코인에게는 성숙할 기회가 없다는 혹은 장년기를 이용할 줄 모른다는 희한한 현상을 낳을 것이다. 왜냐하면 장년기에 들어서자마자 신세대에게 자리를 물려주고 물러나야하니 말이다. 만약 그렇게 되면 세대교체가 지나치게 빨라지고 멕시코의 삶의 문화에 원숙한 결실을 맺지 못할 것이다. 이 나라는 집단적으로 유년기를 넘어서지도 못하고 다른 나라의 문명 발전 속도에 발맞춰 나갈 수도 없을 것이다. 한마디로 말해서 날마다 혁명을 하며 살 수는 없다. 왜냐하면 파괴한 후에는 건설을 해야 하는데, 이 과업은 파괴보다 훨씬 많은 시간을 요하기 때문이다. 이것은 삶을 다지고 풍요롭게 하는 게 아니라 파괴하기 위해 사는 모순에 다름 아니다. 삶을 개선하기 위해 때로는 혁명적 혼란을 경험해야 한다면, 그것은 장기적인 새로운 질서를 추출한다는 조건 하에서 이뤄져야 한다.

멕시코에서 최근의 세대들이 서로 새로운 메시지를 내걸고 대적하고 있지만 그 안에는 공통점이 상당하다. 이 세대에 속한 사람들은 다르기보다는 서로 닮았다. 오늘날 청년들의 사고방식이 1920년대 청년들과 한 치도 다르지 않은 것이다. 만약에 그들이 철저하게 다르다면 논쟁을 벌일 공통의 영역도 없을 것이다. 사실, 청년들은 자기 자신과 싸우고 있다. 왜냐하면 자기가 다른 세대와 유사하다는 것을 인정하지 않고 자신만의 고유한 상像을 갖추려하기 때문이다. 결론적으로, 우리에겐 개인주의적 열정에 앞서 떠안아야 할 의무가 있다. 세대는 계속해서 이어질 것이고, 오르테가 이 가세트가 지적하듯, 그 세대들의 과업은 두 가지 차원에서 실현되어야 한다. 한편으로는 선배의 경험(사상, 가치 판단 등)을 수용하고, 다른 한편으로는 자기의 자발성을 구현하는 것이다. 이렇게 되어야만 인간의 삶이 막힘없이 나아갈 것이며 강물처럼 제 길에 언제나 새로운 풍경을 담으며 흘러갈 것이다.

사유의 길잡이

사유 활동은 사치가 아니라 인간에게 반드시 필요한 것이다. 사유는 삶에서 태어나서 삶에 깊이를 더하고 지평을 넓히는 다양한 면모를 삶에 되돌려준다. 사유의 힘으로 삶은 현재에 국한되지 않으며 과거가 될 수도 미래가 될 수도 있다. 사유는 현재를 위해 과거의 경험을 이용할 수 있게 하며 미래를 예견하도록 해주는 장치이기도 하다. 그러나 무엇보다 사유는 지성과 이해에 관한 것이기에, 우리가 사람과 사물과 소통하고 세상으로 나가는 창이나 다름없다. 이로써 사유는 우리를 사회나 세계와 정신적으로 연결해주는 수단으로서 이 세상에서 우리의 위치를 잡아준다. 지식 덕분에 우리는 존재로서의 우리의 길에서 헤매지 않으며 우리가 가야할 길이 무엇인지 알 수 있다. 하지만 불행히도 지성의 실행은 쉽지도 안전하지도 않다. 지성의 실행은 오히려 난관과 지속적인 오류에 직면한다.

데카르트가 주장하듯, 애초에 모든 인간은 동일한 지적 능력을 갖추고 있다. 하지만 사실 모두가 그 지적 능력을 올바로 적용할 줄 아는 것은 아니며 그 능력이 주는 유용성을 상실한 것처럼 보일 때도 있다. 심지어 모든 이가 지적 능력을 사용하려 들지도 않는다. 이는 아마도 지성의 활용가치를 알지 못하거나 기질적으로 지성의 활용에 경도되지 않기 때문일 것이다. 그런 점에서 우리는 모든 인종의 의지나 감성 같은 심리적인 힘이 지성의 무게와 동일하지 않음을 기억할 필요가 있다. 삶을 추동하는 힘으로서 의지가 지배적인 인종도 있고, 감정이 지배적인 인종도 있으며 지성이나 이성이 지배적인 인종도 있다. 우리가 속한 이스파노인이 역사적으로 사유로 얻은 뛰어난 작품이 없다는 점, 즉 영민한 인종이 아님은 익히 알려진 사실이다. 이는 이스파노인의 삶의 방향이 감정이라는, 보다 정확히 말하자면, 열정이라는 정신적 힘에 이끌어져 왔음을 의미한다. 지성은 있으나, 지성의 공간을 빼앗고 광범한 활동을 막는 강력한 다른 힘에 종속되어 있다. 멕시코인의 경우가 그런 것 같다. 대학에서 수많은 청년을 만나면서 나는 우리 민족이 뛰어난 지성을 갖췄다고 확신했다. 삶 속에서 정신적 왜곡을 겪지 않은 청년의 지성은 자유로이 활동할 수 있다. 또한 나는 그들의 지성이 다른 인종에 비해 열등하다고 생각지 않는다.

우리의 지성이 유럽의 지성에 비해 열등하지 않다고 주장하는 사상가와 과학자가 있다. 하지만 이런 주장이 예외로 치부되지 않고 문화적 삶의 일반적 견해가 되려면 오늘날까지 지적 활동에 도움이 되지 못한 환경적 조건에 변화를 가져와야 한다. 청년국가는 우선적으로 물적 토대를 조직하고 개발한 연후에 다른 일을 수행해야 한다. 심오한 사고와 추상적 사유는 삶의 기초적인 문제가 해결됐을 때라야 비로소 나타나는 해방의 결실이다.

그렇다고 사유하지 않고 살 수 있다는 것은 아니다. 만약 그렇게 된다면 삶의 수준이 최악으로 추락할 것이다. 사유가 없다면 인간은 본능적 삶이라는 어둠 속에 침잠할 것이며 그 수준은 짐승의 한계를 넘어서지 못할 것이다. 우리 민족을 위해 우리는 사상이 역사에서 중요한 역할을 수행했음을 인정해야 한다. 여기서 비판할 점은 우리가 현실보다는 사상에 더 큰 가치를 부여하기 일쑤였다는 것이다. 유토피아적 이상주의는 지나친 급진주의, 즉 현실이 이성의 명령에 종속된다는 믿음이 만들어낸 사건이다.

멕시코에 사유의 능력이 존재한다면 아직은 그 능력을 발전시키고 단련함으로써 훌륭한 결과를 가져올 수 있다. 지성의 실행과 발전을 위한 근본적 추동력은 삶에서 문제되는 모든 것의 진리를 알고자하는 노력에 있다. 항구적 진리의 존재에 굴복하기란 쉽지 않다. 왜냐하면 진리가 늘 즐거운 것만도 아니고 의지의 요구에 상응하는 것도 아니기 때문이다. 그런 이유로 원하는 진리가 진리라고 말하며 자신을 속이는 사람이 많은 것이다. 지성을 정직하게 실행하는 일은 지적 수행과 도덕성은 물론이고 때로는 고통스러운 노력을 요한다. 사유하는 주체는 지식의 프로세스뿐만 아니라 자신의 총체적 정신을 감시할 줄 알아야 한다. 이는 무수한 주관적 요소가 사유의 결과를 왜곡하지 않도록 하기 위해서이다. 이런 자기비판이 참으로 실천하기 어려운 일임을 누가 모르겠는가. 그렇기 때문에 진실성이 위대한 가치가 있는 미덕으로 인정되는 것이다. 그렇다면 멕시코에 진실한 사상가가 있는가? 이 질문에 대한 답변은 독자 여러분의 경험과 재량에 맡기고자 한다.

내가 지적하고 싶은 것은 우리가 아무런 비판도, 비판의 노력도 하지 않고 유럽에서 수입된 사상과 이론을 수용함으로써 우리의 정신이 나태해졌다는 점이다. 나는 우리의 모방하려는 경향이, 특히 사유의 영역에 있어서, 은폐된 나태함 때문이라는 의심이 들었다. 사유를 약화시키는 이런 상황과 더불어 우리의 사회적, 정치적 삶에 어떤 식으로도 진리가 요구되지 않는다는 사실을 그냥 지나쳐서는 안 된다. 우리의 삶은 기만적 진실성, 그 인습적 거짓말의 촘촘한 그물망에 은폐되어 있다. 우리의 삶을 유지하기 위해 그 거짓들이 필요하다면서 진리를 바람직하지 못한 것으로 치부하고 있는 것이다.

그럼에도 불구하고 나는 여전히 모든 활동에서 사유 능력의 배양과 자성의 실천이 멕시코에 시급이 필요하다고 생각한다. 나는 실패한 수많은 기획들, 오류들, 과실들이 악의 때문이라기보다는 자성의 결핍, 불충분하고 부적절한 지성의 활용에 기인한다고 생각한다. 다시 말해, 능력이 없어서가 아니라 지성을 잘못 적용했다. 우리의 능력을 활용함에 있어 적절치 못한 관점에서 불확실한 목적을 향해간다면 아무런 효과도 얻지 못할 것이다.

나는 오래전부터 멕시코에 합당한 유일한 관점이 멕시코인으로서 사유하는 것이라고 생각해왔다. 진부하고 당연한 말이지만 우리는 반드시 그렇게 해야 한다. 왜냐하면 우리는 빈번히 우리 자신을 외국인처럼 여김으로써 우리가 정신적 물질적으로 위치한 곳이 아닌 다른 곳의 관점을 갖고 있기 때문이다. 모든 사유는 우리가 멕시코인이라는 사실을 수용하는 것에서 출발해야 하며 세계 속의 우리의 위치라는 단일한 관점에서 세계를 조망해야 한다. 이에 따른 당연한 결과로서 우리가 사유해야 할 대상은 바로 우리 주위의 것이어야 한다. 우리는 멕시코라는 작은 세계를 통해 세계에 대한 지식을 추구해야한다. 이런 나의 주장을 편협한 민족주의적 주장으로 치부하지 말고 철학적 토대를 갖춘 주장으로 받아들이기 바란다. 생명력 있는 사유란 자신을 둘러싼 세계를 자신의 관점에서 관조할 수 있는 자의 사유이다. 라이프니치는 모든 사람이 각자의 방식으로 세계를 조망한다고 생각했다. 하지만 이 말은 무수한 진리가 있다는 말이 아니라 진리가 유일함을 의미한다. 모든 현실적 대상의 진리는 하나라는 말이다. 무수한 진리가 있다면 그 무엇도 진리가 아니기 때문이다. 세계는 보는 방향에 따라 다르다. 따라서 하나의 대상을 보는 두 개의 대립적 관점은 상이한 두 개의 비전을 갖게 된다. 각각은 부분밖에 볼 수 없다. 하지만 진리는 그러한 한계 속에서 드러난다.

멕시코는 다른 나라처럼 진정한 민족적 사유를 통해 진리 혹은 총체적 진리를 찾아내야 한다. 우리에게 진리가 없다면 외래사상이 침투하기 좋은 영토가 될 것이며, 우리의 요구와 상관없이 이 나라의 구조를 왜곡하고 우리가 지금 해결해야 할 문제보다 심각한 문제를 야기할 것이다. 우리나라의 사상가들은 삶의 회오리를 막고 멕시코 현실의 다양한 영역을 탐구해야 할 책임이 있다. 그 일이 일시적이라 할지라도 말이다. 우리는 현실에 대해 모르는 게 너무나도 많으며 개념조차 정립하지 못했다. 우리가 해야 할 사유의 과제는 다음과 같은 두 가지의 근본적인 문제로 요약할 수 있을 것이다. 첫째, 멕시코의 실제 모습이 어떠한가? 둘째, 현실적으로 가능한 테두리 내에서 무엇을 해야 하는가? 우리가 해결해야 할 문제를 구체적이고 세부적으로 정리하는 일, 즉 멕시코의 문제를 설정하는 일은 아주 근본적이면서도 탐구하기 쉽지 않은 일이다. 멕시코의 몇 가지 근본적인 문제를 명확하게 규정하는 일은 다음 기회로 미루기로 한다.

현학적 태도

현학적 태도에는 일정한 목적이 있다. 즉, 현학적 태도에는 소기의 의도가 숨겨져 있다. 그런데 그런 악습을 행하는 주체조차 자신의 행위를 인지하지 못할 수 있다. 모든 현학자는 코미디 배우 같은 인상을 준다. 현학적 태도는 뭔가를 위장하고 숨기는 가면이다. 그렇다면 그런 태도로 숨기고자 하는 게 무엇인가?

이에 앞서 우리는 현학자와 현학적 태도가 무엇인지 알아볼 필요가 있다. 현학적 태도는 대부분 지적인 사람 혹은 지적이고자 하는 사람을 가리킬 때 쓰는 표현이다. 교수, 학자, 예술가, 모든 부류의 문필가가 이에 해당하며 이들은 구어와 문어를 쓰는 사람들이다. 사람이 살다보면 자만할 수도 오만할 수도 있지만 현학적 태도가 있어서는 안 된다. 현학적 태도는 말이나 글의 문체로서 아주 독특한 억양을 지니게 마련이다. 현학자는 위장된 표현을 쓴다. 그렇다고 모든 위장된 표현이 현학적 태도는 아니다. 단지 특정한 의도가 담겨있을 때만 그러하다. 즉, 자신의 능력이나 지혜 혹은 박식함을 자랑하려 할 때 그러하다. 현학자는 청중 앞에 자신의 뛰어난 자질을 드러낼 기회를 놓치지 않는다. 사실, 진짜 현학적인 태도의 특징은 부적절함에 있다. 왜냐하면 그런 태도를 명확히 보이는 사람들은 늘 조화를 깨뜨리고 어디서나 자신이 최고라고 느끼는 자들이기 때문이다. 그들은 격이 없는 대화에서 심오한 얘기를 하거나 상황과 장소에 맞지 않게 유명 인사나 경구를 들먹거린다. 한마디로 말해서, 현학자는 기지와 분별이 부족하여 늘 다른 사람과 부딪친다. 그는 모든 사회관계에서 부적절한 어조와 말로 조화롭지 못한 언사를 일삼는다. 사회적 활동에 있어서도 현학자는 당연히 사회 부적응자에 속한다. 이 점은 현학적인 태도의 비밀을 밝히는 데 있어 중요한 단서가 될 것이다.

현학적인 태도는 타인 앞에서 공격적인 어조나 멸시하는 분위기로 자신의 우월성을 확인하려는 의도를 분명하게 지니고 있다. 현학자는 “여기서 유익한 사람은 나뿐이고 당신들은 그저 바보다”라는 태도를 보인다. 그렇다고 그런 태도가 누군가를 속이려는 것은 아니다. 하지만 다른 사람들은 그 우쭐거림이 거짓임을 알아챈다. 현학자는 인정과 존경을 얻기는커녕 반감과 적의를 사게 된다. 그가 얻는 것은 반사회적 효과밖에 없다. 일반적으로 현학자는 지독한 개인주의자이며 상이한 가치를 이해할 줄도 모르고 협력에 힘쓰지도 않는다. 때로는 천진해서든 무식해서든 그의 말에 경탄하며 그를 경외하는 사람도 있다. 비극적이게도 연극에 관객이 없을 수 없듯이 현학적 태도도 늘 청중을 필요로 한다. 현학자는 주의를 끌고 자기 말을 들어주길 바라는데 그치지 않고 자신을 둘러싼 작은 세계가 인정받고 박수 받기를 원한다.

현학적 태도를 일반적 성질의 악습으로 분류한다면, 거만함이 가장 적절한 범주일 것이다. 거만함은 현학적 태도의 다양한 면모 중 하나로서 온전한 정신으로는 누구도 감히 그에 맞서 그를 비난하지 못할 것이다.

일반적으로 말에는 말이 지시하는 바의 본질에 대한 타당한 직관이 담겨 있다. 사전을 참조해보면 현학자라는 단어는 “가정을 방문하여 아이를 가르치는 문법 선생님”과 “우스꽝스러운 거만함을 지녔으며 박식하든 그렇지 않든 박식함을 부적절하고 쓸데없이 자랑하며 즐거워하는 사람을 가리킨다”라고 정의되어 있다. 현학적 태도는 “현자의 분위기와 태도에 대한 애호. 타인보다 뛰어나 보이고자 하며 타인을 가르치려는 욕망”으로 정의되어 있다. 이 단어의 원래 의미는 그 특징을 정확히 규정하고 있다. 현학적 태도의 기원이 교육과 연관된 것임은 분명하다. 따라서 현학자는 지적 명성을 갈구하는 학생과 선생이 있는 고등교육기관에 득실거린다. 이들은 학계에서 외부 세계로 진출하면서 문화적 교양층, 특히 지식인과 전문인 그룹으로 진입한다.

그렇다면 현학적 태도의 심리적 메커니즘은 무엇인가? 앞서 말했듯이 현학자는 부적응자이며, 이 부적응은 자신의 현실적 능력과 지식에 상응하지 않는 지적 우월성을 욕망하는데서 비롯한다. 자기가 되고자 하는 존재와 실재 자신의 존재 간의 간극은 의식에 열등감을 초래하는 괴로운 갈등을 야기한다. 또한 자신을 최고의 위치에 배치하려는 욕망이 지나치게 크기 때문에 현실과 타협할 수 없는 경우에 스스로 만족할 유일한 방안은 허구밖에 없다. 그는 자신의 삶을 우월성이라는 희극으로 만들고 그 안에서 자신을 속이는 역할을 하며 열등콤플렉스로 무너진 의식의 균형을 바로잡는다. 따라서 현학적 태도는 위장이다. 즉, 뭔가를 감추려는, 바로 지적 결핍을 감추려는 가면이다. 하지만 이러한 위장의 성과는 스스로 자신의 말을 믿고 희극을 현실로 수용하느냐에 달려있다. 이 글의 첫머리에서 현학적 태도에 보이지 않는 목적성이 있다는 가정은 이로써 확인된다. 현학자가 자신의 가치를 옹호하는 의견을 끌어내려는 행위는 그저 자신에 대한 믿음을 회복하고 자기 암시를 위한 수단일 뿐이다. 그에게 중요한 것은 열등감과 자신의 가치를 추락시키는 정신적 공허함을 덮는 것이다. 불행히도 그 희극은 너무나도 뻔하고 이를 보는 관객은 너무나도 악의적이다. 결과적으로 현학자는 누구도 찾지도 않는 초라한 공간에서 스스로를 빛내는 것에 만족해야하며 그 속에서 그의 성공은 어떠한 공적도 어떠한 만족도 얻지 못한다.

후스토 시에라와 멕시코의 정치발전

카사 데 에스파냐Casa de España가 출판한 후스토 시에라의 『멕시코인의 정치발전Evolución política del pueblo mexicano』(1940)은[53] 고전이라 할 만큼 손색이 없으며 역사적으로 훌륭한 책이다. 그의 글이 오랫동안 출판되지 않은 데다 기존에 출판된 책들도 찾아보기 어려우니 이번이 초판이나 다름없다. 출판사에서도 이 책의 가치가 해당 분야에서 독보적이기 때문에 서둘러 내놓아야 했다.

민족사에 대한 책은 그 어떤 책보다 독자의 열정적인 비평에 노출될 수밖에 없다. 독자는 책에 대한 선입감을 갖게 마련이다. 특히, 독자가 저자는 물론이고 새로운 연구자료를 근거로 실제 사건의 정확성에 대해 반론을 제기할 수 있는 전문가와 다른 시대에 살고 있는 경우라면 더욱 그렇다. 역사에는 결정적 진리도 추상적 진리도 존재하지 않는다. 역사란 오히려 끊임없이 수정되는 개방적 과학이다. 따라서 후스토 시에라의 책이 다른 부류의 책과 마찬가지로 세부사항에 있어 상당 부분 재해석될 것임은 자명한 일이다. 하지만 그 책의 가치는 그러한 세부사항에 있는 것이 아니다. 물론 그가 정직하고 면밀한 역사학자로서 신뢰할만한 자료가 아니라면 근거로 삼지 않았을 테지만 말이다. 이 책의 가치는 역사에 대한 총체적 비전, 다시 말해 멕시코 국민의 발전을 놀라울 만큼 총체화한데 있다. 후속 연구로 축적될 자료들이 새로운 역

53 초판은 1900–1902년에 출판됐다. –옮긴이

사적 총체화를 일궈내지 못한다면 그의 책이 멕시코 역사학의 절정체라 해도 과언이 아닐 것이다.

『멕시코인의 정치발전』은 훌륭한 역사책이다. 그 이유는 전문사학자의 책이 아니기 때문이다. 후스토 시에라는 자료를 찾고 고고학적 대상을 발굴하는 전문적인 역사가가 아니었다. 그는 사물에 대한 보편적 비전을 지닌 위대한 영혼, 즉 사유하는 철학자였다. 하지만 그는 시인의 감수성을 지닌 사람이었다. 그리고 이 두 가지 기질은 하나로 통합될 운명이었다. 이 때문에 후스토 시에라는 역사에서 가장 어려운 과제를 선택했다. 이 일은 나무 때문에 숲을 보지 못하고 사회死灰로만 알 수 있는 사건에 색조와 생명을 불어넣을 상상력이 없는 역사학자가 실행할 수 없는 과제이다. 후스토 시에라는 시대마다 새로운 지식자료로 행했을 일, 즉 형식과 의미를 부여하기 위해 그 지식을 종합했는데, 그것이 지식을 문화와 결합시키는 유일한 길이다.

이 역사적 비전이 지닌 흥미로운 장점이 있는데, 바로 저자의 이름을 명예롭게 하는 균형 감각이다. 일반적으로 멕시코의 역사가는 사건을 공정하게 바라보는 방법을 알지 못했다. 때로는 열등감에 휩싸여 사건의 가치를 훼손하기도 했으며, 초등학생의 역사인식처럼 세계사에 대한 무지나 지적 능력의 결핍 때문에 사건이나 인물을 부풀려 우리 역사에 신화적인 무게를 부여하기도 했다. 오직 후스토 시에라의 영혼만이 멕시코의 역사를 보편역사의 관점에서 관조할 능력이 있었으니, 그는 역사의 각 요소에 합당한 의미를 부여하였으며 인류 발전의 장에 상응하는 자리에 배치하였다. 사물의 모습을 부풀리지도 축소하지도 않고 있는 그대로의 모습을 볼 수 있도록 해주는 중요도와 가치위계에 대한 감각, 그것이 바로 객관성이다. 객관적 관점은 역사가가 지녀야할 최고의 덕목이자 필수조건이다. 역사적 진리는 사람들이 수행할 수 있느냐 없느냐에 의해 결정된다. 만약 후스토 시에라의 책에 진리가 맥박치고 있다면, 그것은 그가 멕시코인에 대해, 멕시코인의 능력과 한계에 대해 깊이 알고 있으며 과거의 사건에서 가능한 것과 불가능한 것을 감별할 줄 알았다는 것을 의미한다. 그의 사랑도, 그의 순수한 애국주의도 현실을 왜곡할 순 없었다. 그 현실이 때로는 고통스러웠을지라도 말이다. 그는 역사에서 인간의 나약함을 드러내는 모든 것을 이해하고 용서한다. 그렇다고 그 나약함을 감추지 않는다. 어찌됐건, 후스토 시에라가 쓴 역사를 읽는다면 진정 멕시코인의 기질과 결점을 비롯하여 때로는 침울하고 고통스러웠던 멕시코인의 드라마가 인간애와 박애로 가득한 판관을 만났음을 알게 될 것이다.

후스토 시에라의 역사 재현의 노력을 공정하게 평가하려면 역사에 대한 선행 작업이 미미했으며 전혀 조직화되지 않았던 시기에 저자가 이겨내야 했던 난관을 고려해야 한다. 능력 밖의 일을 이뤄내고자 하는 후스토 시에라를 생각해보라. 그는 자신의 책에서 이렇게 말한다.

> 통계자료가 제대로 갖춰지지도 않은 나라에서, 자료를 집적하고 분류하는 데 있어 아주 개인적이고 불완전한 방법밖에 쓸 수 없는 나라에서, 체계화되지도 범주화되지도 작업에 용이하지도 않은 엄청난 자료가 세월과 부주의로 인해 먼지가 되어가는 나라에서, 작가들이 자신의 작품을 당파적 무기로 사용하면서 사건의 외면에 근거하여 아주 신속하게 설명하고 평가하고, 우리의 역사를 해석하는데 활용한 이론과 역사를 왜곡한 자신들의 편견을 공고화는 나라에서 이 작업은 반드시 필요한 것이었다.

따라서 후스토 시에라의 책은 멕시코나 아메리카의 다른 책처럼 개인적 노력의 결과물로서 자신의 지적 재능만으로 수단의 한계를 극복한 작품이다.

그는 역사의 과학적 특성을 온전히 인식하고 있었으며 모든 역사가가 그러하듯, 자신이 속한 시대의 사상을 통해 역사적 사건의 의미를 해석했다. 그의 정신은 포르피리오 집권기의 특징인 실증주의 속에서 성장하고 발전했다. 이 말은 자기 자신이 역사를 해석하는 독트린이었음을 의미한다.

사회는 살아 있는 조직이다. 따라서 성장하고 발전하며 변화한다. 그 변화는 영구적이며 사회가 지닌 내적 힘에 따라 강렬하게 나타난다. 이 힘으로 사회는 외적인 요소에 반응하면서 그 요소를 흡수하기도 하고 자기 발전을 위해 사용하기도 한다.

후스토 시에라는 콩트, 리트레Littré, 스펜서의 실증주의 사회학을 통해 우리의 역사를 해석했다. 예를 들어, 그는 포르피리오 집권기에 군부시대에서 산업시대로의 전이가 진행됐다고 주장하는데, 이는 스펜서의 『사회학Sociología』에 따른 것이다. 그는 우리 역사의 모든 몰락과 역사의 현재적, 미래적 위험을 탐구하면서 멕시코 사회의 발전을 실증주의와 함께 유입된 낙관적 발전주의 철학의 입장에서 바라본다. 그렇다고 후스토 시에라가 사유의 한계가 있을 수밖에 없는 특정 학파나 정파에 속한 사람은 아니었다. 광범하고 힘차고 격정적인 그의 정신은 "주의主義"라는 협소한 공간에 담기지 않는다. 그는 유럽문화의 위대한 사상을 모두 이해하고 있었으며 이스파노아메리카의 걸출한 석학이었다. 그가 비견될 대상이 있다면 르네상스의 위대한 인문주의자들뿐이다. 아메리카에서 정신적 정점에 이른 그의 멕시코에 대한 믿음과 조국에 대한 사랑은 존경받을 만하다. 그의 손에서 객관적이고 정직하게 기술된 역사는 멕시코인에게 조국의 문화를 일깨우는 수단이라 할 것이다. 예를 들어, 역사가가 교육자에게 던지는 다음의 조언을 보라.

이 땅에서 태어난 사람을 사회적으로 재능 있는 사람으로 만들고 -우리의 무심함으로 그렇게 하지 못했다- 그들을 풍요로운 땅을 개척할 핵심 인자로 변화시켜야 한다. 언어를 단일화하고 사랑과 증오의 열정과 정신적·도덕적 가치기준을 통해 그와 우리의 정신적 정체성을 확립해야 한다. 그에게 위대하고 행복한 조국, 모두를 위한 조국이라는 성스러운 이상의 불을 밝혀줘야 한다. 그리하여 마침내 민족적 영혼을 창조해야 한다. 국가 교육

프로그램은 그리 되어야 한다. 그 일을 현실화하고자 하는 모든 일은 애국적인 것이며, 그 일을 지체시키거나 훼손하는 모든 장애물은 배반이자 악행이며 우리의 적이다.

정신적으로도 형식적으로도 후스토 시에라는 (역사에 대한 자유주의적 해석을 주창한) 기조Guizot, 미슐레Michelet, 텐느, 르낭 같은 실증주의와 자유주의 프랑스 역사가들의 영향을 받았다. 그는 역사발전을 자유를 달성하기 위한 거대한 진보적 운동으로 이해한다. 광의의 의미에서의 자유, 그것은 사회발전의 목표로서 멕시코 국민이 입안해야 할 이상이다. 그러나 역사에 대한 후스토 시에라의 사유를 멕시코에 적용하면, 그의 사유가 당대의 환경을 넘어설 뿐만 아니라 시대를 앞선 관점이 너무나도 풍부하다. 현재의 시점에 맞춰 책을 수정하더라도 거의 바꿀 것이 없다. 이 점이 바로 그의 책이 역사적 진실성을 왜곡할 수 있는 불확실한 정치적 태도에 비해 고차원적인 관점에서 집필됐음을 입증한다. 저술가로서 그는 학술적 작업에 봉헌하며 이스파노아메리카 최고의 작품을 내놓았으며 그 내용과 형식의 품격을 고려하면 멕시코 역사상 최고의 스승이다.

옮긴이 후기

멕시코의 독립운동(1810)과 멕시코혁명(1910)은 유럽의 헤게모니에 대한 실천적 저항이었다는 점에서 멕시코 역사에서 중대한 전환점이었다. 물론 멕시코 독립이 근대세계체제의 첫 시기인 16−18세기에 헤게모니를 쥐고 있던 에스파냐로부터 벗어나 근대국가를 기획하려는 크리오요 기득권 세력의 투쟁이었고, 멕시코혁명은 포르피리오 디아스의 독재를 종식하려는 열망의 표현이자 근대 자본주의 세계체제 내의 영국과 프랑스의 헤게모니에 대한 저항이었다는 점에서는 차별적이다. 멕시코를 포함하여 독립 이후 라틴아메리카 역사는 텍스트가 컨텍스트를 끊임없이 배반한 역사이다. 라틴아메리카의 텍스트 수입자들이 텍스트를 통해 컨텍스트를 왜곡해온 것이다. 이런 맥락에서 보면, 멕시코 혁명은 서구로부터 수입된 텍스트에 의해 억압되었던 컨텍스트의 저항이었다. 다시 말해, 멕시코 혁명은 크리오요 과두제에 대한 저항적 투쟁이자 진정한 의미의 농민혁명으로, 멕시코의 사회 현실을 인식함에 있어 서구의 텍스트를 벗어나 새로운 인식 패러다임 생성을 요구한 역사적 사건이었다.

멕시코의 국민국가 형성과 멕시코성mexicanidad에 대한 탐구는 1910년 멕시코 혁명 이전부터 진행되고 있었다. 『멕시코의 난제들Los grandes problemas nacionales』(1909)에서 멕시코 혁명의 직접적 동인으로 작용한 대농장 중심의 독점적 토지소유 문제를 제기한 안드레스 몰리나 엔리케스Andrés

Molina Enríquez를 비롯해 에세키엘 차베스Ezequiel Chávez, 후스토 시에라, 마르틴 루이스 구스만Martín Luis Guzmán, 훌리오 게레로Julio Guerrero 등의 지식인들은 실증주의적이고 자유주의적인 관점에서 멕시코인의 정체성 문제를 논했다. 이후, 1920년대에 들어서는 『멕시코의 문제와 국가 이데올로기El problema de México y la ideología nacional』(1924)에서 인종과 사회문화적 통합을 주장한 안토니오 카소나 『보편인종』(1925)에서 메스티소를 인류 최후의 보편인종으로 상정한 호세 바스콘셀로스가 실증주의를 배척하고 도덕적, 정신적 인문주의를 지향하면서 새로운 국민정신을 불러일으키고자 했다.

1925년에 출판된 『보편인종』은 바스콘셀로스가 1922년 브라질 독립 100주년 기념행사 참석과 남미 여행이 계기가 되어 집필한 저작으로 멕시코의 문화적 기원을 구체적으로 설정하고 새로운 멕시코를 구상하려는 의지를 담고 있다. 이 저작에서 바스콘셀로스는 멕시코 사회에 내재된 상이하고 차별적인 문화, 인종, 종족, 계급을 메스티소라는 인종적 개념으로 수렴하여 국민nation을 형성함으로써 멕시코 혁명에 뒤이은 국민통합 문제를 극복하고자 했다. 그는 인류 역사가 단일 인종이 아니라 혼혈을 통해 진보해왔다고 주장하면서 라틴아메리카 원주민과 에스파냐인의 혼혈로 탄생한 메스티소를 기존의 네 인종(백인, 흑인, 황인, 홍인)을 대체할 인류의 '제5인종'이자 '최후의 인종', '보편인종'으로 이상화한다. 멕시코 혁명 이후 국가통합이 요구되는 시대적 상황에서 생물학적 접근방식을 통해 멕시코 고유의 문화적 요소를 긍정하고 메스티소로 대변되는 인종적 민족주의를 강조함으로써 국민통합을 위한 효과적인 정치이데올로기를 생산한 것이다. 이는 민족정체성을 규정하고 고양하여 내적 결속을 강화함으로써 라틴아메리카에 대한 지배력을 강화하던 미국에 대한 반제국주의적 목적도 내포하고 있었다.

그러나 바스콘셀로스가 동양의 쇠락이 가톨릭을 수용하지 않았기 때문이라고 주장한다는 점이나 에스파냐의 정복을 메스티소(또는 메스티소 문화)의 기원으로 간주하면서 원주민과 원주민 문화를 제거의 대상으로 삼고 있다는 사실은 그가 주장하는 메스티소의 우월성이 유럽인과 유럽문화의 우월성에 근거하고 있음을 입증한다. 또한 메스티소 민족정체성을 고양하기 위해 인종과 문화의 다양성을 포용하지 않는 태도는 "인종은 존재하지 않는다"라고 피력한 호세 마르티José Martí와 비교할 때 극단적인 이분법적 논리에서 출발한다. 멕시코인의 정체성과 관련하여 안토니오 카소가 "멕시코인의 정신을 규정하는 일은 유럽인에 대한 정신분석보다 훨씬 어렵다. 이는 멕시코인의 집단적 영혼이 결정적이고 특질적인 형태와 면모를 갖추지 못했기 때문이다"라고 말한 바 있듯이, 바스콘셀로스의 주장은 인종적, 사회문화적으로 혼종적이고 다층적인 멕시코 사회의 현실과 괴리된 허구적 정체성 창조라는 사실을 드러낸다. 따라서 바스콘셀로스가 교육자이자 정치가로서 멕시코의 교육과 문화의 공적 영역 확대와 발전에 기여한 것은 사실이지만, 국민통합 논리는 역설적으로 배제의 정치학에 기초하고 있다는 한계를 지닌다. 결과적으로 바스콘셀로스의 메스티소 민족주의는 멕시코를 세계주의적 보편성에 포함하려는 시도, 즉 근대성의 주변부에서 중심부로 진입하고자 하는 열망의 표현으로써 인종적, 종족적, 계급적 차이와 차별을 은폐하고 메스티소를 이상화함으로써 차이에 기초한 멕시코성을 차단하고 있다.

1930년대 들어 혁명의 정치적 타락을 비판하면서 혁명적 국가주의에 반발하는 세력이 등장하는데 사무엘 라모스도 그에 속했다. 라모스는 카소의 제자였으며 1932년에는 바스콘셀로스의 도움으로 교육부에서 일할만큼 두 사람으로부터 지대한 영향을 받았으나 셸러, 아들러, 오르테가 이 가세트의 철학적 사유와 접하면서 기성 지식인 세대의 인식론적 지평을 벗어나고자 했다. 라모스는 카소와 바스콘셀로스가 실증주의를 극복함에 있어 일정한 성과를 거뒀지만 그들의 사상이 직관과 비합리성에 기초한다고 비판하면서 양자를 '철학적 낭만주의'로 규정하고 오르테가 이 가세트의 관점주의perspectivismo와 생적 이성razón vital에 근거하여 멕시코의 현실을 역사적, 문화적 관점에서 재조명해야 한다고 주장했다. 그런 점에서 1934년 출판된『멕시코의 인간상과 문화』는 멕시코의 기성 지식인들에 대한 비판적 사유의 과정에서 생산된 저작이다. 멕시코인과 문화적 정체성에 대한 자아성찰적 성격의 이 저작은 바스콘셀로스의 '보편인종'을 멕시코의 현실에 부적절하고 실질적 가능성도 낮기에 신뢰할만한 예견이 아니라고 비판하면서 문화적 민족주의를 구상하는 근간이 되었던 생물학적 접근법을 벗어나 멕시코인의 본질을 파악하기 위해 심리학적 접근을 시도하고 있다는 점에서 역사적 의의를 찾을 수 있다.

『멕시코의 인간상과 문화』의 핵심은 멕시코인과 문화에 대한 심리학적 접근을 시도하면서 역사적 산물로서 서구에 대한 열등감을 멕시코인의 특질로 파악하는 데 있다. 그리고 이를 극복하는 방안으로 유럽중심주의는 물론이고 이에 대한 반작용으로 발현한 극단적 민족주의를 비판하면서 '유럽 되기'를 벗어나 유럽을 통한 '멕시코 되기'를 주장한다. 라모스는 독립과 국가형성기를 거쳐 혁명을 일궈냈음에도 불구하고 "정신적인 면에서 멕시코는 식민지였다"고 갈파하면서 멕시코인의 열등감은 식민역사에서 출발했으며 그것이 유럽중심주의를 낳은 원인이라 밝힌다. 그런 이유로 라모스는 유럽을 목적이 아니라 멕시코를 위한 수단으로 삼아야 한다고 주장한다. 따라서『멕시코의 인간상과 문화』는 멕시코 혁명 이후에 전개된 민족주의는 물론이고 자신을 서구인으로 인식하고 유럽의 문화를 수용함으로써 세계체제의 중심부에 편입하고자 한 지식인과 상류층의 유럽중심주의에 대한 비판을 담고 있다.

그러나 라모스는 바스콘셀로스와 마찬가지로 여전히 유럽을 보편 문화의 표준으로 상정하고 이를 근거로 국민국가의 주체에서도 문화의 범주에서도 원주민을 배재하는 한계를 답습하고 있다. 예를 들어, 로헤르 바르트라Roger Bartra는 라모스가 호모 멕시카누스homo mexicanus의 모습을 조작하는 데 결정적 역할을 했다고 비판하는데, 이는 라모스가 멕시코의 현실을 지향할 것을 역설하면서도 다양한 사회문화적 층위를 총체적으로 포괄하지 못한 채 현실을 왜곡하고 원주민의 타자화를 강화했다는 사실에 기인할 것이다. 라모스는 "혈통적 혼혈은 있었지만 문화는 그렇지 않았다"고 주장함으로써 문화의 범주를 서구의 틀에서 이해하고 문화적 혼혈을 부정한다. 따라서 라모스의 유럽중심주의 비판은 '유럽 되기'에 대한 비판일 뿐, '유럽 벗어나기'의 표명은 아니다. 라모스의 저작이 멕시코인에 대한 심리학적 접근에 있어 선구적임은 사실이지만, 카를로스 몬시바이스Carlos Monsiváis가 말하듯, 20세기 중반까지만 하더라도 라틴아메리카의 지식인 엘리트 집단이 라틴아메리카의 민중을 미개인으로 취급했으며 무지하고 의지가 박약한 인간으로 인식했음을 고려할 때, 『멕시코의 인간상과 문화』가 지배문화의 우월성에 대한 재확인이자 원주민 문화에 대한 부정이라는 사실은 명백하다.

⚜⚜⚜

바스콘셀로스와 라모스의 저작은 이질적이고 양가적이며 불완전한 실체로서의 국민을 불변의 실체로 환원함으로써 근대 국가를 공고히 하려는 정치적 서사라고 할 수 있다. 그들의 서사가 생산한 국민(성)은 인위적이고 허구적으로 재구성된 산물로써 근본적으로 존재하는 내적 타자성을 억압하는 기제로 작동했다. 이것이 우리에게 시사하는 바는 적지 않을 것이다. 국민(또는 민족)을 동질적이고 확고한 실체이자 역사의 주체로 인식하고 있는 우리에게 바로 그런 인식을 생성한 서사에 대한 재고뿐만 아니라 동질성에서 이질성, 혼종성으로 향하는 문화적 변화로 인해 국민의 개념이 불확실해져가는 오늘날의 현실에 우리에게 필요한 사유와 서사가 무엇인지 숙고하도록 추동하기 때문이다.

바스콘셀로스와 라모스 이후 '멕시코성'에 대한 성찰은 현재까지 지속적으로 진행되고 있다. 그 중에 국내에 소개된 옥타비오 파스의 『고독의 미로』,

로헤르 바르트라의 『새장에 갇힌 멜랑콜리』는 멕시코성 관련 담론의 지형도를 포괄적 이해하는 데 도움이 될 것이다. 더불어 바스콘셀로스의 책은 흔히 '우주인종'이라는 번역어로 소개되고 있으나 'cósmica'의 문맥상 의미는 '우주'보다는 '범세계', '보편', '일반'이므로 보편인종이라고 옮겼으며, 'nación'은 문맥에 따라 '국민' 또는 '민족'으로, 'nacionalismo'는 민족주의'로 옮겼다. 또한 'raza'는 '인종' 이외에 '국민', '민족'이라는 뜻이 있다는 점도 밝혀둔다. 끝으로 이 자리를 빌려 번역과 출판을 위해 물심양면으로 애써주신 서울대학교 라틴아메리카연구소의 박병규 교수님과 동명사 편집부에 깊은 감사의 마음을 전한다.